Die Auslese der Asozialen

Europäische Hochschulschriften Recht

European University Studies in Law

Publications Universitaires Européennes de Droit

Band/Volume 6184

Daniel Becker

# Die Auslese der Asozialen

## Eine rechtshistorische Betrachtung der Behandlung „Asozialer" und „Gemeinschaftsfremder" nach dem Gesetz zur Verhütung erbkranken Nachwuchses vom 14. Juli 1933

PETER LANG

**Bibliografische Information der Deutschen Nationalbibliothek**
Die Deutsche Nationalbibliothek verzeichnet diese Publikation in der Deutschen Nationalbibliografie; detaillierte bibliografische Daten sind im Internet über http://dnb.d-nb.de abrufbar.

Zugl.: Berlin, Freie Univ., Diss., 2019

Gedruckt auf alterungsbeständigem, säurefreiem Papier.
Druck und Bindung: CPI books GmbH, Leck

D 188
ISSN 0531-7312
ISBN 978-3-631-80622-7 (Print)
E-ISBN 978-3-631-82999-8 (E-PDF)
E-ISBN 978-3-631-83000-0 (EPUB)
E-ISBN 978-3-631-83001-7 (MOBI)
DOI 10.3726/b17314


Peter Lang – Berlin · Bern · Bruxelles · New York · Oxford · Warszawa · Wien



Diese Publikation wurde begutachtet.

www.peterlang.com

Den Opfern von Zwangssterilisationen in Leipzig von 1934 bis 1945

# Danksagung

An vorrangiger Stelle danke ich Herrn Prof. Dr. Czeguhn, der diese Arbeit zu einem mir persönlich am Herzen liegenden Thema ermöglicht hat. Ich danke für die hilfsbereite Betreuung, die stete Gesprächsbereitschaft und die guten Ratschläge, die den Weg zu dieser Arbeit bereitet haben.

Ferner danke ich den Mitarbeiterinnen und Mitarbeitern der Staatsbibliothek Berlin, des Bundesarchivs und des Geheimen Staatsarchivs Preußischer Kulturbesitz, ohne deren Tätigkeit diese Arbeit nicht möglich gewesen wäre.

Außerdem danke ich Herrn Dr. Gerhard Bollmann und Herrn Olaf Sachner, die mir die berufsbegleitende Fertigstellung dieser Arbeit ermöglicht haben.

Mein ganz besonderer Dank gilt Herrn Dr. Sebastian Bosch für die vielen gemeinsamen Bibliotheksstunden und den anregenden Austausch während unzähliger Kaffeepausen.

Herzlich danke ich meiner Familie für ihre vielseitige und uneingeschränkte Unterstützung während meines gesamten Studiums. Besonderer Dank gilt meiner Schwester Nina für den interdisziplinären Austausch, ohne den das notwendige Verständnis der medizinischen Aspekte dieser Arbeit kaum möglich gewesen wäre. Meiner Schwiegermutter Renate danke ich herzlich für die gewissenhafte Durchsicht dieser Arbeit.

Von ganzem Herzen danke ich schließlich meiner Frau Laura, die während der Promotion stets an meiner Seite stand und auf deren Unterstützung, Zuspruch, Verständnis und Geduld ich immer vertrauen konnte.

# Inhaltsverzeichnis

**Inhaltsverzeichnis** ........ 9

**Abkürzungsverzeichnis** ........ 13

**Einleitung** ........ 15

**1. Kapitel: Von der Eugenik und Rassenhygiene zur nationalsozialistischen Sozial- und Gesundheitspolitik** ........ 21

**2. Kapitel: Das Gesetz zur Verhütung erbkranken Nachwuchses vom 14. Juli 1933** ........ 29

I. Entstehungsgeschichte des Gesetzes zur Verhütung erbkranken Nachwuchses vom 14. Juli 1933 ........ 29

1. Erste Gesetzesinitiativen in der Weimarer Republik ........ 30
2. Der Entwurf für ein Sterilisierungsgesetz des preußischen Landesgesundheitsrats ........ 36
3. Die Verabschiedung des Gesetzes zur Verhütung erbkranken Nachwuchses am 14. Juli 1933 ........ 43

II. Das Erbgesundheitsgerichtsverfahren ........ 46

1. Das Verfahren vor den Erbgesundheitsgerichten ........ 46
2. Die Entscheidung des Erbgesundheitsgerichts ........ 51
3. Die Durchführung der Unfruchtbarmachung ........ 55

III. Zusammenfassung ........ 56

**3. Kapitel: „Asozial“ und „gemeinschaftsfremd“ im Sinne der nationalsozialistischen Terminologie** ........ 59

I. Der Gemeinschaftsbegriff und dessen juristische Rezeption im Nationalsozialismus ........ 60

1. Der Gemeinschaftsbegriff vom Kaiserreich bis in die Weimarer Republik ... 60
2. Der Gemeinschaftsbegriff in der Nationalsozialistischen Weltanschauung ... 68
3. Der Gemeinschaftsbegriff in der „Nationalsozialistischen Rechtslehre“ ... 75
II. Die „Asozialen“ – Die „Gemeinschaftsfremden“ ... 87
1. Begriffsbestimmung in der wissenschaftlichen Literatur ... 87
2. Die Bemühungen um ein Bewahrungsgesetz und der „Grunderlaß vorbeugende Verbrechensbekämpfung“ ... 91
3. Die Entwürfe für ein Gemeinschaftsfremdengesetz ... 99
4. Die Richtlinien für die Beurteilung der Erbgesundheit und die „Asozialenkartei“ ... 111
5. „Asoziale“ und „Artfremde“ ... 113
6. „Asoziale“ und „Gemeinschaftsfremde“ als Reichsbürger ... 116
III. Zusammenfassung ... 118

**4. Kapitel: Die Subsumtion „Gemeinschaftsfremder“ und „Asozialer“ unter die Tatbestände des Gesetzes zur Verhütung erbkranken Nachwuchses ... 121**

I. Der „angeborene Schwachsinn“ (§ 1 Absatz 2 Ziffer 1) ... 124
1. Die Intelligenzprüfung ... 127
2. Praktische Intelligenz und Lebensbewährung ... 130
a) „Lebensbewährung“ als entscheidendes Abgrenzungskriterium in Grenzfällen ... 133
b) „Angeborener Schwachsinn“ trotz fehlender Intelligenzausfälle ... 143
c) „Moralischer Schwachsinn“ als „angeborener Schwachsinn“ im Sinne des Gesetzes zur Verhütung erbkranken Nachwuchses ... 173
3. Familienanamnese ... 182
4. Keine exogenen Ursachen ... 183
II. Die übrigen „Erbkrankheiten“ ... 185

III. Die Unfruchtbarmachung von Fürsorgezöglingen als „Asoziale“ und „Gemeinschaftsfremde“ ... 187

IV. Zusammenfassung ... 190

**5. Kapitel: Die Tatbestände des Gesetzes zur Verhütung erbkranken Nachwuchses als unbestimmte Rechtsbegriffe** ... 193

I. Unbestimmte und bestimmte Rechtsbegriffe ... 193

II. Die Auslegung von nach der Machtergreifung erlassenen Gesetzen ... 197

III. Die Auslegung des Gesetzes zur Verhütung erbkranken Nachwuchses ... 211

IV. Zusammenfassung ... 216

**Schlussbetrachtung** ... 219

**Literaturverzeichnis** ... 225

# Abkürzungsverzeichnis

| | |
|---|---|
| a.A. | andere Ansicht |
| a.a.O. | am angegebenen Ort |
| AKG-Härterichtlinien | Richtlinien der Bundesregierung über Härteleistungen an Opfer von nationalsozialistischen Unrechtsmaßnahmen im Rahmen des Allgemeinen Kriegsfolgengesetzes |
| ARS | Arbeitsrechts-Sammlung |
| BArch. | Bundesarchiv |
| Bd. | Band |
| BVerfGE | Entscheidungen des Bundesverfassungsgerichts |
| ders. | derselbe |
| dies. | dieselbe |
| DJ | Deutsche Justiz |
| DR | Deutsches Recht |
| EG | Erbgesundheitsgericht |
| EOG | Erbgesundheitsobergericht |
| f. | folgende Seite |
| ff. | folgende Seiten |
| fol. | Folioblatt |
| GStA PK | Geheimes Staatsarchiv Preußischer Kulturbesitz |
| JW | Juristische Wochenschrift |
| m.w.N. | mit weiteren Nachweisen |
| NSV | Nationalsozialistische Volkswohlfahrt |
| OLG | Oberlandesgericht |
| RAG | Reichsarbeitsgericht |
| RFH | Sammlung der Entscheidungen des Reichsfinanzhofs |
| RG | Reichsgericht |
| Urt. v. | Urteil vom |
| vgl. | vergleiche |

# Einleitung

Der Vorstand der Sozialdemokratischen Partei Deutschlands berichtete aus seinem Prager Exil im März 1935:

> *„Folgender Fall beweist, daß die Sterilisation auch andere Ziele verfolgt, als nur die Unfruchtbarmachung von Kranken: Der 27jährige H. ... X. in Mannheim war im Arbeitsdienst und in der Landhilfe, bekam jedoch keine Arbeit. Er meldete sich zur Reichswehr, die körperliche Untersuchung ergab den Befund völliger Gesundheit; bei der geistigen Prüfung wurde ihm die Frage vorgelegt: „Welches ist die Hauptstadt von Rumänien?“ Das wusste er nicht. Die Frage, ob er Mitglied der SA oder der SS sei, verneinte er (die Familie bekannte Kommunisten, Vater Konzentrationslager, Bruder im Gefängnis wegen illegaler Arbeit). Sechs Wochen später mußte er sich beim Mannheimer Bezirksamt melden, er wurde untersucht. 14 Tage später hatte er sich bei der Allgemeinen Ortskrankenkasse zu melden, dort bekam er einen verschlossenen Umschlag und sollte sich im Diakonissenhaus melden, wo er die Mitteilung erhielt, daß er sterilisiert werden solle wegen geistigen Defekts. Er wehrte sich zwar mit allen Kräften, ist aber trotzdem vor 8 Wochen sterilisiert worden.“*[1]

Am 14. Juli 1933 verabschiedete die Reichsregierung das Gesetz zur Verhütung erbkranken Nachwuchses.[2] Das Gesetz ermöglichte die zwangsweise Sterilisierung vermeintlich „Erbkranker“. In einem hierzu eigens geschaffenen Gerichtszweig befanden Juristen und Mediziner gemeinsam über die Unfruchtbarmachung der Betroffenen. Bis zum Jahr 1945 wurden rund 350.000 bis 360.000 Zwangssterilisierungen aufgrund des Gesetzes vorgenommen. Rund 5.000 bis 6.000 Frauen und rund 600 Männer starben infolge des vorgenommenen Eingriffs.[3]

Ausweislich der Gesetzesbegründung sollten durch das Gesetz eine „Belastung der Gesamtheit“ durch „kranken und asozialen Nachwuchs“ verhindert und die Fürsorgekosten unter anderem für „Asoziale“ eingedämmt werden. Das Gesetz selbst spricht jedoch an keiner Stelle von „Asozialen“. Der Historiker *Hans-Walter Schmuhl* führt drei Gründe an, weshalb die „Asozialität“ bewusst nicht als Indikation für die Unfruchtbarmachung nach dem Gesetz zur Verhütung erbkranken Nachwuchses aufgenommen worden sei. Der Krankheitsbegriff des Gesetzes habe *„unter keinen Umständen auf asoziales Menschentum“* angewandt werden sollen, um die im Konzept der „psychopathischen Persönlichkeiten“ vollzogene Ausgrenzung der „Psychopathie“ aus dem Kreis der im Gesetz aufgezählten Krankheiten nicht infrage zu stellen. Ferner hätten „Erbkranke“ im Sinne des Gesetzes nicht

---

1 Deutschland-Berichte der Sopade 1935, Salzhausen / Frankfurt am Main 1980, 356 f.
2 Reichsgesetzblatt 1934 I S. 529.
3 Bundestagsdrucksache 16/3811.

mit „Asozialen“ und Kriminellen gleichgesetzt werden sollen, um die rassenhygienisch indizierte Sterilisierung nicht mit dem Strafrecht in Verbindung zu bringen. Schließlich sei das Wissen um die Natur der „psychopathischen Persönlichkeit“ als noch nicht ausreichend erschienen, um sie in das Gesetz zur Verhütung erbkranken Nachwuchses einzubeziehen.[4] In der historischen Forschung wird jedoch regelmäßig darauf hingewiesen, dass „Asoziale“ oder „Gemeinschaftsfremde“ unter „Ausweitung“ der die Unfruchtbarmachung indizierenden Tatbestände des Gesetzes sehr wohl Opfer von Zwangssterilisierungen wurden.[5] Auch der Deutsche Bundestag wies in seinem am 24. Mai 2007 angenommenen Beschluss, mit dem das Gesetz zur Verhütung erbkranken Nachwuchses als nationalsozialistisches Unrecht geächtet wurde, darauf hin, dass ausweislich des Gesetzeskommentars die Unfruchtbarmachung bei „zahlreichen Asozialen“ unbedenklich zulässig gewesen sei.[6]

Das Gesetz zur Verhütung erbkranken Nachwuchses war unter anderem bereits Gegenstand verschiedener sozialwissenschaftlicher[7], philosophischer[8],

4 Hans-Walter Schmuhl, Rassenhygiene, Nationalsozialismus, Euthanasie : Von der Verhütung zur Vernichtung "lebensunwerten Lebens", 1890–1945, Göttingen 1987, 168.

5 So beispielsweise Gisela Bock, Zwangssterilisation im Nationalsozialismus Studien zur Rassenpolitik und Frauenpolitik, Opladen 1986, 364 f.; Klaus Scherer, "Asozial" im Dritten Reich : die vergessenen Verfolgten, Münster 1990, 54; Andreas Angerstorfer und Annemarie Dengg, Sterilisationspolitik unterm Hakenkreuz, Regensburg 1999, 58 ff.; Wolfgang Ayaß, "Asoziale" im Nationalsozialismus : Überblick über die Breite der Maßnahmen gegen soziale Außenseiter und die hieran beteiligten Stellen, in: "Minderwertig" und "asozial" : Stationen der Verfolgung gesellschaftlicher Außenseiter, Zürich 2005, 51, 58; Wolfgang Ayaß, "Asozialer Nachwuchs ist für die Volksgemeinschaft vollkommen unerwünscht". Die Zwangssterilisation von sozialen Außenseitern, in: Lebensunwert – zerstörte Leben : Zwangssterilisation und "Euthanasie", Frankfurt am Main 2006; Ignacio Czeguhn, Das Gesetz zur Verhütung erbkranken Nachwuchses und seine Umsetzung vor den Gerichten, in: Eugenik und Euthanasie 1850–1945, Baden-Baden 2009, 147, 155.

6 Bundestagsdrucksache 16/3811 und Plenarprotokoll 16/100.

7 Gisela Bock, Zwangssterilisation im Nationalsozialismus Studien zur Rassenpolitik und Frauenpolitik, Opladen 1986;

8 Jürgen Simon, Kriminalbiologie und Zwangssterilisation : Eugenischer Rassismus 1920–1945, Münster 2001; Hella Birk, Das Gesetz zur Verhütung erbkranken Nachwuchses : eine Untersuchung zum Erbgesundheitswesen im bayerischen Schwaben in der Zeit des Nationalsozialismus, Augsburg 2005.

medizinhistorischer[9] und rechtsgeschichtlicher[10] Arbeiten, wobei die umfassende Untersuchung von *Gisela Bock* zur *Zwangssterilisation im Nationalsozialismus* besondere Hervorhebung verdient. Die Behandlung „Asozialer" und „Gemeinschaftsfremder" wird in der historischen und insbesondere der rechtshistorischen Literatur – wenn überhaupt – aber nur am Rande thematisiert.[11]

*Sabine Kramer* weist in ihrer Dissertation aus dem Jahr 1999, in der sie die theoretischen Grundlagen und Praxis der Zwangssterilisation im Dritten Reich am Beispiel der Rechtsprechung des Erbgesundheitsobergerichts Celle von 1934 bis 1944 untersucht, darauf hin, dass „Asoziale" durch den Tatbestand des „angeborenen Schwachsinns" im Sinne des Gesetzes zur Verhütung erbkranken Nachwuchses hätten erfasst werden sollen. Dies war das Ergebnis einer Sitzung im Jahr 1939, an der unter anderen Vertreter des Reichsinnenministeriums, des Reichsgesundheitsamts und des Reichfinanzministeriums teilgenommen hatten. Eine Untersuchung der praktischen Umsetzung durch die Erbgesundheitsgerichte enthält die Arbeit mangels entsprechender Entscheidungen im untersuchten Gerichtsbezirk jedoch nicht.[12]

---

9 Christiane Rothmaler, Sterilisationen nach dem "Gesetz zur Verhütung erbkranken Nachwuchses" vom 14. Juli 1933 : Eine Untersuchung zur Tätigkeit des Erbgesundheitsgerichtes und zur Durchführung des Gesetzes in Hamburg in der Zeit zwischen 1934 und 1944, Husum 1991; Klaus Hümmer, Zwangssterilisationen in der ehemaligen Diakonissenanstalt Neuendettelsau, Regensburg 1998; Jessika Hennig, Zwangssterilisation in Offenbach am Main : 1934–1944, Frankfurt am Main 2000; Annette Hinz-Wessels, NS-Erbgesundheitsgerichte und Zwangssterilisation in der Provinz Brandenburg, Berlin 2004; Sonja Endres, Zwangssterilisation in Köln 1934–1945, Köln 2010; Frederic Ruckert, Zwangssterilisation im Dritten Reich 1933–1945 : Das Schicksal der Opfer am Beispiel der Frauenklinik des Städtischen Krankenhauses und der Hebammenlehranstalt Mainz, Stuttgart 2012.

10 Klaus Wiesenberg, Die Rechtsprechung der Erbgesundheitsgerichte Hanau und Gießen zu dem "Gesetz zur Verhütung erbkranken Nachwuchses" vom 14. Juli 1933, ergänzt durch eine Darstellung der heutigen Rechtslage zur Unfruchtbarmachung, 1986; Paul Nikolai Ehlers, Die Praxis der Sterilisierungsprozesse in den Jahren 1934–1945 unter besonderer Berücksichtigung der Erbgesundheitsgerichte Duisburg und Wuppertal, München 1994; Sabine Kramer, "Ein ehrenhafter Verzicht auf Nachkommenschaft" : theoretische Grundlagen und Praxis der Zwangssterilisation im Dritten Reich am Beispiel der Rechtsprechung des Erbgesundheitsobergerichts Celle, Baden-Baden 1999; Ignacio Czeguhn, Das Gesetz zur Verhütung erbkranken Nachwuchses vom 14. Juli 1933 und die Erbgesundheitsgerichte, in: Tijdschrift voor Rechtsgeschiedenis (72), 2004, 359; Carola Einhaus, Zwangssterilisation in Bonn (1933–1945) : Die medizinischen Sachverständigen vor dem Erbgesundheitsgericht, Köln 2006; Ignacio Czeguhn, Das Gesetz zur Verhütung erbkranken Nachwuchses und seine Umsetzung vor den Gerichten, in: Eugenik und Euthanasie 1850–1945, Baden-Baden 2009, 147.

11 Siehe beispielsweise Ignacio Czeguhn, a.a.O., 147, 157.

12 Sabine Kramer, "Ein ehrenhafter Verzicht auf Nachkommenschaft" : theoretische Grundlagen und Praxis der Zwangssterilisation im Dritten Reich am Beispiel der Rechtsprechung des Erbgesundheitsobergerichts Celle, Baden-Baden 1999, 133 f.

Im Übrigen erschöpfen sich wissenschaftliche Erörterungen unter der Benennung von vereinzelten Fallbeispielen regelmäßig in der Behauptung, dass auch „Asoziale" der Unfruchtbarmachung aufgrund des Gesetzes zur Verhütung erbkranken Nachwuchses unterlagen. So schreibt *Wolfgang Ayaß*, der mit seiner sozialpolitischen Habilitationsschrift *„Asoziale" im Nationalsozialismus*[13] den wohl bedeutendsten Beitrag zur Aufarbeitung der Verfolgung „Asozialer" und „Gemeinschaftsfremder" im Dritten Reich geleistet hat, dass die Sterilisation von sozialen Außenseitern mit der Diagnose „angeborener Schwachsinn" gemäß § 1 Absatz 2 Ziffer 1 des Gesetzes zur Verhütung erbkranken Nachwuchses *„ohne besondere Schwierigkeiten"* habe durchgeführt werden können.[14] Eine genaue Untersuchung der Umsetzung vor den Erbgesundheitsgerichten und der seines Erachtens „problemlosen" Subsumtion „Asozialer" unter die Tatbestände des Gesetzes bleibt *Ayaß*, ebenso wie weitere Autoren, jedoch schuldig.

Nähert man sich der Problematik aus rechtswissenschaftlicher Perspektive, so ist zu berücksichtigen, dass die Begriffe „asozial" und „gemeinschaftsfremd" sich zum einen nicht in den Tatbeständen des Gesetzes wiederfinden und zum anderen keinen aus sich selbst heraus vorgegebenen Bedeutungsinhalt haben. Nach den zeitgenössischen Vorstellungen sollten aber „die Asozialen" als solche der Zwangssterilisation unterliegen.[15] Will man nun die Subsumtion unter die einzelnen Tatbestände untersuchen, bedarf es daher zunächst einer juristischen Inhaltsbestimmung der Begriffe „asozial" und „gemeinschaftsfremd". Hierauf aufbauend kann die Subsumtion unter die Tatbestände genauer betrachtet werden. Dabei soll nicht verkannt werden, dass die Rechtsanwendung durch Verwaltung und Rechtsprechung im Dritten Reich nicht den heute bekannten Grundsätzen von Rechtsstaatlichkeit und Rechtsmethodik folgte. Gerade dieser Aspekt macht die Behandlung „Asozialer" und „Gemeinschaftsfremder" nach dem Gesetz zur Verhütung erbkranken Nachwuchses für eine rechtshistorische Untersuchung besonders

---

13 Wolfgang Ayaß, "Asoziale" im Nationalsozialismus, Stuttgart 1995.

14 Wolfgang Ayaß, a.a.O., 115; Wolfgang Ayaß, "Asoziale" im Nationalsozialismus : Überblick über die Breite der Maßnahmen gegen soziale Außenseiter und die hieran beteiligten Stellen, in: "Minderwertig" und "asozial" : Stationen der Verfolgung gesellschaftlicher Außenseiter, Zürich 2005, 51, 58; Wolfgang Ayaß, "Asozialer Nachwuchs ist für die Volksgemeinschaft vollkommen unerwünscht". Die Zwangssterilisation von sozialen Außenseitern, in: Lebensunwert – zerstörte Leben : Zwangssterilisation und "Euthanasie", Frankfurt am Main 2006, 111, 114.

15 Siehe unter anderem Fred Dubitscher, Asozialität und Unfruchtbarmachung (Aus dem Material des Reichsgesundheitsamtes), in: Mitteilungen der Kriminalbiologischen Gesellschaft (V), 1938, 99; Edmund Mezger, Inwieweit werden durch Sterilisierungsmaßnahmen Asoziale erfasst?, in: Mitteilungen der Kriminalbiologischen Gesellschaft (V), 1938, 81; Werner Horlboge, Die Unfruchtbarmachung Asozialer gemäß dem Gesetz zur Verhütung erbkranken Nachwuchses (Nach dem Krankengut des Krankenhauses beim Untersuchungsgefängnis Berlin-Moabit), Berlin 1939; Walter Kopp, Die Unfruchtbarmachung der Asozialen, in: Der Erbarzt (6), 1939, 66.

interessant. Denn die Anwendung des Gesetzes auf einen nach dessen Wortlaut nicht erfassten Personenkreis, dessen Erfassung politisch aber offenkundig gewollt war, zeigt die potentiell unbegrenzte und im Ergebnis willkürliche Auslegung eines originär nationalsozialistischen Gesetzes durch Justiz und Verwaltung auf, wie sie der Vorstand der Sozialdemokratischen Partei Deutschlands in vorstehendem Zitat aus seinem Bericht des Jahres 1935 beschreibt.

Gegenstand dieser Untersuchung ist die Frage, ob „Asoziale" und „Gemeinschaftsfremde" im Sinne der nationalsozialistischen Terminologie der Zwangssterilisierung nach dem Gesetz zur Verhütung erbkranken Nachwuchses unterlagen. Hierzu soll einführend zunächst der Weg von der Eugenik und Rassenhygiene zur nationalsozialistischen Sozial- und Gesundheitspolitik nachgezeichnet werden. Darauf folgend sollen die Entstehungsgeschichte des Gesetzes zur Verhütung erbkranken Nachwuchses und das Gesetz selbst dargestellt werden. Anschließend soll untersucht werden, was unter „asozial" und „gemeinschaftsfremd" im Sinne der nationalsozialistischen Terminologie verstanden wurde. Hierauf aufbauend soll herausgearbeitet werden, ob „Asoziale" und „Gemeinschaftsfremde" im Sinne dieser Terminologie tatsächlich der Sterilisation nach dem Gesetz zur Verhütung erbkranken Nachwuchses unterlagen. Schließlich soll betrachtet werden, wie eine entsprechende Subsumtion unter das Gesetz rechtsmethodisch durch Verwaltung und Justiz umgesetzt wurde. Grundlage der Untersuchung sind neben der zeitgenössischen Fachliteratur insbesondere die veröffentlichten Entscheidungen der Erbgesundheits- und Erbgesundheitsobergerichte.

# 1. Kapitel: Von der Eugenik und Rassenhygiene zur nationalsozialistischen Sozial- und Gesundheitspolitik

Die nationalsozialistische Sozial- und Gesundheitspolitik, die in der Sterilisierung „Erbkranker" und schließlich in der Tötungsaktion „T4" ihre entsetzlichste Verwirklichung fand, stellt sich keineswegs als historische Ausnahmeerscheinung während der Zeit der nationalsozialistischen Gewaltherrschaft dar. Vielmehr muss sie im Zusammenhang und als Teil der eugenischen und rassenhygienischen Bewegung betrachtet werden, wie sie sich seit Mitte des neunzehnten Jahrhunderts entwickelt hatte.[16]

*Johann Peter Frank*, der die öffentliche Hygiene und Sozialmedizin in Deutschland maßgeblich prägte, forderte bereits 1779 im ersten Band seines Werkes *System einer vollständigen medicinischen Polizey* Gesundheitszeugnisse zur Voraussetzung der Eheschließung zu machen und im Falle schwerer, ansteckender oder erblicher Krankheiten Eheverbote auszusprechen.[17] Als Begründer der modernen Eugenik gilt jedoch der britische Naturforscher *Francis Galton*, ein Cousin *Charles Darwins*.[18] Inspiriert von den Schriften *Darwins* untersuchte *Galton* 1865 anhand verschiedener Lexika die Verwandtschaftsbeziehungen herausragender Persönlichkeiten aus Kunst und Wissenschaft seit dem fünfzehnten Jahrhundert

---

16 Jochen-Christoph Kaiser, Kurt Nowak und Michael Schwartz, Eugenik, Sterilisation, "Euthanasie" Politische Biologie in Deutschland 1895–1945, Berlin 1992, XI; Marcel Senn, Neue Rechtstheorien nach Maßgabe von Rassenlehren und Sozialdarwinismus zwischen 1860 und 1914, in: Eugenik und Euthanasie 1850–1945, Baden-Baden 2009, 27, 28 f.; zutreffend weist *Kurt Nowak* darauf hin, dass es aber verfehlt wäre, zu sagen, vom Sozialdarwinismus habe der Weg unmittelbar ins Dritte Reich und seine erb- und rassenpflegerischen Praktiken hineingeführt; vgl. Kurt Nowak, "Euthanasie" und Sterilisierung im "Dritten Reich", Weimar 1984, 25; so auch Hans-Günter Zmarzlik, Der Sozialdarwinismus in Deutschland als geschichtliches Problem, in: Vierteljahreshefte für Zeitgeschichte (11), 1963, 246, 267; umstritten ist die historische Kontinuität im Hinblick auf die NS-„Euthanasie"; vgl. Jochen-Christoph Kaiser, Kurt Nowak und Michael Schwartz, Eugenik, Sterilisation, "Euthanasie" Politische Biologie in Deutschland 1895–1945, Berlin 1992, XXVI ff.

17 Johann Peter Frank, System einer vollständigen medicinischen Polizey : Von Fortpflanzung der Menschen und Ehe-Anstalten, von Erhaltung und Pflege schwangerer Mütter, ihrer Leibesfrucht und der Kind-Betterinnen in jedem Gemeinwesen, Wien 1786, 275 ff.

18 Zur Eugenik vor 1850 siehe Michael Stolberg, Aktive Sterbehilfe und Eugenik vor 1850, in: Eugenik und Euthanasie 1850–1945, Baden-Baden 2009, 9.

und kam zu dem Schluss, dass Talent und Charakter vererbt würden.[19] Den Begriff der Eugenik führte *Galton* 1883 ein. Seine praktischen Vorschläge zielten darauf ab, geistig und körperlich herausragende Individuen durch staatliche Förderung zu früher Heirat und Zeugung möglichst vieler Nachkommen zu bewegen.[20] Vor dem Hintergrund der voranschreitenden Industrialisierung und der zunehmenden Verstädterung sowie der hiermit einhergehenden elenden Lebensbedingungen des „Proletariats" gewannen die Ideen *Darwins* und *Galtons* im ausgehenden neunzehnten Jahrhundert disziplinübergreifend zunehmende Anhängerschaft. Der von *Darwin* geprägte Begriff des „Kampfes ums Dasein" wurde auf die menschliche Gesellschaft übertragen und insbesondere das Selektionsprinzip zu einem Eckpfeiler des Sozialdarwinismus.[21] *Darwins* Theorie der natürlichen Selektion beschreibt die Reduzierung des Fortpflanzungserfolgs bestimmter Individuen einer Population mit der Folge, dass „überlebenstüchtigere" Individuen sich stärker vermehren.[22] Übertragen auf die Gesellschaften des Industriezeitalters wurde diese natürliche Selektion nach Ansicht der Vertreter des Sozialdarwinismus durch die Fortschritte in der Sozialfürsorge, der Wohlfahrtspflege und insbesondere der modernen Medizin unterbunden, sodass die „Untüchtigen" begünstigt würden, was zu einer Verschlechterung der „Rasse" führe.[23] Unter Bezugnahme auf *Galton* beklagte auch *Darwin*, dass die „zivilisierten Menschen" alles Mögliche täten, um die Beseitigung „der Schwachen" zu verhindern, indem sie Zufluchtsstätten für „Schwachsinnige", „Krüppel" und Kranke bauten, Armengesetze erließen und Ärzte alle Geschicklichkeit aufböten, um das Leben eines jeden so lange wie möglich zu erhalten. Gleichzeitig bezeichnete er aber den „*Instinkt der Sympathie*", der die Menschen antreibe,

---

19 Francis Galton, Hereditary Talent and Character Part I, in: Macmillan's Magazine (12), 1865, 157; Francis Galton, Hereditary Talent and Character Part II, in: Macmillan's Magazine (12), 1865, 318; siehe auch die hierauf folgende Untersuchung Francis Galton, Hereditary Genius, London 1869.

20 Francis Galton, Inquiries into Human Faculty and its Development, London 1883, 24 f. zitiert nach Peter Weingart, Jürgen Kroll und Kurt Bayertz, Rasse, Blut und Gene : Geschichte der Eugenik und Rassenhygiene in Deutschland, Frankfurt am Main 1988, 36 f.

21 Kurt Nowak, "Euthanasie" und Sterilisierung im "Dritten Reich", Weimar 1984, 13 ff. m.w.N.; kritisch zur Rezeption *Darwins* Gisela Bock, Zwangssterilisation im Nationalsozialismus Studien zur Rassenpolitik und Frauenpolitik, Opladen 1986, 34 ff.

22 In der deutschen Fassung wurde *Darwins* Schlussfolgerung des „survival of the fittest" regelmäßig als „Überleben des Stärkeren" missverständlich übersetzt.

23 Siehe beispielsweise Alfred Ploetz, Die Begriffe Rasse und Gesellschaft und einige damit zusammenhängende Probleme, in: Verhandlungen des Ersten Deutschen Soziologentages vom 19.–22. Oktober 1910 in Frankfurt a.M., Tübingen 1911, 111, 112; vgl. ferner Kurt Nowak, "Euthanasie" und Sterilisierung im "Dritten Reich", Weimar 1984, 14 f.; Stefan Kühl, Die Internationale der Rassisten : Aufstieg und Niedergang der internationalen eugenischen Bewegung im 20. Jahrhundert, Frankfurt am Main 2014, 28.

den Hilflosen Hilfe zu widmen, als den „*edelsten Teil*" der menschlichen Natur. Es müsse daher die schlechte Wirkung des „*Lebenbleibens*" und der Vermehrung der „Schwachen" ertragen werden. Gleichwohl hoffte *Darwin*, die Fortpflanzung der „schwächeren und untergeordneteren" Glieder der Gesellschaft einzuschränken, indem diese sich der Eheschließung enthielten.[24]

Während die sozialdarwinistische Lehre vielen zunächst lediglich als Erklärung der gesellschaftlichen Verhältnisse des Industriezeitalters diente, propagierte die Eugenik auf deren Grundlage ein aktives Eingreifen in den Erbstrom der Gesellschaft. Den Beleg ihrer Theorien sahen die Eugeniker in den um 1900 wiederentdeckten Mendel'schen Erbregeln. *Gregor Mendel* hatte in den achtzehnhundertsechziger Jahren mittels Kreuzungsversuchen an Erbsenpflanzen die Gesetzmäßigkeiten der Vererbung bestimmter (physischer) Merkmale untersucht.[25] Aufgegriffen wurde insbesondere *Mendels* Beobachtung der rezessiven Vererbung. Diese ermöglichte die Diagnose einer Erbkrankheit auch dann, wenn entsprechende Symptome bei dem Betroffenen oder in dessen Verwandtschaft nicht festzustellen waren.[26] Anknüpfen konnte die Eugenik ferner an die Keimplasmatheorie *August Weismanns*. Das von Weismann sogenannte „Keimplasma" sollte der Trägerstoff der Erbanlagen sein und von Generation zu Generation in geschlossenen Keimbahnen weitergegeben werden. Durch äußere Einflüsse hervorgerufene Veränderungen der nicht an der Vererbung beteiligten organischen Substanz sollten den Erbgang dabei nicht beeinflussen können.[27] Durch Erziehung oder gesellschaftliche Leistung erworbene individuelle Eigenschaften galten mithin fortan nicht länger als vererbbar.[28]

Einflussreichste Wegbereiter der Rassenhygiene im Deutschen Reich waren *Alfred Ploetz* und *Wilhelm Schallmayer*. In dem Begriff Rassenhygiene, der jedenfalls anfänglich als synonym für Eugenik verwandt wurde,[29] kam bereits zum Ausdruck, dass diese in Deutschland primär als medizinische Teildisziplin verstanden wurde. Während die in erster Linie von Statistikern, Soziologen und Biologen

---

24 Charles Darwin, Die Abstammung des Menschen, Stuttgart 1875, 173 ff.

25 Ausführlich zur Wiederentdeckung der Mendel'schen Erbregeln Peter Weingart, Jürgen Kroll und Kurt Bayertz, Rasse, Blut und Gene : Geschichte der Eugenik und Rassenhygiene in Deutschland, Frankfurt am Main 1988, 321 ff.

26 Gisela Bock, Zwangssterilisation im Nationalsozialismus : Studien zur Rassenpolitik und Frauenpolitik, Opladen 1986, 38.

27 Hans-Walter Schmuhl, Rassenhygiene, Nationalsozialismus, Euthanasie : Von der Verhütung zur Vernichtung "lebensunwerten Lebens", 1890–1945, Göttingen 1987, 58.

28 Hans-Günter Zmarzlik, Der Sozialdarwinismus in Deutschland als geschichtliches Problem, in: Vierteljahreshefte für Zeitgeschichte (11), 1963, 246, 254.

29 Stefan Kühl, Die Internationale der Rassisten : Aufstieg und Niedergang der internationalen eugenischen Bewegung im 20. Jahrhundert, Frankfurt am Main 2014, 31; Hans-Peter Körner, Von der Rassenhygiene zur Humangenetik : das Kaiser-Wilhelm-Institut für Anthropologie, menschliche Erblehre und Eugenik nach dem Kriege, Stuttgart Jena Lübeck Ulm 1998, 61.

geprägte englische Eugenik auf eine Verbesserung der nachfolgenden Generationen durch Vermehrung der Nachkommenschaft von Personen mit vermeintlich hohen Erbqualitäten abzielte, stand im Zentrum der Überlegungen der deutschen Rassenhygiene die Bekämpfung der „Entartung". Sowohl Ursache als auch Lösung einer vermeintlichen „Entartung" oder „Degeneration" der „Rasse" wurden in der modernen Medizin gesucht.[30]

So war *Ploetz* Arbeit *Die Tüchtigkeit unsrer Rasse und der Schutz der Schwachen* ausweislich des Vorworts *„den Bedürfnissen des Arztes entsprungen"*.[31] Unter Rassenhygiene verstand *Ploetz* das Bestreben, die „Gattung" gesund zu erhalten und ihre Anlagen zu vervollkommnen.[32] Dies wollte er insbesondere durch Ausschaltung aller kontraselektorischen Faktoren, wie Kriege, blutige Revolutionen und den besonderen Schutz der Kranken und Schwachen, erreichen.[33] *Schallmayers* 1903 in erster Auflage erschienene Studie *Vererbung und Auslese im Lebenslauf der Völker*[34] galt lange Zeit als das Standardwerk der Rassenhygiene. *Schallmayer* beklagte die mangelnde Wertschätzung und Anerkennung der durch Erbanlagen bedingten vermeintlichen Wertunterschiede zwischen den menschlichen Individuen.[35] Er war der Auffassung, dass das Mengenverhältnis in der Zusammensetzung aus körperlich und geistig mehr und minder „Tüchtigen" und demgegenüber mehr und minder sozial „Beanlagten" für die Leistungsfähigkeit eines staatlichen Gemeinwesens nicht gleichgültig sein dürfe, da die an leiblich, geistigen und sittlichen Kräften „Tüchtigen" durch die „Untüchtigen" gehemmt und belastet würden.[36] Auch *Schallmayer* verwies darauf, dass in „zivilisierten" menschlichen Gesellschaften die Auslese durch Kulturerrungenschaften wie Kleidung, Wohnung, Ernährung, Heilwesen und Hygiene so beeinflusst würde, dass nicht mehr die „Tüchtigen" die überwiegende Nachkommenschaft stellten.[37] Darüber hinaus beklagte er in der dritten Auflage seiner Studie 1918 die kontraselektorische Wirkung des seit 1914 andauernden Krieges, durch den die *„Erbverfassung des Volkskörpers"* negativ beeinflusst worden sei.[38] Um die „Rassetüchtigkeit" zu wahren, forderte er daher einen bewussten „Rassedienst", der einerseits eine quantitative Bevölkerungspolitik und andererseits die Rassenhygiene als Teil der qualitativen

---

30 Peter Weingart, Jürgen Kroll und Kurt Bayertz, Rasse, Blut und Gene : Geschichte der Eugenik und Rassenhygiene in Deutschland, Frankfurt am Main 1988, 38 ff.

31 Alfred Ploetz, Die Tüchtigkeit unsrer Rasse und der Schutz der Schwachen, Berlin 1895, V.

32 Alfred Ploetz, a.a.O., 13.

33 Alfred Ploetz, a.a.O., 114 ff.

34 Wilhelm Schallmayer, Vererbung und Auslese im Lebenslauf der Völker : Eine staatswissenschaftliche Studie auf Grund der neueren Biologie, Jena 1903.

35 Wilhelm Schallmayer, Vererbung und Auslese : Grundriß der Gesellschaftsbiologie und der Lehre vom Rassedienst, Jena 1918, 96 f.

36 Wilhelm Schallmayer, a.a.O., 133 f.

37 Wilhelm Schallmayer, a.a.O., 139 ff.

38 Wilhelm Schallmayer, a.a.O., 177 ff.

Bevölkerungspolitik umfassen sollte. Als geeignete Mittel erschienen *Schallmayer* in quantitativer Hinsicht unter anderem eine bevölkerungspolitische Erbrechtsreform und Reform der Beamtenbesoldung, die Eindämmung der außerhäuslichen Erwerbsarbeit der Frau und Doppelehen der an „Rassewert" über dem Durchschnitt stehenden Männer. Als rassenhygienische Maßnahmen zog *Schallmayer* insbesondere Eheverbote sowie die Verhütung der Fortpflanzung durch Zwangsasylierung oder durch Beseitigung des Fortpflanzungsvermögens in Betracht. Dabei gab er allerdings einer stärkeren Fortpflanzungsrate der überdurchschnittlich „Rassetüchtigen" den Vorzug vor negativen eugenischen Maßnahmen wie der Sterilisierung.[39] Betrachtet man die spätere bevölkerungspolitische Gesetzgebung des Dritten Reichs wie das Reichserbhofgesetz[40], das Gesetz zum Schutze der Erbgesundheit des deutschen Volkes vom 18. Oktober 1935[41] oder das hier behandelte Gesetz zur Verhütung erbkranken Nachwuchses vom 14. Juli 1933 so ist der Einfluss von *Schallmayers* Schrift unverkennbar.

Praktische Bedeutung und zunehmende Anerkennung als eigenständige wissenschaftliche Disziplin[42] erlangte die Rassenhygiene infolge des Ersten Weltkrieges[43], der die leiblich und seelisch vermeintlich „tüchtiger" Veranlagten in höherem Maße vernichtet oder in ihrer Fortpflanzung gehemmt haben sollte als die vermeintlich schlechter Veranlagten.[44] Hinzu kam ein zunehmender Geburtenrückgang insbesondere in den „höheren" Schichten.[45] Dies ließ in den neunzehnhundertzwanziger Jahren die Rufe nach einer zielgerichteten Bevölkerungspolitik lauter werden.[46] Durch staatlichen Eingriff sollte die Geburtenzahl der „Tüchtigen"

---

39 Wilhelm Schallmayer, a.a.O., 324 ff., 387 ff.

40 Reichsgesetzblatt 1933 I S. 685.

41 Reichsgesetzblatt 1935 I S. 1246.

42 Hans-Walter Schmuhl, Rassenhygiene, Nationalsozialismus, Euthanasie : Von der Verhütung zur Vernichtung "lebensunwerten Lebens", 1890–1945, Göttingen 1987, 70, 78 ff.; Sabine Kramer, "Ein ehrenhafter Verzicht auf Nachkommenschaft" : theoretische Grundlagen und Praxis der Zwangssterilisation im Dritten Reich am Beispiel der Rechtsprechung des Erbgesundheitsobergerichts Celle, Baden-Baden 1999,39.

43 Kurt Nowak, "Euthanasie" und Sterilisierung im "Dritten Reich", Weimar 1984, 40; Jochen-Christoph Kaiser, Kurt Nowak und Michael Schwartz, Eugenik, Sterilisation, "Euthanasie" Politische Biologie in Deutschland 1895–1945, Berlin 1992, XV; Stefan Kühl, Die Internationale der Rassisten: Aufstieg und Niedergang der internationalen eugenischen Bewegung im 20. Jahrhundert, Frankfurt am Main 2014, 69 ff. m.w.N.

44 Alfred Ploetz, Die rassenbiologische Bedeutung des Krieges und sein Einfluß auf den deutschen Menschen, in: Volk und Rasse (6), 1931, 148, 149; Arthur Gütt, Das Gesetz zur Verhütung erbkranken Nachwuchses, in: Zeitschrift für Gesundheitsverwaltung und Gesundheitsfürsorge (4), 1933, 385,386.

45 Fritz Lenz, Menschliche Auslese und Rassenhygiene (Eugenik), München 1931, 175 ff.; Arthur Gütt, Das Gesetz zur Verhütung erbkranken Nachwuchses, in: Zeitschrift für Gesundheitsverwaltung und Gesundheitsfürsorge (4), 1933,385.

46 Gisela Bock, Zwangssterilisation im Nationalsozialismus Studien zur Rassenpolitik und Frauenpolitik, Opladen 1986, 31 ff. m.w.N.

erhöht und die Fortpflanzung der „Untüchtigen“ und „Erbkranken“ vermindert werden. Einher ging eine zunehmende Radikalisierung innerhalb der deutschen Rassenhygiene, die sich nicht zuletzt in der 1920 von dem Rechtswissenschaftler *Karl Binding* und dem Psychiater *Alfred Hoche* veröffentlichten Schrift *Die Freigabe der Vernichtung lebensunwerten Lebens. Ihr Maß und ihre Form*[47] offenbarte.

Soweit die Rassenhygieniker von einer übertriebenen Fürsorge der „Kranken und Schwachen“ sprachen und dies insbesondere in der Weimarer Republik mit hohen Fürsorgekosten der öffentlichen Hand belegen wollten, täuschte dies jedoch über die wahren Verhältnisse hinweg. Bereits in der Zeit des Deutschen Kaiserreichs erinnerten psychiatrische Anstalten mehr an Gefängnisse als an Heil- und Pflegeanstalten.[48] Einen Eindruck der Verhältnisse in psychiatrischen Anstalten vermitteln die Sterberaten während des Ersten Weltkrieges von rund 30 Prozent, die in erster Linie auf Mangelernährung und Unterversorgung zurückzuführen waren.[49]

Die nationalsozialistische Weltanschauung machte sich die rassenhygienischen Forderungen von Anfang an zu eigen.[50] Sowohl die positive Förderung vermeintlich erbgesunder Familien als auch die „Ausscheidung“ der als „rassisch minderwertig“ Betrachteten aus der Fortpflanzung gehörten zum Kern der späteren nationalsozialistischen „Rasse“-Gesetzgebung.[51] *Adolf Hitler* schrieb in *Mein Kampf*, dass der Zweck des Staates in der Erhaltung und Förderung einer Gemeinschaft *„physisch und seelisch gleichartiger Lebewesen“* liege.[52] Um diesen Zweck zu erfüllen, habe der Staat die innerhalb der Volksgemeinschaft als *„rassisch besonders wertvoll“* erkannten Elemente maßgeblich zu fördern und für ihre besondere Vermehrung zu sorgen.[53] Insbesondere sollte der Staat die hierfür erforderlichen sozialen

47 Carl Binding und Alfred Erich Hoche, Die Freigabe der Vernichtung lebensunwerten Lebens. Ihr Mass und ihre Form, Leipzig 1920.

48 Vertiefend Jochen-Christoph Kaiser, Kurt Nowak und Michael Schwartz, Eugenik, Sterilisation, "Euthanasie" Politische Biologie in Deutschland 1895–1945, Berlin 1992, XII f. m.w.N.

49 Kathrin Hammon, Karl Binding/Alfred E.Hoche "Die Freigabe der Vernichtung lebensunwerten Lebens. Ihr Maß und Ihre Form.", Göttingen 2011, 39; *Benno Müller-Hill* geht gar davon aus, dass etwa die Hälfte der Patienten in psychiatrischen Anstalten an Hunger und Infektionen gestorben sei; Benno Müller-Hill, Tödliche Wissenschaft, Berlin 1989, 11 f.

50 Hans-Günter Zmarzlik, Der Sozialdarwinismus in Deutschland als geschichtliches Problem, in: Vierteljahreshefte für Zeitgeschichte (11), 1963, 246; *Fritz Lenz* wies 1931 darauf hin, dass die Nationalsozialistische Deutsche Arbeiterpartei die erste politische Partei überhaupt gewesen sei, die die Rassenhygiene als eine zentrale Forderung ihres Programms vertreten habe; Fritz Lenz, Die Stellung des Nationalsozialismus zur Rassenhygiene, in: Archiv für Rassen- und Gesellschaftsbiologie (25), 1931, 300.

51 Otto Koellreutter, Deutsches Verfassungsrecht, Berlin 1938, 72.

52 Adolf Hitler, Mein Kampf, München 1933, 433.

53 Adolf Hitler, a.a.O., 492 f.

Voraussetzungen schaffen. Umgekehrt habe der „*völkische Staat*" dafür Sorge zu tragen, dass nur wer gesund sei, Kinder zeuge. Der „*völkische Staat*" sollte jeden, der „*ersichtlich krank und erblich belastet*" sei, für zeugungsunfähig erklären und dies praktisch durchsetzen.[54] Seine Forderung, dass „*defekten Menschen*" die Zeugung ebenso „*defekter Nachkommen*" unmöglich gemacht werde, bezeichnete *Hitler* als eine Forderung klarster Vernunft und in ihrer planmäßigen Durchführung die humanste Tat der Menschheit. Sie sollte „*Millionen von Unglücklichen*" unverdiente Leiden ersparen und in der Folge zu einer „*steigenden Gesundung*" führen.[55] *Fritz Lenz* wies 1931 zutreffend darauf hin, dass *Hitler* keine neuen Ideen vertrat. Vielmehr sollen seine rassenhygienischen Ausführungen auf der Lektüre des in zwei Bänden erschienenen Werks *Menschliche Erblehre und Rassenhygiene* von *Erwin Baur, Eugen Fischer* und *Fritz Lenz* während der Festungshaft in Landsberg beruht haben. Der sogenannte *Baur-Fischer-Lenz* hatte *Schallmayers* Studie *Vererbung und Auslese im Lebenslauf der Völker* 1921 als Standardwerk der Rassenhygiene abgelöst.[56] *Hitler* griff Kernforderungen der rassenhygienischen Bewegung auf und machte sie zum Bestandteil des nationalsozialistischen Programms. Folgerichtig gewann die deutsche Rassenhygiene mit der Machtübernahme 1933 „*sprunghaft*" an Bedeutung. Sie bot der nationalsozialistischen Rassenideologie deren (pseudo-) wissenschaftliches Fundament.[57] Umgekehrt sahen viele Rassenhygieniker in der Machtübernahme die Chance zur Umsetzung ihrer langjährigen Forderungen.[58] Den Beginn der praktischen Durchführung der nationalsozialistischen Gesundheitspolitik markierte schließlich die Verabschiedung des Gesetzes zur Verhütung erbkranken Nachwuchses am 14. Juli 1933.

---

54 Adolf Hitler, a.a.O., 446 f.

55 Adolf Hitler, a.a.O., 279 f.

56 Fritz Lenz, Die Stellung des Nationalsozialismus zur Rassenhygiene, in: Archiv für Rassen- und Gesellschaftsbiologie (25), 1931, 300, 301 f.

57 So Hans-Günter Zmarzlik, Der Sozialdarwinismus in Deutschland als geschichtliches Problem, in: Vierteljahreshefte für Zeitgeschichte (11), 1963, 246, 266; zum Wissenschaftscharakter der Eugenik und Rassenhygiene vgl. Hubert Rottleuthner, Zum Wissenschaftscharakter der Eugenik, in: Eugenik und Euthanasie 1850–1945, Baden-Baden 2009, 43.

58 Ernst Rüdin, Aufgaben und Ziele der deutschen Gesellschaft für Rassenhygiene, in: Archiv für Rassen- und Gesellschaftsbiologie (28), 1934, 228.

# 2. Kapitel: Das Gesetz zur Verhütung erbkranken Nachwuchses vom 14. Juli 1933

## I. Entstehungsgeschichte des Gesetzes zur Verhütung erbkranken Nachwuchses vom 14. Juli 1933[59]

Die Diskussion der gesetzlichen Normierung einer Unfruchtbarmachung aus eugenischen Gründen wurde in Deutschland erstmals um 1900 durch den Psychiater *Paul Näcke*, seinerzeit ärztlicher Vorstand der Anstalt für geisteskranke Männer Schloss Hubertusburg, mit dessen im Archiv für Kriminalanthropologie und Kriminalistik veröffentlichten Aufsatz *Die Kastration bei gewissen Klassen von Degenerirten als ein wirksamer socialer Schutz* angestoßen.[60] Der Herausgeber des Archivs für Kriminalanthropologie und Kriminalistik, *Hans Gross*, bezweifelte seinerzeit jedoch, dass der Vorschlag *Näckes* jemals irgendwo zur Durchführung gelangen werde.[61] *Ernst Rüdin*, Kommentator[62] des Gesetzes zur Verhütung erbkranken Nachwuchses, forderte 1903 auf dem IX. Internationalen Kongress gegen den Alkoholismus die gezielte und systematische *„künstliche Ausjäte"* der Untüchtigen und schlug im Hinblick auf Alkoholkranke die *„Verhütung jeglicher Nachzucht"* durch zwangsweise Dauerinternierung und gesetzliche Eheverbote vor. Bei einer *„gewissen Kategorie von Trinkern"* hielt *Rüdin* auch die Heirat unter der Bedingung

---

59 Für eine ausführliche Untersuchung der Entstehungsgeschichte des Gesetzes zur Verhütung erbkranken Nachwuchses vom 14. Juli 1933 vgl. insb. Joachim Müller, Sterilisation und Gesetzgebung bis 1933, Husum 1985 und Udo Benzenhöfer, Zur Genese des Gesetzes zur Verhütung erbkranken Nachwuchses, Münster 2006; für eine zeitgenössische Darstellung siehe Adolf Sellmann, Das Gesetz zur Verhütung erbkranken Nachwuchses, Schwelm in Westfalen 1934, 10 ff.

60 Paul Näcke, Die Kastration bei gewissen Entarteten, in: Archiv für Kriminalanthropologie und Kriminalistik (3), 1900, 58; *Näcke* versteht unter den *„Degenerirten"* unter anderem die *„parasitären Existenzen"* und führt beispielhaft Verbrecher, *„Bummler"* und Bettler an, a.a.O., 66; siehe auch Joachim Müller, Sterilisation und Gesetzgebung bis 1933, Husum 1985, 47 f.; Peter Weingart, Jürgen Kroll und Kurt Bayertz, Rasse, Blut und Gene Geschichte der Eugenik und Rassenhygiene in Deutschland, Frankfurt am Main 1988, 284; Udo Benzenhöfer, Zur Genese des Gesetzes zur Verhütung erbkranken Nachwuchses, Münster 2006, 20.

61 Paul Näcke, Die Kastration bei gewissen Entarteten, in: Archiv für Kriminalanthropologie und Kriminalistik (3), 1900, 58, Anmerkung des Herausgebers.

62 Im Hinblick auf die umstrittene Frage, inwiefern Rüdin auch an der Entstehung des Gesetzes zur Verhütung erbkranken Nachwuchses beteiligt war vgl. Udo Benzenhöfer, Zur Genese des Gesetzes zur Verhütung erbkranken Nachwuchses, Münster 2006, 77 ff.

für möglich, dass sie sich auf eigenen Wunsch und mit Wissen der Ehegatten einer Sterilisierung unterzögen. Auch *Rüdins* Vorschläge stießen jedoch überwiegend auf Ablehnung.[63] So wurde die Sterilisation aus eugenischer Indikation bis zum Ende des Ersten Weltkrieges 1918 nur von wenigen Autoren gefordert. Auch unter den Vertretern der noch jungen Disziplin der Rassenhygiene galt die (zwangsweise) Sterilisierung lediglich als untergeordnetes Mittel zur Erreichung rassenhygienischer Ziele.[64] Unter dem Eindruck des zunehmenden Bevölkerungsschwundes infolge des Ersten Weltkrieges legte der damalige Reichskanzler *Georg von Hertling* dem Deutschen Reichstag am 4. Juli 1918 gar den Entwurf eines Gesetzes gegen Unfruchtbarmachung und Schwangerschaftsunterbrechung vor.[65] Demnach sollten Eingriffe oder Verfahren zum Zwecke der Beseitigung der Zeugungs- oder Gebärfähigkeit eines Anderen oder der Tötung *„der Frucht einer Schwangeren"* nur zur Abwendung einer schweren, anders nicht zu beseitigenden Gefahr für Leib oder Leben der behandelten Person zulässig sein. Im Übrigen sollte die vorsätzliche Beseitigung der Zeugungs- oder Gebärfähigkeit eines Anderen trotz dessen (rechtfertigender) Einwilligung sowohl für den Behandelnden als auch für den Behandelten strafbar sein. Der Schwangerschaftsabbruch oder die Unfruchtbarmachung aus rassenhygienischer oder eugenischer Indikation wurde in der Gesetzesbegründung explizit abgelehnt.[66]

## 1. Erste Gesetzesinitiativen in der Weimarer Republik

Während in den USA seit 1907 zahlreiche Sterilisationsgesetze in Kraft traten, erfuhr die Rassenhygiene und mit ihr die Sterilisationsdebatte in Deutschland erst nach dem Ersten Weltkrieg einen Aufschwung.[67] 1922 formulierte die Deutsche

---

63 Ernst Rüdin, Der Alkohol im Lebensprozeß der Rasse, in: Bericht über den IX. Internationalen Kongreß gegen den Alkoholismus, Jena 1904, 95, 103 ff. zitiert nach Joachim Müller, Sterilisation und Gesetzgebung bis 1933, Husum 1985, 48.

64 So etwa Ernst Rüdin, Rassenhygienische Gesetzgebung in den Vereinigten Staaten von Nordamerika, in: Archiv für Rassen- und Gesellschaftsbiologie (5), 1908, 154, vgl. ferner Joachim Müller, Sterilisation und Gesetzgebung bis 1933, Husum 1985, 49 ff. m.w.N.

65 Gesetzentwurf sowie dessen Begründung in Auszügen abgedruckt bei Franz von Liszt, Der Entwurf eines Gesetzes gegen Unfruchtbarmachung und Schwangerschaftsunterbrechung, in: Zeitschrift für die gesamte Strafrechtswissenschaft (40), 1919, 74; hinsichtlich des Vorlagedatums siehe Joachim Müller, Sterilisation und Gesetzgebung bis 1933, Husum 1985, Endnote 512.

66 Franz von Liszt, Der Entwurf eines Gesetzes gegen Unfruchtbarmachung und Schwangerschaftsunterbrechung, in: Zeitschrift für die gesamte Strafrechtswissenschaft (40), 1919, 74, 76 f.

67 In den USA traten zwischen 1907 und 1937 Sterilisationsgesetze in 32 Staaten in Kraft, von denen im Jahr 1928 bereits 18 von damals 23 Gesetzen eine zwangsweise Sterilisierung vorsahen; für eine ausführliche Darstellung vgl. Joachim Müller, Sterilisation und Gesetzgebung bis 1933, Husum 1985, 33 ff., der betont, dass die

Gesellschaft für Rassenhygiene 41 Leitsätze, die sowohl sprachlich als auch inhaltlich bereits stark auf die spätere Erbgesundheitspolitik der Nationalsozialisten hindeuteten.[68] Zwar sahen die Teilnehmer der Hauptversammlung, die am 14. und 15. Oktober 1922 in München stattfand, die Zeit für eine zwangsweise Unfruchtbarmachung *„geistig Minderwertiger"* und *„sonst Entarteter"* noch nicht gekommen, forderten gleichzeitig aber die Unfruchtbarmachung *„krankhaft Veranlagter"* auf deren eigenen Wunsch oder mit deren Zustimmung alsbald gesetzlich zu regeln.[69]

Einen ersten Gesetzesvorschlag legte im Jahr 1923 der Zwickauer Bezirksarzt *Gerhard Boeters* der sächsischen Staatsregierung vor. Danach sollte durch Operation zum einen bei Kindern, die bei Eintritt in das schulpflichtige Alter als blind geboren, taubstumm geboren oder „blödsinnig" als für den normalen Volksschulunterricht unfähig erkannt worden seien und zum anderen bei den in Landesanstalten untergebrachten Blindgeborenen, Taubstummgeborenen, „Blödsinnigen" und „Geisteskranken" vor deren Entlassung die Fortpflanzungsfähigkeit beseitigt werden. Zur Eheschließung sollten sie nur dann zugelassen werden, wenn bei ihnen eine sterilisierende Operation durchgeführt worden sei.[70] Auch wenn die Vorschläge *Boeters* insbesondere in der Ärzteschaft Widerspruch fanden und vielen als zu weitgehend galten,[71] nahm der Präsident des Sächsischen Landesgesundheitsamtes, *F.A. Weber*, diese gleichwohl zum Anlass, sowohl ein juristisches als auch ein medizinisch-psychiatrisches Gutachten zur Sterilisationsfrage in

---

Möglichkeit der (Zwangs-)Sterilisierung nur *„in bescheidenem Maße"* wahrgenommen worden sei; in Europa trat das erste Sterilisationsgesetz erst im Jahr 1929 im Kanton Waadt in der Schweiz in Kraft, das grundsätzlich auch die Möglichkeit einer zwangsweisen Sterilisierung vorsah; siehe auch den Überblick über die internationalen Gesetzgebungsbestrebungen bei Sylvia Kesper-Biermann, "Deutschland, Europa und die übrige Welt" – Zur Vorgeschichte des Gesetzes zur Verhütung erbkranken Nachwuchses in transnationaler Perspektive, in: Justiz und Erbgesundheit – Zwangssterilisierung, Stigmatisierung, Entrechtung: "Das Gesetz zur Verhütung erbkranken Nachwuchses" in der Rechtsprechung der Erbgesundheitsgerichte 1934–1945 und seine Folgen für die Betroffenen bis in die Gegenwart, Düsseldorf 2008, 7 ff.

68 Leitsätze der Deutschen Gesellschaft für Rassenhygiene, in: Archiv für Rassen- und Gesellschaftsbiologie (14), 1922, 372 ff.; so lautet der erste Leitsatz: *„Die Hauptgefahr, die jeder Volksgemeinschaft droht, ist die Entartung, nämlich die Verarmung an wertvollen, leistungsfähigen Rassenelementen."*

69 A.a.O., 374.

70 Zitiert nach Joachim Müller, Sterilisation und Gesetzgebung bis 1933, Husum 1985, 60 f.

71 Vgl. Joachim Müller, a.a.O., 62 ff.; siehe aber auch den Zuspruch von Robert Gaupp, Die Unfruchtbarmachung geistig und sittlich Kranker und Minderwertiger, Berlin 1925, der die (Zwangs-)Sterilisierung *„intellektuell und moralisch Minderwertiger"* forderte.

Auftrag zu geben.[72] Eine im Landesgesundheitsamt gebildete Kommission arbeitete infolgedessen schließlich eine als § 224a in das Strafgesetzbuch aufzunehmende Ergänzung aus, die Sterilisationen unter den folgenden Voraussetzungen vom Tatbestand der Körperverletzung ausnehmen sollte:

> *„Eine strafbare Körperverletzung liegt nicht vor, wenn durch einen Arzt zeugungsunfähig gemacht worden ist, wer an einer Geisteskrankheit, an einer dieser gleich zu erachtenden anderen Geistesstörung oder an einer bestätigten schweren verbrecherischen Veranlagung leidet oder gelitten hat, die nach dem Gutachten zweier hierfür amtlich anerkannter Ärzte mit großer Wahrscheinlichkeit schwere Erbschädigungen seiner Nachkommen erwarten lässt.*
> *Der Eingriff muß mit seiner Einwilligung oder bei Unmündigen mit Einwilligung des gesetzlichen Vertreters und in beiden Fällen mit Zustimmung des Vormundschaftsgerichts vorgenommen worden sein. Als Gutachter können nur gelten ein Psychiater und ein in Eugenik und Rassenhygiene erfahrener Arzt."*[73]

Diesen Ergänzungsvorschlag legte das Landesgesundheitsamt dem sächsischen Innenministerium vor, welches diesen wiederum befürwortend an das Reichsjustizministerium und an das Reichsinnenministerium weitergab.[74] Das Reichsgesundheitsamt äußerte in einer gutachterlichen Stellungnahme gegenüber dem Reichsinnenministerium seine Zustimmung zu dem Ergänzungsvorschlag und schlug eine entsprechende Novelle des Strafgesetzbuches vor.[75]

Anlässlich der Eingabe *Boeters* an die sächsische Staatsregierung beschäftigten sich auch das Land Preußen sowie das Land Thüringen mit der Frage eines Sterilisationsgesetzes. Am 8. Dezember 1923 erstattete *Karl Bonhoeffer* dem Ausschuss für Bevölkerungswesen und Rassenhygiene des preußischen Landesgesundheitsrats ein Gutachten über *die Unfruchtbarmachung der geistig Minderwertigen.*[76] Ein

---

72 Siehe das Schreiben des Sächsischen Ministeriums der auswärtigen Angelegenheiten an das Reichsministerium des Innern, BArch R 86/2374, fol. 353; vgl. Joachim Müller, Sterilisation und Gesetzgebung bis 1933, Husum 1985, 68.

73 Anlage 3 zum Schreiben des Sächsischen Ministeriums der auswärtigen Angelegenheiten an das Reichsministerium des Innern, BArch R 86/2374, fol. 353, 401; F.A. Weber, Die Unfruchtbarmachung Geisteskranker, Schwachsinniger und Verbrecher aus Anlage, in: Zeitschrift für ärztliche Fortbildung (22), 1925, 152, 154 f.; vgl. Joachim Müller, Sterilisation und Gesetzgebung bis 1933, Husum 1985, 68.

74 F.A. Weber, Die Unfruchtbarmachung Geisteskranker, Schwachsinniger und Verbrecher aus Anlage, in: Zeitschrift für ärztliche Fortbildung (22), 1925, 152, 155; vgl. Joachim Müller, Sterilisation und Gesetzgebung bis 1933, Husum 1985, 68.

75 Bericht des Reichsgesundheitsamts an den Reichsminister des Innern vom 19. Februar 1925 betreffend die Unfruchtbarmachung geistig Minderwertiger, BArch R 86/2374, fol. 185 ff.; vgl. Joachim Müller, a.a.O., 71.

76 Karl Bonhoeffer, Die Unfruchtbarmachung der geistig Minderwertigen, in: Klinische Wochenschrift (3), 1922, 798; die Verhandlungsniederschrift über die Sitzung des Ausschusses für das Bevölkerungswesen und die Rassenhygiene des preußischen

Eingreifen des Staates im Sinne der zwangsweisen Sterilisierung erschien *Bonhoeffer* aufgrund des weitgehend ungeklärten Erbgangs der von *Boeters* beschriebenen Krankheitsbilder nicht geboten. Ohnehin hielt er den Wirkungskreis von Sterilisationsmaßnahmen für die Eugenik im Allgemeinen für sehr beschränkt. Die freiwillige Unfruchtbarmachung erschien *Bonhoeffer* hingegen als zulässig und in manchen Fällen „*wünschenswert*", wenn mit erheblicher Wahrscheinlichkeit die Erkrankung der Nachkommen zu erwarten sei. Entsprechend kam der Ausschuss für Bevölkerungswesen und Rassenhygiene des preußischen Landesgesundheitsrats zu dem Ergebnis, dass der Gesetzesvorschlag *Boeters* nicht geeignet sei „*schon jetzt*" als Grundlage für Maßnahmen der Gesetzgebung und Verwaltung zu dienen und empfahl den weiteren Fortschritt der erbbiologischen und klinischen Forschung abzuwarten.[77] Explizit erörtert wurde in der Sitzung des Ausschusses für Bevölkerungswesen und Rassenhygiene des preußischen Landesgesundheitsrats die Frage, ob von der Unfruchtbarmachung auch die „als nicht krank zu bezeichnenden Asozialen" erfasst sein sollten. Insoweit bestand allgemeine Zustimmung, dass auch für die Frage, wieweit „Asoziale" von der Fortpflanzung auszuschließen seien, nur wissenschaftliche Grundlagen über die Vererbbarkeit maßgebend sein dürften.[78]

Der Ausschuss für Bevölkerungspolitik des preußischen Landtages verhandelte bereits am 4. Dezember 1923 über die Eingabe *Boeters*. Auch wenn der Ausschuss für Bevölkerungspolitik die „*Vernichtung lebensunwerten Lebens*" in dem Umfang, in dem ihn *Boeters* forderte, ebenfalls für „*noch nicht spruchreif*" hielt, da die Gesetze der Vererbung nicht ausreichend erforscht seien, befand er grundsätzlich aber die Sterilisierung aus eugenischer Indikation in beschränktem Umfang für nötig.[79] Auf Antrag des Ausschusses für Bevölkerungspolitik beschloss der preußische Landtag daher am 31. Januar 1924, *Boeters* Gesetzesvorschlag dem preußischen Staatsministerium als „*Material*" vorzulegen.[80]

---

Landesgesundheitsrats gibt hingegen den 1. Dezember 1923 als Sitzungstag an, siehe BArch 86/2374, fol. 51.

77 Verhandlungsniederschrift über die Sitzung des Ausschusses für das Bevölkerungswesen und die Rassenhygiene des Landesgesundheitsrats am 1. Dezember 1923 im preußischen Ministerium für Volkswohlfahrt, BArch R 86/2374, fol. 51, 52; vgl. Joachim Müller, Sterilisation und Gesetzgebung bis 1933, Husum 1985, 69.

78 Verhandlungsniederschrift über die Sitzung des Ausschusses für das Bevölkerungswesen und die Rassenhygiene des Landesgesundheitsrats am 1. Dezember 1923 im preußischen Ministerium für Volkswohlfahrt, BArch R 86/2374, fol. 51.

79 20. Bericht des Ausschusses für Bevölkerungspolitik, Drucksache Nr. 7483, in: Sammlung der Drucksachen des preußischen Landtags, 1. Wahlperiode, 1. Tagung 1921–1924, 7927 f.

80 Drucksachenbericht zur 297. Sitzung des preußischen Landtags, 1. Wahlperiode, 1. Tagung 1921–1924, Sp. 21 102; zitiert nach Joachim Müller, Sterilisation und Gesetzgebung bis 1933, Husum 1985, 69 f.

Auf Anregung des Thüringischen Wirtschaftsministeriums beschäftigte sich auch das Reichsministerium des Innern mit der gesetzlichen Einführung der Unfruchtbarmachung von „geistig und moralisch minderwertigen Personen" und beauftragte das Reichsgesundheitsamt mit einer gutachterlichen Zusammenfassung der für die Beurteilung dieser Frage in Betracht kommenden Gesichtspunkte.[81] Das Reichsgesundheitsamt in Person von Oberregierungsrat *Dr. Hesse* befand es in seinem hierauf erstatteten Bericht an den Reichsminister des Innern *„durch zahlreiche Beobachtungen"* für erwiesen, dass bei einer großen Anzahl der *„geistig und moralisch minderwertigen Personen"* die *„krankhafte Entartung"* auf einer vererbbaren Anlage beruhe. Durch die Unfruchtbarmachung *„solcher Personen"* und die hiermit verbundene Verringerung der „unbrauchbaren und nutzlosen" Elemente im Volk erwartete das Reichsgesundheitsamt insbesondere eine erhebliche Entlastung der öffentlichen Fürsorge. Aufgrund mangelnder erbbiologischer Erkenntnisse wurde jedoch bezweifelt, ob „schon jetzt die Zeit gekommen" sei, die Unfruchtbarmachung „geistig Minderwertiger" einzuführen. Auch sah das Reichsgesundheitsamt erhebliche Abgrenzungsschwierigkeiten bei der Entscheidung, wann ein solcher Grad „geistiger und moralischer Minderwertigkeit" anzunehmen sein sollte, der die Unfruchtbarmachung rechtfertige. Zudem erwartete das Reichsgesundheitsamt im „Volksempfinden" sehr starken Widerstand gegen eine entsprechende gesetzliche Regelung. Nicht zuletzt unter Hinweis auf die innenpolitische Unruhe und die „außerordentliche Reizbarkeit des deutschen Volkes" riet das Reichsgesundheitsamt von einer gesetzlichen Regelung der Unfruchtbarmachung aus eugenischer Indikation, die voraussichtlich zu schweren Meinungsverschiedenheiten unter der Bevölkerung, heftigen Erörterungen in wissenschaftlichen, wirtschaftlichen und kirchlichen Kreisen sowie der Presse und zu lebhaften Kämpfen auch bei den „gesetzgebenden Faktoren" führen werde, ab.[82]

Zur Ausarbeitung konkreter Gesetzesinitiativen kam es zunächst aber weder in Preußen noch in Thüringen.[83]

Da sein Gesetzesvorschlag nicht die gewünschte Resonanz bei der sächsischen Staatsregierung fand, legte *Boeters* im Oktober 1925 dem Deutschen Reichstag einen *Entwurf zu einem Gesetz über die Verhütung unwerten Lebens durch operative Maßnahmen* vor, dem er den Beinamen *Lex Zwickau* gab. Der Gesetzesentwurf

81 Schreiben des Thüringischen Wirtschaftsministeriums, Abteilung Arbeit und Wohlfahrt an das Reichsministerium des Innern vom 16. Juli 1923, BArch R 86/2374, fol. 16 f.

82 Bericht des Reichsgesundheitsamts an den Reichsminister des Innern betreffend die Gesetzliche Einführung der künstlichen Unfruchtbarmachung in Deutschland vom 15. Oktober 1923, BArch R 86/2374, fol. 24 ff.

83 Michael Schwartz, Sozialistische Eugenik – Eugenische Sozialtechnologien in Diskurs und Politik der deutschen Sozialdemokratie 1890–1933, Münster 1992, 280; Udo Benzenhöfer, Zur Genese des Gesetzes zur Verhütung erbkranken Nachwuchses, Münster 2006, 25.

entsprach inhaltlich im Wesentlichen dem Gesetzesvorschlag aus dem Jahr 1923.[84] Das Reichsgesundheitsamt sah in einer erneuten Stellungnahme jedoch keinen Grund von seiner bisherigen Auffassung abzurücken.[85]

Im Zusammenhang mit der angestrebten Strafrechtsreform wurde seit dem Jahr 1925 diskutiert, die Unfruchtbarmachung aus eugenischer Indikation vergleichbar dem oben zitierten sächsischen Ergänzungsvorschlag zu § 224 des Strafgesetzbuches straffrei zu stellen. Einen anderen Ansatz verfolgten im Oktober 1928 die an der Regierung beteiligten Fraktionen der Deutschen Volkspartei (DVP), der Bayrischen Volkspartei (BVP) und der Deutschen Demokratischen Partei (DDP). Am 30. Oktober 1928 beantragten sie im Strafrechtsausschuss den § 62 des Entwurfs für ein neues Strafgesetzbuch dahin gehend zu ergänzen, dass die Zustimmung des zuständigen Gerichts zu der Entlassung eines Sicherheitsverwahrten oder eines in einer Heil- und Pflegeanstalt Untergebrachten insbesondere dann erteilt werden könne, wenn der Untergebrachte sich der Sterilisation unterzogen habe. Zur Begründung führte der Reichstagsabgeordnete *Albert Zapf* (DVP) aus, dass die Eugenik Wege zu suchen habe, die Vererbung von *„asozialen und krankhaften Veranlagungen"* nach Möglichkeit einzuschränken.[86] Die Vertreter der SPD-Reichstagsfraktion wiederum stellten am 5. Februar 1931 einen Antrag auf Einführung eines § 64a, wonach für die öffentliche Sicherheit gefährliche Gewohnheitsverbrecher mit ihrer Zustimmung hätten unfruchtbar gemacht werden können.[87] Die schließlich von dem Strafrechtsausschuss des Reichstages angenommenen Entwürfe für ein neues Strafgesetzbuch enthielten jedoch keine konkreten Regelungen, nach denen die Unfruchtbarmachung aus eugenischer Indikation explizit straflos oder strafbewährt hätte sein sollen.[88]

---

84 Joachim Müller, Sterilisation und Gesetzgebung bis 1933, Husum 1985, 71; siehe auch das Schreiben von *Gerhard Boeters* an die Deutsche Reichsregierung vom 4. Dezember 1925 nebst Anlagen, BArch R 86/2374, fol. 212 ff.

85 Stellungnahme des Reichsgesundheitsamts vom 21. Januar 1926, BArch R 86/2374, fol. 228 ff.; vgl. Joachim Müller, a.a.O., 71.

86 Protokoll des Strafrechtsausschusses, IV. Wahlperiode 1928, 21. Ausschuss, 14. Sitzung am 30. Oktober 1928, S. 9, BArch 3001/5833, fol. 170; vgl. Michael Schwartz, Sozialistische Eugenik – Eugenische Sozialtechnologien in Diskurs und Politik der deutschen Sozialdemokratie 1890–1933, Münster 1992, 296 ff.

87 Ausschussdrucksachen, V. Wahlperiode 1930, 18. Ausschuss, Drucksache Nr. 59, BArch R 3001/5827, fol. 142; vgl. Michael Schwartz, a.a.O., 300.

88 Vgl. für eine ausführliche Darstellung der Diskussion Joachim Müller, Sterilisation und Gesetzgebung bis 1933, Husum 1985, 72 ff.; Peter Weingart, Jürgen Kroll und Kurt Bayertz, Rasse, Blut und Gene Geschichte der Eugenik und Rassenhygiene in Deutschland, Frankfurt am Main 1988, 292; Michael Schwartz, Sozialistische Eugenik – Eugenische Sozialtechnologien in Diskurs und Politik der deutschen Sozialdemokratie 1890–1933, Münster 1992, 293 ff.; Udo Benzenhöfer, Zur Genese des Gesetzes zur Verhütung erbkranken Nachwuchses, Münster 2006, 27 ff.

## 2. Der Entwurf für ein Sterilisierungsgesetz des preußischen Landesgesundheitsrats

Während in den neunzehnhundertzwanziger Jahren insbesondere mit der Begründung mangelnder Erkenntnisse auf dem Gebiet der Vererbungslehre keine politische Mehrheit für eine staatliche Rassenhygiene gefunden werden konnte[89], erschien die Eugenik Anfang der neunzehnhundertdreißiger Jahre vor dem Hintergrund der *„veränderten Wirtschaftslage“* in Folge der Weltwirtschaftskrise nunmehr als geeignetes Mittel, um Fürsorgekosten zu begrenzen.[90]

In einer Sitzung am 20. Januar 1932 nahm der preußische Staatsrat den folgenden, aus Beratungen des Gemeindeausschusses hervorgegangenen Antrag an:[91]

> *„In der Erkenntnis, daß der Geburtenrückgang in der erbgesunden, familiär verantwortungsbewußten Bevölkerung sich besonders stark auswirkt, und daß die Aufwendungen für Menschen mit erbbedingten, körperlichen oder geistigen Schäden schon jetzt eine für unsere Wirtschaftslage untragbare Höhe erreicht haben, wird das Staatsministerium ersucht,*
>
> *a) in Fühlungnahme mit den dazu berufenen Stellen (Ärzten, Pädagogen, Theologen) Maßnahmen zu treffen, um den anerkannten Lehren der Eugenik eine größere Verbreitung und Beachtung zu verschaffen,*

---

89 Vgl. exemplarisch die Diskussion im preußischen Landesgesundheitsrat im Oktober 1925; *Michael Schwartz* führt insoweit aber aus, dass sich bereits 1923/24 zwischen den thüringischen und sächsischen Staatsregierungen, der preußischen SPD und dem preußischen Landesgesundheitsrat ein prinzipieller Konsens in der Befürwortung zumindest freiwilliger eugenischer Sterilisation etabliert habe, dem sich 1925 auch das Reichsgesundheitsamt angeschlossen habe; siehe Michael Schwartz, Sozialistische Eugenik – Eugenische Sozialtechnologien in Diskurs und Politik der deutschen Sozialdemokratie 1890–1933, Münster 1992, 289 ff.

90 Eugenische Maßnahmen als Aufgabe des Staates, in: Deutsches Ärzteblatt (61), 1932, 119, 120; so auch Peter Weingart, Jürgen Kroll und Kurt Bayertz, Rasse, Blut und Gene Geschichte der Eugenik und Rassenhygiene in Deutschland, Frankfurt am Main 1988, 295; Michael Schwartz, Sozialistische Eugenik – Eugenische Sozialtechnologien in Diskurs und Politik der deutschen Sozialdemokratie 1890–1933, Münster 1992, 312; Sylvia Kesper-Biermann, "Deutschland, Europa und die übrige Welt" – Zur Vorgeschichte des Gesetzes zur Verhütung erbkranken Nachwuchses in transnationaler Perspektive, in: Justiz und Erbgesundheit – Zwangssterilisierung, Stigmatisierung, Entrechtung: "Das Gesetz zur Verhütung erbkranken Nachwuchses" in der Rechtsprechung der Erbgesundheitsgerichte 1934–1945 und seine Folgen für die Betroffenen bis in die Gegenwart, Düsseldorf 2008, 8 f.

91 Zu den Beratungen im Gemeindeausschuss des preußischen Staatsrates vgl. Eugenische Fragen im preußischen Staatsrat, in: Deutsches Ärzteblatt (60), 1931, 480 und Eugenische Maßnahmen als Aufgabe des Staates, in: Deutsches Ärzteblatt (61), 1932, 119.

*b) zu veranlassen, daß mit möglichster Beschleunigung die von den Gemeinden, Kreisen, Provinzen und dem Staate für die Pflege und Förderung der geistig und körperlich Minderwertigen aufzuwendenden Kosten auf dasjenige Maß herabgesenkt werden, das von einem völlig verarmten Volk noch getragen werden kann.*“[92]

Begründet wurde dieser Antrag mit dem stetigen Geburtenrückgang insbesondere der „*Erbgesunden*“, der „*in jeder Arbeit Tüchtigen*“ und der „*ethisch Zuverlässigen*“. Steigende Bevölkerungszahlen seien dagegen bei den „*Alkoholikern*“, „*Geschlechtskranken*“, „*Tuberkulösen*“, „*Geisteskranken*“, „*Simulanten*“ und „*Psychopathen*“ zu finden.[93] Im Gegensatz zur Gruppe der „*Erbgesunden*“ hätten die „*Minderwertigen*“ durch „*eine ihnen eigene Hemmungslosigkeit*“ Kinder über Kinder. Nur das „*Lumpenproletariat*“ und die „*Gruppe der Eltern von Hilfsschülern*“ weise eine gesicherte Vermehrung auf.[94] Gestützt wurden diese Erkenntnisse insbesondere auf die Untersuchungen von *Hermann Muckermann* und *Otmar von Verschuer.*[95]

Als konkrete Maßnahme wurden unter anderem Ehegesundheitszeugnisse in Erwägung gezogen.[96] Keine Einigkeit konnte hingegen zu der „*schwierigen Sterilisierungsfrage*“ erzielt werden und insoweit auf die anstehenden Beratungen im preußischen Landesgesundheitsrat verwiesen.[97]

Der zusammengesetzte Ausschuss des preußischen Landesgesundheitsrats verhandelte am 2. Juli 1932.[98] Die Berichterstatter waren *Hermann Muckermann*, *Johannes Lange* und *Eduard Kohlrausch*. *Lange*, der über den Stand der Erblehre bei der Erforschung „*abnormer Seelenzustände*“ referierte, hob insbesondere die Gruppe der „*sozial Abnormen*“ hervor, unter denen er Personen verstand, die unfähig erschienen, sich selbst zu erhalten. Bei dieser Gruppe seien eugenische Maßnahmen in ganz besonders dringendem Maße angezeigt. Eine generelle Ausschaltung von der Fortpflanzung hielt *Lange* gleichwohl nur für die Schwachsinnsformen, die Erbchorea, die Schizophrenie und manche Epilepsieformen für angezeigt. Bei den „*sozial Abnormen*“ und anderen sei hingegen eine im Einzelfall genaue Analyse der Erblage und der betreffenden Persönlichkeit selbst Voraussetzung für eugenische

---

92 A.a.O.

93 Eugenische Fragen im preußischen Staatsrat, in: Deutsches Ärzteblatt (60), 1931, 480.

94 Eugenische Maßnahmen als Aufgabe des Staates, in: Deutsches Ärzteblatt (61), 1932, 119, 120.

95 Eugenische Fragen im preußischen Staatsrat, in: Deutsches Ärzteblatt (60), 1931, 480 f.

96 Eugenische Maßnahmen als Aufgabe des Staates, in: Deutsches Ärzteblatt (61), 1932, 119, 120.

97 A.a.O., 122.

98 Die Eugenik im Dienste der Volkswohlfahrt – Bericht über die Verhandlungen eines zusammengesetzten Ausschusses des preußischen Landesgesundheitsrats vom 2. Juli 1932, in: Veröffentlichungen aus dem Gebiete der Medizinalverwaltung (38), 1932, 629.

Maßnahmen.[99] Nach den Ausführungen des nachfolgenden Referenten, *Eduard Kohlrausch*, sollte neben der eugenisch indizierten die Sterilisierung aus *„sozialer Indikation"* ausgeschlossen werden.[100] Betrachtet man aber die Ausführungen *Langes*, nach denen bei *„sozial Abnormen"* – die nicht fähig seien sich selbst wirtschaftlich zu erhalten und daher auf Fürsorgeleistungen der Angehörigen oder des Staates angewiesen – eine eugenische Indikation gegeben sei, fällt auf, dass die „soziale Indikation" nicht ausgeschlossen wurde, sondern vielmehr in der eugenischen Indikation aufging.[101] Dies deckt sich mit dem erklärten Ziel des preußischen Staatsrates und des zusammengesetzten Ausschusses des preußischen Landesgesundheitsrats, die Fürsorgekosten zu senken.

Ergebnis der Verhandlungen und der Beratung der anschließend mit der Angelegenheit beauftragten Kommission waren drei Leitsätze zu der Frage „Die Eugenik im Dienste der Volkswohlfahrt" sowie der Entwurf eines Sterilisierungsgesetzes nebst Begründung. Im zweiten Leitsatz wurde zunächst betont, dass die Tötung oder die Vernachlässigung *„lebensunwerten Lebens"* als eugenische Mittel nicht in Betracht kämen. Auch Menschen mit *„minderwertigem Erbgut"* dürfe ein entsprechendes, menschenwürdiges Maß an Fürsorge nicht vorenthalten werden. Als eugenisch gebotene Maßnahme wurde hingegen die Sterilisierung betrachtet, auch wenn die Zwangssterilisierung aus ethischen Gründen abgelehnt wurde. Man müsse sich damit *„bescheiden"*, die freiwillige Sterilisierung zuzulassen. Gefordert wurde die baldige Einbringung und Verabschiedung eines Gesetzes über freiwillige eugenische Sterilisierung. Dieses sollte zur Verhinderung schwer erblich belasteter und infolgedessen lebensuntüchtiger Nachkommen die Sterilisierung unter der Voraussetzung zulassen, dass ein approbierter Arzt nach den Regeln der ärztlichen Kunst innerhalb der Grenzen erbbiologischer Forschungsergebnisse die Sterilisierung durchführt. Zudem sollte der Eingriff nicht gegen den Willen des Betroffenen oder dessen gesetzlichen Vertreters und nicht ohne Zustimmung einer zu schaffenden fachkundlichen Amtsstelle durchgeführt werden.[102] § 1 des Gesetzesentwurfes des preußischen Landesgesundheitsrats lautete wie folgt:

> *„Eine Person, die an erblicher Geisteskrankheit, erblicher Geistesschwäche, erblicher Epilepsie oder an einer sonstigen Erbkrankheit leidet oder Träger krankhafter Erbanlagen*

---

99 A.a.O., 667 ff.; als *„Gradmesser der Psychopathie"* zieht *Lange* insofern die „Bewährung im Leben" heran; Maßstäbe seien Asylierung, Kriminalität oder dauernde Unfähigkeit zu selbstständiger sozialer Führung.

100 A.a.O., 673.

101 Köhlisch, Eugenische und soziale Indikation zur Sterilisierung, in: Deutsches Ärzteblatt (62), 1933, 94; siehe auch Gisela Bock, Zwangssterilisation im Nationalsozialismus Studien zur Rassenpolitik und Frauenpolitik, Opladen 1986, 57 f.

102 Die Eugenik im Dienste der Volkswohlfahrt – Bericht über die Verhandlungen eines zusammengesetzten Ausschusses des preußischen Landesgesundheitsrats vom 2. Juli 1932, in: Veröffentlichungen aus dem Gebiete der Medizinalverwaltung (38), 1932, 733.

*ist, kann operativ sterilisiert werden, wenn sie einwilligt und nach den Lehren der ärztlichen Wissenschaft bei ihrer Nachkommenschaft mit großer Wahrscheinlichkeit schwere körperliche oder geistige Erbschäden vorauszusehen sind.*
*Der Einwilligung hat eine Aufklärung über die Folgen der Sterilisierung vorauszugehen.*
*Für die Sterilisierung einer Person, die einen gesetzlichen Vertreter hat, oder für die ein Pfleger bestellt ist, dem die Sorge für die Person zusteht, bedarf es auch deren Einwilligung.*"[103]

Gemäß § 2 des Entwurfs sollte die Sterilisierung unter dem Genehmigungsvorbehalt eines von der obersten Landesbehörde eingesetzten Ausschusses stehen, der gemäß § 4 des Entwurfs aus zwei in Deutschland approbierten Ärzten und einem Vormundschaftsrichter bestehen sollte.

Der Gesetzesentwurf enthielt keine abschließende Aufzählung der eine Sterilisierung indizierenden Krankheiten. Die Beurteilung, ob eine „*Erbkrankheit*" vorliegt und „*mit großer Wahrscheinlichkeit schwere körperliche oder geistige Erbschäden vorauszusehen sind*", hätte allein dem Ausschuss oblegen, dessen Beschluss gemäß § 4 Absatz 4 Satz 2 des Entwurfs unanfechtbar gewesen wäre. *Kohlrausch* hatte insoweit im Rahmen der Verhandlungen des zusammengesetzten Ausschusses des preußischen Landesgesundheitsrats die Hoffnung geäußert, dass eine „*inhaltsreichere, grundsätzliche, auf die soziale Angepaßtheit*" bezogene Formulierung gefunden werden könne. Anstelle der im ursprünglichen Entwurf vorgesehenen Formulierung „*schwer erblich belasteter Nachkommen*" schlug er die Formulierung „*lebensuntüchtiger*" Nachkommen vor. Zielrichtung des Sterilisierungsgesetzes sollte nach *Kohlrausch* der „*Asoziale*" sein, dem er „*Unangepaßtheit an das bestimmte Anforderungen stellende Gemeinschaftsleben*" unterstellte.[104]

Berechtigt, eine Genehmigung des Ausschusses zu beantragen, wären neben der zu sterilisierenden Person und dessen gesetzlichen Vertreter oder Pfleger, gemäß § 2 des Entwurfs der behandelnde oder beamtete Arzt, bei Pfleglingen einer Kranken- oder Heil- oder Pflegeanstalt und bei Insassen von Gefangenenanstalten der Leiter der jeweiligen Anstalt oder der Leiter des zuständigen Fürsorgeverbandes gewesen.

In der historischen Betrachtung wird als wesentlicher Unterschied zwischen dem Entwurf des preußischen Landesgesundheitsrats und des Gesetzes zur Verhütung erbkranken Nachwuchses stets die Freiwilligkeit der Sterilisierung betont.[105]

---

103 A.a.O., 735 ff.

104 A.a.O., 680, dieser Auffassung wurde sich vereinzelt in der anschließenden Diskussion angeschlossen, vgl. a.a.O., 703.

105 Christian Ganssmüller, Die Erbgesundheitspolitik des Dritten Reiches: Planung, Durchführung und Durchsetzung, Köln 1987, 41; Hans-Walter Schmuhl, Rassenhygiene, Nationalsozialismus, Euthanasie: Von der Verhütung zur Vernichtung "lebensunwerten Lebens", 1890–1945, Göttingen 1987, 155; Sabine Kramer, "Ein ehrenhafter Verzicht auf Nachkommenschaft": theoretische Grundlagen und Praxis der Zwangssterilisation im Dritten Reich am Beispiel der Rechtsprechung des

Im Hinblick auf die Antragsberechtigten stellt sich aber insbesondere bei Anstaltsinsassen die Frage, ob die Freiwilligkeit der Einwilligung der zu sterilisierenden Person in der praktischen Umsetzung des preußischen Entwurfs gewährleistet gewesen wäre.

Innerhalb des zusammengesetzten Ausschusses war es keineswegs einhellige Auffassung, dass eine Sterilisierung aus ethischen Gründen nur mit der Einwilligung des Betroffenen vorgenommen werden dürfe. In der an die Referate der Berichterstatter anschließenden Diskussion wurde vereinzelt für eine zwangsweise Sterilisierung eingetreten. Insbesondere der Vertreter der NSDAP, *Leonardo Conti*, späterer *Reichsgesundheitsführer* und Leiter des Hauptamtes für Volksgesundheit, bezeichnete das in dem Gesetzentwurf geforderte „*Einverständnis*" des zu Sterilisierenden als ein „*Überbleibsel einer vergangenen liberalistischen Epoche*", das die praktischen Erfolge des Gesetzes „*von vornherein auf fast Null herausschraubt*".[106] Ferner forderte *Conti*, stellvertretend für die NSDAP, neben einer „*allgemeinen Minderwertigkeit*" auch eine „*rassische*" oder „*völkische Minderwertigkeit*" als Grund für eugenische Maßnahmen anzuerkennen. Er vertrat die Auffassung, dass eine erfolgreiche Eugenik – im Gegensatz zu dem im Raume stehenden Gesetzesentwurf – unmöglich „*systematisch und dauernd an den Begriffen von Rasse und Volkstum vorbeigehen und das ganze Gebiet der Rassenhygiene systematisch umgehen*" könne.[107] Auch weitere Redner traten ausdrücklich für die Zwangssterilisierung ein.[108] So auch der Leiter des Instituts für Sozialhygiene an der Universität Berlin und preußische Landtagsabgeordnete für die SPD *Benno Chajes*.[109]

---

Erbgesundheitsobergerichts Celle, Baden-Baden 1999, 46; Ignacio Czeguhn, Das Gesetz zur Verhütung erbkranken Nachwuchses vom 14. Juli 1933 und die Erbgesundheitsgerichte, in: Tijdschrift voor Rechtsgeschiedenis (72), 2004, 359, 361; Udo Benzenhöfer, Zur Genese des Gesetzes zur Verhütung erbkranken Nachwuchses, Münster 2006, 93; siehe auch Gisela Bock, Zwangssterilisation im Nationalsozialismus Studien zur Rassenpolitik und Frauenpolitik, Opladen 1986, 109 f., wobei sie zu Bedenken gibt, dass der Zwang im Gesetz zur Verhütung erbkranken Nachwuchses durch den nationalsozialistischen Staat auch realisiert wurde.

106 Die Eugenik im Dienste der Volkswohlfahrt – Bericht über die Verhandlungen eines zusammengesetzten Ausschusses des preußischen Landesgesundheitsrats vom 2. Juli 1932, in: Veröffentlichungen aus dem Gebiete der Medizinalverwaltung (38), 1932, 687.

107 A.a.O., 687 f.

108 A.a.O., 691, 716, 720.

109 *Michael Schwartz* versteht den Wortbeitrag von *Chajes* dahin gehend, dass dieser im Gegensatz zu den Abgeordneten der NSDAP keine „*allumfassende*" Zwangssterilisation wünschte; für eindeutige Fälle, in denen eine „*strikte Indikation*" bereits gestellt werden könne, forderte *Chajes* jedoch „*unter Innehaltung fest umrissener gesetzlicher Bestimmungen*" die Zwangssterilisierung, ohne dass seinen Ausführungen eine von *Schwartz* antizipierte Einschränkung zu entnehmen wäre; siehe Michael Schwartz, Sozialistische Eugenik – Eugenische Sozialtechnologien in Diskurs und Politik der deutschen Sozialdemokratie 1890–1933, Münster 1992, 321.

Allgemein stieß der Gesetzentwurf des preußischen Landesgesundheitsrats auf breite Zustimmung. Insbesondere die sächsische Regierung brachte mit einem Schreiben an das preußische Ministerium des Innern vom 13. Januar 1933 ihren Zuspruch zum Ausdruck. Sie trat dem Grundgedanken des preußischen Entwurfs bei, hielt es gleichzeitig aber für erwünscht, in besonders schweren Fällen auch eine Sterilisierung gegen den Willen des betroffenen Beteiligten zuzulassen.[110] Auch in der Ärzteschaft fand die Sterilisierung aus eugenischer Indikation inzwischen eine breite Mehrheit. So regten der Deutsche Ärztevereinsbund und der Verband der Ärzte Deutschlands bereits am 7. November 1932 mit einer gemeinsamen Eingabe an den Reichsminister des Innern die Verabschiedung eines Sterilisierungsgesetzes auf der Grundlage des preußischen Entwurfs an.[111]

Den Bericht über die Verhandlungen des zusammengesetzten Ausschusses des preußischen Landesgesundheitsrats vom 2. Juli 1932 nebst des Entwurfs eines Sterilisationsgesetzes legte der Präsident des Landesgesundheitsrats *Heinrich Schopohl* mit Schreiben vom 27. Oktober 1932 dem Kommissar des Reiches für das preußische Ministerium für Volkswohlfahrt *Adolf Scheidt* vor.[112] Mit dem sogenannten Preußenschlag am 20. Juli 1932 war die geschäftsführende Regierung in Preußen durch eine Notverordnung des Reichspräsidenten *Paul von Hindenburg* ihres Amtes enthoben und der Reichskanzler *Franz von Papen* zum Reichskommissar für Preußen ernannt worden. Die Führung der preußischen Ministerien übernahmen fortan durch *von Papen* ernannte Reichskommissare. Das preußische Ministerium für Volkswohlfahrt wurde schließlich mit Wirkung zum 1. Dezember 1932 aufgelöst und die Ressortzuständigkeiten wurden neu verteilt. Die Zuständigkeit für Medizinal- und Fürsorgeangelegenheiten fiel an das preußische Innenministerium.[113]

Mit Rundschreiben vom 19. Dezember 1932 übersandte der nunmehr mit der Geschäftsführung des preußischen Innenministeriums betraute stellvertretende Kommissar des Reiches *Franz Bracht* der Kommissariatsregierung den Bericht über die Verhandlungen des preußischen Landesgesundheitsrats vom 2. Juli 1932 und bat unter Bezugnahme auf den Gesetzesentwurf des preußischen Landesgesundheitsrats darum, einen Antrag auf Einführung eines Sterilisationsgesetzes an den Reichsminister des Innern zu richten. Motiv war auch für *Bracht* die erwartete Kostenersparnis in der Volkswohlfahrt, der Fürsorge und dem Strafvollzug. Als

---

110 GStA PK, I. HA Rep. 84 a Justizministerium, Nr. 871.

111 Schreiben des Deutschen Ärztevereinsbund e.V. an das Reichsministerium des Innern, BArch R 1501/126248, fol. 101 f.; vgl. auch Rundschreiben des Kommissars des Reiches für das preußische Ministerium des Innern Franz Bracht an den preußischen Ministerpräsidenten (Kommissar des Reiches) und die übrigen Kommissare des Reiches vom 19. Dezember 1932, GStA PK, I. HA Rep. 84 a Justizministerium, Nr. 871.

112 GStA PK, I. HA Rep. 84 a Justizministerium, Nr. 871.

113 Vom Tage, in: Deutsches Ärzteblatt (62), 1933, 97.

„*Hauptziel*" der eugenischen Bestrebungen bezeichnete er die Förderung der Erbgesundheit des Volkes durch die Hemmung der Fortpflanzung „*erblich belasteter*", „*asozialer*" und „*antisozialer*" Menschen.[114]

Auch nach der Machtübernahme am 30. Januar 1933 sollte der Entwurf des preußischen Landesgesundheitsrats zunächst die wesentliche Arbeitsgrundlage für ein zu erlassendes Sterilisationsgesetz bleiben. So erteilten das preußische Justizministerium, das preußische Finanzministerium, das preußische Ministerium für Wirtschaft und Arbeit sowie das preußische Ministerium für Wissenschaft, Kunst und Volksbildung ihre grundsätzliche Zustimmung zu einer Vorlage des Entwurfs an den Reichsminister des Innern. Während das preußische Justizministerium unter der Führung des parteilosen Kommissar des Reiches *Heinrich Hölscher* aber noch ausdrücklich von der freiwilligen eugenischen Sterilisierung sprach, wurde im preußischen Innenministerium, das seit dem 30. Januar 1933 unter kommissarischer Führung von *Hermann Göring* stand, in Einzelfällen bereits eine Zwangssterilisierung für angebracht gehalten.[115] Mit Schreiben an den preußischen Ministerpräsidenten, seit dem 11. April 1933 ebenfalls *Hermann Göring*, bat das preußische Innenministerium, vertreten durch den Staatssekretär *Ludwig Grauert*, nunmehr den Erlass eines Gesetzes für eugenische Sterilisierung zu beantragen. Grundlage der Beratungen auf Reichsebene sollte weiterhin der Entwurf des preußischen Landesgesundheitsrats sein.[116] Mit Schreiben an den Reichsminister des Innern vom 5. Mai 1933 schlug der preußische Ministerpräsident vor, den vom Landesgesundheitsrat aufgestellten Entwurf eines Sterilisierungsgesetzes zum Gegenstand von Beratungen mit den Ländern zu machen, wobei den Inhalt des

---

114 GStA PK, I. HA Rep. 84 a Justizministerium, Nr. 871.

115 GStA PK, I. HA Rep. 84 a Justizministerium, Nr. 871; vgl. dort auch das Schreiben von *Fritz Sauckel*, späterer *Reichsstatthalter* und bereits seit dem Jahr 1932 Staatsminister des Innern in Thüringen, an das Reichsministerium des Innern vom 4. April 1933, in dem dieser ebenfalls zu verstehen gab, dass der Entwurf des preußischen Landesgesundheitsrats grundsätzlich als Grundlage für ein Sterilisierungsgesetz dienen könne, gegebenenfalls aber auch gegen den Willen des zu Sterilisierenden oder seines gesetzlichen Vertreters die Unfruchtbarmachung zuzulassen sei; unterstützend schlossen sich dem Schreiben das Thüringische Ministerium des Innern, der Braunschweigische Minister des Innern, die Lippische Landesregierung, die Senatskommission für Reichs- und auswärtige Angelegenheiten in Bremen, das Mecklenburgisch-Strelitzsche Ministerium des Innern, das preußische Innenministerium, das Mecklenburg-Schwerinsche Ministerium für Kunst sowie das Staatsamt für auswärtige Angelegenheiten in Hamburg an, sieche BArch R 1501/126248, fol. 47–51, 232, 240, 268; gewichtige Literaturmeinungen wandten sich aber noch im April 1933 gegen die Einführung der Zwangssterilisierung; so Fritz Lenz, Zur Frage eines Sterilisierungsgesetzes, in: Eugenik Erblehre Erbpflege (3), 1933, 73; Hans Luxenburger, Zur Frage der Zwangssterilisierung, unter Berücksichtigung der psychiatrisch-eugenischen Indikation, in: Eugenik Erblehre Erbpflege (3), 1933, 76.

116 GStA PK, I. HA Rep. 84 a Justizministerium, Nr. 871.

Entwurfs ergänzende Anträge vorbehalten wurden.[117] Bereits in einem Schreiben an das Reichsinnenministerium vom 31. März 1933 hatte das preußische Innenministerium, vertreten durch *Gottfried Frey* als Leiter der Medizinalabteilung, angekündigt, dass diese Anträge die Zwangssterilisierung betreffen würden.[118]

## 3. Die Verabschiedung des Gesetzes zur Verhütung erbkranken Nachwuchses am 14. Juli 1933

Am 14. Juli 1933 beschloss die Reichsregierung aufgrund der ihr durch Artikel 1 des Gesetzes zur Behebung der Not von Volk und Reich vom 24. März 1933 (Ermächtigungsgesetz) erteilten Befugnis das Gesetz zur Verhütung erbkranken Nachwuchses.[119]

Für den ersten Entwurf des Gesetzes zeichnete das Reichsinnenministerium unter der Leitung von *Wilhelm Frick* verantwortlich. Die Urheberschaft des Gesetzestextes ist maßgeblich *Arthur Gütt* zuzuschreiben[120], der auf Empfehlung *Leonardo Contis* am 1. Mai 1933 in das Reichsinnenministerium berufen worden war.[121] *Gütt* hatte 1932, damals Sport- und Kreisarzt in Wandsbek, Schleswig, durch seinen Artikel *Reform des öffentlichen Gesundheitswesens in Preußen unter bevölkerungspolitischem Gesichtspunkt* auf sich aufmerksam gemacht.[122] Zuvor hatte *Gütt* in der Berufspolitik der Medizinalbeamten keine Rolle gespielt, war im September 1932 dann aber einer der Hauptredner auf der Hauptversammlung des deutschen und preußischen Medizinalbeamtenvereins.[123] In seinem Vortrag mit dem Titel *Bevölkerungspolitik und öffentliches Gesundheitswesen* forderte *Gütt* nicht weniger als die „*Umstellung des gesamten öffentlichen Gesundheitswesens unter dem Gesichtspunkt der Vererbungslehre, der Rassenhygiene und der Bevölkerungspolitik*".[124] Er

---

117 Schreiben des preußischen Ministerpräsidenten an den Reichsminister des Innern vom 5. Mai 1933, BArch R 1501/126248, fol. 233–235.

118 Schreiben des preußischen Ministers des Innern an den Reichsminister des Innern vom 31. März 1933, BArch R 1501/126248, fol. 154.

119 Reichsgesetzblatt 1933 I S. 529.

120 BArch R 1501/126248, fol. 281; siehe auch Ernst Rüdin, Die Bedeutung Arthur Gütts für die Erb- und Rassenforschung und deren praktische Auswertung, in: Der Öffentliche Gesundheitsdienst (4), 1939, 897, der behauptete *Gütt* sei am Zustandekommen des Gesetzes zur Verhütung erbkranken Nachwuchses „*maßgeblich beteiligt gewesen*".

121 Ausführlich zum Werdegang *Gütts* Alfons Labisch und Florian Tennstedt, Der Weg zum "Gesetz über die Vereinheitlichung des Gesundheitswesens" vom 3. Juli 1934, Düsseldorf 1985, 238 ff.

122 Arthur Gütt, Reform des öffentlichen Gesundheitswesens in Preußen unter bevölkerungspolitischem Gesichtspunkt, in: Zeitschrift für Medizinalbeamte 1932, 152.

123 Vgl. Alfons Labisch und Florian Tennstedt, Der Weg zum "Gesetz über die Vereinheitlichung des Gesundheitswesens" vom 3. Juli 1934, Düsseldorf 1985, 203 ff.

124 Arthur Gütt, Bevölkerungspolitik und öffentliches Gesundheitswesen, in: Zeitschrift für Medizinalbeamte 1932, 451, 463.

skizzierte eine nach dem erbbiologischen Wert des Menschen selektierende staatliche Gesundheitspolitik, wie sie unter seiner Mitwirkung im Dritten Reich ihre Verwirklichung finden sollte. Zentrale Forderungen waren die rassenhygienische Erziehung des gesamten Volkes und die gesetzliche Einführung von Ehezeugnissen und Eheverboten. Ferner verwies *Gütt* auf das *„in Vorbereitung befindliche"* Bewahrungsgesetz, hielt eine Bewahrung aller *„Minderwertigen"* jedoch für nicht durchführbar. Vor diesem Hintergrund verlangte er die Zwangssterilisierung wenigstens der schwer erblich Belasteten in bestimmten Fällen, wobei diese nur unter der Voraussetzung einer durch den Staat und das öffentliche Medizinalwesen verbürgten, streng wissenschaftlichen Indikationsstellung zugelassen werden sollte.[125] Noch im selben Jahr verfasste *Gütt* eine Denkschrift mit dem Titel *Staatliche Bevölkerungspolitik,* in der er unter anderem forderte, die *„übersteigerten Ausgaben für Minderwertige, Geisteskranke, Asociale und Verbrecher auf das unbedingt notwendige Maß entsprechend des gesamten verminderten Einkommens der gesunden werktätigen Bevölkerung herabzusetzen"*.[126]

Im Hinblick auf die Einzelheiten der Entstehung des Gesetzestextes ist die Quellenlage unergiebig. Ob und gegebenenfalls in welchem Maße der Entwurf des preußischen Landesgesundheitsrats in die Entstehung des Gesetzes zur Verhütung erbkranken Nachwuchses einfloss, kann daher nur gemutmaßt werden.[127] Ebenso ist nicht bekannt, wer neben *Gütt* an der Ausarbeitung des Entwurfs beteiligt war. Umstritten ist insbesondere die Rolle *Ernst Rüdins.*[128] Aufgrund der dezidierten Vorschriften zu der Zusammensetzung der Erbgesundheitsgerichte und der ausgearbeiteten Verfahrensvorschriften kann aber davon ausgegangen werden, dass der Mediziner *Gütt* jedenfalls auf den Sachverstand seiner juristischen Mitarbeiter im Reichsinnenministerium zurückgriff.

Fest steht, dass der Reichsminister des Innern *Wilhelm Frick* am 28. Juni 1933 dem neugegründeten Sachverständigenbeirat für Bevölkerungs- und Rassenpolitik erstmals den Entwurf eines Gesetzes zur Verhütung erbkranken Nachwuchses mit der Bitte um Prüfung vorlegte. *Frick* sprach in seiner Eröffnungsrede von der *„Pflicht, die Ausgaben für Asoziale, Minderwertige und hoffnungslos Erbkranke herabzusetzen"*. Die wissenschaftlich begründete Vererbungslehre gebe dem Staat *„das*

---

125 Arthur Gütt, a.a.O., 469 ff.

126 Zitiert nach Alfons Labisch und Florian Tennstedt, Der Weg zum "Gesetz über die Vereinheitlichung des Gesundheitswesens" vom 3. Juli 1934, Düsseldorf 1985, 242 f.

127 So aber wohl Udo Benzenhöfer, Zur Genese des Gesetzes zur Verhütung erbkranken Nachwuchses, Münster 2006, 101 wie auch Joachim Müller, Sterilisation und Gesetzgebung bis 1933, Husum 1985, 106 ff., die eine vermeintliche Anlehnung im Aufbau und in einzelnen Formulierungen erkennen wollen.

128 Da für die vorliegende Untersuchung insoweit kein weiterer Erkenntnisgewinn zu erwarten ist, soll die Streitfrage an dieser Stelle nicht weiter vertieft werden; siehe zur Rolle *Ernst Rüdins* bei der Entstehung des Gesetzes zur Verhütung erbkranken Nachwuchses die Ausführungen von Udo Benzenhöfer, Zur Genese des Gesetzes zur Verhütung erbkranken Nachwuchses, Münster 2006, 77 ff.

*Recht und die sittliche Pflicht, die schwer erbkranken Personen von der Fortpflanzung auszuschalten*".[129]

Arbeitsfassungen oder Entwürfe des Gesetzestextes sind nicht erhalten. Allein ein Schreiben des Reichsjustizministers *Franz Gürtner* an den Reichsminister des Innern vom 6. Juli 1933, in dem dieser „*wesentliche Bedenken grundsätzlicher Art*" erhob, deuten auf Entwurfsfassungen hin, von denen der endgültige Gesetzestext abwich.[130]

Anders als noch in der Ministerialkorrespondenz zum Entwurf des preußischen Landesgesundheitsrats in Aussicht gestellt, ging der Verabschiedung des Gesetzes zur Verhütung erbkranken Nachwuchses keine parlamentarische Beteiligung voraus.

In der Kabinettssitzung am 14. Juli 1933 stellte der Reichsminister des Innern, *Wilhelm Frick*, den endgültigen Entwurf eines Gesetzes zur Verhinderung erbkranken Nachwuchses vor. Einwendungen gegen den Gesetzesentwurf erhob allein der Stellvertreter des Reichskanzlers, *Franz von Papen*. Er gab zu bedenken, dass der Begriff der „Erbkrankheiten" umstritten sei und ein Teil der in dem Gesetzesentwurf aufgeführten Krankheiten von Vertretern der ärztlichen Wissenschaft für heilbar gehalten werde. Der Katholik *von Papen* widersprach insbesondere der Zwangssterilisierung. Die katholische Kirche sei aus dogmatischen Gründen gegen eine Unfruchtbarmachung, weil sie ein Recht, über den eigenen Körper zu verfügen, nicht anerkenne. *Von Papen* regte eine Milderung des Entwurfs dahin an, dass die Unfruchtbarmachung lediglich aufgrund freiwilligen Entschlusses des Betroffenen vorgenommen oder wahlweise die Möglichkeit einer Verwahrung des Kranken vorgesehen werde. Der Reichsminister des Innern, *Wilhelm Frick*, erteilte der Verwahrung bereits aus Kostengründen eine Absage. *Hitler* bemerkte, dass alle Maßnahmen berechtigt seien, die der Erhaltung des Volkstums dienten. Vor dem Hintergrund, dass sich erbkranke Menschen in erheblichem Maße fortpflanzten, während andererseits Millionen gesunder Kinder ungeboren blieben, sah er die in dem Gesetzesentwurf vorgesehenen Eingriffe nicht nur als klein, sondern auch als moralisch unanfechtbar an. Auf Vorschlag *Hitlers* wurde der Gesetzesentwurf durch das Kabinett angenommen.[131]

Die eine Unfruchtbarmachung indizierenden Tatbestände waren in § 1 des Gesetzes aufgeführt:

---

129 Wilhelm Frick, Ansprache des Herrn Reichsministers des Innern Dr. Frick auf der ersten Sitzung des Sachverständigenbeirats für Bevölkerungs- und Rassenpolitik am 28. Juni 1933 in Berlin, Berlin 1933, 5 f.

130 Schreiben des Reichsministers der Justiz an den Reichsminister des Innern vom 6. Juli 1933, BArch R 1501/126248, fol. 279.

131 Auszug aus der Niederschrift über die Sitzung des Reichsministeriums vom 14. Juli 1933, BArch R 43 II/720, fol. 11 f.

*§ 1*

*(1) Wer erbkrank ist, kann durch chirurgischen Eingriff unfruchtbar gemacht (sterilisiert) werden, wenn nach den Erfahrungen der ärztlichen Wissenschaft mit großer Wahrscheinlichkeit zu erwarten ist, daß seine Nachkommen an schweren körperlichen oder geistigen Erbschäden leiden werden.*

*(2) Erbkrank im Sinne dieses Gesetzes ist, wer an einer der folgenden Krankheiten leidet:*

*1. angeborenem Schwachsinn,*
*2. Schizophrenie,*
*3. zirkulärem (manisch-depressivem) Irresein,*
*4. erblicher Fallsucht,*
*5. erblichem Veitstanz (Huntingtonsche Chorea),*
*6. erblicher Blindheit,*
*7. erblicher Taubheit,*
*8. schwerer erblicher körperlicher Mißbildung.*

*(3) Ferner kann unfruchtbar gemacht werden, wer an schwerem Alkoholismus leidet.*

Auf Anregung *von Papens* wurde das Gesetz zur Verhütung erbkranken Nachwuchses erst am 25. Juli 1933 im Reichsgesetzblatt veröffentlicht und damit nach Unterzeichnung des Reichskonkordats am 20. Juli 1933. In Kraft trat das Gesetz am 1. Januar 1934.

# II. Das Erbgesundheitsgerichtsverfahren

Der Vollständigkeit halber soll im Folgenden kurz auf das Erbgesundheitsgerichtsverfahren eingegangen werden.

## 1. Das Verfahren vor den Erbgesundheitsgerichten

Das Erbgesundheitsgerichtsverfahren wurde durch einen Antrag beim Erbgesundheitsgericht eingeleitet. Dem Antrag ging zumeist eine Anzeige bei dem zuständigen Gesundheitsamt voraus, gefolgt von einer umfangreichen Recherche.[132] Gemäß Artikel 3 Absatz 4 der Verordnung zur Ausführung des Gesetzes zur Verhütung erbkranken Nachwuchses vom 5. Dezember 1933[133] (1. Ausführungsverordnung) waren sämtliche approbierten Ärzte sowie sonstige Personen, die mit der Heilbehandlung, Untersuchung oder Beratung von Kranken befasst waren, verpflichtet, ihnen in ihrer Berufstätigkeit bekannt gewordene Personen, die an

---

132 Astrid Ley, Das Erbgesundheitsverfahren nach dem NS-Sterilisationsgesetz, in: Justiz und Erbgesundheit – Zwangssterilisierung, Stigmatisierung, Entrechtung: "Das Gesetz zur Verhütung erbkranken Nachwuchses" in der Rechtsprechung der Erbgesundheitsgerichte 1934–1945 und seine Folgen für die Betroffenen bis in die Gegenwart, Düsseldorf 2008, 39 ff. m.w.N.

133 Reichsgesetzblatt 1933 I S. 1021.

einer Erbkrankheit im Sinne des Gesetzes oder an schwerem Alkoholismus litten, dem zuständigen Amtsarzt anzuzeigen. Bei Insassen von Anstalten traf die Anzeigepflicht den jeweiligen Anstaltsleiter. Eine Anzeige sollte bereits bei einem bloßen Verdacht auf eine Erbkrankheit oder schweren Alkoholismus gestellt werden. Zweifel, ob eine Erbkrankheit vorliegt, sollten die Anzeigepflicht nicht berühren. Mittels der Anzeigepflicht sollten langfristig alle „erbkranken" Personen erfasst und so die erbbiologische Bestandsaufnahme des deutschen Volkes vorbereitet werden.[134]

Berechtigt, einen Antrag auf Unfruchtbarmachung bei dem zuständigen Erbgesundheitsgericht zu stellen, waren zunächst gemäß § 2 des Gesetzes zur Verhütung erbkranken Nachwuchses der Unfruchtbarzumachende selbst oder dessen gesetzlicher Vertreter. Ausweislich der Gesetzesbegründung unterstellten die Verfasser des Gesetzes nach außen hin, dass derjenige, dessen Unfruchtbarmachung *„zum Nutzen der Volksgesundheit"* für notwendig erachtet wurde, in vielen Fällen selbst die nötige Einsicht aufbringen werde, die Sterilisierung zu beantragen.[135] *Ruttke* bezeichnete die Freiwilligkeit gar als den Grundcharakter des Gesetzes.[136] Die tatsächlich hohe Anzahl an „Selbstanträgen" beruhte aber wohl vielmehr auf dem Umstand, dass der zuständige Amtsarzt gemäß Artikel 3 Absatz 5 der 1. Ausführungsverordnung angehalten war, auf eine Antragstellung durch den Unfruchtbarzumachenden selbst oder dessen gesetzlichen Vertreter hinzuwirken, soweit er die Unfruchtbarmachung für geboten hielt.[137] Der Amtsarzt bzw. der Anstaltsleiter sollten den Betroffenen davon „überzeugen", dass die Unfruchtbarmachung sowohl zu seinem eigenen Vorteil als auch zum Vorteil der Volksgemeinschaft sei.[138] Erst wenn kein „Selbstantrag" erfolgte, sollte der nach § 3 Nr. 1 des Gesetzes antragsberechtigte Amtsarzt einen Antrag stellen. Insoweit traf den Amtsarzt eine Antragspflicht.[139] Soweit Insassen von Kranken-, Heil-, Pflege- oder Strafanstalten betroffen waren, war gemäß § 3 Nr. 2 des Gesetzes ferner der jeweilige Anstaltsleiter antragsberechtigt. War dieser jedoch nicht selbst Arzt, bedurfte sein Antrag auf Unfruchtbarmachung gemäß Artikel 3 Absatz 3 der 1. Ausführungsverordnung der Zustimmung des leitenden Anstaltsarztes. Mit Erlass des Reichsministers des

---

134 Arthur Gütt, Ernst Rüdin und Falk Ruttke, Gesetz zur Verhütung erbkranken Nachwuchses vom 14. Juli 1933, 2., neu bearbeitete Auflage, München 1936, 210.

135 Arthur Gütt, Ernst Rüdin und Falk Ruttke, Gesetz zur Verhütung erbkranken Nachwuchses vom 14. Juli 1933, 1. Auflage, München 1934, 61.

136 Falk Ruttke, Erb- und Rassenpflege in Gesetzgebung und Rechtsprechung des 3. Reiches, in: Juristische Wochenschrift (64), 1935, 1369, 1375.

137 Siehe beispielhaft die Anzahl der selbst gestellten Anträge bei den schwäbischen Erbgesundheitsgerichten im 1. Quartal 1934 bei Hella Birk, Das Gesetz zur Verhütung erbkranken Nachwuchses : eine Untersuchung zum Erbgesundheitswesen im bayerischen Schwaben in der Zeit des Nationalsozialismus, Augsburg 2005, 103.

138 Arthur Gütt, Ernst Rüdin und Falk Ruttke, Gesetz zur Verhütung erbkranken Nachwuchses vom 14. Juli 1933, 2., neu bearbeitete Auflage, München 1936, 212.

139 Arthur Gütt, Ernst Rüdin und Falk Ruttke, a.a.O., 213.

Innern vom 19. Mai 1934 wurden Amtsärzte und Anstaltsleiter zudem angehalten, sich einem Antrag des Unfruchtbarzumachenden bzw. dessen gesetzlichen Vertreters anzuschließen, um einer gemäß § 2 Absatz 3 des Gesetzes jederzeit – das heißt auch nach rechtskräftiger Entscheidung – möglichen Zurücknahme des „Selbstantrags" zuvorzukommen.[140]

Ab dem Jahr 1939 waren gemäß Artikel 1 § 1 Absatz 1 der Verordnung zur Durchführung des Gesetzes zur Verhütung erbkranken Nachwuchses und des Ehegesundheitsgesetzes vom 31. August 1939[141] Anträge auf Unfruchtbarmachung nur noch dann zu stellen, wenn die Unfruchtbarmachung wegen besonders großer Fortpflanzungsgefahr nicht aufgeschoben werden konnte. Anträge waren zunächst dem zuständigen Gesundheitsamt zuzuleiten, welches die Voraussetzung einer Antragstellung prüfen sollte. Ebenso waren Anzeigen nach Artikel 3 Absatz 4 der 1. Ausführungsverordnung bei den Gesundheitsämtern zu sammeln. Bereits bei den Erbgesundheitsgerichten anhängige aber noch nicht rechtskräftig entschiedene Verfahren wurden eingestellt und waren nur auf Antrag des Amtsarztes bei besonderer Fortpflanzungsgefahr fortzusetzen.[142] Mit Erlass vom 13. September 1939 bestimmte das Reichsinnenministerium, dass Anträge auf Unfruchtbarmachung bei möglicher aber unwahrscheinlicher Fortpflanzung und unklaren Fällen bzw. „Grenzfällen" nicht länger gestellt werden sollten. Da die Durchführungsverordnung vom 31. August 1939 und der Erlass des Reichsinnenministeriums vom 13. September 1939 zu einem deutlichen Rückgang an Anträgen führten, stellte das Reichsinnenministerium mit Erlass vom 5. Dezember 1939 klar, dass keinesfalls die *„vollkommene Stoppung"* der Antragstellung beabsichtigt gewesen sei. Gerade bei einem „Hang zur Asozialität" sollten auch weiterhin Anträge auf Unfruchtbarmachung bei den Erbgesundheitsgerichten gestellt werden. Mit Erlass vom 27. Januar 1940 wies das Reichsinnenministerium die Amtsärzte schließlich an, bei „Schwachsinnigen" nur noch dann die Unfruchtbarmachung zu beantragen, wenn sie „asozial" seien.[143]

Über den Antrag auf Unfruchtbarmachung entschied das Erbgesundheitsgericht durch Beschluss. Die Erbgesundheitsgerichte waren gemäß § 6 des Gesetzes zur Verhütung erbkranken Nachwuchses den Amtsgerichten angegliedert und bestanden aus einem Amtsrichter als Vorsitzendem sowie einem beamteten Arzt

---

140 Erlass des Reichsministers des Innern vom 19. Mai 1934 – II 1079/26 zitiert nach Hermann Schellhaase und Hans Fuchs, Das Gesetz zur Verhütung erbkranken Nachwuchses vom 14. Juli 1933, Berlin-Lichterfelde 1936, 16.

141 Reichsgesetzblatt 1939 I S. 1560.

142 Insbesondere in Verfahren, in denen die Ermittlungen bereits abgeschlossen waren und nach deren Ergebnis mit einer Ablehnung des Antrags auf Unfruchtbarmachung zu rechnen war, sollten die Leiter der Gesundheitsämter einen Antrag auf Fortsetzung des Verfahrens stellen; Runderlass des Reichsministers der Justiz vom 1. April 1940 – IV b 808/40 – 1079 – DJ 1940, 454.

143 Zitiert nach Gisela Bock, Zwangssterilisation im Nationalsozialismus : Studien zur Rassenpolitik und Frauenpolitik, Opladen 1986, 234 f.

und einem weiteren für das Deutsche Reich approbierten, mit der Erbgesundheitslehre vertrauten Arzt als Beisitzer. Ein Amtsarzt, der den Antrag auf Unfruchtbarmachung gestellt hatte, war von der Entscheidung über diesen gemäß § 6 Absatz 2 des Gesetzes ausgeschlossen.

Das Verfahren vor den Erbgesundheitsgerichten war gemäß § 7 Absatz 1 des Gesetzes zur Verhütung erbkranken Nachwuchses nicht öffentlich. Gemäß § 7 Absatz 2 des Gesetzes hatte das Erbgesundheitsgericht die nötigen Ermittlungen von Amts wegen anzustellen. Als Zeugen oder Sachverständige vernommene Ärzte waren ohne Rücksicht auf die ärztliche Schweigepflicht zur Aussage verpflichtet. Der Beschluss des Erbgesundheitsgerichts war gemäß § 8 des Gesetzes schriftlich abzufassen und musste die Gründe angeben, aus denen die Unfruchtbarmachung beschlossen oder abgelehnt worden war.

Grundsätzlich konnte sich der Betroffene vor den Erbgesundheitsgerichten gemäß Artikel 4 Absatz 1 der 1. Ausführungsverordnung i.V.m. § 13 des Reichsgesetzes über die Angelegenheiten der freiwilligen Gerichtsbarkeit durch einen Bevollmächtigten vertreten lassen. Gemäß Artikel 4 der Dritten Verordnung zur Ausführung des Gesetzes zur Verhütung erbkranken Nachwuchses vom 25. Februar 1935[144] (3. Ausführungsverordnung) konnte Bevollmächtigten und Beiständen jedoch durch unanfechtbaren Beschluss das Auftreten vor den Erbgesundheitsgerichten und Erbgesundheitsobergerichten aus wichtigen Gründen untersagt werden.

Das Erbgesundheitsgerichtsverfahren war nur durch wenige prozessuale Vorschriften „eingeengt".[145] Es sollte ausschließlich und allein dem Wohl der Volksgemeinschaft und nicht der Interessenwahrnehmung einzelner „Volksgenossen" dienen. Das Verfahren sollte von „einengenden Formvorschriften" soweit als möglich befreit und seinem Zweck entsprechend „beweglich" gestaltet sein.[146] Im Sinne der nationalsozialistischen Auffassung des Rechts als „lebensgesetzlicher Funktion", sollte es nicht darauf ankommen, unter Beachtung bestimmter Formvorschriften eine „formal richtige", sondern eine dem Leben des Volkes dienende Entscheidung zu treffen.[147] Die tatsächliche Verfahrenspraxis an den Erbgesundheitsgerichten[148]

144 Reichsgesetzblatt 1935 I S. 289.

145 So der Erlass des Reichsministers der Justiz an sämtliche Oberlandesgerichtspräsidenten vom 22. April 1936 – 6234 – IV b 399, BArch R 1501/5585, fol. 167; grundsätzlich fanden auf das Verfahren vor den Erbgesundheitsgerichten gemäß Artikel 4 Absatz 2 der 1. Ausführungsverordnung die Vorschriften des Reichsgesetzes über die Angelegenheiten der freiwilligen Gerichtsbarkeit Anwendung, soweit nicht das Gesetz zur Verhütung erbkranken Nachwuchses etwas anderes bestimmte.

146 Arthur Gütt, Ernst Rüdin und Falk Ruttke, Gesetz zur Verhütung erbkranken Nachwuchses vom 14. Juli 1933, 2., neu bearbeitete Auflage, München 1936, 227 f.

147 Arthur Gütt, Ernst Rüdin und Falk Ruttke, a.a.O., 274.

148 Siehe die Ausführungen des Vorsitzenden der 1. Kammer des Erbgesundheitsgerichts Berlin Hans-Joachim Matzner, Zur Erbgesundheitsgerichtsbarkeit, in: Der Erbarzt (1), 1934, 22, 23.

veranlasste den Reichsminister der Justiz im Jahr 1936 jedoch, den Anspruch des Unfruchtbarzumachenden auf rechtliches Gehör und das grundsätzliche Erfordernis einer persönlichen Anhörung des Unfruchtbarzumachenden in einem Erlass an die Oberlandesgerichtspräsidenten hervorzuheben. Insbesondere sollte in keinem Falle über einen Antrag auf Unfruchtbarmachung wegen angeborenen Schwachsinns – ausgenommen Fälle der Idiotie – entschieden werden, ohne dass sich das Gericht durch vorherige persönliche Anhörung des Betroffenen davon überzeugt hatte, ob Schwachsinn vorlag oder nicht.[149] Ferner hielt es der Reichsjustizminister für erforderlich darauf hinzuweisen, dass die Beschlüsse über die Unfruchtbarmachung sorgfältig und eingehend zu begründen seien. Dem in § 8 des Gesetzes zur Verhütung erbkranken Nachwuchses postulierten Begründungszwang sollte nicht durch die Ausführung genügt sein, dass durch die Ermittlungen des Erbgesundheitsgerichts festgestellt sei, dass eine Erbkrankheit im Sinne des Gesetzes oder schwerer Alkoholismus vorliege. Die Begründung hatte vielmehr darüber Aufschluss zu geben, aus welchen einzelnen Umständen der Schluss gezogen werden könne. Zudem war zu allen Einwendungen des Unfruchtbarzumachenden in der Begründung Stellung zu nehmen. Die in dem Antrag auf Unfruchtbarmachung oder in einem dem Antrag beigefügten Gutachten gemachten Angaben durften nicht ohne Weiteres als wahr unterstellt werden. Soweit die Entscheidung dennoch auf diese Angaben gestützt wurde, musste dargetan werden, wodurch diese erwiesen seien.[150]

Während allerdings der an dem Verfahren beteiligte Amtsarzt zugleich als gerichtlicher Sachverständige fungierte, wurde das Vorbringen des Betroffenen aufgrund des geltenden Amtsermittlungsgrundsatzes lediglich als Anregung und Vorschlag für das Vorgehen des Gerichts begriffen. Eigene Antragsrechte, zum Beispiel auf Beweisanträge, hatte der Betroffene nicht.[151]

Gegen den Beschluss des Erbgesundheitsgerichts konnten der Unfruchtbarzumachende bzw. dessen gesetzlicher Vertreter, der Antragsteller sowie der zuständige Amtsarzt binnen einer Notfrist von ursprünglich einem Monat gemäß § 9 des Gesetzes zur Verhütung erbkranken Nachwuchses Beschwerde bei dem zuständigen Erbgesundheitsobergericht einlegen. Durch das Gesetz zur Änderung des Gesetzes zur Verhütung erbkranken Nachwuchses vom 26. Juni 1935[152] wurde die

---

149 Erlass des Reichsministers der Justiz an sämtliche Oberlandesgerichtspräsidenten vom 22. April 1936 – 6234 – IV b 399, BArch R 1501/5585, fol. 167 ff.; so auch Hermann Boehm, Aus der Praxis für die Praxis, in: Erbgesundheit – Volksgesundheit : Das Gesetz zur Verhütung erbkranken Nachwuchses in Grundsatz und Anwendung, Berlin/Wien 1939, 102, 103.

150 Erlass des Reichsministers der Justiz an sämtliche Oberlandesgerichtspräsidenten vom 22. April 1936 – 6234 – IV b 399, BArch R 1501/5585, fol. 167 ff.

151 Arthur Gütt, Ernst Rüdin und Falk Ruttke, Gesetz zur Verhütung erbkranken Nachwuchses vom 14. Juli 1933, 2., neu bearbeitete Auflage, München 1936, 235.

152 Reichsgesetzblatt 1935 I S. 773.

Beschwerdefrist auf 14 Tage verkürzt. Die Erbgesundheitsobergerichte waren den Oberlandesgerichten angegliedert. Auch diese waren entsprechend den Erbgesundheitsgerichten mit einem Mitglied des Oberlandesgerichts und zwei ärztlichen Beisitzern besetzt. Das Erbgesundheitsobergericht hatte die Sache von Amts wegen in tatsächlicher und rechtlicher Hinsicht erneut zu prüfen.[153] Die Entscheidung des Erbgesundheitsobergerichts war endgültig.[154]

## 2. Die Entscheidung des Erbgesundheitsgerichts

Das Erbgesundheitsgericht hatte nach § 8 des Gesetzes zur Verhütung erbkranken Nachwuchses unter Berücksichtigung des gesamten Ergebnisses der Verhandlung und Beweisaufnahme nach freier Überzeugung zu entscheiden. Mithin galt auch im Erbgesundheitsgerichtsverfahren der Grundsatz der freien Beweiswürdigung.

§ 1 Absatz 1 des Gesetzes zur Verhütung erbkranken Nachwuchses sah vor, dass das Erbgesundheitsgericht bei Vorliegen einer der in Absatz 2 aufgezählten Erbkrankheiten und einer großen Wahrscheinlichkeit erbgeschädigter Nachkommen die Unfruchtbarmachung anordnen „kann". Äußerst umstritten war, ob überhaupt und in welchem Rahmen das Gesetz durch diese Formulierung den Erbgesundheitsgerichten einen Ermessensspielraum einräumte.

Die wohl herrschende Auffassung verstand die Formulierung „kann" dahin gehend, dass die Entscheidung über die Anordnung der Unfruchtbarmachung bei Vorliegen der Tatbestandsvoraussetzungen des § 1 des Gesetzes zur Verhütung erbkranken Nachwuchses in das pflichtgemäße Ermessen der Erbgesundheitsgerichte gestellt war.[155]

---

153 Hansjoachim Lemme, Das Deutsche Erbgesundheitsgericht, in: Der Öffentliche Gesundheitsdienst (2), 1936, 286, 290; Hans Frank, Das Gesetz zur Verhütung erbkranken Nachwuchses, in: Rasse, Recht und Volk, München/Berlin 1937, 97; Gerhard Uhlich, Die Verfahrensgrundsätze des Gesetzes zur Verhütung erbkranken Nachwuchses, Dresden 1939, 52.

154 Die im Entwurf eines dritten Gesetzes zur Änderung des Gesetzes zur Verhütung erbkranken Nachwuchses geplante Errichtung eines Reichserbgesundheitsgerichts stieß aufgrund *Hitlers* grundsätzlicher Ablehnung der Verstärkung gerichtlicher Zuständigkeiten auf Bedenken; siehe BArch R 1501/5586, fol. 99.

155 Lehmann, Ein Jahr Gesetz zur Verhütung erbkranken Nachwuchses, in: Juristische Wochenschrift (64), 1935, 1376; Carl Möller, Kann das Erbgesundheitsgericht die Unfruchtbarmachung eins Erbkranken beschließen oder muß es das tun?, in: Juristische Wochenschrift (64), 1935, 1378; Schläger, Sterilisierung und Rechtsprechung, in: Der Erbarzt (2), 1935, 111; Walter Kopp, Starrer Zwang oder pflichtgemäßes Ermessen?, in: Der Erbarzt (2), 1935, 185; Walter Kopp, Starrer Zwang oder pflichtgemäßes Ermessen? Schlusswort, in: Der Erbarzt (3), 1936, 46; Gerhard Friese, Die medizinisch-gesetzlichen Grundsätze des Gesetzes zur Verhütung erbkranken Nachwuchses, in: Der Öffentliche Gesundheitsdienst (2), 1936, 282, 284 f.; Gerhard Friese, Fragen der praktischen Erbpflege, in: Der Öffentliche Gesundheitsdienst (2), 1936, 321, 322; Gerhard Uhlich, Die Verfahrensgrundsätze des Gesetzes zur Verhütung erbkranken Nachwuchses, Dresden 1939, 7 f.; siehe auch die Stellungnahme der

In der ersten Auflage des Gesetzeskommentars aus dem Jahr 1934 hieß es noch wenig eindeutig, dass nicht in jedem der von § 1 Absatz 2 und 3 des Gesetzes erfassten Fälle unfruchtbar gemacht werden müsse. Vielmehr habe das Gericht aufgrund freier Beweiswürdigung zu entscheiden.[156] In der zweiten Auflage schlossen sich *Gütt*, *Rüdin* und *Ruttke* 1936 dann aber unmissverständlich der Auffassung an, die einen Ermessensspielraum des Erbgesundheitsgerichts erkannte.[157] *Ruttke* schrieb 1936, dass in § 1

---

Abteilung IV im Reichsinnenministerium zu den Ausführungen des Reichsärzteführers Gerhard Wagner, BArch R 1501/5586, fol. 15 f.; die von dem Vorsitzenden des Erbgesundheitsobergerichts Kiel, *Martin Grunau*, angeführte Gegenauffassung wollte hingegen das Wort „kann" als eine Muss-Vorschrift verstehen; sobald der Richter aufgrund pflichtgemäßen Ermessens zu der Überzeugung gelange, dass eine Erbkrankheit vorliege, sei er gehalten, die Unfruchtbarmachung auszusprechen; das Wort „kann" in § 1 Absatz 1 des Gesetzes zur Verhütung erbkranken Nachwuchses beziehe sich nicht auf die Entscheidung des Gerichtes, sondern auf die Unfruchtbarmachung als solche; der Gesetzgeber habe das Wort „kann" gewählt, weil nicht jeder Fall, der zur Unfruchtbarmachung führen könnte, auch zur Unfruchtbarmachung führe, weil hierzu noch gesetzmäßige Anträge und die Überzeugung des Gerichts, dass die Tatbestandsvoraussetzungen des § 1 des Gesetzes erfüllt sind, hinzukommen müssten; ausweislich des Gesetzeskommentars habe der Gesetzgeber mit dem Wort „kann" keinesfalls dem Gericht einen Ermessensspielraum einräumen, sondern allein den Gegensatz zur früheren Rechtslage – dem „traditionellen" Verbot der Unfruchtbarmachung aus rassenhygienischen Gründen – klarstellen wollen; frei sei der Richter im Erbgesundheitsverfahren allein in der Tatsachenwürdigung, nicht aber hinsichtlich der Rechtsfolge; der zwingende Charakter des Gesetzes ergebe sich aus dessen Sinn und Zweck; im Zweifel sei die Auslegung zu wählen, die der Durchführung des Gesetzeszwecks, der Verhütung *„minderwertigen Nachwuchses"*, am meisten diene. Der Grundsatz in *dubio pro reo* sollte im Erbgesundheitsgerichtsverfahren keine Geltung beanspruchen; vielmehr sollte es heißen: *in dubio pro patria;* das Wohl der Volksgesamtheit habe ausschlaggebend zu sein; vgl. Martin Grunau, Ein Jahr Gesetz zur Verhütung erbkranken Nachwuchses, in: Juristische Wochenschrift (64), 1935, 3 ff.; Martin Grunau, Ein Jahr Gesetz zur Verhütung erbkranken Nachwuchses, in: Juristische Wochenschrift (64), 1935, 1379 f.; Martin Grunau, Starrer Zwang oder pflichtgemäßes Ermessen? Eine Entgegnung, in: Der Erbarzt (3), 1936, 44 f.; R. Hochreuther, Das Gesetz zur Verhütung erbkranken Nachwuchses – Anregungen zur Änderung bestehender Vorschriften, in: Juristische Wochenschrift (64), 1935, 1381; Martin Grunau, Fünf Jahre Erbgesundheitsgerichtsbarkeit, in: Juristische Wochenschrift (68), 1939, 467, 469 m.w.N.; so auch EOG Kiel, Beschl. v. 09.02.1935 – W Erb 102/34, JW 1935, 1432; EOG Zweibrücken, Beschl. v. 10.05.1935 – BR 515(145)/34, JW 1935 1866 f.; EOG Frankfurt a.M., Beschl. v. 04.04.1935 – Wg 81/35, JW 1935, 2142 und EOG Dresden, Beschl. v. 16.06.1936 – 23 Wg 1317/35, JW 1936, 995 f.

156 Arthur Gütt, Ernst Rüdin und Falk Ruttke, Gesetz zur Verhütung erbkranken Nachwuchses vom 14. Juli 1933, 1. Auflage, München 1934, 84.

157 Arthur Gütt, Ernst Rüdin und Falk Ruttke, Gesetz zur Verhütung erbkranken Nachwuchses vom 14. Juli 1933, 2., neu bearbeitete Auflage, München 1936, 110, Fn. 1 mit Verweis auf Walter Kopp, Starrer Zwang oder pflichtgemäßes Ermessen?, in: Der

des Gesetzes kein Zwang zur Unfruchtbarmachung ausgesprochen werde und es dem Erbgesundheitsgericht überlassen sei, innerhalb der Grenzen des Gesetzes und der Verantwortung vor Volk und Staat die richtige Entscheidung zu finden. Abzuwägen sei die dem Einzelnen aufzubürdende Last eines nach *Ruttke* ungefährlichen Eingriffs gegenüber der Gefahr, die der Volksgemeinschaft durch den möglichen erbkranken Nachwuchs drohe.[158] Aufschlussreich ist insoweit auch die Stellungnahme von *Herbert Linden*, der ab 1934 als Oberregierungsrat im Reichsministerium des Innern tätig war. Das auf *„biologischen Grundlagen"* beruhende Gesetz sollte jedem Einzelfall gerecht werden. Eine Muss-Bestimmung könne den *„Vielfältigkeiten des Lebens"* aber nicht Rechnung tragen. Soweit die Tatbestandsvoraussetzungen des § 1 des Gesetzes vorlägen, könne von einer Unfruchtbarmachung aber nur dann abgesehen werden, wenn dies vor dem *„biologischen Gewissen"*, dem Gesetzgeber, der Volksgemeinschaft und dem Einzelnen gegenüber verantwortet werden könne.[159] Dies entsprach der von *Hitler* geprägten Auffassung, wonach das Recht der persönlichen Freiheit gegenüber der Pflicht der Erhaltung der Rasse zurücktrete.[160]

Das gewichtigste Argument für einen Ermessensspielraum war das Verständnis der Rolle des Richters im Nationalsozialistischen Staat. Der Richter sollte nicht durch zwingende Muss-Vorschriften in seiner Urteilsfindung „eingeengt" werden. Vielmehr sollte ihm eine möglichst weitgehende Entscheidungsfreiheit gewährt werden, damit er nicht durch die starre Fassung des Gesetzes zu Entscheidungen „genötigt" war, die für den Einzelfall als unvernünftig oder unsinnig erscheinen könnten.[161] So betonten auch *Gütt*, *Rüdin* und *Ruttke*, dass es bei der Anwendung des Gesetzes zur Verhütung erbkranken Nachwuchses keine *„tote Buchstabenrechtsprechung"* geben dürfe.[162] Der Richter war nicht länger im Sinne des *„früheren Gesetzespositivismus"* an den Gesetzeswortlaut gebunden, sondern konnte die gesetzliche Regelung *„schöpferisch ausgestalten"*.[163] Gebunden

---

Erbarzt (2), 1935, 185 und Walter Kopp, Starrer Zwang oder pflichtgemäßes Ermessen? Schlusswort, in: Der Erbarzt (3), 1936, 46.

158 Falk Ruttke, Die Frage der Fortpflanzungsgefahr bei der Anwendung des Gesetzes zur Verhütung erbkranken Nachwuchses, in: Der Öffentliche Gesundheitsdienst (1), 1936, 903 f.

159 Herbert Linden, Die praktische Anwendung des Gesetzes zu Verhütung erbkranken Nachwuchses, in: Deutsches Ärzteblatt (66), 1936, 124.

160 Zitiert nach Gerhard Uhlich, Die Verfahrensgrundsätze des Gesetzes zur Verhütung erbkranken Nachwuchses, Dresden 1939, 14.

161 Carl Möller, Kann das Erbgesundheitsgericht die Unfruchtbarmachung eines Erbkranken beschließen oder muß es das tun?, in: Juristische Wochenschrift (64), 1935, 1378, 1379; Walter Kopp, Starrer Zwang oder pflichtgemäßes Ermessen?, in: Der Erbarzt (2), 1935, 185, 187.

162 Arthur Gütt, Ernst Rüdin und Falk Ruttke, Gesetz zur Verhütung erbkranken Nachwuchses vom 14. Juli 1933, 2., neu bearbeitete Auflage, München 1936, 55.

163 Helmut Nicolai, Die rassengesetzliche Rechtslehre, München 1932, 40; Carl Schmitt, Aufgabe und Notwendigkeit des deutschen Rechtsstandes, in: Deutsches Recht (6), 1933, 181, 184; Theodor Maunz, Neue Grundlagen des Verwaltungsrechts, Hamburg

war der Richter nicht mehr an das geschriebene Gesetz sondern allein an das „gesunde Volksempfinden".[164] Kritisch äußerte sich insoweit *Gerhard Wagner*, bis zu seinem Tod 1939 *Reichsärzteführer.* Da in den Erbgesundheitsgerichten laut *Wagner* über 450 Amtsärzte und Ärzte säßen, die nicht Mitglieder der NSDAP seien, könne deren „freiem richterlichen Ermessen" die Entscheidung über ausschließlich völkisch und nationalsozialistisch zu sehende Zukunftsfragen nicht überlassen bleiben.[165]

Die *„unverrückbaren"* Ermessensgrenzen umrissen die Gesetzeskommentatoren wie folgt:

> 1. *Das Gesetz dient dem Wohle und dem Schutze der Volksgemeinschaft, d.h. dem höchsten Rechtsgut, das wir kennen. Der einzelne hat der Gemeinschaft gegenüber immer zurückzutreten.*
> 2. *Das Gesetz dient nicht allein den gegenwärtigen lebenden Geschlechtern; es will vielmehr spätere Geschlechterfolgen vor den Erbkrankheiten schützen. Nicht der einzelne jetzt lebende Erbkranke soll getroffen werden, sondern es soll der in ihm zufällig zutage getretene erbkranke Strom bei ihm unterbrochen werden.*
> 3. *Der Erbkranke hat für das Gesetz nicht wegen seines Wertes oder Unwertes als Einzelmensch, sondern nur als Träger von Erbanlagen Bedeutung.*[166]

Entscheidungen, die von diesen Leitsätzen abwichen, sollten jenseits der Ermessensgrenze liegen. *Gütt*, *Rüdin* und *Ruttke* hielten daher die Kompensation beispielsweise einer festgestellten „Geisteskrankheit" durch eine Hochbegabung für unzulässig.[167] Auch die Fortpflanzungswahrscheinlichkeit spielte für die

---

1934; Reinhard Höhn, Volk, Staat und Recht, in: Grundfragen der Rechtsauffassung, München 1938, 15.

164 Besonders deutlich wurde dies in dem mit dem Gesetz zur Änderung des Strafgesetzbuches vom 28. Juni 1935 (Reichsgesetzblatt 1935 I S. 839) abgeänderten § 2 StGB, wonach bestraft wurde, wer eine Tat beging, die nach dem Grundgedanken eines Strafgesetzes und nach gesundem Volksempfinden Bestrafung verdient.

165 Schreiben des Reichsärzteführers Gerhard Wagner an den Führer vom 29. Mai 1937, BArch R 1501/5585, fol. 191 ff.

166 Arthur Gütt, Ernst Rüdin und Falk Ruttke, Gesetz zur Verhütung erbkranken Nachwuchses vom 14. Juli 1933, 2., neu bearbeitete Auflage, München 1936, 110 f.

167 Vielfach war dies in der Literatur jedoch diskutiert worden; vgl. G. Prost, Aus der Praxis der Erbgesundheitsgerichte, in: Der Erbarzt (2), 1935, 41; Paul Wille, Zur Frage der Unfruchtbarmachung hervorragend begabter Manisch-Depressiver, in: Der Erbarzt (2), 1935, 77; Walter Kopp, Starrer Zwang oder pflichtgemäßes Ermessen?, in: Der Erbarzt (2), 1935, 185, 186; Gerhard Friese, Erbkrankheit, Begabung und Unfruchtbarmachung, in: Der Öffentliche Gesundheitsdienst (1), 1936, 899; Herbert Linden, Die praktische Anwendung des Gesetzes zu Verhütung erbkranken Nachwuchses, in: Deutsches Ärzteblatt (66), 1936, 124; für eine Kompensation bei musikalischer Hochbegabung EG Frankfurt a.M. Beschl.

Entscheidung über die Unfruchtbarmachung keine Rolle.[168] So kam *Ruttke* zu dem Schluss, dass die Erbgesundheitsgerichte angesichts der Verantwortung und der gegenüberzustellenden Rechtsgüter nur in seltenen Fällen zu einer Ablehnung der Unfruchtbarmachung kommen könnten.[169]

## 3. Die Durchführung der Unfruchtbarmachung

Die Unfruchtbarmachung erfolgte gemäß § 11 Absatz 1 Satz 1 des Gesetzes zur Verhütung erbkranken Nachwuchses i.V.m. Artikel 1 Absatz 4 der 1. Ausführungsverordnung durch chirurgischen Eingriff, bei dem ohne Entfernung der Hoden oder der Eierstöcke die Samenleiter oder Eileiter verlegt, undurchgängig gemacht oder durchtrennt wurden. Die Unfruchtbarmachung einer Frau konnte gemäß § 11 Absatz 1 Satz 2 des Gesetzes i.V.m. Artikel 1 Absatz 1 der Fünften Verordnung zur Ausführung des Gesetzes zur Verhütung erbkranken Nachwuchses vom 25. Februar 1936[170] (5. Ausführungsverordnung) auch durch Strahlenbehandlung vorgenommen werden, wenn die Frau über 38 Jahre alt war oder die Vornahme eines chirurgischen Eingriffs wegen besonderer Umstände mit Gefahr für Leben oder Gesundheit der Betroffenen verbunden oder aus gesundheitlichen Gründen

---

v. 07.11.1934 – 13 XIII 324/34, DJ 1935, 186; wobei es dem EG Frankfurt a.M. nicht mit hinreichender Sicherheit begründbar erschien, dass die Nachkommen des Betroffenen mit größter oder großer Wahrscheinlichkeit an Erbschäden leiden werden; ablehnend EOG Zweibrücken, Beschl. v. 10.05.1935 – BR 515(145)/34, JW 1935 1866 f. sowie EOG Dresden, Beschl. v. 16.06.1936 – 23 Wg 1317/35, JW 1936, 995 f.

168 Arthur Gütt, Ernst Rüdin und Falk Ruttke, Gesetz zur Verhütung erbkranken Nachwuchses vom 14. Juli 1933, 2., neu bearbeitete Auflage, München 1936, 111 ff.; Falk Ruttke, Die Frage der Fortpflanzungsgefahr bei der Anwendung des Gesetzes zur Verhütung erbkranken Nachwuchses, in: Der Öffentliche Gesundheitsdienst (1), 1936, 903 f.; EOG München, Beschl. v. 31.01.1936 – Wg 784/35, JW 1936, 998; EOG Berlin, Beschl. v. 11.01.1937 – 1 Wg 865/36, JW 1937, 944 m.w.N.; EOG Jena, Beschl. v. 15.06.1938 – Wg 288/38, JW 1938, 2910; a.A. Maria Küper, Ist die Unfruchtbarmachung gegen Ende der Wechseljahre noch zulässig?, in: Der Erbarzt (2), 1935, 63; Hermann Boehm, Aus der Praxis für die Praxis, in: Erbgesundheit – Volksgesundheit : Das Gesetz zur Verhütung erbkranken Nachwuchses in Grundsatz und Anwendung, Berlin/Wien 1939, 102, 104; EOG Jena, Beschl. v. 12.07.1934 – Erb G O 42/34, JW 1935, 2151; EOG Kiel, Beschl. v. 09.02.1935 – W Erb 102/34, JW 1935, 1432; EOG Kiel, Beschl. v. 11.04.1935 – Wg 64/35, JW 1935, 1431; EOG Hamm, Beschl. v. 10.07.1935 – 10.07.1935 – Wg 775/35, JW 1935, 2505; EOG Darmstadt, Beschl. v. 30.08.1935 – Wg 164/35, JW 1935, 2740.

169 Falk Ruttke, Die Frage der Fortpflanzungsgefahr bei der Anwendung des Gesetzes zur Verhütung erbkranken Nachwuchses, in: Der Öffentliche Gesundheitsdienst (1), 1936, 903, 904; so auch Walter Kopp, Starrer Zwang oder pflichtgemäßes Ermessen? Schlusswort, in: Der Erbarzt (3), 1936, 46, 47.

170 Reichsgesetzblatt 1936 I S. 122.

ohnehin eine Strahlenbehandlung der Geschlechtsorgane erforderlich war. Voraussetzung der Strahlenbehandlung war die Einwilligung der Unfruchtbarzumachenden bzw. ihres gesetzlichen Vertreters oder Pflegers.

Durch den mit dem Gesetz zur Änderung des Gesetzes zur Verhütung erbkranken Nachwuchses vom 26. Juni 1935[171] eingefügten § 10a wurde ferner die Möglichkeit eröffnet, bei einer zur Zeit der Durchführung der Unfruchtbarmachung schwangeren Frau die Schwangerschaft zu unterbrechen. Eine Schwangerschaftsunterbrechung sollte aber dann nicht zulässig sein, wenn die Frucht bereits lebensfähig war oder die Unterbrechung der Schwangerschaft eine ernste Gefahr für das Leben oder die Gesundheit der Unfruchtbarzumachenden mit sich gebracht hätte. Als nicht lebensfähig wurde die Frucht gemäß § 10a Absatz 2 des Gesetzes zur Verhütung erbkranken Nachwuchses bis zum Ablauf des sechsten Schwangerschaftsmonats angesehen. Grundsätzlich war Voraussetzung der Schwangerschaftsunterbrechung die Einwilligung der Unfruchtbarzumachenden. Gemäß Artikel 4 der Vierten Verordnung zur Ausführung des Gesetzes zur Verhütung erbkranken Nachwuchses vom 18. Juli 1935[172] (4. Ausführungsverordnung) war der Eingriff aber auch ohne Einwilligung der Betroffenen statthaft, wenn er wegen unmittelbarer Gefahr für Leben oder Gesundheit nicht aufgeschoben werden konnte.

## III. Zusammenfassung

Erste Stimmen, die die gesetzliche Normierung einer Unfruchtbarmachung aus eugenischen Gründen forderten, finden sich bereits im Kaiserreich um 1900, konnten seinerzeit aber weder politisch noch wissenschaftlich eine Mehrheit finden. Während insbesondere in den USA bereits seit 1907 zahlreiche Sterilisationsgesetze in Kraft traten, erfuhr die Sterilisationsdebatte in Deutschland erst nach dem Ersten Weltkrieg einen Aufschwung. Mit ersten Gesetzesinitiativen tat sich in den neunzehnhundertzwanziger Jahren insbesondere der Zwickauer Bezirksarzt *Gerhard Boeters* hervor. Auch wenn die Sterilisierung als bevölkerungspolitisches Mittel nicht grundsätzlich abgelehnt wurde, so scheiterte deren gesetzliche Umsetzung aber zunächst an ausreichenden erbbiologischen Erkenntnissen. Dies änderte sich erst als vor dem Hintergrund der Weltwirtschaftskrise Anfang der neunzehnhundertdreißiger Jahre die Begrenzung der Fürsorgekosten in den Mittelpunkt der Bevölkerungspolitik rückte. Hervorzuheben ist insbesondere der Entwurf eines Sterilisierungsgesetzes des preußischen Landesgesundheitsrats, der allerdings im Gegensatz zu dem Gesetz zur Verhütung erbkranken Nachwuchses nicht die zwangsweise Sterilisierung vorsah. Es stellt sich jedoch die berechtigte Frage, ob die formale Freiwilligkeit der Sterilisierung auch in der praktischen Umsetzung

171 Reichsgesetzblatt 1935 I S. 773.
172 Reichsgesetzblatt 1935 I S. 1035.

gewährleistet gewesen wäre. Zu einer Verabschiedung des preußischen Entwurfs kam es vor der Machtergreifung 1933 nicht mehr.

Das Gesetz zur Verhütung erbkranken Nachwuchses beschloss die Reichsregierung aufgrund der ihr durch das Ermächtigungsgesetz erteilten Befugnis am 14. Juli 1933. In Kraft trat das Gesetz am 1. Januar 1934. Die Urheberschaft des Gesetzes ist in erster Linie *Arthur Gütt* zuzuschreiben, der gemeinsam mit *Ernst Rüdin* und *Falk Ruttke* auch den in zwei Auflagen erschienen Gesetzeskommentar verfasste. Nach dem in den ersten Jahren nach Inkrafttreten ein große Anzahl von Anträgen gestellt wurde, reduzierte sich deren Anzahl seit Kriegsbeginn im Jahr 1939 aufgrund ministerialer Verordnungen deutlich, wobei insbesondere bei „Asozialen" weiterhin die Unfruchtbarmachung beantragt werden sollte.

Nachdem in den ersten beiden Kapiteln die Entwicklung von der Eugenik und Rassenhygiene zur nationalsozialistischen Gesundheitspolitik sowie die Entstehungsgeschichte des Gesetzes zur Verhütung erbkranken Nachwuchses und das Gesetz selbst dargestellt wurden, sollen in dem folgenden Kapitel nunmehr die Begriffe „asozial" und „gemeinschaftsfremd" im Sinne der nationalsozialistischen Terminologie untersucht werden.

# 3. Kapitel: „Asozial“ und „gemeinschaftsfremd“ im Sinne der nationalsozialistischen Terminologie

1936 fand sich in Meyers Lexikon folgende Definition:

> *„**Asozial** ist jemand, der sich gegen die ihm von der jeweiligen Gemeinschaft oder Gruppe auferlegten Pflichten und Bindungen innerlich gleichgültig und äußerlich passiv verhält (z.B. Landstreicher, Arbeitsscheue).“*[173]

In der dritten Auflage des Handwörterbuchs der Wohlfahrtspflege aus dem Jahr 1937 wurde der „Asoziale“ definiert als Mensch, der sich innerlich und (oder) äußerlich der Gemeinschaft nicht einzufügen vermöge und der den Übergang bilde zum „Antisozialen“, also demjenigen, der sich bewusst oder aktiv gegen diese Ordnung stelle.[174] Hier findet sich auch das Synonym des „Gemeinschaftsunfähigen“:

> *„Der eigentlich Asoziale ist der gemeinschaftsunfähige Mensch, als derjenige, dem es aus den verschiedensten Ursachen, aus körperlicher oder geistiger Schwäche nicht gelingt, sich in die Gemeinschaft einzuordnen. Die Ursache wird oft eine gewisse erbliche Minderwertigkeit sein, doch kann die Gemeinschaftsunfähigkeit auch Folge einer verfehlten oder fehlenden Erziehung und anderer Umwelterscheinungen sein. Nur in diesem Fall besteht überhaupt Aussicht, den Zustand der Gemeinschaftsunfähigkeit beseitigen zu können.“*[175]

Der Begriff des „Asozialen“ sei völlig auf das Verhältnis des Menschen zur Gemeinschaft abgestimmt. Als „asozial“ werde derjenige bezeichnet, der in mehr oder weniger ausgesprochener Weise mit den Forderungen der Gemeinschaft in Konflikt gerate.[176]

Ausgangspunkt für die Bestimmung des hier zu untersuchenden Personenkreises der „Asozialen“, für die sich im nationalsozialistischen Sprachgebrauch spätestens ab 1940 die Bezeichnung „Gemeinschaftsfremde“ durchsetzte, ist mithin die „Gemeinschaft“. Der Begriff der „Gemeinschaft“ oder auch „Volksgemeinschaft“ stellt sich als von zentraler Bedeutung nicht nur für die nationalsozialistische Weltanschauung, sondern insbesondere auch für die nationalsozialistische Rechtslehre

---

173 Meyers Lexikon Bd. 1 A – Boll, Leipzig 1936, 625.

174 Hermann Althaus, Werner Betcke und Erich Hilgenfeldt, Handwörterbuch der Wohlfahrtspflege, Berlin 1937, 110.

175 Hermann Althaus, Werner Betcke und Erich Hilgenfeldt, a.a.O., 110.

176 Hermann Althaus, Werner Betcke und Erich Hilgenfeldt, a.a.O., 110.

dar.[177] So forderte bereits das Parteiprogramm der NSDAP den „*Ersatz des der materialistischen Weltanschauung dienenden römischen Rechts durch ein deutsches Gemeinrecht*“.[178]

Zunächst soll daher die Entstehung des Gemeinschaftsbegriffs und dessen weltanschauliche und juristische Rezeption im Nationalsozialismus dargestellt werden. Hiervon ausgehend wird die Frage beantwortet werden, wer im Sinne des nationalsozialistischen Sprachgebrauchs als „gemeinschaftsfremd“ oder „asozial“ galt.

# I. Der Gemeinschaftsbegriff und dessen juristische Rezeption im Nationalsozialismus

## 1. Der Gemeinschaftsbegriff vom Kaiserreich bis in die Weimarer Republik

Die Idee der Gemeinschaft entstammte nicht originär der nationalsozialistischen Ideologie, sondern fand bereits seit Ende des 19. Jahrhunderts zunehmende Popularität in Deutschland. Zunächst vornehmlich philosophisch-soziologisch geprägt, wurde der Gemeinschaftsbegriff in der Weimarer Republik vermehrt auch zentraler

177 Vgl. Reinhard Höhn, Rechtsgemeinschaft und Volksgemeinschaft, Hamburg 1935, 49 f., der ausführt, dass das Prinzip der Volksgemeinschaft mit Ausbruch der „*nationalen Revolution*“ zum Rechtsprinzip geworden sei und den Zentralpunkt des nationalsozialistischen Rechts darstelle; vgl. auch Reinhard Höhn, Volk, Staat und Recht, in: Grundfragen der Rechtsauffassung, München 1938, 9; so auch Karl Larenz, Rechts- und Staatsphilosophie der Gegenwart, Berlin 1935, 130, der die Idee der Volksgemeinschaft als „*leitendes Rechtsprinzip*“ bezeichnet; ebenso Diemut Majer, Rechtstheoretische Funktionsbestimmungen der Justiz im Nationalsozialismus am Beispiel der "Völkischen Ungleichheit", in: Recht, Rechtsphilosophie und Nationalsozialismus, Wiesbaden 1983, 163, 164 f.

178 Diesen Punkt 19 des Parteiprogramms erhob *Carl Schmitt* in „*eine verfassungsrechtliche Bestimmung ersten Ranges*“; vgl. Carl Schmitt, Aufgabe und Notwendigkeit des deutschen Rechtsstandes, in: Deutsches Recht (6), 1936, 181; *Schmitt* bezeichnete das Programm der NSDAP als die wichtigste Rechtsquelle; es sei gültiges Recht und beherrsche und durchdringe in verschiedener, aber stets wirksamer Weise die gesamte Arbeit aller deutschen Rechtswahrer, des Gesetzgebers wie des gesetzauslegenden und prozessentscheidenden Richters, des beratenden und vertretenden Anwalts wie des rechtswissenschaftlichen Forschers und Lehrers; vgl. auch Otto Koellreutter, Deutsches Verfassungsrecht, Berlin 1938, 10 f., der die in dem Parteiprogramm niedergelegten Grundgedanken als politischen Untergrund und Rechtsgrundsätze für den verfassungsrechtlichen Aufbau des Dritten Reiches verstand, so dass die „*positiven Rechtsquellen*“ ihren politischen Sinn aus dem Parteiprogramm erhielten.

Grundstein staatstheoretischer Ansätze und war hin zum Nationalsozialismus zunehmend von einer Biologisierung geprägt.

Als theoretisches Grundlagenwerk gilt *Ferdinand Tönnies* Abhandlung *Gemeinschaft und Gesellschaft*, die erstmals 1887 erschien und im Jahr 1935 mit der achten ihre letzte Auflage fand. *Tönnies* verstand sein Gemeinschaftskonzept als ein kulturell vorgegebenes Modell sozialer Wirklichkeit.[179] Die Gemeinschaft definierte er als einen der Vergangenheit angehörenden Zustand menschlichen Zusammenlebens. *Tönnies* stellte die Gemeinschaft *„als reales und organisches Leben“* der Gesellschaft *„als ideelle und mechanische Bildung“* gegenüber.[180] Als Leben in Gemeinschaft verstand *Tönnies „alles vertraute, heimliche, ausschließliche Zusammenleben“*. In dieser Gemeinschaft *„mit den Seinen“* befinde man sich, von Geburt an, mit *„allem Wohl und Wehe“* gebunden.[181] Wesentliches Merkmal des *Tönnies'schen* Gemeinschaftsbildes ist eine patriarchalische Führungsstruktur. *Tönnies* unterschied in Gemeinschaften des Blutes oder auch der Abstammung, wie Familie, Sippe und Volk, Gemeinschaften des Ortes oder auch der Nachbarschaft, wie Dorf und ständisch geordnete vorindustrielle Stadt, und des Geistes oder auch der Freundschaft.[182] Mit der zunehmenden Industrialisierung und Verstädterung des menschlichen Zusammenlebens und den damit einhergehenden ökonomischen Veränderungen entwickelt sich die Gemeinschaft nach Ansicht *Tönnies* zur Gesellschaft. Diese definierte er als einen Kreis von Menschen, welche, wie in Gemeinschaft, auf friedliche Art nebeneinander leben und wohnen, aber nicht wesentlich verbunden, sondern wesentlich getrennt seien, und während dort verbunden bleibend trotz aller Trennungen, hier getrennt blieben trotz aller Verbundenheit. In der Gesellschaft sei jeder für sich alleine und im Zustand der Spannung gegen alle Übrigen, denn in ihr finde keine Tätigkeit statt, die aus einer *a priori* und notwendigerweise vorhandenen Einheit abgeleitet werden könne, welche daher auch insofern, als sie durch das Individuum geschehe, den Willen und Geist dieser Einheit in ihm ausdrücke, mithin so sehr für die mit ihm Verbundenen als für es selber erfolge. Keiner werde für den Anderen etwas tun und leisten, keiner dem Anderen etwas gönnen und geben wollen, es sei denn um einer Gegenleistung oder Gegengabe willen, welche er seinem Gegebenen wenigstens gleich erachte.[183] Die Verhältnisse in der Gesellschaft seien von dem vernünftigen Willen der beteiligten Individuen getragen. Das Wesen aller gesellschaftlichen Verhältnisse und Verbindungen sei

---

179 Axel Körner, Hegemonie und Gemeinschaft, Berlin 1997, 6.

180 Ferdinand Tönnies, Gemeinschaft und Gesellschaft, Leipzig 1887, 3.

181 Ferdinand Tönnies, a.a.O., 4.

182 Ferdinand Tönnies, Die Entstehung meiner Begriffe Gemeinschaft und Gesellschaft (posthum veröffentlicht), in: Kölner Zeitschrift für Soziologie und Sozialpsychologie (7), 1955, 463, 464; so zusammenfassend auch Gerhard Wurzbacher, Beobachtungen zum Anwendungsbereich der Tönnies'schen Kategorien Gemeinschaft und Gesellschaft, in: Kölner Zeitschrift für Soziologie und Sozialpsychologie (7), 1955, 443.

183 Ferdinand Tönnies, Gemeinschaft und Gesellschaft, Leipzig 1887, 46 f.

enthalten im Bewusstsein des Nutzens und Wertes, den der Mensch für den Menschen habe, haben könne und haben werde. Sie seien rationaler Art und hätten darin ihre Stärke und ihre Schwäche.[184]

Die Begriffe Gemeinschaft und Gesellschaft stehen bei *Tönnies* damit nicht konkurrierend gegenüber. Vielmehr entwickelte er ein historisches Model der Entwicklung von der Gemeinschaft zur Gesellschaft.[185] Staatsrechtlich betrachtet bedeutet diese Entwicklung eine Ablösung des teleologischen Naturrechts der aristotelischen Tradition durch ein rationales Naturgesetz.[186]

Verbreitete Aufmerksamkeit fand dieses Werk *Tönnies* erst in den neunzehnhundertzwanziger Jahren, bedingt durch den Zusammenbruch der Monarchie und die Niederlage im Ersten Weltkrieg. Die politische und soziale Zersplitterung der Gesellschaft[187] der Weimarer Republik führte zu einer großen Popularität und romantischen Verklärung des Gemeinschaftsbegriffs, die sich durch alle Disziplinen zog.[188] Die „Gemeinschaft“ wurde zum sozialen Ideal.

Von zentraler Bedeutung wurde der Gemeinschaftsbegriff für die Jugendbewegung Anfang des 20. Jahrhunderts. *Jonas Lesser* schrieb 1932:

> *„Volksgemeinschaft! Die Jugend erbebt in hohem, höchstem Gefühl, wenn dieses Wort fällt, denn es ist ihr ein Wort, das schönste Vergangenheit über die entartete bourgeoise Epoche hinweg mit fruchtbar Zukünftigem verbinden soll. Es ist der heilige Wille der Jugend, „das Ich münden und sich vollenden lassen im Wir“. Denn sie weiß, daß an der Vereinzelung die Welt der Väter zerbrochen ist, nachdem sie sich immer mehr veräußerlicht und liberalistisch verhärtet hatte. Nur in der Gemeinschaft könne ein Volk und jeder einzelne sich erfüllen und sein Leben steigern.“*[189]

Insbesondere der völkische Flügel innerhalb der Jugendbewegung strebte eine *„wahre Volksgemeinschaft“* aller Deutschen an.[190]

---

184 Ferdinand Tönnies, Die Entstehung meiner Begriffe Gemeinschaft und Gesellschaft, in: Kölner Zeitschrift für Soziologie und Sozialpsychologie (7), 1955, 463, 464.

185 Axel Körner, Hegemonie und Gemeinschaft, Berlin 1997, 11 ff.

186 Axel Körner, a.a.O., 16.

187 Der Begriff der Gesellschaft soll hier nicht im Sinne des *Tönnies'schen* Denkmodells verstanden werden.

188 Vgl. zum Beispiel aus erziehungswissenschaftlicher Perspektive Erich Stern, Über den Begriff der Gemeinschaft, Langensalza 1921, 15, der festhaltend an *Tönnies* Gegenüberstellung von Gemeinschaft und Gesellschaft die Gemeinschaft definiert als eine *„natürlich gewachsene Vereinigung von Menschen, der kein von außen gesetzter Zweck vorschwebt, und bei der die einzelnen Glieder gefühlsmäßig miteinander verbunden sind“.*

189 Jonas Lesser, Von deutscher Jugend, Berlin 1932, 131 f.

190 Frank Glatzel, Der Jungdeutsche Bund, in: Jungdeutsches Wollen, Hamburg 1920, 14; siehe auch Hans Gerber, Über die Jugendbewegung, Hamburg 1920, 32 ff.; hervorzuheben sind *Gerbers* Ausführungen zur *„Führerfrage“*; *Gerber* war der Auffassung, ein Führer könne nur aus der Gemeinschaft herauswachsen; Führer sein bedeute Liebe, Achtung und unendliches Vertrauen des *„Volkes der Geführten“*; für Gerber

Ende der neunzehnhundertzwanziger Jahre wurde in der vermehrt erscheinenden Kriegsliteratur *„die Gemeinschaft der Nation"* beschworen, *„die im Kriege die furchtbarste Feuerprobe"* bestanden habe.[191] Die „Gemeinschaft der Frontsoldaten" wurde Symbol für den Zerfall der als harmonisch und geordnet verklärten Strukturen vor und während des Krieges und insbesondere für die politische Rechte zum Vorbild für den politischen Neuaufbau des deutschen Staates.[192]

In Rezeption des *Tönnies'schen* Denkmodells wurde nun die Gemeinschaft, als verloren gegangenes Idealbild des menschlichen Zusammenlebens, der liberalen bürgerlichen Gesellschaft der Weimarer Republik gegenübergestellt. *Tönnies* selbst sah sich in der Rezeption seiner Schrift hingegen missverstanden.[193] Er verwahrte sich gegen ein ihr zugrunde liegendes Werturteil für die Gemeinschaft und gegen die Gesellschaft. Vielmehr sah er sich selbst als *„Verfechter der wertungsfreien*

---

ist die Lösung der *„Führerfrage"* (in der Jugendbewegung) untrennbar verknüpft mit der unbedingten Anerkennung von Autorität.

191 Ernst Forsthoff, Staatsrechtswissenschaft und Weltkrieg, in: Blätter für deutsche Philosophie (5), 1931, 292, 297.

192 Vgl. die Ausführungen bei Oliver Lepsius, Die gegensatzaufhebende Begriffsbildung, München 1994, 49 ff. m.w.N.; siehe auch Reinhard Höhn, Vom Wesen der Gemeinschaft, Berlin 1934, 5, der davon spricht, dass das *„Frontgeschlecht"* an der Front einen anderen Staat als den bestehenden *„geschaut"* habe, der auf dem *„Gemeinschaftsgeist des Frontbegriffes"* beruht habe; vgl. auch Otto Koellreutter, Deutsches Verfassungsrecht, Berlin 1938, 15, dem zufolge das *„ungeheure Erleben des Weltkrieges"* in der *„Frontgeneration"* und der *„heutigen jungen Generation"* das individualistische Denken durch das Gemeinschaftserlebnis ersetzt und damit die notwendige Grundlage für die Errichtung des nationalsozialistischen Rechtsstaats geschaffen habe.

193 Theodor Geiger schrieb zur missverstandenen Rezeption des *Tönnies'schen* Modells von Gemeinschaft und Gesellschaft 1931: *„Im öffentlichen und populären Denken spielt der Begriff der Gemeinschaft etwa seit der Jahrhundertwende eine bedeutende, nicht immer glückliche Rolle. In jener Zeit setzte, in der bürgerlichen Jugendbewegung spontan zum Ausdruck kommend, eine kultur- und gesellschaftskritische Bewegung im Bürgertum, vor allem in der jungen Intellektuellen-Generation ein, die sich gegen die „Mechanisierung" und „Atomisierung" des sozialen Lebens auflehnte, zugleich aber die radikale Reaktion gegen Überschätzung der Verstandesfunktion und positiver Leistung war und sich in jäher Wendung dem Irrationalismus und der Fühlsamkeit hingab. „Seele" und „Blut" werden gegen Verstand und Sache aufgerufen. Praktischer Ausdruck dieser Tendenzen ist die Bevorzugung affektivbündischen Zusammenlebens unter charismatischer Führung im Protest gegen die straff organisierten Großverbände und Zweckvergesellschaftungen. Dieser neuromantische Zivilisationspessimismus ist der Boden, auf dem Spenglers Publikumserfolg gedieh. Die gleiche Bewegung ließ Tönnies Werk in einem dem durchaus unromantischen Urheber fremden Sinne aktuell werden; sie bemächtigte sich der Antithese Gemeinschaft – Gesellschaft in der bei Tönnies vorgefundenen Bedeutung als Ur- und End-Typus, prägte sie pragmatisch um und erhob „Zurück zur Gemeinschaft!" zum Programm. In dieser Umdeutung wurde*

*Wissenschaft“*.[194] Insbesondere widersprach er *„einem jungen Herren aus Österreich“*, der aus seinen Erwägungen die Minderwertigkeit der von ihm (dem jungen Herren) als individualistisch gebrandmarkten und den höheren Wert der von ihm (dem jungen Herren) sogenannten universalistischen Verhältnisse ableiten wolle. *Tönnies* lehnte es ab, die Entwicklung weg von einem gemeinschaftlichen hin zu einem gesellschaftlichen Zusammenleben durch Machtgebot oder Gesetz aufzuheben und *„aus dem Handgelenk eine Volksgemeinschaft zu schaffen“*.[195]

Mit dem *„jungen Herren aus Österreich“* war *Othmar Spann* gemeint. Diesem schwebte ein universalistischer Ständestaat vor, der die seines Erachtens organische Ungleichheit der Gesellschaftsbestandteile berücksichtige. Die Bestandteile der Gesellschaft sollten nach diesem Ansatz nicht aus Individuen – einzelnen Menschen – bestehen, sondern aus Gemeinschaften, in denen der Einzelne erst durch Eingliederung Existenz erhalte.[196] Gemeinschaft sei dabei nur möglich zwischen *„Gleichgearteten“*. Hieraus folgert *Spann* das von ihm sogenannte „Gesetz der Kleinheit der Gemeinschaft“ mit der Folge einer Zerklüftung der Gesellschaft in viele kleine gleichartige Gemeinschaften.[197] Diese Zerklüftung wollte *Spann* durch die Rangordnung der einzelnen Gemeinschaften nach ihrem Wert überwinden. Dem Staat als Gesamtorganisation der Gesellschaft komme die Aufgabe zu, diese *„Wertschichtung“* nach einem jeweils herrschenden Wertungsmaßstab durchzuführen und organisatorisch zu befestigen. So habe die mittelalterliche Gesellschaft dem Priesterstande, dem Krieger- und Ritterstande, dem Bürger-, Handwerker-, Gesellen- und Bauernstande je einen gewissen Rang an Wertschätzung zugewiesen.[198]

---

*„Gemeinschaft“ zu einem recht eigentlich deutschen Problem. (...) so wurde Gemeinschaft in der Jugendbewegung, in der von ihr stark beeinflussten neuromantischen Pädagogik und nicht zuletzt – anknüpfend an den Gedanken der „Bluthaftigkeit“ der Gemeinschaft – in der völkischen Bewegung aller Schattierungen zur Parole einer kulturell-gesellschaftlichen Wiedergeburt im Kampf gegen die bürgerliche Zivilisation des 19. Jahrhunderts. „Gemeinschaft“ wurde Kampfruf jener Elemente des Bürgertums, die der sozialen Revolution misstrauten, aber der angeblich erstarrten Formen überdrüssig waren, und von der jungen Generation eine Kulturwende erwarteten.“*; Theodor Geiger, Gemeinschaft, in: Handwörterbuch der Soziologie, Stuttgart 1931, 175; für eine kritische Auseinandersetzung mit der These *Tönnies* Werk Gemeinschaft und Gesellschaft sei in seiner Rezeption missverstanden worden vgl. Dirk Käsler, Erfolg eines Mißverständnisses? Zur Wirkungsgeschichte von "Gemeinschaft und Gesellschaft" in der frühen deutschen Soziologie, in: Hundert Jahre "Gemeinschaft und Gesellschaft" – Ferdinand Tönnies in der internationalen Diskussion, Opladen 1991, 517.

194 Vgl. Leopold von Wiese, Erinnerungen an Ferdinand Tönnies, in: Kölner Zeitschrift für Soziologie und Sozialpsychologie (7), 1955, 1, der sich auf Ferdinand Tönnies, Einführung in die Soziologie, Stuttgart 1931, 77 bezieht.

195 Ferdinand Tönnies, Die Entstehung meiner Begriffe Gemeinschaft und Gesellschaft, in: Kölner Zeitschrift für Soziologie und Sozialpsychologie (7), 1955, 463, 465.

196 Othmar Spann, Der wahre Staat, Leipzig 1921, 188.

197 Othmar Spann, a.a.O., 191 ff.

198 Othmar Spann, a.a.O., 195 f.

Die herrschende *„individualistisch-liberal-demokratische Lebensordnung“*, dem Grundsatz der Gleichheit folgend, begnüge sich hingegen mit einem Mindestmaß an Wertschätzungen und unterdrücke die ihr feindlichen konservativen, christlichen, völkischen, marxistischen und anderen Wertschichtungen. So beruhe jede geschichtliche und lebendige Gesellschaft auf der Bändigung der ihr feindlichen Wertsysteme und insbesondere auch auf der Bändigung einer *„sittlich-minderwertigen“*, verbrecherischen Welt. Insoweit nennt *Spann* die *„ständige Bevölkerung der Zuchthäuser, Gefängnisse und Armenhäuser“*.[199] Um eine Gesellschaft als lebendig-organisches Ganzes zu sein, müssten die voneinander verschiedenen Gemeinschaften die Eigenschaft erhalten, ein Glied jenes geistigen *„Gesamt-Ganzen“* zu werden, das in der Gesellschaft gegeben sei. Sie müssten die *„Natur der Gliedlichkeit“* erhalten. Diese sei wiederum für eine geistige Gemeinschaft nur aus der Fülle der geistigen Inhalte, aus der zusammengehörigen Ganzheit zu nehmen. Alle geistigen Inhalte bildeten ein Ganzes, auch indem sie die gegensätzlichsten Teile darstellten.[200] *Spann* versuchte bereits vor der Machtergreifung seine universalistische Gesellschaftstheorie dem kommenden nationalsozialistischen Staat zugrunde zu legen. Seine Forderung nach einem autoritären Ständestaat und sein rein geistiges im Gegensatz zu einem rassisch-biologischen Gemeinschaftsverständnis waren jedoch mit der nationalsozialistischen Weltanschauung oder vielmehr mit den Vorstellung der führenden NS-Ideologen wie *Alfred Rosenberg* nicht in Einklang zu bringen.[201]

*Hans Freyer*, der nach der nationalsozialistischen Machtübernahme 1933 *Ferdinand Tönnies* als Präsident der Deutschen Gesellschaft für Soziologie ablösen sollte und Gründungsmitglied des Ausschusses für Rechtsphilosophie in der Akademie für Deutsches Recht war, skizzierte in einem Vortrag anlässlich der Tagung der Deutschen Philosophischen Gesellschaft 1928 seinen Strukturbegriff der Gemeinschaft entlang von drei Momenten: Der Einheit des Schicksalsraums, in dem die

199 Othmar Spann, a.a.O., 196.

200 Othmar Spann, a.a.O., 197 f.; *Oliver Lepsius* spricht insofern zu Recht von einem Begriffszirkel, in dem jeder Begriff mittels eines anderen bestimmt werde und sich irgendwann der „ganzheitliche“ Ableitungszirkel schließe, vgl. Oliver Lepsius, Die gegensatzaufhebende Begriffsbildung, München 1994, 54 f.

201 Vgl. insbesondere Friedrich Bülow, Nationalsozialismus und Universalismus, in: Deutsche Rechtswissenschaft (2), 1937, 218, 225, nach dessen Auffassung der Nationalsozialismus an die konkret-natürlichen Gemeinschaften, an das tatsächliche Gemeinschaftserlebnis anknüpfe und Gemeinschaft vornehmlich als seelische Verbundenheit werte; der Nationalsozialismus baue auf dem Glauben auf, dass um der Verwirklichung der nationalen und sozialistischen Ziele des Volksganzen willen, Gemeinschaft in der Form der Volksgemeinschaft die alle Volksgenossen seelisch verbindende und zusammenfügende politische Lebensform sein müsse, die in allen sozialen, rechtlichen und wirtschaftlichen Institutionen zu lebendiger Gestalt zu erwecken und auf die jeder Volksgenosse unmittelbar direkt, d.h. ohne irgendwelche Mittler ständisch-hierarchischer Art, zu verpflichten sei.

Gemeinschaft lebe, der Einheit des geistigen Gehalts, der in allen Gliedern der Gemeinschaft lebendig sei und der Ausgliederung dieses Gehalts zu einem Lebenszusammenhang von bestimmtem Gefüge.[202] Das erste Moment im Strukturgesetz der Gemeinschaft sah *Freyer* darin, dass sie als ein eigenes Wesen im eigenen „*Schicksalsraum*“ lebe, sich beständig erneuere, aber sich als dieselbe erhalte. Exemplarisch nennt *Freyer* insoweit *„alle echten Gemeinschaften, die Familie, die Sippe, der Bund der Gleichaltrigen, die Marktgemeinschaft des Dorfes“*.[203] Zweites Moment, gar Bedingung sei, dass dieselbe geistige Welt in den Seelen der Menschen bereitliege. Insofern sei die (gemeinsame) Sprache das vollgültige Symbol für alles Gemeinschaftsleben.[204] Das dritte Moment des Gemeinschaftsbegriffs liege darin, dass jede Gemeinschaft die Individualität ihrer Mitglieder im positiven Sinne des Wortes in sich aufnehme. Gemeinschaft verbinde, ohne zu nivellieren. Sie mache eins, aber sie mache nicht gleich. Der geistige Gehalt der Gemeinschaft fordere diese vielfältige Darstellung. Er verteile sich auf die einzelnen Glieder, vermähle sich mit ihrer Individualität und erzeuge eben dadurch die soziale Struktur des Gemeinschaftskörpers.[205] Das Volk oder auch Volkstum erhob *Freyer* zur Gemeinschaft in einem höheren Sinne des Wortes.[206]

Unter Bezugnahme auf die Definition *Freyers* schrieb *Franz Jerusalem* im Jahr 1930, dass Gemeinschaft lediglich Gemeinschaft des Geistes bedeute. Gemeinschaft definierte er als *„Leben im Gemeinschaftsgeist, von dem alle Glieder der Gemeinschaft beherrscht sind, in dem sie leben und der in allen ihren Handlungen zur Geltung kommt“*.[207] Den Inhalt des Gemeinschaftsgeistes hielt *Jerusalem* für gleichgültig. Alles soziale Leben des Menschen sei davon abhängig, dass der Geist von Gemeinschaften das Handeln des einzelnen Genossen zu leiten vermöge. Die äußeren Ordnungen, in denen der Mensch lebt, seien folglich immer der Ausdruck für die Wirksamkeit eines Gemeinschaftsgeistes.[208] *Jerusalem* betrachtete zunächst die Gemeinschaft der Germanischen Völker, wie sie seines Erachtens in einem „*Zeitalter des Kollektivismus*“ gelebt hätten. Der germanische Staat sei ein System von Gemeinschaften gewesen. Diese Erkenntnis will *Jerusalem* aus „*Rechtsquellen*“ gewonnen haben, die er freilich nicht benannte.[209] Außerhalb der germanischen Gemeinschaften habe kein soziales Leben stattgefunden. Wer als Verbrecher aus

202 Hans Freyer, Gemeinschaft und Volk, in: Philosophie der Gemeinschaft, Berlin 1929, 14.

203 Hans Freyer, a.a.O., 9 ff.

204 Hans Freyer, a.a.O., 11 f.

205 Hans Freyer, a.a.O., 13.

206 Hans Freyer, a.a.O., 20; wobei *Freyer* weiter ausführt, dass die soziale Ordnung im Zeitalter der Maschine und des liberalen Staates in ihren Fundamenten erschüttert sei und das (deutsche) Volk sich daher nicht in vollem Sinne als Gemeinschaft darstelle.

207 Franz W. Jerusalem, Gemeinschaft und Staat, Tübingen 1930, 36.

208 Franz W. Jerusalem, a.a.O., 7 f.

209 Franz W. Jerusalem, a.a.O., 9.

der Gemeinschaft entfernt worden sei, sei dem Tode verfallen, da er außerhalb derselben Daseinsmöglichkeiten weder geistiger noch materieller Art besessen habe. Er sei rechtlos gewesen und erschlagen worden *„wie man das Tier im Wald erschlägt"*.[210] Die Persönlichkeit gelte in der Gemeinschaft des kollektivistischen Zeitalters nicht als absoluter Wert, sie werde nur gewertet nach ihrer Leistung innerhalb der Gemeinschaft. Jedem Einzelnen eine absolute Gleichwertigkeit mit allen anderen zuerkennen zu wollen, sei für das Zeitalter des Kollektivismus eine unvollziehbare Vorstellung gewesen. Charakteristisch für das Zeitalter des Kollektivismus sei die Figur des Führers gewesen, wie er aus der Gemeinschaft hervorgehe.[211] Dem Zeitalter des Kollektivismus stellte *Jerusalem* das Zeitalter des Individualismus gegenüber, wie es innerhalb der germanischen Völker des Abendlandes zum ersten Mal in der italienischen Renaissance sichtbar geworden sei. Im Zeitalter des Individualismus habe sich der Mensch, der nunmehr die Idee der individuellen Persönlichkeit in sich zu verkörpern gesucht habe, vom Leben in den bisherigen Gemeinschaften mit ihrer strengen Bindung des Einzelnen zurückgezogen. Auf die Funktionen des ehemaligen Gemeinschaftslebens, wie Wehrmacht und Gerichtsbarkeit, habe der Mensch aber nicht verzichten können. So sei die *„Rechtsgemeinschaft"* entstanden, die die Einzelnen zu einer neuen Gemeinschaft zusammengefasst habe. Inhalt des Kollektivgeistes der Rechtsgemeinschaft sei lediglich die Vollziehung der kollektiven Funktionen gewesen. Sie trete nach außen nicht in Erscheinung und überlasse alles dem Staat und dem Gesetzgeber. Der *„Volksgeist"*, gegen den ein Gesetz nicht verstoßen dürfe und das Naturrecht seien Äußerungsformen des Kollektivgeistes der Rechtsgemeinschaft. Seine höchste Vollendung habe diese Entwicklung im souveränen Fürstenstaat erreicht, in dem an die Stelle der Gesamtheit nunmehr alleine der Fürst getreten sei, der alle staatlichen Funktionen in sich vereine. Der Fürst übe zwar alle Funktionen der Gemeinschaft aus, sei aber nicht mehr Teil derselben. Ihm gegenüber stünden die Untertanen als Summe von Individuen.[212] *Jerusalem* sah nunmehr den Beginn eines neuen kollektivistischen Zeitalters gekommen[213], das mit *Rousseau* erstmals zutage getreten sei.[214] Dessen Begriff der *volonté générale*, des Gemeinwillens, kennzeichne das Volk als eine geistige Gemeinschaft, die den staatlichen Willen vollziehe. Eine Weiterführung der Gedanken *Rousseaus* sah *Jerusalem* im Nationalismus. Der Mensch habe

210 Franz W. Jerusalem, a.a.O., 9.

211 Franz W. Jerusalem, a.a.O., 10 f.

212 Franz W. Jerusalem, Über den Begriff der Nation, Jena 1932, 6; Franz W. Jerusalem, Gemeinschaft und Staat, Tübingen 1930, 12 ff.

213 Vgl. auch Franz W. Jerusalem, Über den Begriff der Nation, Jena 1932, 4.

214 Jerusalem sieht *„kollektivistische Vorstellungen"* bereits in den Schriften *Montesquieus* *„zum ersten Male wieder lebendig werden"*; Die Nation, wie *Montesquieu* sie in seinem *„Esprit des lois"* beschreibe, weise die charakteristischen Merkmale der Kollektivität auf; sie setze sich aus den einzelnen unselbstständigen Teilen eines Ganzen zusammen; besitze einen *esprit général*, komme in Sitten und Gebräuchen zur Geltung und stehe dem Gesetzgeber als Einheit gegenüber; vgl. Franz W. Jerusalem, a.a.O., 17.

durch *Rousseau* gelernt, den Staat mit dem Volk zu identifizieren. In der Idee des Nationalismus sei das Verlangen erwacht, alle Volksangehörigen, die Glieder einer Kulturnation seien, in einer staatlichen Gemeinschaft zusammenzufassen.[215] Das Staatsprinzip der Gemeinschaft sah *Jerusalem* aber noch nicht in der Demokratie der Weimarer Republik verwirklicht. Die Staatsvorstellung, wie sie der Weimarer Reichsverfassung zugrunde liege, verneine die Gemeinschaft. Zwar habe das Volk seit der Weimarer Verfassung den Fürsten als Organ des Staates abgelöst. Es trete aber nicht als Gemeinschaft auf, sondern nur als Summe einzelner Individuen, die wiederum lediglich als Organe des Staates, als Wahl- und Stimmberechtigte, an der Willensbildung desselben teilnähmen.[216] Das auch in der Weimarer Republik weiterhin vorherrschende individualistische Grundprinzip könne nur beseitigt werden und der Staat nur dann nach dem Prinzip der Gemeinschaft umgestaltet werden, wenn der Staat wieder mit der Gemeinschaft identisch werde und keine gegenüber der Gemeinschaft selbstständige Organisation mehr darstelle.[217] Der Staat könne aber nur auf einer *„organischen Gemeinschaft"* begründet werden, durch die der Mensch mit seiner ganzen Persönlichkeit ergriffen und an sie gebunden werde.[218] Das *„Erlebnis der Gemeinschaft"* müsse von den deutschen Menschen Besitz ergreifen.[219]

## 2. Der Gemeinschaftsbegriff in der Nationalsozialistischen Weltanschauung

*Ferdinand Tönnies* schrieb im April 1934:

> *„Einige sagen…, es sei der Erfolg meiner Theorie von Gemeinschaft und Gesellschaft, der in der NS-Ideologie vorliege, und es ist dafür einiger Grund vorhanden."*[220]

---

215 Franz W. Jerusalem, Gemeinschaft und Staat, Tübingen 1930, 18 ff.; der Nationalismus des 19. Jahrhunderts habe sich jedoch mit *„dem Drängen nach einem kollektivistischen Staat mit äußeren Formen begnügt"*; Ziel dieses Nationalismus sei nicht *„ein wirkliches und echtes Leben in der Gemeinschaft"*, sondern nur ein solches gewesen, das, *„grundsätzlich in individualistischen und rationalen Formen ablaufend, äußerlich gemäß den Formen des Lebens in der Kollektivität gestaltet werden sollte"*; dieser Nationalismus werde aber von einem, an das Kriegserlebnis anknüpfenden, *„neuen Nationalismus"* abgelöst, der zu einem *„wirklichen und echten Leben in Kollektivität"* zu gelangen suche; vgl. Franz W. Jerusalem, Über den Begriff der Nation, Jena 1932; 23 f.

216 Franz W. Jerusalem, Gemeinschaft und Staat, Tübingen 1930, 24 f.

217 Franz W. Jerusalem, a.a.O., 25, 37.

218 Franz W. Jerusalem, a.a.O., 26 f.

219 Franz W. Jerusalem, a.a.O., 38.

220 Brief an seinen Sohn Gerrit vom 20. April 1934 zitiert nach Karl Dietrich Erdmann, Wissenschaft im Dritten Reich, Kiel 1967, 13.

Tatsächlich nahm der Nationalsozialismus für sich in Anspruch, den das soziale Denken des 19. Jahrhunderts kennzeichnenden Gegensatz von Gesellschaft und Staat aufgehoben und in der Ausrichtung auf die Ziele des Volksganzen und der Forderung der Volksgemeinschaft zu höherer Synthese gebracht zu haben.[221] *Franz Jerusalem* sah mit der *„Revolution von 1933"*, in der mit elementarer Kraft ein neuer Wille zur Gemeinschaft zum Durchbruch gekommen sei, endgültig das *„Zeitalter der Gemeinschaft"* angebrochen.[222]

Als „integrierendes Sammelbecken" machte sich die nationalsozialistische Weltanschauung insbesondere das Gedankengut der konservativ-völkischen Oppositionsgruppen der Weimarer Republik zu eigen. Neben den Begriffen „Volk" und „Rasse" wurde auch der Begriff der „(Volks-)Gemeinschaft" zum Kerngehalt der eigenen Weltanschauung erhoben.[223] *Michael Stolleis* verweist darauf, dass die „Volksgemeinschaft" vor allem dem Bürgertum als Sehnsuchtsort für die Überwindung von trennenden Konventionen, Standesschranken und Klassenkampf galt, da sie Wärme und Geborgenheit, kollektiven Schutz und Machtentfaltung nach außen versprach.[224]

Als besonders kennzeichnend für den nationalsozialistischen Gemeinschaftsbegriff stellt sich dessen rassisch-biologische Inhaltsbestimmung dar. So schrieb *Hitler* in *Mein Kampf*, dass der Zweck des Staates *„in der Erhaltung und Förderung einer Gemeinschaft physisch und seelisch gleichartiger Lebewesen"* liege.[225] Insofern hob sich das nationalsozialistische Gemeinschaftsverständnis von vielen der in der Weimarer Zeit vertretenen Ansätze zum Gemeinschaftsbegriff deutlich ab. Viele sahen, wie *Franz Jerusalem*, mit der Machtergreifung der Nationalsozialisten den herbeigesehnten Gemeinschaftsstaat jedoch endlich gekommen und fanden sich bereit ihre eigenen Gemeinschaftsvorstellungen der nationalsozialistischen Weltanschauung zu öffnen.

---

221 Friedrich Bülow, Nationalsozialismus und Universalismus, in: Deutsche Rechtswissenschaft (2), 1937, 218, 226.

222 Franz W. Jerusalem, Der Staat, Jena 1935, 294.

223 Herbert Lemmel, Die Volksgemeinschaft, Stuttgart und Berlin 1941, 1, der die deutsche Volksgemeinschaft als die zeitliche Verwirklichung der Eigentümlichkeit des zeitlosen deutschen Volkes bestimmt; Walther Ammann, Die Asozialen und ihre Behandlung – eine Aufgabe des öffentlichen Rechts, Philippsburg 1940, 4, der die Volksgemeinschaft als Inbegriff nationalsozialistischen Ideengutes bezeichnet; vgl. auch Oliver Lepsius, Die gegensatzaufhebende Begriffsbildung, München 1994, 106 ff., der die Begriffe Volk, Gemeinschaft und Rasse als „Leerstellen" und „Begriffshülsen" bezeichnet, die „Inhaltlichkeit" suggerierten, tatsächlich aber vielfältigen Wertvorstellung offen gestanden hätten.

224 Michael Stolleis, "Perversion des Rechtsdenkens im Nationalsozialismus" – was heißt das?, in: Recht und Politik (19), 1983, 1, 2 f.

225 Adolf Hitler, Mein Kampf, München 1933, 433.

In Adaption seiner Staatslehre[226] auf die neuen politischen Umstände sprach *Jerusalem* nunmehr von der *„Führergemeinschaft“*, in der die Staatsgewalt ausschließlich durch den Führer dieser Gemeinschaft vollzogen werde.[227] Den neuen Staat nannte er *„Staat der Volksgemeinschaft“*. Im Begriff der Volksgemeinschaft wende sich das Erlebnis der Gemeinschaft mit entscheidender Wucht auf die gesamten Inhalte des sozialen Lebens. Dabei lege der *„neue Wille zur Gemeinschaft“* die Vorstellungen des sozialen Lebens nieder.[228] In erster Linie bedeute dies, dass der Mensch entsprechend dem Leben in der Gemeinschaft nicht ein isoliertes Individuum, sondern mit anderen in der Gemeinschaft verbunden sei. Der Einzelne solle sich einordnen und *„der Gesamtheit opfern“*. Soziale Unterschiede seien insoweit beseitigt, als die Angehörigen der Gemeinschaft als Träger des Gemeinschaftsgeistes und *„eines diesem Gemeingeist entsprechenden Verhaltens“* gleich seien. *„Rassenfremde“* hätten in der sozialen Lebenseinheit der Volksgemeinschaft hingegen keinen Platz und seien deshalb *„auszuscheiden“*.[229]

*Reinhard Höhn*, langjähriger Assistent von *Franz Jerusalem* an dessen Lehrstuhl in Jena und im Dritten Reich neben *Jerusalem* die wissenschaftliche Literatur zum Gemeinschaftsbegriff maßgeblich prägend, schrieb 1934:

> *„Gemeinschaft ist nicht lediglich ein äußeres Zusammensein von Menschen. (...) Sie ist erst dann vorhanden, wenn ein Gemeinschaftsgeist die nebeneinanderstehenden Menschen erfaßt, und zwar so erfaßt, daß jeder aus diesem Gemeinschaftsgeist heraus handelt, in diesem Gemeinschaftsgeist lebt.*
> *Gemeinschaft kann natürlich nur entstehen, wenn Menschen auch etwas Gemeinschaftliches haben. (...) Gleiches Denken, Fühlen und Handeln in einem Volk ist notwendig durch rasse- und artmäßige Anlagen bedingt. Erst wenn diese Grundlagen gegeben sind, ist auch die Möglichkeit für die Entstehung von Gemeinschaft in einem Volk vorhanden.“*[230]

Wie die meisten Autoren seiner Zeit war *Höhn* der Auffassung, dass Gemeinschaft nicht einfach geschaffen werden könne, sondern organisch wachsen müsse. Staatliche Aufgabe könne daher nur sein, Hindernisse aus dem Weg zu räumen, *„dem Wachstum zu lauschen“* und Formen zu schaffen, in denen sich aufgrund einer

226 Vgl. insoweit Franz W. Jerusalem, Soziologie des Rechts, Jena 1925; Franz W. Jerusalem, Gemeinschaft und Staat, Tübingen 1930; Franz W. Jerusalem, Über den Begriff der Nation, Jena 1932.

227 Franz W. Jerusalem, Der Staat, Jena 1935, 294.

228 Die hiermit verbundene Unbestimmtheit und Deutungsoffenheit scheint *Jerusalem* durchaus zu erkennen, wenn er schreibt, dass *„freilich“* kein klares Programm zusammengefasst wäre; Franz W. Jerusalem, a.a.O., 300.

229 Franz W. Jerusalem, a.a.O., 300 f.

230 Reinhard Höhn, Vom Wesen der Gemeinschaft, Berlin 1934, 9; vgl. auch Reinhard Höhn, Volk, Staat und Recht, in: Grundfragen der Rechtsauffassung, München 1938, 8.

gewissen Erfahrung Gemeinschaftsleben bilde.[231] Auffallend sind bei *Höhn* die Parallelen zur Jugendbewegung[232] im Hinblick auf das *„Führerproblem"*. Führer sei zum einen derjenige, der, aus der Gemeinschaft gewachsen, am stärksten die Gemeinschaftsgehalte in sich trage und für die Gesamtheit richtunggebend handle. Führertum könne aber auch dadurch entstehen, dass eine Einzelpersönlichkeit bestimmte Ideen verkünde und um diese Ideen Menschen in gemeinschaftsmäßiger Verbundenheit sammle. In *Adolf Hitler* sah *Höhn* einen Führer in beider Weise. Zum einen sei *Hitler* aus der Gemeinschaft des Frontsoldatentums als derjenige erwachsen, der am stärksten das auszudrücken vermöge, was das *„Frontgeschlecht"* für den Umbau von Staat und Volk fordere. Zum anderen sei *Hitler* der Führer, der die Ideen der Volksgemeinschaft nicht nur herausgestellt, sondern auch um diese Ideen Gemeinschaften geschaffen habe, die danach handelten.[233] *Hitler* habe eine *„in Rasse, Raum und Geschichte ruhende Gemeinschaft"* neu geschaffen.[234] Diese (Volks-)Gemeinschaft sei Grund und Eckstein des neuen Staatsrechts.[235] Den Hauptzweck des Staates sah auch *Höhn* darin, das Volk als Volksgemeinschaft in seiner blutmäßigen und artmäßigen Zusammensetzung zu erhalten und zu stützen. So greife der Staat in das Leben des Einzelwesens ein und vernichte dessen Zeugungsfähigkeit, wenn seine Erbmasse dem Gesamtvolkstum schädlich sei.[236] *Höhn* sprach davon, dass Volk zur Volksgemeinschaft erziehen zu wollen. So forderte er, dass jeder volksgemeinschaftlich handeln und sich in die Volksgemeinschaft eingliedern solle.[237]

*Karl Larenz* konstruierte seine *„Deutsche Rechtsphilosophie"* um die Gemeinschaft. Der Nationalsozialismus habe den Deutschen die *„echte Gemeinschaft"* geschenkt, indem er zu den ursprünglichen Quellen des völkischen Lebens zurückgekehrt sei.[238] Eine konkrete Bestimmung des Gemeinschaftsbegriffs sucht man bei *Larenz* jedoch vergeblich. Er setzt die Existenz der (Volks-)Gemeinschaft schlicht voraus. Deutlich zutage tritt bei *Larenz* aber ein rassisch-biologisches

---

231 Reinhard Höhn, Vom Wesen der Gemeinschaft, Berlin 1934, 7, 28 ff.

232 vgl. Frank Glatzel, Der Jungdeutsche Bund, in: Jungdeutsches Wollen, Hamburg 1920, 23, der bereits 1919 von einem *„ganz großen Führer"* sprach, *„der alles mit sich zu reißen fähig"* sei; Hans Gerber, Über die Jugendbewegung, Hamburg 1920, 32 ff.

233 Reinhard Höhn, Vom Wesen der Gemeinschaft, Berlin 1934, 16 f.; Reinhard Höhn, Rechtsgemeinschaft und Volksgemeinschaft, Hamburg 1935, 75.

234 Reinhard Höhn, Volk, Staat und Recht, in: Grundfragen der Rechtsauffassung, München 1938, 8.

235 Reinhard Höhn, Die staatsrechtliche Lage, in: Volk im Werden (2), 1934, 283, 284; vgl. auch Reinhard Höhn, Der Führerbegriff im Staatsrecht, in: Deutsches Recht (5), 1935, 296, 297.

236 Reinhard Höhn, Vom Wesen der Gemeinschaft, Berlin 1934, 22 ff.; insoweit nimmt *Höhn* Bezug auf Hitlers *Mein Kampf*; vgl. Fn. 48.

237 Reinhard Höhn, a.a.O., 27.

238 Karl Larenz, Gemeinschaft und Rechtsstellung, in: Deutsche Rechtswissenschaft (I), 1936, 31, 35.

Gemeinschaftsverständnis.[239] So hielt *Larenz* für den Aufbau der Gemeinschaft im nationalsozialistischen Staat vor allem den Rassegedanken, die *„Einsicht in die blutmäßige Bestimmtheit des Volkstums“*, für bestimmend.[240] Der Einzelne sei als Glied seines Volkes von dessen Leben abhängig, getragen und bestimmt, der Geist seines Volkes lebe in ihm, werde ihm durch das Blut vermittelt und bestimme ihn so gewissermaßen mit Naturnotwendigkeit.[241] Als Glied der Gemeinschaft sei der *„Volksgenosse“* art- und gemeinschaftsbedingte Persönlichkeit, die eine Aufgabe, eine Verantwortung und eine Ehre habe. Er sei nicht einzelnes Individuum, sondern Mitträger des Lebens der Volksgemeinschaft, in die er hineingeboren werde, die ihm im Blut liege. In der Gemeinschaft habe der Einzelne eine bestimmte Stellung, die einerseits seinen Dienst für das Ganze, eine bestimmte, ihm zugefallene Aufgabe, ebenso aber auch seine persönliche Ehre, seinen Wert in der Gemeinschaft bezeichne.[242] In Abkehr vom Individualismus trete an die Stelle von Freiheit und Gleichheit die Idee der Gemeinschaft und der Verantwortung.[243] Das höchste Rechtsgut im nationalsozialistischen Staat sei nicht die Freiheit oder das Wohlergehen des Einzelnen, sondern das Volk und der Staat als Willenseinheit der *„durch Blut und Boden, Kultur und Geschichte geformten nationalen Gemeinschaft“*.[244] Nur als in Gemeinschaft lebendes Wesen, als *„Volksgenosse“* sei der Einzelne eine konkrete Persönlichkeit. Nur als Glied der Volksgemeinschaft habe er seine Ehre, genieße er Achtung als Rechtsgenosse. Die Stellung als *„Rechtsgenosse“* leitete *Larenz* ebenfalls aus der Gliedstellung in der Gemeinschaft ab. Die Stellung als *„Rechtsgenosse“* sei damit eine besondere Qualität nicht des Menschseins, sondern des Menschen als *„Volksgenosse“*. *„Rechtsgenosse“* sei, wer *„Volksgenosse“* sei; *„Volksgenosse“* sei, wer *„deutschen Blutes“* sei.[245]

*Hermann Schwarz* baute seine *„Philosophische Grundlegung des Nationalsozialismus“* auf der *„Gemeinschaft des Blutes“* auf. Er vertrat die Ansicht, dass die Deutschen ihre seelische Gemeinsamkeit als Volk auf der *„Naturgrundlage ihres*

---

239 So auch die zeitgenössische Kritik von Herbert Lemmel, Die Volksgemeinschaft, Stuttgart und Berlin 1941, 26, wonach *Larenz* den Grundlagen, auf denen der Nationalsozialismus aufbaue gerecht werden wolle, indem er „Rasse“, „Blut“ und „Vererbung“ erwähne, sich jedoch nicht auf Einzelheiten einlasse, sondern sich vielmehr auf ein Anerkennen beschränke.

240 Karl Larenz, Deutsche Rechtserneuerung und Rechtsphilosophie, Tübingen 1934, 39 f.

241 Karl Larenz, a.a.O., 23.

242 Karl Larenz, Gemeinschaft und Rechtsstellung, in: Deutsche Rechtswissenschaft (I), 1936, 31, 32.

243 Karl Larenz, Deutsche Rechtserneuerung und Rechtsphilosophie, Tübingen 1934, 39.

244 Karl Larenz, a.a.O., 43.

245 Karl Larenz, Rechtsperson und subjektives Recht: zur Wandlung der Rechtsgrundbegriffe, Berlin 1935, 21.

*gemeinsamen Blutes*" erleben würden. *Schwarz* sprach von einem „*überindividuellen Einheitserlebnis*".[246]

*Otto Dietrich* bediente sich der auf *Ferdinand Tönnies* zurückgehenden Antithese von Gemeinschaft und Gesellschaft. In der Gemeinschaft verwirkliche sich der Universalismus, während die Gesellschaft vom Individualismus geprägt sei. Im Gegensatz zu den in der Weimarer Zeit vornehmlich vertretenen „*universalistischen Staatsauffassungen*" basiere das „*universalistisch-organische Denken*" des Nationalsozialismus jedoch auf „*rassisch-biologischer*" Grundlage.[247] Dem „*individualistischen Denken*" wollte er die Grundlage entziehen, indem er den Menschen nicht als Einzelwesen, sondern ausschließlich als Glied einer Gemeinschaft begriff. Der Mensch sei in allen seinen Handlungen Kollektivwesen und könne überhaupt nur so gedacht werden. Der Mensch sei dadurch begrifflich bestimmt, dass er in Gemeinschaft mit anderen lebe. Sein Leben verwirkliche sich nur in der Gemeinschaft.[248] Von Natur aus sei dem Menschen das Gemeinschaftsbewusstsein gegeben, das *Dietrich* als Pflichtbewusstsein für die Gemeinschaft versteht. Wer dieses Gemeinschaftsbewusstsein besitze und ihm gemäß handle, der sei frei und fühle sich frei, denn sein freies Handeln könne niemals gegen die Regeln der Gemeinschaft gerichtet sein. Wer dieses Verantwortungsgefühl gegenüber der Gemeinschaft hingegen nicht besitze und dessen sittliche Bindungen nicht anerkenne, der stelle sich außerhalb der Gemeinschaft. Die Freiheit des Individuums bezeichnete *Dietrich* als einen „*kaum noch vorstellbaren Denkfehler*", der im universalistischen Weltbild des Nationalsozialismus durch die wahre Freiheit der Persönlichkeit des für die Gemeinschaft schöpferischen Menschen ersetzt worden sei.[249]

Auch *Karl Peters* griff *Ferdinand Tönnies* Antithese von Gemeinschaft und Gesellschaft auf und definierte die Erstere 1933 aus strafrechtlicher Sicht als eine natürliche oder sich organisch ergebende fortdauernde Einheit, in der eine größere oder kleinere Anzahl von Menschen durch Gemeinsamkeit des Wollens und Strebens in gegenseitiger Wechselwirkung derart verbunden sei, dass die Verbundenheit überindividuelle Werte und Kräfte erzeuge und somit dem einzelnen Glied gegenüber einen selbstständigen Wertgehalt besitze.[250]

---

246 Hermann Schwarz, Zur philosophischen Grundlegung des Nationalsozialismus, Berlin 1936, 5 f.

247 *Dietrich* grenzt sich insofern insbesondere von der Lehre *Othmar Spanns* ab; Otto Dietrich, Die philosophischen Grundlagen des Nationalsozialismus, Breslau 1935, 18.

248 Otto Dietrich, a.a.O., 16

249 Otto Dietrich, a.a.O., 29 ff.; vgl. insoweit auch Reinhard Höhn, Der Führerbegriff im Staatsrecht, in: Deutsches Recht (5), 1935, 296, 297: „*Persönlichkeit in unserer Gemeinschaft ist, wer als artgleicher Genosse in der Lage ist, im Geist der Gemeinschaft zu handeln und der Gemeinschaft richtunggebend voranzugehen.*"

250 Karl Peters, Nationalsozialismus und Strafrecht, in: Juristische Wochenschrift 1933, 1561, 1562.

*Helmut Allardt* verstand die Gemeinschaft als einen auf einem einheitlichen Erlebnis basierenden Willensverband. Unter Bezugnahme auf *Helmut Nicolai*[251] meinte *Allardt*, dass die Gleichheit oder Verschiedenheit des Willens und der Erlebnisfähigkeit durch die Zusammensetzung des Blutes und die Bestandsmerkmale der Rasse bedingt seien und daher nur eine „*Individuensumme gleichen Blutes und gleicher Rasse*“ Gemeinschaft werden könne.[252] So habe die Verbundenheit durch gleiche Rasse, gleiches Blut und gleichen Boden dem deutschen Volk die Fähigkeit zur Gemeinschaft verliehen. Der Gemeinschaftswille des deutschen Volkes habe seinen lebendig gewordenen Ausdruck in dem durch das „*ungeheure, alles überschattende Erlebnis des Krieges*“ entstandenen „*Frontgeist*“ gefunden. Als zugleich politisch-ideelle Einheit könne die Volksgemeinschaft nur in der Sphäre des Staatlichen konkret erfasst werden. So werde aus der Gemeinschaft der Staat und der Staat gleich der Gemeinschaft.[253]

*Ulrich Scheuner* sah im „*Volk*“ die ursprüngliche und höchste Gemeinschaft, die alle Teilgruppen in sich einschließe und als Trägerin aller Kultur als der tiefere Grund der geschichtlichen Entwicklung erscheine. Das „*Volk*“ sei nach nationalsozialistischer Auffassung die aus „*natürlicher Verbundenheit des Blutes*“ hervorgehende und durch ihr „*geschichtliches Schicksal*“ geprägte „*Lebensgemeinschaft*“. Auch wenn die nationalsozialistische Weltanschauung – „*in die Tiefe der irrationalen Kräfte des menschlichen Lebens herabsteigend*“ – entscheidendes Gewicht auf die Bedeutung der naturhaften Grundlage des Volkes lege, dürfe diese Betonung des Einflusses „*natürlicher Artung*“ aber nicht zu der Annahme verleiten, dass nur das „*biologische Element*“ ins Auge gefasst werde. Die nationalsozialistische Weltanschauung betone nicht weniger die „*seelische Eigenart*“, denn erst „*natürliche und geistige Wesensart*“ zusammen begründeten die „*Individualität eines Volkstums*“, ergäben jenes Ganze, „*dass insgesamt unter einem gewissen besonderen Gesetze der Entwicklung des Göttlichen aus ihm steht*“.[254]

*Stolleis* bezweifelt, dass man angesichts der vielfältigen Verwendung des Gemeinschaftsbegriffs und dessen speziellen Abspaltungen diesem überhaupt noch einen aus dem Wort ablesbaren Sinn hätte entnehmen können.[255] Gemeinsam ist den Definitionsansätzen aber stets zunächst das biologische, das organische

251 Helmut Nicolai, Rasse und Recht, Berlin 1933.

252 Helmut Allardt, Das deutsche Volk als Gemeinschaft, Berlin 1935, 76 f.; so auch Werner Wittich, Volk als Rechtsbegriff, in: Deutsches Recht 1934, 325, 326; weiter führt *Allardt* aus, dass die Geschlossenheit der Erlebnis- und Willensrichtung „*notgedrungen*“ und schon aus „*rein technischen Erwägungen*“ nur durch das Führerprinzip gewährleistet werden könne.

253 Helmut Allardt, Das deutsche Volk als Gemeinschaft, Berlin 1935, 78.

254 Ulrich Scheuner, Die nationale Revolution, in: Archiv des öffentlichen Rechts (24), 1934, 161, 261, 271 ff., der sich insofern auf die „*metaphysische Bestimmung des Volkes*“ in Johann Gottlieb Fichtes *Reden an die deutsche Nation* beruft.

255 Michael Stolleis, Gemeinschaft und Volksgemeinschaft: Zur juristischen Terminologie im Nationalsozialismus, in: Vierteljahreshefte für Zeitgeschichte (20), 1972, 20.

Element. Grundvoraussetzung der Gemeinschaft war nach der nationalsozialistischen Weltanschauung die gemeinsame „*Rasse*“, die gleiche „*Art*“, das gemeinsame „*Blut*“. Hinzu tritt als weiteres konstitutives Element der Gemeinschaft ein subjektives Empfinden als „*Glied der Gemeinschaft*“, das „*Wirksamwerden des Gemeinschaftsgeistes*“[256], das „*Gemeinschaftserlebnis*“[257], die „*seelische Eigenart*“. Man kann folglich von einer Art zweigliedrigem Gemeinschaftsbegriff, bestehend aus biologischem und geistigem Element, sprechen. Ein biologisch gleichartiges Volk wird erst durch den gemeinsam empfundenen Geist zur echten (Volks-)Gemeinschaft.[258]

## 3. Der Gemeinschaftsbegriff in der „Nationalsozialistischen Rechtslehre“

Vorangestellt ist zunächst anzumerken, dass es eine als allgemeingültig und insbesondere von der politischen Führung anerkannte nationalsozialistische Rechtslehre als solche nicht gab. Wie *Bernd Rüthers* feststellt, war der Nationalsozialismus seiner Ideologie getreu rechtsfeindlich.[259]

Einigkeit bestand darin, dass mit der „nationalen Erhebung“ im Januar 1933 das bis dahin gültige Rechtssystem der Weimarer Republik überholt war. Der das bisherige Rechtssystem prägende Rechtspositivismus galt als überkommen.[260] Ob die Weimarer Reichsverfassung weiterhin Gültigkeit beanspruchte oder mit der „Machtergreifung“ gar formell außer Kraft getreten war, blieb umstritten.[261] Eine (formelle) konstitutionelle Grundlage hatte der nationalsozialistische Staat bis zuletzt nicht.

---

256 Werner Wittich, Volk als Rechtsbegriff, in: Deutsches Recht 1934, 325, 326.

257 Reinhard Höhn, Vom Wesen der Gemeinschaft, Berlin 1934, 9.

258 *Hitler* hingegen hielt von der ewigen „*Rederei von Gemeinschaft*“ wenig; seines Erachtens ließ sich Gemeinschaft „*nur durch Gewalt schaffen und erhalten*“; vgl. Henry Picker, Hitlers Tischgespräche im Führerhauptquartier, München 1979, 214.

259 Bernd Rüthers, Die unbegrenzte Auslegung, 7. Auflage, Tübingen 2012, 104.

260 Zum Positivismus als herrschender Rechtstheorie bis 1933 siehe Bernd Rüthers, a.a.O., 91 ff.

261 So war z.B. *Carl Schmitt* der Auffassung, dass die Weimarer Verfassung nicht mehr gelte und an ihre Stelle das Gesetz zur Behebung der Not von Volk und Reich vom 24. März 1933 als vorläufiges Verfassungsgesetz des neuen Deutschland getreten sei; vgl. Carl Schmitt, Staat, Bewegung, Volk, Hamburg 1933, 5 ff.; Carl Schmitt, Der Weg des deutschen Juristen, in: Deutsche Juristen-Zeitung (39), 1934, 691, 695; ausführlich Ernst Rudolf Huber, Verfassungsrecht des Großdeutschen Reiches, Hamburg 1939, 46 ff.; Reinhold Horneffer, Das Problem der Rechtsgeltung und der Restbestand der Weimarer Verfassung, in: Zeitschrift für die gesamte Staatswissenschaft (99), 1939, 148 ff.; Hanseatisches Sondergericht, Urt. v. 15.03.1935 – Sond. 1617/34; 38 SondGer. 75/35, Reichsverwaltungsblatt 1935, 700.

*Wilhelm Stuckart*, seit 1935 Staatssekretär im Reichsministerium des Innern und Leiter der Abteilung Verfassung und Gesetzgebung, begründete dies 1939 folgendermaßen:

> *„Nach der Machtübernahme hat der Führer bewußt davon Abstand genommen, dem Dritten Reich eine neue geschriebene Verfassung zu geben. Davon ausgehend, daß es nicht entscheidend sei, welche geschriebene Verfassung ein Staat hat, sondern in welcher Verfassung, d.h. in welchem Zustand der inneren Einheit und Ordnung er sich befindet, hat er durch eine der innen- und außenpolitischen Gesamtlage angepaßte organische und legale Fortentwicklung den deutschen Einheits- und völkischen Führer- und Volksstaat entstehen lassen. So hat auch das Dritte Reich tatsächlich heute bereits seine Verfassung; eine politische Grundordnung des deutschen Volkes. Diese findet zwar nicht in einer Verfassungsurkunde ihren Ausdruck, sie beruht vielmehr auf einer Reihe von grundlegenden Gesetzen und vor allem auf den zu Gewohnheitsrecht gewordenen staatsrechtlichen Grundanschauungen des Nationalsozialismus."*[262]

„Reichsrechtsführer" *Hans Frank* hingegen sah die Verfassung des nationalsozialistischen Staates allein im *„Willen des Führers"*.[263] Wie *Rüthers* insoweit zutreffend feststellt, widersprach die Proklamation des Führerprinzips prinzipiell jeder normativen Festlegung.[264]

Die NS-Rechtswissenschaft, bestimmend geprägt von der „Kieler Rechtsschule" um *Carl Schmitt* und *Karl Larenz*, war ab 1933 dennoch von dem Versuch geprägt, das uneingeschränkte Machtstreben der nationalsozialistischen Führung durch ein in sich geschlossenes und systematisches Rechtssystem zu untermauern und dem nationalsozialistischen Machtapparat formale Rechtsqualität beizumessen.[265]

Die nationalsozialistische Führungsebene selbst, insbesondere *Hitler*, hielt hingegen nur wenig von der Idee einer konkreten wenn auch nationalsozialistischen Rechtslehre. *Hitlers* Idee von Recht war geprägt von dessen sozialdarwinistischen

---

262 Wilhelm Stuckart, Neubau des Reichs, in: Deutsches Recht (9), 1939, 819; Stuckart benennt drei *„Hochziele der nationalsozialistischen Revolution"* auf dem Gebiet der Staats- und Verfassungsgestaltung und leitete aus diesen 14 Verfassungsgrundsätze ab, nach denen sich der Neubau des nationalsozialistischen Staates vollziehen sollte.

263 Völkischer Beobachter vom 20. Mai 1936 zitiert nach Alan Bullock, Wilhelm Pferdekamp und Modeste Pferdekamp, Hitler, Düsseldorf 1969, 385.

264 Bernd Rüthers, Die unbegrenzte Auslegung, 7. Auflage, Tübingen 2012, 116.

265 Klaus Anderbrügge, Völkisches Rechtsdenken, Berlin 1978, 93; Bernd Rüthers, Die unbegrenzte Auslegung, 7. Auflage Tübingen 2012, 105; vgl. auch Tobias Müller, Recht und Volksgemeinschaft, Hamburg 2001, der unter Berufung auf Bernd Rüthers, Die Ideologie des Nationalsozialismus in der Entwicklung des deutschen Rechts von 1933 bis 1945, in: Recht und Rechtslehre im Nationalsozialismus, Baden-Baden 1992, 19, von einem *„kompetitiven Ringen um die Meinungsführerschaft"* spricht.

Vorstellungen.[266] Bezeichnend insoweit seine Ausführungen in einer Rede im September 1928:

*„Es gibt nur ein Recht in der Welt, und dieses liegt in der eigenen Stärke.“*[267]

Am 23. März 1933 erklärte *Hitler* in seiner ersten Regierungserklärung vor dem Reichstag, dass das Rechtswesen in erster Linie der Erhaltung der Volksgemeinschaft zu dienen habe.[268] Die Rechtslehre bezeichnete *Hitler* hingegen als „Krebsschaden“ für das Deutsche Volk.[269] Seiner Ansicht nach verstehe kein Mensch die Rechtslehren, die die Juristen sich „*zurechtgedacht*“ hätten.[270] In *Hitlers* Vorstellung diente das Recht allein als Mittel der Machtausübung. *Hermann Rauschning* zitiert aus seinen Gesprächen mit *Hitler* wie folgt:

*„Was man objektives Recht nennt, so etwas gebe es natürlich nicht. Recht ist Mittel der Beherrschung. Recht ist die in Regeln gebrachte Herrschaftsausübung.“*[271]

Besonders deutlich wurde *Hitlers* Verachtung des Rechtsstaates im Zusammenhang mit der Aufklärung des Reichstagsbrandes:

*„Ich kann auch nicht erst langatmige Untersuchungen anstellen, wer guten Willens ist und ob einer unschuldig ist. Wir müssen uns von allen sentimentalen Gefühlen frei machen und hart werden. Wenn ich eines Tages den Krieg befehlen werde, kann ich mir nicht Gedanken machen über die zehn Millionen junger Männer, die ich in den Tod schicke. Es ist lächerlich,... von mir zu verlangen, daß ich nur die wirklichen Verbrecher unter den Kommunisten festsetze. Es ist diese feige bürgerliche Inkonsequenz sich mit einem Rechtsverfahren die Gewissen zu beruhigen. Es gibt nur ein Recht, das Lebensrecht der Nation.“*[272]

*Hitler* sah sich selbst sowohl als obersten Inhaber der vollziehenden Gewalt als auch als obersten Gerichtsherrn, der als solcher an bestehende Rechtsvorschriften nicht gebunden war. Dies ließ sich *Hitler* 1942 vom Reichstag bestätigen.

Im Beschluss des „Großdeutschen Reichstags“ vom 26. April 1942 heißt es wörtlich:

*„Es kann keinem Zweifel unterliegen, daß der Führer in der gegenwärtigen Zeit des Krieges, in der das deutsche Volk in einem Kampf um Sein oder Nichtsein steht, das von ihm*

266 Hermann Weinkauff und Albrecht Wagner, Die deutsche Justiz und der Nationalsozialismus, Stuttgart 1968, 41.
267 Völkischer Beobachter vom 23. September 1928 zitiert nach Alan Bullock, Wilhelm Pferdekamp und Modeste Pferdekamp, Hitler, Düsseldorf 1969, 125.
268 Zitiert nach Hermann Weinkauff und Albrecht Wagner, Die deutsche Justiz und der Nationalsozialismus, Stuttgart 1968, 55.
269 Henry Picker, Hitlers Tischgespräche im Führerhauptquartier, München 1979, 160.
270 Henry Picker, a.a.O., 158.
271 Hermann Rauschning, Gespräche mit Hitler, Zürich 1940, 190.
272 Hermann Rauschning, a.a.O., 79.

> *in Anspruch genommene Recht besitzen muß, alles zu tun, was zu Erringung des Sieges dient oder dazu beiträgt. Der Führer muß daher – ohne an bestehende Rechtsvorschriften gebunden zu sein – in seiner Eigenschaft als Führer der Nation, als Oberster Befehlshaber der Wehrmacht, als Regierungschef und oberster Inhaber der vollziehenden Gewalt, als oberster Gerichtsherr und als Führer der Partei jederzeit in der Lage sein, nötigenfalls jeden Deutschen – sei er einfacher Soldat oder Offizier, niedriger oder hoher Beamter oder Richter, leitender oder dienender Funktionär der Partei, Arbeiter oder Angestellter – mit allen ihm geeignet erscheinenden Mitteln zur Erfüllung seiner Pflicht anzuhalten und bei Verletzung dieser Pflichten nach gewissenhafter Prüfung ohne Rücksicht auf sogenannte wohlerworbene Rechte mit der ihm gebührenden Sühne zu belegen, ihn im besonderen ohne Einleitung vorgeschriebener Verfahren aus seinem Amte, aus seinem Rang und seiner Stellung zu entfernen.*“[273]

Das Recht diente nach der Vorstellung der nationalsozialistischen Machthaber damit als Instrument zur totalen Herrschaft und zugleich der Beseitigung jeder formalen und materiellen juristischen Machtschranke, die durch irgendwelche Rechtsregeln entstehen konnte. *Rüthers* spricht von einer *„totalen Dienstfunktion“* im Sinne der Machtideologie.[274]

Gleichwohl bildete sich in der Rechtswissenschaft unmittelbar nach der Machtergreifung eine von den führenden Parteijuristen wie *Hans Frank* und *Roland Freisler* getragene herrschende Vorstellung einer nationalsozialistischen Rechtslehre heraus, die sich mittelbar auch auf die Rechtsprechung auswirkte.[275]

Es war die Bestrebung der NS-Rechtswissenschaft, eine eigene Methode des neuen, völkischen Rechtsdenkens zu begründen.[276] Die zentralen – wenn auch nicht allgemein anerkannten und schon gar nicht allgemein gültigen[277] – theoretischen Ansätze waren das „Konkrete Ordnungs- und Gestaltungsdenken“ *Carl Schmitts* und das von *Karl Larenz* entwickelte Denken in „konkret-allgemeinen Begriffen“.[278]

---

273 Alle Macht dem Führer!, in: Deutsche Justiz (104), 1942, 283.

274 Bernd Rüthers, Die unbegrenzte Auslegung, 7. Auflage, Tübingen 2012, 111.

275 Klaus Anderbrügge, Völkisches Rechtsdenken, Berlin 1978, 96; Hermann Weinkauff und Albrecht Wagner, Die deutsche Justiz und der Nationalsozialismus, Stuttgart 1968, 79.

276 Bernd Rüthers, Die unbegrenzte Auslegung, 7. Auflage, Tübingen 2012, 277.

277 Vgl. u.a. Herbert Lemmel, Die Volksgemeinschaft, Stuttgart und Berlin 1941, 41 ff., der dem *„institutionalistischen Denken der Schmittschen Fassung“* entgegenhält, dass es einen Ordnungsbau begründe, der grundsätzlich von dem Erbgut und damit von der „Rasse“ der sie tragenden Menschen losgelöst sei; dass neben anderen auch die Einwirkung der „Rasse“ auf eine bestimmte *„konkrete Ordnung“* anerkannt werde, sei im Jahr 1934 nicht anders zu erwarten gewesen.

278 Siehe Josef Kokert, Der Begriff des Typus bei Karl Larenz, Berlin 1995, 75 ff., der zu dem Ergebnis kommt, dass *Larenz* Schriften in Rechtsprechung und Rechtslehre keine Resonanz fanden.

Das von *Schmitt* in seiner Schrift *Über die drei Arten des rechtswissenschaftlichen Denkens* erstmals dargestellte Konkrete Ordnungs- und Gestaltungsdenken geht von der Grundidee aus, dass Recht nicht durch Normen oder Regeln geschaffen werde, sondern vielmehr unmittelbar der gegebenen Ordnung innewohne, von ihr vorgegeben sei. Unter konkreten Ordnungen verstand *Schmitt* alle Lebensgebiete, die sich institutionell gestaltet hätten. Diesen institutionell gestalteten Lebensbereichen entnahm *Schmitt* eine „*eigene rechtliche Substanz*", die zwar generelle Regeln und Regelmäßigkeiten kenne, aber nur als Ausfluss dieser Substanz, nur aus ihrer konkreten eigenen, inneren Ordnung heraus, die nicht die Summe jener Regeln und Funktionen sei.[279] Normierungen haben nach dieser Ansicht allein regulierende Funktion. Nur in geringem Maß komme ihnen ein selbstständiger Geltungsgehalt zu.[280] Beispielhaft nannte *Schmitt* das Zusammenleben der Ehegatten in einer Ehe, der Familienmitglieder in einer Familie, der Sippengenossenschaft in einem Sippenverband, der Standesgenossen in einem Stand, der Beamten eines Staates, der Geistlichen einer Kirche, der Kameraden eines Arbeitslagers oder der Soldaten eines Heeres. Die „*konkrete innere Ordnung, Disziplin und Ehre*" jeder Institution widerstehe jedem Versuch restloser Normierung und Regelung. Sie stelle jeden Gesetzgeber und jeden, der das Gesetz anwende, vor das Dilemma, entweder die mit der Institution gegebenen, konkreten Rechtsbegriffe zu übernehmen und zu verwenden oder aber die Institution zu zerstören.[281]

*Schmitt* war der Ansicht, dass die deutsche Rechtskultur von jeher durch ein konkretes Ordnungsdenken geprägt gewesen sei. Das „*germanische Denken*" des Mittelalters – das aristotelisch-thomistische Naturrecht – sei durch und durch konkretes Ordnungsdenken gewesen.[282] Diese Rechtstradition sei erst durch das normativistische Gesetzesdenken und das Entscheidungsdenken (Dezisionismus) und schließlich deren Verbindung zum Positivismus des 19. Jahrhunderts beseitigt worden.[283] Dennoch habe das konkrete Ordnungs- und Gemeinschaftsdenken in Deutschland nie aufgehört.[284] Insofern verwies *Schmitt* insbesondere auf *Hegels* Rechts- und Staatsphilosophie.[285] *Schmitt* verstand das konkrete Ordnungs- und Gestaltungsdenken als Weiterführung des institutionellen Rechtsdenkens *Maurice Haurious*, welches seiner Ansicht nach seit der „*Herrschaft des Positivismus*" den ersten systematischen Versuch einer Wiederherstellung des konkreten

279 Carl Schmitt, Über die drei Arten des rechtswissenschaftlichen Denkens, Hamburg 1934, 20.

280 Carl Schmitt, a.a.O., 13.

281 Carl Schmitt, a.a.O., 20.

282 Carl Schmitt, a.a.O., 7, 10, 41.

283 Carl Schmitt, a.a.O., 42.

284 Carl Schmitt, a.a.O., 42.

285 Carl Schmitt, a.a.O., 45 ff.; der Staat *Hegels* sei weder bloß souveräne Demission, noch eine „*Norm der Normen*", noch eine alternierende, zwischen Ausnahmezustand und Legalität wechselnde Kombination dieser beiden Staatsvorstellungen; er sei die konkrete Ordnung der Ordnungen, die Institution der Institutionen.

Ordnungsdenkens dargestellt habe.[286] Der Nationalsozialismus wiederum schaffe überall eine andere Art Ordnung. *Schmitt* sah zahlreiche neue Ordnungen wachsen, die ihr inneres Recht mit sich brächten.[287]

Während *Schmitt* die (Volks-)Gemeinschaft nicht ausdrücklich zu einer konkreten Ordnung deklarierte, führte *Larenz* das konkrete Ordnungsdenken konsequent bis auf die Basis der Volksgemeinschaft weiter.[288] Er sprach von dem sich ständig im Volksbewusstsein und in der Rechtsprechung konkretisierenden Recht der Gemeinschaft, dass das Gemeinschaftsleben in vorbedachter, gewollter Weise gemäß dem *„inneren Lebensgesetz der Gemeinschaft"* gestalte.[289] Er ging davon aus, dass eine *„lebendige Gemeinschaft"* ihre Ordnung als das ihr eigentümliche Maß und Gesetz des Handelns vor aller ausdrücklichen Regelung bis zu einem gewissen Grad in sich selbst trage.[290] Auch *Larenz* zählte exemplarisch Kameraden, Berufsgenossen oder die Familie auf und bezeichnete sie als *„lebendige Gemeinschaften"*, die ihre Ordnung in sich trügen. Das Recht habe die den Gemeinschaften eigentümliche Ordnung zu entwickeln und die Gesetzgebung diese auszugestalten. Lebensverhältnisse mit Gemeinschaftscharakter seien daher mehr als *„bloße Faktizität"* und enthielten einen Maßstab für das Verhalten des Einzelnen, der sich in diesen Lebensverhältnissen befinde.[291] Die konkrete Lebensordnung des Volkes sei eine von ihrem tatsächlichen Vollzug und der *„lebendigen Rechtsüberzeugungen der Volksgenossen"* getragene konkrete Wirklichkeit, die zugleich für den Einzelnen als Glied dieser Gemeinschaft eine ihn bindende, verpflichtende Norm darstelle.[292] Sämtliche dieser engeren Gemeinschaften seien Gliederungen der einen, sie umfassenden Volksgemeinschaft, in der sie ihre Grundlage und letzte Rechtfertigung fänden.[293] Als solche hätten diese Gemeinschaften unmittelbar die Bedeutung rechtlicher Ordnungen, deren Grundverfassung keiner gesetzlichen Bestätigung bedürfe. Im Gegenteil hätten sie vielmehr die Kraft, ihnen entgegenstehende abstrakt-allgemeine Gesetzesformen zurückzudrängen, soweit ihre besondere Art und völkische Aufgabe das zwingend erfordere.[294] Dem Einwand mangelnder

---

286 Carl Schmitt, a.a.O., 54; für eine umfassende Untersuchung des Konkreten Ordnungs- und Gestaltungsdenkens und seiner Bezüge zum institutionellen Rechtsdenken vgl. Bernd Rüthers, Die unbegrenzte Auslegung, 7. Auflage, Tübingen 2012, 277 ff.

287 Carl Schmitt, Nationalsozialistisches Rechtsdenken, in: Deutsches Recht 1934, 225, 228.

288 Klaus Anderbrügge, Völkisches Rechtsdenken, Berlin 1978, 115.

289 Karl Larenz, Über Gegenstand und Methode des völkischen Rechtsdenkens, Berlin 1938, 13 f.

290 Karl Larenz, a.a.O., 27.

291 Karl Larenz, a.a.O., 27 f.

292 Karl Larenz, Rechts- und Staatsphilosophie der Gegenwart, Berlin 1935, 157.

293 Karl Larenz, Über Gegenstand und Methode des völkischen Rechtsdenkens, Berlin 1938, 33.

294 Karl Larenz, a.a.O., 31.

Rechtssicherheit hielt *Larenz* entgegen, dass die „*Sicherheit des Rechts*“ nicht die äußere Übereinstimmung von Urteilen mit dem Buchstaben des Gesetzes, sondern nur ihre innere Übereinstimmung mit dem Sinn und Zweck der Gesetze und insbesondere mit den tragenden Grundgedanken des völkischen Lebens bedeute.[295] Diese Rechtssicherheit werde verbürgt durch einen Richterstand, der durchdrungen sei von den lebendigen Grundwerten der Gemeinschaft und diesen in der Rechtsanwendung Ausdruck zu geben wisse.[296] Die Gefahr der Willkür schwinde, je mehr sich die „*sittlichen Anschauungen der Volksgemeinschaft*“ festigten.[297]

Im Unterschied zu *Schmitt*, hob *Larenz* den völkischen Charakter des konkreten Ordnungsdenkens deutlich hervor:

> *„Das ‚konkrete Ordnungsdenken‘ bezeichnet insofern für uns auch nur eine Seite des völkischen Rechtsdenkens, das sich von jedem anders gearteten (z.B. dem mittelalterlichen) „Ordnungsdenken“ dadurch entscheidend abhebt, daß es die umfassendste Lebenstotalität, die Grundordnung im Volke erblickt. Die besonderen Leitbilder und konkreten Maßstäbe der engeren Ordnungen sind ihrerseits nur Entfaltungen der allgemeinen völkischen Maßstäbe und erhalten ihre letzte Sinngebung ebenfalls aus der völkischen Gemeinschaftsidee.“*[298]

Auf dieser Grundlage forderte *Larenz* – insbesondere für das Zivilrecht – eine neue, eine andere Art der Begriffsbildung. Für *Larenz* war es von „*größter Wichtigkeit*“, dass sich das völkische Rechtsdenken auch in den ihm gemäßen Begriffen ausdrücke.[299]

Primäre Rechtsquelle war nach der nationalsozialistischen Weltanschauung das „*gesunde Volksempfinden*“, das Rechtsempfinden der (Volks-)Gemeinschaft oder wie *Larenz* es formulierte „*der lebendige Gemeinschaftswille des Volkes*“.[300]

Für *Larenz* war das Recht „*die Lebensform der Volksgemeinschaft, ihre wirkliche Daseinsform, nicht nur ein Sollen, sondern ein Sein*“. Die Gemeinschaft sei der Ursprung des Rechts. Es werde nicht von außen an die Gemeinschaft herangetragen, sondern sei mit ihr immer gegeben als ihre immanente Gliederung und

---

295 Nach *Larenz* Ansicht stellte die Rechtssicherheit ohnehin keinen entscheidenden Einwand dar, da sie nach nationalsozialistischer Auffassung hinter „*den Werten der Gerechtigkeit und der Volksverbundenheit der Rechtsprechung*“ zurückstehe; Karl Larenz, Rezension: Justus Wilhelm Hedemann, Die Flucht in die Generalklauseln, in: Zeitschrift für das gesamte Handelsrecht und Konkursrecht (100), 1934, 378.

296 Karl Larenz, Über Gegenstand und Methode des völkischen Rechtsdenkens, Berlin 1938, 22.

297 Karl Larenz, Rezension: Justus Wilhelm Hedemann, Die Flucht in die Generalklauseln, in: Zeitschrift für das gesamte Handelsrecht und Konkursrecht (100), 1934, 378, 381.

298 Karl Larenz, Über Gegenstand und Methode des völkischen Rechtsdenkens, Berlin 1938, 33.

299 Karl Larenz, a.a.O., 45.

300 Karl Larenz, Deutsche Rechtserneuerung und Rechtsphilosophie, Tübingen 1934, 24.

Ordnung. Das Recht sei Lebensordnung, Ausdruck und Daseinsform des gemeinschaftlichen Lebens, das alle erfasse. Es nähre sich aus der völkischen Sitte und Sittlichkeit und finde seine Bestätigung in der natürlichen Anschauung des Volkes.[301] Das Gesetz hingegen sei lediglich Gestaltungsmittel der völkischen Lebensordnung. Das Gesetz konstituiere nicht das Recht, sondern bilde die gegebene Lebensordnung aus und um, diene ihr, präge und entwickle sie.[302] Das Recht sei nicht mehr nur als eine Summe von Vorschriften zu verstehen, deren Geltung auf verbindlicher Anordnung durch eine dazu befugte Macht beruhe, sondern als die dem deutschen Volk eigentümliche Ordnung, die sich in dem Leben der Gemeinschaft als dessen inneres Maß und Gesetz herausbilde und entfalte, und die die Fähigkeiten und Ganzheit dieses Gemeinschaftslebens zu gewährleisten habe.[303] Sinngebende Idee des *„völkischen Rechts"* sei die *„sittliche und rechtliche Grundanschauung"* des deutschen Volkes, als *„eigentliche Rechtsquelle"*, auf die letzten Endes alle Rechtssätze zurückgezogen werden müssten. Unter *„sinngebender Idee"* verstand *Larenz* die dem deutschen Volk eigentümliche, seinem Gemeinschaftsleben immanente Anschauung vom Wesen rechter Ordnung und Gemeinschaft, von der alle Urteile über Recht und Unrecht letzten Endes getragen würden.[304]

*Larenz* verstand die völkische Gemeinschaft als höhere Form der *hegelschen* Wirklichkeit.[305] *Hegel* habe erkannt, dass der Einzelne nur in der Gemeinschaft möglich sei, dass die Gemeinschaft ihm nicht als eine äußere Macht gegenüberstehe, sondern den Grund seines Wesens bilde, dass die sittliche Gemeinschaft das Volk sei, und dass das Volk seine Selbstgestaltung und sein Selbstbewusstsein im Staate finde, der daher seinem Wesen nach Gemeinschaft und handelndes Organ des Volksgeistes sei.[306] Das Recht, als Gesamtheit der Rechtsvorstellungen, Gesetze und Entscheidungen, sei die Darstellung und Verwirklichung einer darin erscheinenden schöpferischen Macht, die als konkrete Idee der *„Rechtsgeist des Volkes"*, der *„Volksgeist"* das bestimmende Prinzip des Gemeinschaftslebens sei.[307] Während dieser Geist als subjektiver Geist sich in der beschränkten Gestalt der einzelmenschlichen Individualität verwirkliche, verwirkliche er sich als objektiver Geist nach seiner Wahrheit als allgemeiner Geist, als der Wille nicht nur eines Einzelwesens, sondern eines Gemeinwesens. Der objektive Geist sei die Selbstverwirklichung des

301 Karl Larenz, Gemeinschaft und Rechtsstellung, in: Deutsche Rechtswissenschaft (I), 1936, 31, 35; vgl. auch Karl Larenz, Über Gegenstand und Methode des völkischen Rechtsdenkens, Berlin 1938, 12.

302 Karl Larenz, Rechtsperson und subjektives Recht: zur Wandlung der Rechtsgrundbegriffe, Berlin 1935, 19.

303 Karl Larenz, Über Gegenstand und Methode des völkischen Rechtsdenkens, Berlin 1938, 10.

304 Karl Larenz, a.a.O., 11.

305 Vgl. auch Oliver Lepsius, Die gegensatzaufhebende Begriffsbildung, München 1994, 214 ff.

306 Karl Larenz, Rechts- und Staatsphilosophie der Gegenwart, Berlin 1935, 125.

307 Karl Larenz, a.a.O., 154.

allgemeinen Geistes in der Gemeinschaft und als der Wille der Gemeinschaft, der sich in Recht, Moralität, Sitte und im Staat äußere, der als ein sittlicher Organismus die konkrete Totalität aller Verhältnisse des objektiven Geistes darstelle.[308] Auch das Recht sei nach *Larenz* Schöpfung und Gestaltung des völkischen Geistes und diene der Gemeinschaft. Es sei weder eine Beziehung unter den Individuen, noch nur ein Sollen – Anforderung an die Einzelnen – sondern *„Form und Gestalt der völkischen Gemeinschaft"* und als solche eine *„konkrete Ordnung"*. Seine Geltung beruhe auf der Bindung des Einzelnen an sein Volk, auf seiner Gliedschaft in der Gemeinschaft. Diese Bindung sei ihrem Wesen nach Treuepflicht und binde den Menschen an die Substanz seines eigenen Seins. Nicht die Person, das Individuum als das Atom der sozialen Welt oder als *„fürsichseiende, ethisch-freie Persönlichkeit"*, sei die rechtsphilosophische Grundkategorie, sondern *„die Gemeinschaft als organische Lebenseinheit"* und der Rechtsgenosse als Glied der Gemeinschaft, als Volksgenosse und als Glied engerer Gemeinschaften, einer Familie und eines Standes.[309]

*Otto Koellreutter* hingegen sah in der *Hegelschen* Auffassung vom Staat als *„Wirklichkeit der sittlichen Idee"* eine *„a-völkische"* Position, die dem Nationalsozialismus fremd sei.[310] *Koellreutter* stellte die *„völkische Gemeinschaftsidee"* in den Mittelpunkt seiner Staatslehre, die in einer neuen Staatsidee und einer neuen Rechtsidee, die beide im *„Gemeinschaftsdenken"* wurzelten, Ausdruck finden sollte. Werde das Gemeinschaftsgefühl in jedem Volksgenossen erweckt und lebendig gehalten, so entwickle sich dadurch auch das *„richtige Rechtsgefühl"*. Als *„gerecht"* würden nach dem *„völkischen Gerechtigkeitsbegriff"* diejenige Normen empfunden, die es sich zur Aufgabe stellen, die *„nationale Lebensordnung des Volkes"* in ihrem Bestand zu schützen und zu entwickeln. Insofern nahm *Koellreutter* Bezug auf *Hans Frank*:

> *„Alles, was dem Volk nützt, ist Recht, alles, was ihm schadet ist Unrecht"*[311]

Letzte und oberste Rechtsquelle im *„nationalsozialistischen Rechtsstaat"* sei die *„nationalsozialistische Rechtsidee"*, die im Rechtsgefühl des Volkes ihren Ausdruck finde. Somit erhielten die positive Rechtsordnung und die positiven Rechtsquellen ihren Sinn nur aus der *„völkischen Gemeinschaft"*.[312]

Auch *Höhn* vertrat die Auffassung, dass das Recht nach der *„neuen deutschen Rechtslehre"* der Ausdruck der Ordnung der Gemeinschaft sei und sich nicht aus einem Normensystem oder der Summe von Wertvorstellungen ergebe.[313] Das Recht sei seinem Wesen nach unmittelbarer Ausdruck der *„Blutsgemeinschaft eines*

---

308 Julius Binder, Martin Busse und Karl Larenz, Einführung in Hegels Rechtsphilosophie, Berlin 1931, 21.

309 Karl Larenz, Rechts- und Staatsphilosophie der Gegenwart, Berlin 1935, 165 f.

310 Otto Koellreutter, Deutsches Verfassungsrecht, Berlin 1938, 10.

311 Otto Koellreutter, a.a.O., 11.

312 Otto Koellreutter, a.a.O., 56.

313 Reinhard Höhn, Volk, Staat und Recht, in: Grundfragen der Rechtsauffassung, München 1938, 13.

*Volkes*“ und nicht individueller Satzung. Dies komme in dem Ausspruch „*Recht ist, was arische Menschen für Recht empfinden*“ zum Ausdruck. Insofern sprach auch *Höhn* vom „*Geist der Gemeinschaft*“, aus dem heraus unmittelbar Entscheidungen im Rechtsleben einer „*konkreten Gemeinschaft*“ gefällt werden könnten.[314]

Für *Schmitt* entstammte alles Recht „*dem Lebensrecht des Volkes*“. Jedes staatliche Gesetz und jedes richterliche Urteil enthalte nur soviel Recht, wie ihm aus dieser Quelle zufließe.[315]

Nach *Helmut Nicolais* „*deutschrechtlicher Rechtslehre*“ sollte das Recht der „*ewigen Rechtsidee*“ entspringen und durch das „*Rechtsgefühl des Volkes*“[316], dem dieses Recht angeboren sei, offenbart werden. Dieses Rechtsgefühl stellte für *Nicolai* eine dem Volk zugehörige Eigenschaft dar, ohne deren Wirksamkeit ein Zusammenleben des Volkes nicht möglich sei.[317] Das Recht sei in jeder Gemeinschaft von Menschen als naturgegebene Tatsache vorhanden, weil eine solche Gemeinschaft ohne irgendwie geregelte Beziehungen der Menschen untereinander gar nicht gedacht werden könne, da sonst die Gemeinschaft überhaupt nicht sein könne.[318]

*Theodor Maunz* schrieb 1934 in seinen *Neuen Grundlagen des Verwaltungsrechts,* dass die „*völkische Lebensordnung*“ aus „*Blut und Boden*“ hervorwachse. Das Recht sei die Gesamtheit der „*völkischen Lebensordnung*“, denn für die nationalsozialistische Staatsidee sei nicht der Staat, sondern das Volk die entscheidende Größe. So sehe der nationalsozialistische Staat das Recht nicht in einem System der in formellen Gesetzen enthaltenen oder auf ein formelles Gesetz zurückführbaren Vorschriften.[319]

*Roland Freisler* verstand Recht als Ausdruck des „*Lebenswillens als Volk*“. Das deutsche Recht baue auf den „*natürlichen Gemeinschaften im Volke*“ auf.[320]

Nach *Heinrich Lange* wurzele das Recht in der „*artbestimmten Volksgemeinschaft*“ und sollte vom „*Volksgenossen*“ aus der „*Volksverbundenheit*“ heraus zu

---

314 Reinhard Höhn, Rechtsgemeinschaft und Volksgemeinschaft, Hamburg 1935, 79.

315 Carl Schmitt, Der Führer schützt das Recht, in: Deutsche Juristen-Zeitung (39), 1934, 945, 947.

316 So auch Heinz W. Stöwer, Der Richter und die Ordnung der Gemeinschaft, in: Deutsche Justiz 1942, 763, 764, der das „*Rechtsgefühl*“ als eine der bedeutsamsten Wirkungsformen der „*völkischen Grundsubstanz*“ bezeichnet, in dem das Einzelwesen mit den Richtkräften seiner „*Volkheit*“ urtümlich verbunden sei und durch dessen Vermittlung der einzelne in den „*überindividuellen Ordnungsrhythmus seiner Gemeinschaft*“ eingefügt werde; vgl. auch Robert Keimer, Das Recht und der Nationalsozialismus, in: Hochschule für Politik der Nationalsozialistischen Deutschen Arbeiterpartei. Ein Leitfaden, München 1933, 94, wo es heißt, dass das Recht dem „*Rechtsgewissen*“ des deutschen Volkes entsprungen sei.

317 Helmut Nicolai, Die rassengesetzliche Rechtslehre, München 1932, 25.

318 Helmut Nicolai, a.a.O., 25.

319 Theodor Maunz, Neue Grundlagen des Verwaltungsrechts, Hamburg 1934, 18.

320 Roland Freisler, Gemeinschaft und Recht, in: Deutsche Justiz 1938, 1867, 1869, 1871.

erfühlen und zu erleben sein. Das Recht als Lebensordnung stehe so über dem Einzelnen und sei die „*Lebensanschauung der nationalsozialistischen Gemeinschaft*".[321]

*Gustav Adolf Walz* erhob die „*Artgleichheit*" gar zum Rechtsgestaltungsprinzip. Danach sollte die „*historisch geformte artgleiche Lebensgemeinschaft*", als „*ursprünglicher Lebenstypus*", nach dem ihr eigentümlichen „*Lebensgrundgefühl*" die Rechtsordnung bestimmen.[322]

Folglich galt das positive Recht, in Form formeller Gesetze, Verordnungen oder Erlasse, nach der nationalsozialistischen Rechtsvorstellung als bloße Rechterkenntnisquelle. Gesetze wurden schlichtweg als „*Konkretion des Volksgeistes*" angesehen, welcher in der Person des Führers seinen „*sichtbarsten Repräsentanten und Bürgen*" habe.[323] In einer konkreten Gemeinschaft, erscheine das Gesetz als Akt der Führung.[324] Dies führte allerdings keineswegs zu einer strengen Gesetzesbindung des Rechtsanwenders. Nach der Ansicht von *Larenz*, hieße es den „*Willen des Führers verkennen, wollte man ihn an einem Ausdruck festhalten, der zu einer dem Sinn und dem Geist der völkischen Gesamtordnung nicht entsprechenden Bedeutung führt*". Vielmehr sei das Gesetz „*nach dem lebendigen Rechtswillen der Gemeinschaft*" auszulegen. Das Gesetz sei anzuwenden „*im Geiste des Führers, gemäß dem gegenwärtigen Rechtswillen, der konkreten Rechtsidee der Gemeinschaft*".[325] Für *Höhn* gestaltete sich das Verhältnis von Recht und Gesetz vom Boden der „*konkreten Volksgemeinschaft*" aus. Der Nationalsozialismus stelle das Recht über das Gesetz, wobei das Recht eine mit dem Volk selbst gegebene Größe, aus dem Wesen des Volkes geboren und an das Volk gebunden sei. Das Recht werde in der Gemeinschaft des Volkes gelebt und könne auch ohne Normierung verbindlich sein. Das Gesetz war für *Höhn* bloßer zeitbedingter Ausdruck des „*völkischen Seins*" zur Lösung einzelner Aufgaben. Es stelle einen Gemeinschaftsakt dar, der im Handeln des Führers zum Ausdruck komme.[326] *Koellreutter* hingegen – an dem Begriff des „*Rechtsstaates*" festhaltend – war der Auffassung, dass die „*Rechtsidee*", um wirksam werden zu können, der Gestaltung und Form in der positiven Rechtsordnung bedürfe. Während man die Rechtsbildung in kleinen Gemeinschaften weithin dem eigenen organischen Wachstum und damit dem Gewohnheitsrecht überlassen könne, müsse der moderne Großstaat die positive Rechtsgestaltung in sehr viel höherem Maße heranziehen. Es bestehe die Notwendigkeit, dass sich der politische Wille

---

321 Heinrich Lange, Generalklauseln und neues Recht, in: Juristische Wochenschrift (62), 1933, 2858, 2859.

322 Gustav Adolf Walz, Artgleichheit gegen Gleichartigkeit – die beiden Grundprobleme des Rechts, Hamburg 1938, 15.

323 Karl Larenz, Deutsche Rechtserneuerung und Rechtsphilosophie, Tübingen 1934, 34.

324 Reinhard Höhn, Rechtsgemeinschaft und Volksgemeinschaft, Hamburg 1935, 64

325 Karl Larenz, Deutsche Rechtserneuerung und Rechtsphilosophie, Tübingen 1934, 35 f.

326 Reinhard Höhn, Volk, Staat und Recht, in: Grundfragen der Rechtsauffassung, München 1938, 15.

des Führers, der das Recht nach der *„in ihm lebenden Rechtsidee“* gestalte, positiv rechtsschöpferisch auswirke.[327] Die so durch die politische Führung geschaffene positive Rechtsordnung gebe der Staatsführung feste Formen vor. Grundsätzlich ging *Koellreutter* somit weiterhin von einer Bindungswirkung des positiven Rechts auch gegenüber der Staatsführung aus. Gesetzwidriges Verhalten des Staates rechtfertigte *Koellreutter* dann aber wiederum als *„Staatsnotwehr“*. Denn die Bindung an Normen der positiven Rechtsordnung finde ihre Grenzen in der Existenz und der Behauptung der nationalen Lebensordnung. Die Erhaltung des Volkes sei höchster politischer und zugleich höchster Rechtswert. Insoweit sei das Staatsnotrecht nichts anderes als die rechtliche Gestaltung der Idee der nationalen Rechtssicherheit.[328]

Eine formelle Gesetzesbindung der Staatsführung, wie sie *Koellreutter* vertrat, widersprach jedoch vollkommen den Vorstellungen der Machtelite von der Funktion des Rechts im nationalsozialistischen Staat.[329] Unter Berufung auf das Rechtsempfinden der (Volks-)Gemeinschaft, instrumentalisierten die nationalsozialistischen Machthaber das formelle Recht gemäß der nationalsozialistischen rassisch-biologischen Weltanschauung.[330] Ganz im Sinne der Machthaber verstand Reichsrechtsführer *Hans Frank* das Recht danach immer nur als ein Mittel zur Erhaltung, Sicherstellung und Förderung der rassisch-völkischen Gemeinschaft. So könne die Einzelpersönlichkeit vom Recht nur noch unter dem Gesichtspunkt ihres Wertes für die völkische Gemeinschaft gewertet werden. In den Mittelpunkt der nationalsozialistischen Gesetzgebung sei daher die Erhaltung der völkischen Gemeinschaft, welche *Frank* mit der Erhaltung der „Rasse“ gleichsetzt, zu stellen.[331]

In Anlehnung an *Hans Frank* schrieb *Kurt Schmidt-Klevenow* im Jahr 1937:

> *„Nationalsozialistisches Recht hat der Verwirklichung der nationalsozialistischen Weltanschauung zu dienen. Das Ziel unserer nationalsozialistischen Weltanschauung heißt: Erhaltung, Förderung und Schutz des Blutes, der Gemeinschaft, Aufrechterhaltung der Art. Zweck des Rechts ist in dem gleichen Maße: Erhaltung, Förderung und Schutz des Blutes oder mit anderen Worten: die Erhaltung, Förderung und der Schutz des deutschen Volkes. Jede Gesetzesbestimmung, jedes Tätigwerden des Rechtswahrers hat sich letzten Endes nach diesem Zweck auszurichten. Recht ist, was dem deutschen Volke nützt, Unrecht, was ihm schadet.“*[332]

---

327 Otto Koellreutter, Deutsches Verfassungsrecht, Berlin 1938, 56 f.

328 Otto Koellreutter, a.a.O., 13 f.

329 Vgl. Bernd Rüthers, Die unbegrenzte Auslegung, 7. Auflage, Tübingen 2012, 104 ff. für eine Übersicht über die Rechtsvorstellung der führenden Nationalsozialisten.

330 So auch Diemut Majer, Rechtstheoretische Funktionsbestimmungen der Justiz im Nationalsozialismus am Beispiel der "Völkischen Ungleichheit", in: Recht, Rechtsphilosophie und Nationalsozialismus, Wiesbaden 1983, 163.

331 Hans Frank, Nationalsozialismus im Recht, in: Zeitschrift der Akademie für Deutsches Recht (1), 1934, 8.

332 Kurt Schmidt-Klevenow, Die bevölkerungspolitische Aufgabe des deutschen Rechts und Rechtswahrers, in: Deutsches Recht (7), 1937, 227; *Schmidt-Klevenow* sieht die

Recht wurde so zur „*Chiffre*" für die Ausrottung beliebiger, weltanschaulich definierter Gegnergruppen.[333]

## II. Die „Asozialen" – Die „Gemeinschaftsfremden"

Nachdem vorstehend erörtert worden ist, wie der Begriff der „Gemeinschaft" im Sinne der nationalsozialistischen Welt- und Rechtsanschauung zu verstehen war, stellt sich nunmehr die Frage, wer im Sinne der nationalsozialistischen Terminologie als „asozial" oder auch „gemeinschaftsfremd" galt.

### 1. Begriffsbestimmung in der wissenschaftlichen Literatur

*Reinhard Höhn* führte in seinen Erörterungen zum Gemeinschaftsbegriff im Strafrecht beispielhaft aus, dass derjenige, der in oder außerhalb einer Gemeinschaft einen Diebstahl begehe, „*gemeinschaftsunfähig*" werde und nicht „*Rechtsgenosse*" bleibe.[334] Im Gegensatz zur Rechtsgemeinschaft des individualistischen Zeitalters, werde im Nationalsozialismus eine Handlung nicht gesondert auf ihre Übereinstimmung mit der Rechtsgemeinschaft und ihren Gehalten beurteilt. Es ergebe sich vielmehr aus der Handlung innerhalb der konkreten Gemeinschaft selbst, ob diese Handlung im Rahmen der Gemeinschaft liege oder nicht. Das gemeinschaftswidrige Verhalten führe zugleich aus der konkreten Ordnung des Gemeinschaftsdaseins heraus.[335] Der „*Verbrecher*" müsse sich von dem Vorwurf des gemeinschaftswidrigen Verhaltens reinigen. Gelinge ihm das nicht, reinige sich die Gemeinschaft in schweren Fällen von dem „*entarteten Genossen*".[336]

*Herbert Lemmel* bestimmte die Gruppe der „Asozialen" als die Menschen einschließend, die, ohne direkt „*Verbrecher*" zu sein, „*gemeinschaftsschädlich*" und „*gemeinschaftsunfähig*" seien.[337]

Auch *Helmut Allardt* sprach davon, dass dem Recht die Aufgabe zufalle, „*bestimmte Elemente*" aus der Gemeinschaft als sozialer Realität zu entfernen, Elemente, die zwar begrifflich nie Mitglied dieser Gemeinschaft als metaphysischem

---

Bevölkerungspolitik „*am Anfang und am Ende*" der nationalsozialistischen Weltanschauung und damit der gesamten Staats- und Rechtspolitik; entscheidendes Ziel der nationalsozialistischen Staats- und Rechtspolitik sei daher die „rassisch wertvolle" erbgesunde charakterlich und sozial einwandfreie kinderreiche Familie; vgl. auch OLG Jena, Urt. v. 17.05.1938 – 1 U 107/38, in: Zeitschrift der Akademie für Deutsches Recht (5), 1938, 711, 712.

333 So Bernd Rüthers, Die unbegrenzte Auslegung, 7. Auflage, Tübingen 2012, 110.

334 Reinhard Höhn, Rechtsgemeinschaft und Volksgemeinschaft, Hamburg 1935, 58.

335 Reinhard Höhn, a.a.O., 75.

336 Reinhard Höhn, Der Führerbegriff im Staatsrecht, in: Deutsches Recht (5), 1935, 296, 298.

337 Herbert Lemmel, Die Volksgemeinschaft, Stuttgart und Berlin 1941, 128.

Willensverband gewesen seien, sich aber faktisch der Gemeinschaft angegliedert hätten, ohne die Fähigkeit zu haben, sich dieser Gemeinschaft einzufügen.[338]

*Helmut Otto Blech* bemühte sich 1939 um die abstrakte Definition eines „fürsorgerischen“ Asozialenbegriffs, den er synonym mit dem Begriff des „Gemeinschaftsfremden“ verwendete. Bei den „Asozialen“ handle es sich um eine Menschengruppe, die körperlich, geistig oder ethisch nicht den Forderungen entspreche, die die Gemeinschaft dem Einzelnen als dienendes Glied stelle.[339] Sie seien zwar Volksangehörige, nicht aber Angehörige der Volksgemeinschaft:

> *„Die Asozialität stellt nichts anderes als ein erhebliches Abweichen von einem Normalzustand dar, den der Einzelne in geistiger, körperlicher, ethischer und wirtschaftlicher Hinsicht erreichen muß, um als vollwertiges Glied der Gemeinschaft anerkannt werden zu können.“*

Der „*Normalzustand*“ richte sich nach den jeweiligen rechtlichen, ethischen und kulturellen Normen und sei in den einzelnen Staaten verschieden. So würden im Volksstaat des Dritten Reiches größere Anforderungen an den Einzelnen gestellt als in einem „*liberalistischen*“ Staat. Grundsätzlich werde der „*Normalzustand*“ erreicht, wenn der einzelne „*Volksgenosse*“ das Gemeinwohl nicht gefährde oder dagegen verstoße. Der „*liberalistische*“ Staat beschränke sich dabei im Wesentlichen auf ein rechtsnormkonformes Verhalten des Bürgers und überlasse dem Bürger selbst die Auslegung des Begriffs Gemeinwohl. Der „*totale Staat*“ hingegen lege den Begriff bis ins Einzelne eindeutig fest und dringe dabei über die rechtliche Sphäre hinaus in das Ethische. Nicht nur eine Übertretung der geltenden Gesetze, sondern auch eine Verletzung des „*gesunden Volksempfindens*“ müsse als Verstoß gegen das Gemeinwohl angesehen werden.[340]

Diese abstrakte Definition scheitert – wie jeder Versuch dies tun muss – schon im Ansatz daran, dass er eine Bestimmung des Begriffs der „Gemeinschaft“ voraussetzt. Wie bereits gezeigt wurde, findet sich im Dritten Reich aber gerade keine „*bis ins einzelne*“ eindeutige Festlegung der Begriffe „Gemeinschaft“ oder „Gemeinwohl“. Dies erkannte wohl auch *Blech*, der sich um eine eigene Definition des „Gemeinwohls“ gar nicht erst bemühte und sich für die nähere Bestimmung der Umschreibung durch konkrete Verhaltensweise der „Asozialen“ bzw. „Gemeinschaftsfremden“ bediente. So seien „*asoziale Menschen*“ solche Personen, die sich nicht in das Volksganze einordneten, verwahrlost seien oder zu verwahrlosen drohten. *Blech* beschrieb „*die Asozialen*“ als willensschwache und haltlose, charakter- und hemmungslose mit körperlichen, geistigen oder ethischen Mängeln behaftete Personen, die in den Tag hineinlebten. Sie seien überwiegend spätreife Menschen, die erst dann scheiterten, wenn sie auf sich selbst angewiesen seien. Dem harten „*Kampf um's Dasein*“ seien sie nicht gewachsen. Ihnen fehle die geistige und

338 Helmut Allardt, Das deutsche Volk als Gemeinschaft, Berlin 1935, 77.
339 Helmut Otto Blech, Das Asozialenproblem in der Fürsorge, 1939, 10.
340 Helmut Otto Blech, a.a.O., 13.

körperliche Leistungsfähigkeit, das ethische Empfinden, der Wille und die Kraft zum Lebenskampf. So entfernten sich *„die sozial Unbrauchbaren“* immer mehr von der Gemeinschaft und verkämen schließlich. Ein geregeltes Leben kennen die *„Gemeinschaftsfremden“* nicht. Sie seien vollkommen unselbstständig und irrten meist ziel- und planlos umher. Die Mehrzahl sei nicht bodenständig und wandere von Ort zu Ort.[341] Kennzeichnend sei für *„die Asozialen“* in erster Linie die *„sittliche Verwahrlosung“*, unter der *Blech* ein erhebliches Abweichen von den in der Volksgemeinschaft geltenden ethischen Grundsätzen verstand.[342] *Blech* gestand zu, dass eine Abgrenzung des Kreises der „Asozialen“ nach wissenschaftlichen Methoden *„wohl kaum gelingen“* könne und griff auf eine Typologie zurück.[343]

Auch der „Asozialenforscher“ *Fred Dubitscher* erkannte, dass die *„wissenschaftliche Untermauerung des Asozialenproblems“* außerordentlich schwierig sei, erachtete die Aufzählung bestimmter „Asozialentypen“ aber für die begriffliche Abgrenzung „der Asozialen“ als unzureichend.[344] Im Sinne einer *„volksnahen Wissenschaft“* war Ausgangspunkt seiner Untersuchungen *„Asozialer Sippen“* die Frage, was die Gemeinschaft unter „asozial“ verstehe. *Dubitscher* unterschied zwischen „asozialer Verhaltensweise“ und „asozialer Persönlichkeit“. Verhaltensweisen, die die Gemeinschaft als „asozial“ kennzeichne, seien Handlungen oder Unterlassungen, die von der sozialen Norm abwichen und dadurch Leiden oder Schäden verursachten.[345] Nicht allen Fällen „asozialer Verhaltensweise“ liege aber eine „asoziale Persönlichkeit“ zugrunde.[346] Als „Asoziale“ im engeren Sinne sah *Dubitscher* daher nur solche Personen an, deren „asoziale Verhaltensweise“ auf eine Anlageschädigung zurückzuführen sei. Fälle *„reiner Umwelt- und Milieuschädigung“* seien demgegenüber nicht als „asozial“, sondern als „verwahrlost“ zu bezeichnen. Abgrenzungskriterien stellte *Dubitscher* insoweit aber keine auf. Vielmehr verwies er auf die *„zuständigen Stellen“*, die in der Praxis mehr erfahrungsgemäß als wissenschaftlich begründet ein *„ziemlich feines Unterscheidungsvermögen“* für „Asoziale“ und Opfer äußerer Umstände und Verhältnisse hätten.[347] Maßstab für die Beurteilung sowohl der Verhaltensweise als auch der Persönlichkeitseigenschaften sei die „Wertigkeit“, über die der Nutzen oder Schaden eines Individuums für seine engere und weitere Umgebung entscheide. „Minderwertig“ und mithin „asozial“ sei demnach

341 Helmut Otto Blech, a.a.O., 11.
342 Helmut Otto Blech, a.a.O., 13.
343 Helmut Otto Blech, a.a.O., 16; so nennt er in seiner nicht abschließenden Aufzählung unter anderen *„säumige Nährpflichtige“*, *„Bettler und Landstreicher“*, *„Krankenhauswanderer“* und *„Prostituierte“*.
344 Fred Dubitscher, Asoziale Sippen, Leipzig 1942, 1, 215.
345 Fred Dubitscher, a.a.O., 2, 220; Fred Dubitscher, Das Asozialenproblem, in: Beiheft zum Reichsgesundheitsblatt (4), 1938, 80.
346 Fred Dubitscher, a.a.O., 80.
347 Fred Dubitscher, Asoziale Sippen, Leipzig 1942, 215 f.; als *„zuständige Stellen“* bezeichnet *Dubitscher* Gerichte, Fürsorgestellen, Wohlfahrtsämter und den NSV, aber auch Erbgesundheitsgerichte.

derjenige, der von der Volksgemeinschaft dauernd getragen werden müsse oder der dauernd Konflikte mit der Umwelt habe, sei es, dass er die *„Verbindlichkeiten des Gemeinschaftslebens“* nicht kenne, nicht anerkenne oder dass er diese ablehne. Allen „asozialen Persönlichkeiten“ sei gemeinsam, dass sie wegen eines dauernden Zustandes körperlicher, geistiger oder sittlicher Unzulänglichkeit unfähig seien, sich als selbsttragende oder nutzbringende Mitglieder der Volksgemeinschaft einzugliedern. Ferner fehle ihnen das Verständnis für die allgemeingültigen Normen, die ein geordnetes Gemeinschaftsleben in Familie und Staat garantierten.[348]

*Heinrich Wilhelm Kranz,* Leiter des Instituts für Erb- und Rassenpflege an der Universität Gießen, veröffentlichte ab 1939 in drei Teilen seine umfassende Untersuchung mit dem Titel *„Die Gemeinschaftsunfähigen“ – Ein Beitrag zur wissenschaftlichen und praktischen Lösung des sog. „Asozialenproblems“.* Teil II und Teil III erschienen 1941 in Zusammenarbeit mit *Siegfried Koller*, Leiter des Biostatistischen Instituts der Universität Berlin. *Kranz* und *Koller* zogen dem zwischenzeitlich auf Ministerialebene eingeführten Begriff „gemeinschaftsfremd“ den Begriff „gemeinschaftsunfähig“ vor.[349] Durch das Wort komme bereits zum Ausdruck, dass die betreffenden Personen aus irgendwelchen Gründen nicht in der Lage seien, sich gemeinschaftsfähig zu verhalten. Auch sei das Begriffsgegenpaar „gemeinschaftsfähig“ und „gemeinschaftsunfähig“ besser geeignet auszudrücken, was unter den Fremdworten „sozial“ und „asozial“ verstanden würde. Der Ausdruck deute zudem an, dass *„anlagemäßige“* Dispositionen oder Gegebenheiten die Voraussetzungen für Einsatzbereitschaft und Mitarbeit bei den Aufgaben der Volksgemeinschaft vermissen ließen.[350]

Die *„Gemeinschaftsfähigen“* differenzierten *Kranz* und *Koller* nach *„Gemeinschaftstüchtigen“* und *„Unauffälligen“*. Die *„Gemeinschaftsunfähigen“* unterschieden sie nach *„Gemeinschaftsuntüchtigen“* und *„Verbrechern“*. Den Personenkreis der *„Gemeinschaftsunfähigen“* definierten *Kranz* und *Koller* wie folgt:

> *„Gemeinschaftsunfähig ist, wer nach seiner Gesamtpersönlichkeit nicht in der Lage ist, den Mindestanforderungen der Volksgemeinschaft an sein persönliches, soziales und völkisches Verhalten zu genügen.“*[351]

Mindestanforderung bedeute insoweit, dass jeder Volksgenosse die Pflichten an sein persönliches, soziales und völkisches Verhalten in dem Maße erfülle, in dem es

348 Fred Dubitscher, Das Asozialenproblem, in: Beiheft zum Reichsgesundheitsblatt (4), 1938, 80, 81.

349 Vgl. die Richtlinien für die Beurteilung der Erbgesundheit – Runderlass des Reichsministeriums des Innern vom 18. Juli 1940, Reichsministerialblatt für die Innere Verwaltung 1940, 1519, abgedruckt bei Wolfgang Ayaß, "Gemeinschaftsfremde" Quellen zur Verfolgung von "Asozialen" 1933–1945, Koblenz 1998, 251 ff.

350 Heinrich Wilhelm Kranz und Siegfried Koller, Die Gemeinschaftsunfähigen, Gießen 1941, 14.

351 Heinrich Wilhelm Kranz und Siegfried Koller, a.a.O., 16.

ihm nach nationalsozialistischen Grundsätzen entsprechend seinen körperlichen, geistigen und wirtschaftlichen Fähigkeiten billigerweise zugemutet werden könne.

Als Mindestanforderung an das persönliche Verhalten sahen *Kranz* und *Koller* die Pflichten zur Wahrung der Ehre, zur Lebenserhaltung und zur *„anlagegemäßen“* Leistung an. Diesen kämen unter anderen die Süchtigen, die Trinker und rückfälligen *„Morphinisten“* nicht nach. Die Prostituierten erfüllten zum einen nicht die Mindestanforderungen an die Wahrung der Ehre des Einzelnen. Als vornehmliche Infektionsquelle für Geschlechtskrankheiten verstießen die *„heimlich“* Prostituierten zum anderen aber auch gegen das völkische Verhalten. Die zahlenmäßig größte Gruppe stellten insofern die *„Arbeitsscheuen“* und *„gewohnheitsmäßigen Schmarotzer“* dar, da sie die Pflicht zur Arbeit und *„anlagegemäßen“* Leistung verletzten.

Mindestanforderungen an das soziale Verhalten seien die Pflichten zur Achtung der Ehre, der Person und des Eigentums der anderen Volksgenossen. Gegen diese Mindestanforderungen verstießen insbesondere die *„Kriminellen“* und zwar diejenigen, die wegen Eigentumsdelikten, Körperverletzung, Betruges, Unterschlagung, Brandstiftung oder Kuppelei bestraft worden seien. Den Pflichten zur Achtung der Ehre und der Person der Volksgenossen entsprächen nicht die *„Sittlichkeitsverbrecher“* und die rückfälligen *„sexuell Hemmungslosen“* und insbesondere auch die Homosexuellen. Die *„anlagebedingten Homosexuellen“* verletzten ihre völkischen Pflichten auf das Gröblichste und stellten eine *„Volksseuche“* dar.

Als Mindestanforderungen an das völkische Verhalten seien schließlich anzusehen die Pflichten zur Erhaltung und Sicherung von Ehre, Bestand und Leistung des eigenen Volkes. Diesen Mindestanforderungen entsprächen insbesondere *„Landesverräter“*, *„Rassenschänder“* und die wegen Abtreibung Straffälligen nicht.

Ähnlich wie *Kranz* und *Koller* umschrieb auch *Martin Staemmler* jeden als „asozial“, der sich nach seiner gesamten Verhaltensweise nicht in die Volksgemeinschaft einfüge, der sich im Leben nicht bewahre und nicht fähig oder willens sei, den ihm zukommenden Platz in der Gemeinschaft auszufüllen.[352]

## 2. Die Bemühungen um ein Bewahrungsgesetz und der „Grunderlaß vorbeugende Verbrechensbekämpfung“

Weitere Definitionsansätze fanden sich in den Entwürfen für ein Bewahrungsgesetz. Die Idee der Be- bzw. Verwahrung, das heißt der zwangsweisen Unterbringung in geschlossenen Anstalten, entstammt nicht originär der Zeit des Nationalsozialismus. Bereits in der Weimarer Republik entbrannte eine *„lebhafte Kontroverse“* um eine zunächst noch unter der Bezeichnung „Verwahrungsgesetz“ geforderte gesetzliche Normierung.[353] Letztlich scheiterte das Gesetzgebungsvorhaben in der

352 Martin Staemmler, Das Problem der erbkranken und der asozialen Familien und ihre Behandlung, in: Volk und Rasse (13), 1938, 37, 39.

353 Vgl. Matthias Willing, Das Bewahrungsgesetz (1918–1967) eine rechtshistorische Studie zur Geschichte der deutschen Fürsorge, Tübingen 2003, 1 f.; so lassen sich

Weimarer Republik in erster Linie aus finanziellen Gründen.[354] Die erste Gesetzesinitiative für ein Bewahrungsgesetz nach der Machtübernahme 1933 war der Entwurf von *Bruno Gerl* aus dem Jahr 1936.[355] § 1 des Gesetzentwurfs lautet:

> *„Ein Verwahrloster, der eine erhebliche soziale Gefahr bildet, wird bewahrt, wenn er sich der Verwahrlosung durch eigene Hilfe nicht entziehen kann oder will und andere Mittel zu ihrer Beseitigung nicht ausreichen.*
> *Verwahrlost ist, wer den Mindestanforderungen der völkischen Lebensordnung an den leiblichen, geistigen, sittlichen oder wirtschaftlichen Zustand eines Menschen nicht genügt.“*

*Gerl* beschrieb den *„Zustand des Verwahrlosten“* als eine Abweichung von der *„volksgenössischen Ordnung“*. Er differenzierte in körperliche und geistige, sittliche und wirtschaftliche Verwahrlosung.[356]

An den Gesetzentwurf von *Gerl* knüpfte 1937 *Willi-Kurt Schmidt* an und wählte ebenfalls den Begriff der Verwahrlosung für die Umschreibung des von einem Bewahrungsgesetz zu erfassenden „asozialen“ Personenkreises. Verwahrlosung sei ein Wertbegriff, der die Abweichung von einem *„Normalzustand“* oder *„regelmäßigen Zustand“* beschreibe. Den Wertmaßstab bilde das Verhalten des Volksgenossen gegenüber der Gemeinschaft. Der *„regelmäßige Zustand“* sei, dass der Einzelne den Anforderungen der Gemeinschaft entspreche. Den Begriff der Verwahrlosung definierte *Schmidt* wie folgt:

> *„Verwahrlost ist jeder, der durch seinen bisherigen Zustand bewiesen hat, daß er die Anforderungen der Gemeinschaft in keiner Weise zu erfüllen vermag, der in seiner geistigen, sittlichen oder äußeren Lebenshaltung weit unter dem Durchschnitt dessen steht, was die Gemeinschaft von ihren Mitgliedern fordern kann.“*[357]

*Ekkehard Lommel* definierte 1939 in seiner Dissertation über die Frage der *„Lösung des Asozialenproblems“* durch ein Bewahrungsgesetz „asoziales“ Verhalten als ein den Interessen der Gemeinschaft unzuträgliches, nicht notwendig aktiv gegen die Gemeinschaftsordnung feindliches Verhalten. Im Hinblick auf ein Bewahrungsgesetz gab er dann aber dem Begriff des *„Verwahrlosten“* den Vorzug, denn der im allgemeinen als „Asozialität“ gekennzeichnete Zustand eines Menschen drücke

---

mindestens 11 Gesetzentwürfe in der Weimarer Republik feststellen; auf die bereits vielfach erörterte Frage der Kontinuität zwischen Weimarer Republik und Drittem Reich soll hier nicht näher eingegangen werden.

354 Matthias Willing, a.a.O., 107 ff.

355 Abgedruckt bei Ekkehard Lommel, Das Asozialenproblem und der Versuch seiner Lösung durch ein Bewahrungsgesetz, Gießen 1939, 73 ff.

356 Bruno Gerl, Bewahrungsbedürftige Verwahrloste im Sinne des künftigen Bewahrungsgesetzes, in: Deutsche Juristen-Zeitung (40), 1935, 1274, 1275.

357 Willi-Kurt Schmidt, Das Bewahrungsgesetz im neuen Recht und seine Beziehung zum Strafrecht, Bonn 1937, 110 f.

sich bestimmter aus als Verwahrlosung körperlicher, geistiger, sittlicher oder wirtschaftlicher Art.[358] Insofern berief sich auch *Lommel* insbesondere auf den Entwurf für ein Bewahrungsgesetz von *Gerl*.

Ebenfalls 1936 legte der Leiter des Berliner Landeswohlfahrts- und Jugendamts *Eduard Karl Spiewok* einen weiteren Entwurf für ein Bewahrungsgesetz vor. Den erfassten Personenkreis beschriebt *Spiewok* in § 1 des Gesetzes wie folgt:

*„§ 1 Bewahrungsbedürftigkeit*

(1) *Wer sich wegen eines nicht nur vorübergehenden Zustands körperlicher, geistiger oder sittlicher Unzulänglichkeit nicht in das freie Gemeinschaftsleben, insbesondere in das Arbeitsleben des Volkes einordnen kann oder will und dadurch das Volk, oder sich selbst wirtschaftlich, gesundheitlich oder sittlich erheblich schädigt oder gefährdet, insbesondere wer verwahrlost ist oder zu verwahrlosen droht, ist in einer geschlossenen Anstalt zu bewahren, solange es zum Schutz des Volkes oder zu seinem eigenen Schutz erforderlich ist und dieser Schutz nicht anderweitig sichergestellt ist.*
(2) *Kranke mit ansteckenden Leiden sind zum Schutze der Volksgemeinschaft zu bewahren, wenn sie nicht die ihnen amtsärztlich auferlegten Maßregeln zur Vorbeugung einer Ansteckung innehalten.*“[359]

Mit dieser Formulierung wollte *Spiewok* „*alle Arten von Asozialen*“ erfasst wissen. Den insbesondere von *Gerl* geprägten Begriff der „Verwahrlosung“ allein hielt er für zu eng, sodass er diesen nur als Beispiel anführte. Die Grenzen zwischen „*körperlicher, geistiger und sittlicher Unzulänglichkeit*“ hielt *Spiewok* für „*flüssig*“. Insbesondere sei vielfach schwer festzustellen, ob asoziales Verhalten darauf zurückzuführen sei, dass der „*Bewahrungsbedürftige*“ sich nicht in geordneter Lebensführung in die Volksgemeinschaft einfügen „*kann*“ oder „*will*“. Der vorgeschlagene Gesetzeswortlaut erfasse Krüppel, Blinde, Taubstumme und sonst körperlich Gebrechliche, die aufgrund ihrer Leiden zu „*Unterstützungsschnorrern*“, Bettlern und Querulanten würden, sowie Geisteskranke, Geistesschwache, Schwachsinnige und Psychopathen, die sich nicht in die freie Volksgemeinschaft einordnen könnten. Die „*eigentlichen Asozialen*“ seien aber die wegen sittlicher Unzulänglichkeit „*Bewahrungsbedürftigen*“. Diese Gruppe setze sich vor allem aus den „*Arbeitsscheuen*“ zusammen, die sich oder ihre Angehörigen hilfsbedürftig werden oder bleiben ließen und die ihnen zugewiesene Arbeit nicht leisteten.[360] Bereits am 11. Juli 1934 hatte *Spiewok* an das Städtische Obdach, das

358 Ekkehard Lommel, Das Asozialenproblem und der Versuch seiner Lösung durch ein Bewahrungsgesetz, Gießen 1939, 56 f.
359 Wolfgang Ayaß, "Gemeinschaftsfremde" Quellen zur Verfolgung von "Asozialen" 1933–1945, Koblenz 1998, 75.
360 Eduard Karl Spiewok, Vorschläge zum Bewahrungsgesetz aufgrund der Bewahrungsmaßnahmen des Landeswohlfahrts- und Jugendamtes der Stadt Berlin, in: Deutsche Zeitschrift für Wohlfahrtspflege (12), 1936, 527, 530 f.

Pflegeamt, die zentral verwalteten Heil- und Pflegeanstalten sowie die Bezirksämter die Unterbringung „Asozialer“ in das neu geschaffene Städtische Arbeits- und Bewahrungshaus verfügt. Danach war in *„allen Fällen asozialen Verhaltens Hilfsbedürftiger“* die Unterbringung im Arbeits- oder Bewahrungshaus zu betreiben. Bis zu dem bevorstehenden Erlass eines Bewahrungsgesetzes seien dabei die geltenden Gesetze bei Anwendung im Sinne nationalsozialistischer Rechtsauffassung rechtsschöpferisch voll auszunutzen.[361] Eine Definition der *„asozialen Personen“* oder des *„asozialen Verhaltens“* blieb die Verfügung vom 11. Juli 1934 jedoch schuldig.

Unter Aufhebung der Verfügung vom 11. Juli 1934 erließ der damalige Berliner Oberbürgermeister *Julius Lippert* am 29. März 1938 eine Dienstvorschrift an die Bezirksbürgermeister, die die Bewahrung „Asozialer“ zum Gegenstand hatte.[362] Die in § 1 der Verfügung enthaltene Definition des Begriffs des „Asozialen“ greift den Wortlaut von *Spiewoks* Gesetzesentwurf aus dem Jahr 1936 in Teilen auf und setzt Bewahrungsbedürftigkeit im Sinne *Spiewoks* mit Asozialität gleich:

*„§ 1. Begriff des Asozialen*

*Asozial im Sinn dieser Verfügung ist, wer sich wegen eines nicht nur vorübergehenden Zustands körperlicher, geistiger oder sittlicher Unzulänglichkeit nicht in das freie Gemeinschaftsleben einordnen kann oder will und dadurch das Volk, seine Familie oder sich selbst erheblich schädigt oder gefährdet, insbesondere, wer verwahrlost ist oder zu verwahrlosen droht.*
*Eine Familie ist asozial, wenn diese Voraussetzungen bei allen Angehörigen erfüllt sind, die zusammen wohnen.“*

Unter den Voraussetzungen des § 7 der Dienstvorschrift waren „Asoziale“ in geschlossener Anstaltsfürsorge zu bewahren. Als Rechtsgrundlage der Bewahrung sollten, solange kein Bewahrungsgesetz erlassen sei, gemäß § 8 der Dienstvorschrift alle *„Handhaben“* der geltenden Gesetze, die zur Verwirklichung der Bewahrungsaufgabe dienen könnten, rechtsschöpferisch angewendet werden.

Am 13. Januar 1941 erging ein erneuter Erlass des Berliner Oberbürgermeisters *Ludwig Steeg* an die Bezirksbürgermeister, der die Bewahrung „Asozialer“ in Berlin unter Einbeziehung der Einweisung in Konzentrationslager und Jugendschutzlager regelte und dessen § 1 wie folgt lautete:

---

361 Verfügung Nr. VII/307 vom 11. Juli 1934, Dienstblatt des Magistrats von Berlin 1934, Teil II-VIII, 172, abgedruckt bei Wolfgang Ayaß, "Gemeinschaftsfremde" Quellen zur Verfolgung von "Asozialen" 1933–1945, Koblenz 1998, 55 f.

362 Verfügung Nr. VII/105 vom 29. März 1938, Dienstblatt des Magistrats von Berlin, Teil II-VIII, 114 ff., abgedruckt bei Wolfgang Ayaß, a.a.O., 120 ff.

*„§ 1 Bewahrungsbedürftigkeit*

*(1) Bewahrungsbedürftig ist, wer sich wegen einer nicht nur vorübergehenden geistigen oder sittlichen Unzulänglichkeit nicht in das freie Gemeinschaftsleben einordnen kann oder will und dadurch das Volk, seine Familie oder sich selbst erheblich schädigt oder gefährdet, insbesondere wer aus diesem Grund verwahrlost ist oder zu verwahrlosen droht, arbeitsscheu ist oder sich unwirtschaftlich verhält.*

*(2) Bewahrungsbedürftig sind ferner Asoziale (Gemeinschaftsfremde) im Sinne von Absatz III a 2 der Richtlinien für die Beurteilung der Erbgesundheit – RdErl des RMdI. v. 18.07.1940 – IV b 1446/40 – 107 c (RMBliV. Sp. 1519) –, die aufgrund einer anlagebedingten und daher nicht besserungsfähigen Geisteshaltung fortgesetzt straffällig werden, arbeitsscheu, besonders unwirtschaftlich und hemmungslos oder Trinker sind oder durch unsittlichen Lebenswandel auffallen (z.B. Dirnen) (...)“*[363]

Der § 1 Absatz 1 des Erlasses definierte die „*Bewahrungsbedürftigkeit*“ ebenfalls in Anlehnung an den Gesetzesentwurf von *Spiewok* aus dem Jahr 1936, setzte diese aber, im Gegensatz zu der Dienstanweisung vom 29. März 1938, nicht mehr mit Asozialität gleich. Vielmehr sollten „Asoziale“ nur eine der bewahrungsbedürftigen Personengruppen darstellen. Synonym auch als „Gemeinschaftsfremde“ bezeichnet, wurden „Asoziale“ unter Verweis auf die Richtlinien für die Beurteilung der Erbgesundheit vom 18. Juli 1940 nunmehr rein erbbiologisch bestimmt.

Reichsweit erfolgte die Bewahrung „Asozialer“ sehr uneinheitlich. Dies galt insbesondere hinsichtlich des erfassten Personenkreises. So bediente sich die Bewahrungspraxis in Baden beispielsweise allein der geltenden gesetzlichen Bestimmungen. Dabei stützte sie sich auf die Begriffe „*Gemeinschaftsuntüchtige*“, worunter Süchtige aller Art, die „*charakterlich Abartigen*“ und „Asoziale“ verstanden wurden, und „*Gemeinschaftsunfähige*“, womit Personen gemeint waren, die infolge „*körperlicher Abartigkeit*“ in Anstalten zur Vermeidung einer Verwahrlosung oder von Erregung öffentlichen Anstoßes bewahrt werden müssten.[364]

Die relevanteste Rechtsgrundlage für die Bewahrung „Asozialer“ blieb bis 1945 der sogenannte „Grunderlaß vorbeugende Verbrechensbekämpfung“ des Reichs- und preußischen Innenministers *Wilhelm Frick* vom 14. Dezember 1937. Danach waren die Polizeibehörden insbesondere ermächtigt, Personen ohne richterliche Anordnung und in zeitlicher Hinsicht unbeschränkt in polizeiliche Vorbeugungshaft zu nehmen, was in der Regel die Verbringung in ein Konzentrationslager

---

363 Erlaß des Berliner Oberbürgermeisters vom 13. Januar 1941, Dienstblatt des Magistrats der Stadt Berlin, Teil II-VIII, 11 ff., abgedruckt bei Wolfgang Ayaß, a.a.O., 264 ff.

364 Otto Kersten, Das Badische Bewahrungs-"gesetz". Ein finanztechnisch-organisatorischer Versuch, in: Deutsche Zeitschrift für Wohlfahrtspflege (12), 1936, 453, 455 f., die Bewahrung „*Gemeinschaftsunfähiger*“ erfolgte zum Beispiel in entsprechender Anwendung der Pflegschaft gemäß § 1910 BGB.

bedeutete.[365] Während der Grunderlass vom 14. Dezember 1937 zunächst lediglich von sogenannten „Berufs- und Gewohnheitsverbrechern“ sprach, wurde der Anwendungsbereich durch Folgeerlasse stetig erweitert, so durch die vom Chef des Reichssicherheitshauptamts *Reinhard Heydrich* erlassenen Durchführungsrichtlinien vom 4. April 1938 explizit auch auf „Asoziale“.[366] Danach galt als „asozial“,

> *„wer durch gemeinschaftswidriges Verhalten, wenn auch nicht verbrecherisches Verhalten zeigt, daß er sich nicht in die Gemeinschaft einfügen will. Demnach sind z.B. asozial:*
> *a) Personen, die durch geringfügige, aber sich immer wiederholende Gesetzesübertretungen sich der in einem nationalsozialistischen Staat selbstverständlichen Ordnung nicht fügen wollen (z.B. Bettler, Landstreicher (Zigeuner), Dirnen, Trunksüchtige, mit ansteckenden Krankheiten, insbesondere Geschlechtskrankheiten behaftete Personen, die sich den Maßnahmen der Gesundheitsbehörden entziehen);*
> *b) Personen, ohne Rücksicht auf etwaige Vorstrafen, die sich der Pflicht zur Arbeit entziehen und die Sorge für ihren Unterhalt der Allgemeinheit überlassen (z.B. Arbeitsscheue, Arbeitsverweigerer, Trunksüchtige).“*

„Asozial“ sollten danach Personen sein, die durch gemeinschaftswidriges, wenn auch nicht verbrecherisches Verhalten zeigten, dass sie nicht bereit seien, sich in die Gemeinschaft einzufügen und diese dadurch ernstlich schädigten. *Paul Werner*, damals noch im Rang eines Oberregierungs- und Kriminalrates beim Reichskriminalpolizeiamt, der maßgeblich an der Entstehung des Grunderlasses vom 14. Dezember 1937 beteiligt war, schrieb 1938, dass *„gemeinschädlich“* im Sinne des Grunderlasses und der Folgeerlasse beispielsweise Personen seien, die scheinbar nur geringfügige aber sich immer wiederholende Gesetzesübertretungen begingen und sich *„der im nationalsozialistischen Staat selbstverständlichen Ordnung“* nicht

---

365 BArch R 36/1864 abgedruckt bei Wolfgang Ayaß, "Gemeinschaftsfremde" Quellen zur Verfolgung von "Asozialen" 1933–1945, Koblenz 1998, 94 ff.; *Heydrich* sprach in seinen Durchführungsrichtlinien zu dem Grunderlass vom 14. Dezember 1937 von der polizeilichen Vorbeugungshaft als das *„schärfste Mittel“* der Polizei, die Gemeinschaft vor *„dem Verbrecher“* und *„dem Asozialen“* zu schützen; siehe den Erlaß des Chefs der Sicherheitspolizei und des Sicherheitsdienstes Reinhard Heydrich an die Landesregierungen, den Reichskommissar für das Saarland und an die Kriminalpolizeistellen vom 04. April 1938, abgedruckt bei Wolfgang Ayaß, a.a.O., 124 ff.; so auch Paul Werner, Die vorbeugende Verbrechensbekämpfung durch die Polizei, in: Kriminalistik (12), 1938, 58, 60, der vom *„schärfsten Mittel der Polizei, die Gemeinschaft vor Schädlingen zu schützen“* spricht.

366 Erlaß des Chefs der Sicherheitspolizei und des Sicherheitsdienstes Reinhard Heydrich an die Landesregierungen, den Reichskommissar für das Saarland und an die Kriminalpolizeistellen vom 4. April 1938, abgedruckt bei Wolfgang Ayaß, "Gemeinschaftsfremde" Quellen zur Verfolgung von "Asozialen" 1933–1945, Koblenz 1998, 124 ff.

einfügen wollten oder könnten, wie Bettler, Landstreicher, *„Dirnen“*, Trunksüchtige, aber auch Personen, die sich der von jedem Volksgenossen zu verlangenden Pflicht zur Arbeit entzögen und die Sorge für ihren Unterhalt der Allgemeinheit überließen, wie *„Arbeitsscheue“* und *„Arbeitsverweigerer“*. Die Ursache für dieses Verhalten könne in der Erbanlage, in der schlechten Erziehung oder in anderen Gründen liegen.[367]

Auch wenn ein einheitliches Bewahrungsgesetz aus Sicht von Wohlfahrts- und Fürsorgevertretern weiterhin für notwendig erachtet wurde, da sie durch die vorbeugende Verbrechensbekämpfung nicht alle „Asozialen“ erfasst wissen wollten,[368] war dessen tatsächliches Zustandekommen angesichts der weitreichenden Befugnisse und Ermessensfreiheit, die der „Grunderlass Vorbeugende Verbrechensbekämpfung“ den Polizeibehörden einräumte, kaum zu erwarten. Jede Normierung hätte eine Einschränkung dieser Befugnisse bedeutet und wäre vom Reichsinnenministerium und den Polizeibehörden nicht hingenommen worden.

Die Erörterungen eines Bewahrungsgesetzes blieben daher rein akademisch. Im März 1939 stellte der Ausschuss für Wohlfahrts- und Fürsorgerecht der Akademie für Deutsches Recht 26 Leitsätze für die Neugestaltung des Bewahrungsrechts auf.[369] Gemäß des ersten Leitsatzes sollte bewahrt werden, wer verwahrlost sei oder zu verwahrlosen drohe und eine erhebliche soziale Gefahr bilde, wenn er sich der Verwahrlosung durch eigene Hilfe nicht entziehen könne oder wolle und andere Mittel zu ihrer Beseitigung nicht ausreichten. Erfassen sollte diese abstrakte Formulierung nach Auffassung des Ausschusses für Wohlfahrts- und Fürsorgerecht nur jene „Asozialen“, die aufgrund ihrer Erbanlagen oder im Lauf ihres Lebens entstandener Schäden nicht mehr fähig oder willens seien, sich dem geordneten Gemeinschaftsleben einzufügen. Bei den „Asozialen“ handle es sich um willensschwache Menschen, die nicht einmal den geringsten Anforderungen der Volksordnung gerecht würden. Der Ausschuss hielt an dem fürsorgerechtlichen Begriff der „Verwahrlosung“ fest und differenzierte zwischen körperlicher, sittlicher und geistiger Verwahrlosung. Zu den körperlich verwahrlosten Bewahrungsbedürftigen gehörten insbesondere diejenigen ansteckenden Kranken, die die rechtliche und sittliche Pflicht außer Acht ließen, andere vor Ansteckung zu bewahren. Bei der sittlichen Verwahrlosung, als bedeutendsten Tatbestand, handle es sich um eine solche Abweichung des Verhaltens einer Person von den Normen der Sittlichkeit, die in hohem Maß als anormal bezeichnet werden müsse. Hierzu

---

367 Paul Werner, Die vorbeugende Verbrechensbekämpfung durch die Polizei, in: Kriminalistik (12), 1938, 58, 60.

368 Vgl. Kriminalpolizeiliche Vorbeugungshaft als Mittel zur Bewahrung Asozialer, in: Nachrichtendienst des Deutschen Vereins für öffentliche und private Fürsorge (20), 1939, 90 ff.

369 BArch R 3001/21915 (BArch R 22/1915), fol. 254–264, abgedruckt bei Wolfgang Ayaß, "Gemeinschaftsfremde" Quellen zur Verfolgung von "Asozialen" 1933–1945, Koblenz 1998, 202 ff.

zählten insbesondere *„Dirnen“*, die geschlechtskrank ihrem Gewerbe nachgingen, *„haltlose Arbeitsscheue“* und Bettler sowie Landstreicher, die infolge ihrer Trägheit oder Erkrankung dauernd den öffentlichen Kassen zur Last fielen. Geistige Verwahrlosung liege vor bei einem *„Wirrwarr“* der Gedanken eines Menschen und dessen mangelnder Fähigkeit, von sich aus das Unrichtige seiner Vorstellung einzusehen. Zu dieser Gruppe zählten sowohl die *„Geisteskranken“* und *„Geistesschwachen“*, deren Bewusstseinsstörung organisch bedingt sei als auch die *„Psychopathen“*, sofern man unter diesen *„geistig Verworrene“* verstehe, bei denen die Ursachen der Bewusstseinsstörung seelisch zu erklären sei.

*Walther Ammann* griff die Diskussion um ein Bewahrungsgesetz 1940 noch einmal auf und differenzierte den Begriff „asozial“ in einen soziologischen und in einen juristischen – tatbestandsmäßigen – Begriff. In einem weiten soziologisch-normativen Sinn sei „asozial“ jeder, der das Einordnen und Einfügen in die (Volks-) Gemeinschaft bewusst oder unbewusst ablehne. Nicht gemeinschaftlich sein heiße nicht nationalsozialistisch zu sein. Da es keinem Zweifel unterliege, was nationalsozialistisches Handeln und Denken von dem einzelnen Volksgenossen verlange, könne leicht entschieden werden, wer sich *„unnationalsozialistisch“* verhalte. Insoweit sei „asozial“ weder ein *„nichtssagender Hilfsbegriff“*, da sein Inhalt durch die *„völkische Lebensordnung“* bestimmt werde. Noch sei er ein wertfreier Begriff, weil in der Verneinung der herrschenden – nationalsozialistischen – Weltanschauung bereits ein Unwerturteil enthalten seien.[370]

Im juristischen Sinne sei derjenige als (verwahrloster) „Asozialer“ zu bezeichnen, der durch seinen gesamten bisherigen Zustand deutlich gezeigt habe, dass er in seiner geistigen, sittlichen oder äußeren Lebenshaltung weit unter dem Durchschnitt dessen stehe, was die Volksgemeinschaft von einem Volksgenossen noch billigerweise fordern könne. *Ammann* bezog sich insbesondere auf *Willi-Kurt Schmidt.* Für *Ammann* bedeutete der *„Normalzustand“* oder *„regelmäßige Zustand“* im Sinne *Schmidts* das *„Eingegliedertsein in die Lebensordnung und Arbeitsteilung des Deutschen Volkes“*. Der in der Diskussion um ein Bewahrungsgesetz geprägte Begriff der *„Verwahrlosung“* erschien auch *Ammann* als *„äußeres“* Tatbestandsmerkmal der Asozialität als besonders brauchbar. Zunächst bedeute Verwahrlosung sprachlich weniger ein Verhalten, als vielmehr ein Sein und einen Zustand. Gerade dieser Dauercharakter sei ein Wesensmerkmal der „Asozialität“. Kurze, schnelle vorübergehende Fehlentscheidungen seien daher vom Tatbestand nicht erfasst. Des Weiteren sei der Begriff der Verwahrlosung umfassend und könne sich auf körperliche, geistige, sittliche und wirtschaftliche Verwahrlosung beziehen. Der Ausdruck enthalte auch kein Werturteil über die betreffende Person, da er weder die Gründe des Zustandes benenne noch ein Verschuldenselement enthalte. Schließlich ergebe sich aus der Bedeutung des Wortes, dass nicht jedes in die Außenwelt tretende *„unnationalsozialistische“* Verhalten eine „Asozialität“ im

370 Walther Ammann, Die Asozialen und ihre Behandlung – eine Aufgabe des öffentlichen Rechts, Philippsburg 1940, 5.

juristischen Sinne darstelle. Vielmehr müsse ein wesentliches, erhebliches, länger dauerndes und stärkeres Abweichen von dem Normalzustand vorliegen.[371]

## 3. Die Entwürfe für ein Gemeinschaftsfremdengesetz

Die Bemühungen um ein Bewahrungsgesetz wurden bereits 1939 durch die Beratungen über ein Gemeinschaftsfremdengesetz abgelöst.[372] Den ersten Entwurf legte 1939 *Alarich Seidler*, der Vorsitzende des von ihm gegründeten bayrischen Landesverbandes für Wander- und Heimatdienst, vor.[373] Dem Gesetzentwurf ist die folgende Präambel vorangestellt:

> *„Jeder deutsche Volksgenosse ist verpflichtet, seine Kräfte in den Dienst der Volksgemeinschaft zu stellen. Wer arbeitsscheu ist oder aus Haltlosigkeit oder verbrecherischem Hang sich in die Volksgemeinschaft nicht eingliedert und auf Kosten anderer seinen Lebensunterhalt zu erlangen sucht, muß durch geeignete Maßnahmen dazu gezwungen werden, seine Arbeitskräfte der Volksgemeinschaft zur Verfügung zu stellen.“*

Gemäß § 1 Satz 2 des Entwurfs sollte der folgende Personenkreis von dem Gesetz erfasst sein:

> *„Gemeinschaftsfremd im Sinn dieses Gesetzes sind:*
> 1. *nichtseßhafte Personen, die einen geordneten Erwerb ihres Lebensunterhalts nicht nachweisen können,*
> 2. *seßhafte Personen, die ihren Lebensunterhalt ganz oder teilweise nicht auf rechtmäßige Weise erwerben,*
> 3. *Arbeitsfähige, die trotz einer ihnen gebotenen Arbeitsmöglichkeit ihren Lebensunterhalt nicht aus eigenem Verdienst bestreiten (Arbeitsscheue),*
> 4. *Personen, die durch ihre Lebensführung andere Volksgenossen in gesundheitlicher oder in sittlicher Hinsicht gefährden oder dadurch gegen ihre Verpflichtung gegenüber der Volksgemeinschaft verstoßen, daß sie ihre Unterhaltspflicht oder ihre Erziehungspflicht schuldhaft verletzen,*
> 5. *Entlassene aus Vollzugsanstalten der Reichsjustizverwaltung und aus Besserungs- und Arbeitslagern der Polizei, die nicht nachweisen können, daß sie mit dem Tag der Entlassung in geordnete Verhältnisse zurückkehren.“*

Der Gesetzentwurf sah des Weiteren eine Sichtung der „Gemeinschaftsfremden“ auf „*Gemeinschaftsentfremdete*“ und „*Gemeinschaftsunfähige*“ durch neu zu errichtende Sichtungsstellen vor. Als „*gemeinschaftsentfremdet*“ sollten Personen gelten, deren Wiedereingliederung in die Volksgemeinschaft bei geeigneter Betreuung und

---

371 Walther Ammann, a.a.O., 7 f.

372 Vgl. Matthias Willing, Das Bewahrungsgesetz (1918–1967) eine rechtshistorische Studie zur Geschichte der deutschen Fürsorge, Tübingen 2003, 187 ff.

373 BArch R 36/1162, abgedruckt bei Wolfgang Ayaß, "Gemeinschaftsfremde" Quellen zur Verfolgung von "Asozialen" 1933–1945, Koblenz 1998, 196 ff.

Arbeitsschulung oder Berufsumschulung möglich erscheine. Als *„gemeinschaftsunfähig“* sollten Personen gelten, deren Eingliederung in die Volksgemeinschaft nicht möglich sei. Erstmals war auch explizit die Unfruchtbarmachung vorgesehen. Gemäß § 7 des Gesetzesentwurfs wären „Gemeinschaftsfremde“ unfruchtbar zu machen gewesen, bei denen die Beurteilung ihrer Sippe und ihres Lebenslaufs eine schwere erbliche Belastung ergeben hätte.

*Seidler* bediente sich keiner abstrakten Definition der „Gemeinschaftsfremden“. Vielmehr zählt er diejenigen Gruppen auf, in denen erfahrungsgemäß solche Personen aufträten, die als außerhalb der Volksgemeinschaft stehend anzusehen seien. Das kennzeichnende Merkmal des „Gemeinschaftsfremden“ sei die Stellung außerhalb der Volksgemeinschaft.[374]

Mit Schreiben vom 10. Mai 1940 legte der Reichs- und preußische Innenminister *Wilhelm Frick* dem Stellvertreter des Führers *Rudolf Hess*, dem Reichsjustizminister *Franz Gürtner*, dem Reichs- und preußischen Arbeitsminister *Franz Seldte* sowie dem Reichsfinanzminister *Graf Schwerin von Korsigk* einen Entwurf eines Gesetzes zur Behandlung Gemeinschaftsfremder samt Durchführungsverordnung vor.[375] Der Entwurf des Reichsinnenministeriums basierte auf dem Entwurf *Seidlers*, der im Laufe des Jahres 1939 im Reichskriminalpolizeiamt überarbeitet worden war.[376]

Nahezu gleichlautend zu *Seidlers* Entwurf legte der Entwurf von 1940 in § 2 den erfassten Personenkreis wie folgt fest:

> *„Gemeinschaftsfremd im Sinn dieses Gesetzes sind insbesondere:*
> 1. *Nichtseßhafte Personen, die einen geordneten Erwerb ihres Lebensunterhalts nicht nachweisen können,*
> 2. *seßhafte Personen, die ihren Lebensunterhalt ganz oder teilweise nicht auf rechtmäßige Weise erwerben,*
> 3. *Arbeitsfähige, die trotz einer ihnen gebotenen Arbeitsmöglichkeit ihren Lebensunterhalt nicht aus eigenem Verdienst bestreiten (Arbeitsscheue),*
> 4. *Personen, die durch ihre Lebensführung andere Volksgenossen in sittlicher Hinsicht gefährden oder dadurch gegen ihre Verpflichtung gegenüber der Volksgemeinschaft verstoßen, daß sie ihre Unterhaltspflicht oder ihre Erziehungspflicht schuldhaft verletzen,*

---

374 Vgl. die Begründung zum Entwurf eines Gesetzes über die Behandlung Gemeinschaftsfremder abgedruckt bei Wolfgang Ayaß, a.a.O., 199.

375 BArch R 3001/20943 (BArch R 22/943), fol. 20–23 Rs., abgedruckt bei Wolfgang Ayaß, a.a.O., 245 ff.

376 Vgl. Matthias Willing, Das Bewahrungsgesetz (1918–1967) eine rechtshistorische Studie zur Geschichte der deutschen Fürsorge, Tübingen 2003, 190; Wolfgang Ayaß, "Gemeinschaftsfremde" Quellen zur Verfolgung von "Asozialen" 1933–1945, Koblenz 1998, 245, Fn. 3.

5. *Entlassene aus Vollzugsanstalten der Reichsjustizverwaltung und aus Besserungs- und Arbeitslagern der Polizei, die nicht nachweisen können, daß sie spätestens 8 Wochen nach ihrer Entlassung in geordnete Verhältnisse zurückgekehrt sind,*
6. *Minderjährige, für die Fürsorgeerziehung nicht angeordnet oder aufrechterhalten werden kann (§§ 63 Abs. 2, 72, 73 des Reichsgesetzes für Jugendwohlfahrt).*"

Eine weitere Sichtung und eine Differenzierung in „*Gemeinschaftsentfremdete*" und „*Gemeinschaftsunfähige*" sah dieser Entwurf nicht mehr vor. Beibehalten wurde jedoch die Möglichkeit der Unfruchtbarmachung von „Gemeinschaftsfremden", bei denen aufgrund der ermittelten Tatsachen anzunehmen sei, dass sie für die Volksgemeinschaft unerwünschten Nachwuchs haben würden. Im Gegensatz zum Wortlaut des Entwurfs *Seidlers* („*sind*") der die Unfruchtbarmachung bei Vorliegen der Voraussetzungen zwingend vorsah, sollte diese nunmehr im Ermessen („*können*") der Entscheidungsträger stehen. Gemäß § 2 des Entwurfs der Durchführungsverordnung zum Gesetz über die Behandlung Gemeinschaftsfremder wäre für die Entscheidung über die Unfruchtbarmachung ein dreiköpfiger Ausschuss, bestehend aus einem Angehörigen des Reichskriminalpolizeiamts als Vorsitzendem sowie zwei auf dem Gebiet der Erbpflege besonders erfahrenen Ärzten, zuständig gewesen.

In einer Chefbesprechung zu einem weiteren Entwurf des Reichsinnenministeriums unter dem Vorsitz des Chefs des Reichssicherheitshauptamts *Reinhard Heydrich* am 21. März 1941 bemerkte dieser, dass nicht alle Fälle der „Gemeinschaftsfremden" restlos im Gesetz aufgezählt werden könnten. Die Polizei müsse sich vorbehalten auch über den Rahmen des Gesetzes hinaus „*zuzupacken*", wenn es erforderlich sei. Es müsse eine Fassung gefunden werden, die es ermögliche auch andere, bisher nicht aufgezählte Fälle „Gemeinschaftsfremder" zu erfassen. Das Reichsjustizministerium hingegen bestand darauf, dass der Kreis der „Gemeinschaftsfremden" fest und abschließend umrissen werden müsse.[377]

So stießen die Entwürfe des Reichinnenministeriums insbesondere auf den Widerstand des Reichsjustizministeriums. Da die Entwürfe einerseits den Polizeibehörden umfassende Befugnisse einräumten, andererseits eine Beteiligung der Straf- oder Erbrechtspflege überhaupt nicht erwähnten, sah das Reichsjustizministerium die eigenen Kernkompetenzen missachtet.[378]

---

377 Vermerk des Ministerialrats im Reichsjustizministerium *Otto Rietzsch* über eine Chefbesprechung unter Vorsitz des Chefs des Reichssicherheitshauptamts *Reinhard Heydrich*, BArch R 3001/20943 (BArch R 22/943), fol. 100–107, abgedruckt bei Wolfgang Ayaß, a.a.O., 271 ff.

378 Vermerk von Ministerialrat im Reichsjustizministerium *Johannes Eichler* vom 4. Juni 1940, BArch R 3001/20943 (BArch R 22/943), fol. 20–23 Rs., abgedruckt bei Wolfgang Ayaß, a.a.O., 245, Fn. 3; Rede des Ministerialrats im Reichsjustizministerium *Otto Rietzsch* auf einer Besprechung unter dem Vorsitz des Chefs des Reichssicherheitshauptamts *Reinhard Heidrich* am 21. März 1941, BArch R 3001/20943 (BArch R 22/943), fol. 100–107, abgedruckt bei Wolfgang Ayaß, a.a.O., 273 f.

Unter Bezugnahme auf die erwähnte Chefbesprechung vom 21. März 1941 legte *Wilhelm Frick* dem Reichsminister und Chef der Reichskanzlei *Hans Heinrich Lammers* im Juni 1941 einen überarbeiteten Entwurf eines Gesetzes über die Behandlung Gemeinschaftsfremder mit Begründung und dem Entwurf einer Durchführungsverordnung mit der Bitte vor, die Verabschiedung des Gesetzes im Umlaufwege herbeizuführen.[379] Dieser Entwurf enthielt in § 1 Absatz 1 zunächst eine Festlegung der *„in der Praxis am häufigsten vorkommenden Typen Gemeinschaftsfremder“*. Danach war gemeinschaftsfremd im Sinn des Gesetzes:

1. *wer gewohnheitsmäßig seinen Lebensunterhalt nicht auf ordnungsgemäße Weise erwirbt und dadurch gegen seine Verpflichtung gegenüber der Volksgemeinschaft verstößt;*
2. *wer, obwohl er arbeitsfähig ist, trotz ihm gebotener Arbeitsmöglichkeit seinen Lebensunterhalt nicht aus eigenem Verdienst bestreitet und dadurch hartnäckig gegen seine Verpflichtung gegenüber der Volksgemeinschaft verstößt;*
3. *wer sich in einer gegen das gesunde Volksempfinden verstoßenden Weise hartnäckig einer gesetzlichen Unterhaltspflicht entzieht;*
4. *wer infolge Rauschgift-, insbesondere Trunksucht sich oder andere gefährdet und dadurch gegen seine Verpflichtung gegenüber der Volksgemeinschaft verstößt;*
5. *wer wegen Straftaten verurteilt worden ist, die ihn als Neigungs- oder Triebverbrecher kennzeichnen, und durch sein weiteres Verhalten besorgen läßt, daß er auch künftig solche Straftaten begehen wird;*
6. *wer aus einer Strafvollzugsanstalt oder einem Lager der Polizei entlassen worden ist und nicht nachweisen kann, daß er sich nach seiner Entlassung ernsthaft bemüht hat, in geordnete Verhältnisse zurückzukehren;*
7. *wer nach Verbüßung einer Strafe, ohne daß gegen ihn eine Maßregel der Sicherung und Besserung angeordnet worden ist, nach Überzeugung der zuständigen Justizbehörde eine Eingliederung in die Volksgemeinschaft noch nicht erwarten läßt.*

In § 1 Absatz 2 findet sich dann die von *Heydrich* geforderte *„alle Lücken schließende Generalklausel“*:

> *„Gemeinschaftsfremd im Sinn dieses Gesetzes ist auch, wer außer den in Absatz 1 genannten Fällen in einer gegen das gesunde Volksempfinden verstoßenden Weise hartnäckig die ihm gegenüber der Volksgemeinschaft obliegenden Pflichten verletzt und dadurch befürchten läßt, daß er bei Fortsetzung seines Verhaltens eine allgemein Gefahr bildet oder infolge seiner ungeordneten Lebensführung der Allgemeinheit dauernd zur Last fällt.“*

Unter § 4 sah dieser Entwurf nunmehr wiederum die zwingende (*„sind“*) Unfruchtbarmachung „Gemeinschaftsfremder“ vor, bei denen nach den Erkenntnissen der Erblehre und Kriminalbiologie ein für die Volksgemeinschaft unerwünschter

---

379 BArch R 3001/20943 (BArch R 22/943), fol. 122–134, abgedruckt bei Wolfgang Ayaß, a.a.O., 280 ff.

Nachwuchs zu erwarten sei. Mit der Entscheidung sollten gemäß § 6 des Entwurfs der Durchführungsverordnung die Erbgesundheitsgerichte betraut werden. Ob eine Person gemeinschaftsfremd sei, sollte jedoch das Reichssicherheitshauptamt – für die Erbgesundheitsgerichte bindend – entscheiden.

Im März 1942 legte das Reichsinnenministerium eine weitere Überarbeitung des Entwurfs für ein Gesetz über die Behandlung Gemeinschaftsfremder vor, der jedoch im Hinblick auf die Bestimmung des erfassten Personenkreises keine wesentlichen Änderungen enthielt.[380]

Am 13. Dezember 1942 kamen der Reichsführer-SS *Heinrich Himmler* und der neu ernannte Reichsjustizminister *Otto Thierack* darüber überein, dass das Gemeinschaftsfremdengesetz als gemeinsames Gesetz von Justiz und Polizei ausgearbeitet werden solle.[381] Daraufhin arbeitete dann zunächst Ministerialrat im Reichsjustizministerium *Otto Rietzsc*h einen Entwurf für einen „Gesetz über die Behandlung Asozialer“ aus.[382]

§ 1 dieses Entwurfs lautete wie folgt:

*„§ 1*

*Asoziale im Sinn dieses Gesetzes sind:*

1. *Personen, die infolge von außergewöhnlichen Mängeln des Verstandes oder des Charakters aus eigener Kraft zu einer den Mindestanforderungen der Gemeinschaft entsprechenden Lebensführung nicht gelangen und dadurch der Allgemeinheit zur Last fallen (Versager),*
2. *Personen, die mit einer ansteckenden Krankheit behaftet sind und sich den Verpflichtungen, die ihnen deshalb kraft Gesetzes oder kraft Anordnung des Gesundheitsamts oder der Polizeibehörde obliegen, derart entziehen, daß sie andere gefährden (gefährliche Kranke),*
3. *Personen, die infolge Trunksucht oder einer anderen Rauschgiftsucht sich oder andere gefährden (gefährliche Süchtige),*
4. *Personen, die infolge Arbeitsscheu, Mangel an Verantwortungsbewusstsein, Haltlosigkeit oder Willensschwäche sich derart verwahrlosen lassen, daß sie sich ohne öffentliche Hilfe oder ohne eine gewissenlose Ausbeutung ihrer Angehörigen nicht halten (Schmarotzer),*

---

380 BArch R 3001/20943 (BArch R 22/943), fol. 181–185, abgedruckt bei Wolfgang Ayaß, a.a.O., 298 ff.

381 Vermerk des Ministerialrats im Reichsjustizministerium *Otto Rietzsch* über eine Besprechung zwischen dem Reichsführer-SS *Heinrich Himmler* und Reichsjustizminister *Otto Thierack*, BArch R 3001/20943 (BArch R 22/943), fol. 269–269 Rs., abgedruckt bei Wolfgang Ayaß, a.a.O., 319 f.

382 BArch R 3001/20943 (BArch R 22/943), fol. 295–299, abgedruckt bei Wolfgang Ayaß, a.a.O., 323 ff.

*5. Personen, die aus denselben Eigenschaften einen Hang zu kleineren Straftaten nachgeben und sich dadurch als für die Volksgemeinschaft lästig erwiesen (Taugenichtse),*
*6. Personen, die nach ihren Straftaten, ihrer Lebensführung und ihrer Persönlichkeit zu ernsten Straftaten geneigt sind (gemeinschaftsfeindliche Verbrecher).*

*Minderjährige sind als Asoziale nur anzusehen,*
*1. wenn für sie die Fürsorgeerziehung nicht angeordnet oder nicht aufrechterhalten werden kann und nach Überzeugung der Erziehungsbehörde eine Eingliederung und die Volksgemeinschaft nicht oder noch nicht zu erwarten ist oder*
*2. wenn sie zu bestimmter Strafe verurteilt worden sind und nach Überzeugung der zuständigen Justizbehörde eine Eingliederung und die Volksgemeinschaft nicht oder ungeachtet der Verbüßung des zulässigen Höchstmaßes noch nicht zu erwarten ist.“*

§ 10 des Entwurfs sah die zwingende Unfruchtbarmachung von „*Versagern*“ und „*Taugenichtsen*“ vor, bei denen ein für die Volksgemeinschaft unerwünschter Nachwuchs zu erwarten sei.

Im März 1943 legte dann das Reichskriminalpolizeiamt unter Federführung von *Robert Schefe* einen Gegenentwurf für ein Gesetz über die Behandlung Gemeinschaftsfremder vor.[383] Gemäß § 1 Satz 1 dieses Entwurfs sollte gemeinschaftsfremd im Sinn des Gesetzes sein:

*1. Wer aufgrund seiner Gesamtpersönlichkeit erkennen lässt, daß er nicht in der Lage ist, aus eigener Kraft den Mindestanforderungen der Volksgemeinschaft zu genügen, und zu einer geordneten straffreien Lebensführung steter Obhut und Stützung bedarf (Versager).*
*Erläuterung:*
*„Halbe Kräfte“, Geistesschwache, Unzurechnungsfähige, Haltlose, Gedrückte, Antriebsarme, Unselbständige.*

*2. Wer ein unstetes oder nichtsnutzes oder sonst ein gemeinschaftswidriges Leben führt und dadurch andere oder die Allgemeinheit belastet oder gefährdet (Störenfriede und Schmarotzer).*
*Erläuterung:*
*Gewohnheitsmäßige Bettler, Landstreicher, Tagediebe, Störenfriede, Zänker, Stänkerer, Händelsüchtige, Querulanten, Prostituierte.*

*3. Wer nach seiner Lebensführung erkennen läßt, daß er infolge mangelnden Arbeits- und Gemeinsinns einem Hang zu kleinen Straftaten nachgibt und sich dadurch als der Volksgemeinschaft lästig erweist (Taugenichtse).*
*Erläuterung:*
*Gewohnheitsmäßige Bettler, Landstreicher, Tagediebe, Arbeitsscheue, Nährpflichtsäumige, Unterstützungsjäger, Trunkenbolde.*

---

383 BArch R 3001/20943 (BArch R 22/943), fol. 302–307, abgedruckt bei Wolfgang Ayaß, a.a.O., 326 ff.

4. *Wer nach seiner Lebensführung erkennen läßt, daß seine Sinnesart auf die Begehung von ernsten Straftaten gerichtet ist (gemeinschaftsfeindliche Verbrecher).*
*Erläuterung:*
*Rückfällige Diebe, Einbrecher, Betrüger, Fälscher, Sittlichkeitsverbrecher usw.*

Unter § 9 sah der Entwurf die zwingende Unfruchtbarmachung „Gemeinschaftsfremder" vor, bei denen ein für die Volksgemeinschaft unerwünschter Nachwuchs zu erwarten sei.

Am 28. April 1943 legte der nunmehr stellvertretende Leiter des Reichskriminalpolizeiamts Oberst der Polizei *Paul Werner* dem Ministerialrat im Reichsjustizministerium *Otto Rietzsch* einen neuen Entwurf der Begriffsbestimmungen für ein Gemeinschaftsfremdengesetz vor.[384]

Gemeinschaftsfremd im Sinne des Gesetzes sollte danach sein:

1. *wer nach seiner Persönlichkeit und Lebensführung erkennen lässt, dass er nicht imstande ist, aus eigener Kraft den Mindestanforderungen der Volksgemeinschaft zu genügen und zu einer geordneten straffreien Lebensführung steter Obhut und Unterstützung bedarf (Versager),*
2. *wer infolge mangelnden Arbeits- und Gemeinsinns, insbesondere aus Arbeitsscheu, Liederlichkeit oder Haltlosigkeit*
a) *ein nichtsnutzes, unwirtschaftliches oder ungeordnetes Leben führt und dadurch andere oder die Allgemeinheit belastet oder gefährdet (Schmarotzer und Störenfried) oder*
b) *einen Hang zum Betteln oder Landstreichen, zu Arbeitsbummelei, Diebereien, Betrügereien oder ähnlichen kleinen Straftaten oder zu Ausschreitungen in der Trunkenheit an den Tag legt oder aus solchen Gründen Unterhaltspflichten gröblich verletzt (Taugenichts),*
3. *wer nach seiner Persönlichkeit und Lebensführung erkennen lässt, dass seine Sinnesart auf die Begehung von ernsten Straftaten gerichtet ist (gemeinschaftsfeindlicher Verbrecher).*

Dieser Entwurf war Grundlage einer Besprechung unter Beteiligung von *Paul Werner*, *Otto Rietzsch*, Oberregierungsrat im Reichssicherheitshauptamt *Kurt Neifeind*, Ministerialrat im Reichsinnenministerium *Fritz Ruppert*, Ministerialdirigent im Reichsinnenministerium *Herbert Linden*, sowie des Stadtrats in Berlin-Schöneberg *Hans Muthesius*, der als Referent im Reichsinnenministerium tätig war, die am 8. Mai 1943 in Berlin stattfand.

*Rietzsch* führte im Hinblick auf die Ziffer 1. des Formulierungsentwurfs aus, dass „*Versager*" derjenige sei, der infolge von „*abnormen Defekten der Intelligenz (Schwachsinnige!) oder des Charakters*" auch den bescheidensten Anforderungen der Volksgemeinschaft nicht genügen könne. Kennzeichen dieser Gruppe der „Asozialen" sei ihr Unvermögen infolge einer Schädigung ihres Anlageguts. „*Sie*

384 BArch R 3001/20943, fol. 314–315.

*könnten nicht, auch wenn sie wollten*“, und seien daher „*reif*“ für die Sterilisation. Soweit die Ziffer 2. betroffen war, beanstandete *Rietzsch* die „*ziemlich nichtssagende*“ Formulierung des Kreises der „*Schmarotzer*“ und forderte eine klarere Formulierung. Insoweit bezog er sich auf die folgende Ausführung von *Fred Dubitscher* in dessen erb- und sozialbiologischer Untersuchung „*Asozialer Sippen*“ zu „*Arbeitsscheuen*“ und „*Unwirtschaftlichen*“:

> *„Zahlenmäßig an erster Stelle [asozialer Typen, der Verfasser] stehen die „Arbeitsscheuen“, denen die dauernden Arbeitslosen nahestehen; ich möchte sagen die „Berufsarbeitslosen“, da sie es sich zum Beruf erkoren haben, arbeitslos zu sein. Zwar zeigen sehr viele Asoziale die Neigung, sich vor jeder Arbeit zu drücken, deutlich erkennbar ist aber ein Typ, bei dem diese Neigung durchaus im Vordergrund steht. Jede Arbeit wird als zu schwer empfunden und darum möglichst gemieden, wird ein Zwang ausgeübt, so wird die Arbeit möglichst ungeschickt verrichtet, um eine Entlassung wegen Nichteignung zu erreichen. Zwischendurch wird „krank gefeiert“, und die Wohlfahrtsbehörden werden mit Anträgen und Gesuchen um Unterstützung durch Geld und sachliche Werte überschüttet. Der Typ der Arbeitsscheuen und Berufsarbeitslosen kommt unter Männern und unter Frauen in annähernd gleicher Häufigkeit vor. Während die Männer zum Teil sekundär einer Gelegenheitskriminalität verfallen, kommt es bei einer Reihe von Frauen – namentlich jüngeren und hübscheren – sekundär zur Prostitution. Nicht so selten sind Inzesthandlungen, namentlich sexuelle Beziehungen arbeitsscheuer Väter zu ihren – meist auch auffallenden – Töchtern. Eindrucksmäßig und auf Grund der Unterhaltungen möchten wir annehmen, daß solche Beziehungen bei den Asozialen wesentlich häufiger sind, als bekannt wird. Die Arbeitsscheu ist im übrigen in den einschlägigen Fällen meist schon in der Kindheit nachweisbar. Die Kinder bummeln und schwänzen die Schule, verschmieren die Hefte, sind lustlos beim Spiel, unaufmerksam, faul und meist schmutzig. Nur ausnahmsweise kommt es zu Konflikten durch aktive asoziale Handlungen.*
>
> *Den Arbeitsscheuen verwandt sind die Unwirtschaftlichen. Meist sind es Gelegenheitsarbeiter, die dauernd die Arbeitsstelle wechseln; Frauen, die trotz aller Unterstützung von privater und öffentlicher Seite nicht imstande sind, selbstständig einen Haushalt in geordneter Weise zu führen. Sie werden durch alle möglichen sozialen Hilfsmaßnahmen immer von neuem „auf die Beine gestellt“, um sofort wieder umzufallen. Trotz aller Versuche, von außen her geordnete Verhältnisse zu schaffen, sind die Zustände in kürzester Zeit wieder verheerend. Ist einiges Geld im Hause, so wird es auf sinnlose Weise vertan, während das Nötigste fehlt. Es werden Feste gefeiert und im Nebenraum fault die schmutzige Wäsche in den Eimern, weil sich niemand ihrer annimmt. Die Unterstützung wird in Kuchen und Kinobesuche umgesetzt, während zu Hause kein Brot ist usw. Kriminalität ist bei diesem Typ verhältnismäßig selten bis auf Betteln oder Landstreichen. Oft besteht gleichzeitig eine Trunkneigung. Die Unwirtschaftlichkeit zieht gewöhnlich eine mehr oder weniger starke allgemeine Verwahrlosung nach sich. so daß diese Typen – und namentlich die Frauen – durch die Vernachlässigung ihres Äußeren nicht so ansprechbar sind und nicht im gleichen Umfang zur Fortpflanzung kommen oder Prostitution verfallen wie die Arbeitsscheuen.“*[385]

385 Fred Dubitscher, Asoziale Sippen, Leipzig 1942, 168 f.

Eine stärkere Eingrenzung des von der Ziffer 2. erfassten Personenkreises in diesem Sinne – soweit die Ausführungen von *Dubitscher* überhaupt eine greifbare Eingrenzung zulassen – stieß jedoch auf den Widerstand des Reichskriminalpolizeiamts. Diesem war daran gelegen, den erfassten Personenkreis durch eine Generalklausel stetig erweitern zu können. Ergänzend aufgenommen werden sollten die *„Störenfriede“*, die *Rietzsch* als *„Zänker, hysterische Frauen und ähnliche Unruhestifter“* beschrieb.[386]

Ergebnis der Besprechung vom 8. Mai 1943 war die folgende Formulierung, die nach der Ansicht *Rietzschs* jedoch noch *„viele Wünsche übrig“* ließ. „Gemeinschaftsfremd“ im Sinne des Gemeinschaftsfremdengesetzes sollte nunmehr sein:

> 1. *wer nach seiner Persönlichkeit und Lebensführung, insbesondere infolge von außergewöhnlichen Mängeln des Verstandes oder des Charakters erkennen lässt, daß er nicht imstande ist, aus eigener Kraft den Mindestanforderungen der Volksgemeinschaft zu genügen (Versager),*
> 2. *wer aus Arbeitsscheu, Liederlichkeit oder sonst aus Mangel an Gemeinsinn*
> a) *ein nichtsnutzes, unwirtschaftliches oder ungeordnetes Leben führt und dadurch andere oder die Allgemeinheit belastet oder gefährdet (Schmarotzer und Störenfried) oder*
> b) *einen Hang zum Betteln oder Landstreichen, zu Arbeitsbummelei, Diebereien, Betrügereien oder ähnlichen kleinen Straftaten oder zu Ausschreitungen in der Trunkenheit an den Tag legt oder aus solchen Gründen Unterhaltspflichten gröblich verletzt (Taugenichts),*
> 3. *wer nach seiner Persönlichkeit und Lebensführung erkennen lässt, dass seine Sinnesart auf die Begehung von Straftaten gerichtet ist (gemeinschaftsfeindlicher Verbrecher).*[387]

Mit der Ergänzung *„infolge von außergewöhnlichen Mängeln des Verstandes oder des Charakters“* in der Ziffer 1. wurde, wie von *Rietzsch* gefordert, klargestellt, dass das vermeintliche Unvermögen den Mindestanforderungen der Gemeinschaft zu genügen auf eine Schädigung der Erbanlagen der Betroffenen zurückgeführt werden müsse. Die in dem Entwurf des Reichskriminalpolizeiamts vom 28. April 1943 zunächst noch vorgesehene zusätzliche Tatbestandsvoraussetzung *„einer geordneten straffreien Lebensführung“* ohne *„steter Obhut und Unterstützung“*, fiel weg. Die potentielle Straffälligkeit der Betroffenen war mithin nicht länger gefordert. Nunmehr sollte allein die auf eine anlagemäßige Minderwertigkeit zurückzuführende mangelnde Eingliederung in die Gemeinschaft ausreichen.

386 Vermerk des Ministerialrats im Reichsjustizministerium *Otto Rietzsch* über eine Besprechung des vom Reichskriminalpolizeiamt vorgelegten Entwurfs eines Gemeinschaftsfremdengesetzes, BArch R 3001/20943 (BArch R 22/943), fol. 316–317 Rs., abgedruckt bei Wolfgang Ayaß, "Gemeinschaftsfremde" Quellen zur Verfolgung von "Asozialen" 1933–1945, Koblenz 1998, 330 ff.

387 BArch R 3001/20943, fol. 318.

Nach weiteren Beratungen konnte das Reichsinnenministerium im August 1943 der Reichskanzlei schließlich einen gemeinsamen Entwurf des Reichsinnenministeriums und des Reichsjustizministeriums eines „Gesetzes über die Behandlung Gemeinschaftsfremder“ mit der Bitte um Verabschiedung im Umlaufweg vorlegen.[388] Gemäß § 1 sollte nunmehr gemeinschaftsfremd im Sinne des Gesetzes sein:

> 1. *wer nach seiner Persönlichkeit und Lebensführung, insbesondere infolge von außergewöhnlichen Mängeln des Verstandes oder Charakters erkennen lässt, daß er nicht imstande ist, aus eigener Kraft den Mindestanforderungen der Volksgemeinschaft zu genügen (Versager),*
> 2. *wer*
> a) *aus Arbeitsscheu oder Liederlichkeit ein nichtsnutzes, unwirtschaftliches oder ungeordnetes Leben führt und dadurch andere oder die Allgemeinheit belastet oder gefährdet (Tunichtgut, Schmarotzer),*
> *oder*
> *einen Hang zum Betteln oder Landstreichen, zu Arbeitsbummelei, Dieberei, Betrügereien oder anderen kleinen Straftaten oder zu Ausschreitungen in der Trunkenheit an den Tag legt oder aus solchen Gründen Unterhaltungspflichten gröblich verletzt (Taugenichts),*
> *oder*
> b) *aus Unverträglichkeit oder Streitlust den Frieden der Allgemeinheit hartnäckig stört (Störenfried),*
> *oder*
> 3. *wer nach seiner Persönlichkeit und Lebensführung erkennen läßt, daß seine Sinnesart auf die Begehung von Straftaten gerichtet ist (gemeinschaftsfeindlicher Verbrecher und Neigungsverbrecher).*

Unter § 11 sah der Entwurf die zwingende Unfruchtbarmachung „Gemeinschaftsfremder“ vor, bei denen ein für die Volksgemeinschaft unerwünschter Nachwuchs zu erwarten sei.

Im Hinblick auf die in § 1 des Gesetzentwurfs vorgesehene Bestimmung des erfassten Personenkreises der „Gemeinschaftsfremden“ äußerte *Hitler* jedoch starke Bedenken gegen die in Klammern gehaltenen zusammenfassenden Bezeichnungen.[389] Auch der Reichsminister für Volksaufklärung und Propaganda *Joseph Goebbels*, der seine grundsätzliche Zustimmung mit dem Gesetzentwurf erklärte, gab hinsichtlich der zusammenfassenden Bezeichnungen in § 1 des Gesetzentwurfs zu bedenken, dass der „*Volksmund*“ Bezeichnungen wie „*Versager*“, „*Schmarotzer*“,

---

388 BArch R 1501/3386 (BArch R 18/3386), fol. 2–4, abgedruckt bei Wolfgang Ayaß, a.a.O., 360 ff.

389 Schreiben des Reichsministers und Chefs der Reichskanzlei *Hans Heinrich Lammers* an den Reichs- und preußischen Innenminister *Heinrich Himmler* vom 14. Oktober 1943, BArch R 1501/3386 (BArch R 18/3386), fol. 12, abgedruckt bei Wolfgang Ayaß, a.a.O., 363 f.

*„Tunichtgut“*, *„Taugenichts“*, *„Störenfried“* usw. in einem viel weitergehenden Sinn verwende, als dies den Begriffsbestimmungen des Gesetzentwurf entspreche. Die Einführung der Bezeichnungen könne daher leicht zu verwirrenden Auffassungen über den Umfang und die Bedeutung des Gesetzes führen und zu unnötigen Besorgnissen über die Anwendung Anlass geben.[390] Von der Durchführung des Beschlussverfahrens wurde daher abgesehen.

Unter Berücksichtigung der Einwände insbesondere *Hitlers* und *Goebbels* legte das Reichssicherheitshauptamt dem Reichsinnenministerium mit Schreiben vom 17. Januar 1944 einen überarbeiteten Entwurf vor, der auf die in Klammern gehaltenen Bezeichnungen weitgehend verzichtete. Einzig die Bezeichnung *„gemeinschaftsfeindlicher Verbrecher und Neigungsverbrecher“* in § 1 Absatz 3 wurde auf Hinwirken des Reichsministeriums der Justiz beibehalten.[391]

Der letzte bekannte Entwurf eines „Gesetzes über die Behandlung Gemeinschaftsfremder“ stammt aus dem März 1944. Verantwortlich für diesen Entwurf zeichnete das Reichsinnenministerium.[392] § 1 des Gesetzentwurfs bestimmte den erfassten Personenkreis wie folgt:

*„Gemeinschaftsfremd ist:*

*1. wer sich nach Persönlichkeit und Lebensführung, insbesondere wegen außergewöhnlicher Mängel des Verstandes oder des Charakters außerstande zeigt, aus eigener Kraft den Mindestanforderungen der Volksgemeinschaft zu genügen,*

*2. wer*

*a) aus Arbeitsscheu oder Liederlichkeit ein nichtsnutzes, unwirtschaftliches oder ungeordnetes Leben führt und dadurch andere oder die Allgemeinheit belastet oder gefährdet*

*oder*

*einen Hang oder eine Neigung zum Betteln oder Landstreichen, zu Arbeitsbummelei, Diebereien, Betrügereien oder anderen nicht ernsten Straftaten oder zu Ausschreitungen in der Trunkenheit betätigt oder eine Unterhaltspflicht gröblich verletzt*

*oder*

*b) aus Unverträglichkeit oder Streitlust den Frieden der Allgemeinheit hartnäckig stört,*

*3. wer nach Persönlichkeit und Lebensführung erkennen läßt, daß seine Sinnesart auf die Begehung von ernsten Straftaten gerichtet ist (gemeinschaftsfeindlicher Verbrecher und Neigungsverbrecher).“*

---

390 Schreiben des Reichsministers für Volksaufklärung und Propaganda Joseph Goebbels an den Reichsminister und Chef der Reichskanzlei Hans Heinrich Lammers vom 7. September 1943, BArch R 1501/3386, fol. 11.

391 BArch R 1501/3386, fol. 22–28.

392 BArch R 3001/20944 (BArch R 22/944), fol. 224–229 Rs., abgedruckt bei Wolfgang Ayaß, a.a.O., 366 ff.

Die Urheber des Gesetzesentwurfs, federführend das Reichsinnen- und Reichsjustizministerium, beriefen sich insoweit auf die Erkenntnisse der Erblehre und der Kriminalbiologie. Jahrzehntelange Erfahrungen hätten gelehrt, dass das „*Verbrechertum*“ sich fortlaufend aus minderwertigen Sippen ergänze. Die einzelnen Glieder solcher Sippen fänden sich immer wieder zu Gliedern ähnlich schlechter Sippen und bewirkten dadurch, dass die Minderwertigkeit sich nicht nur von Geschlecht zu Geschlecht vererbe, sondern häufig zum Verbrechertum steigere. Diese Menschen seien meist weder gewillt noch fähig, sich der Volksgemeinschaft einzuordnen. Sie führten ein dem Gemeinschaftsgedanken fremdes Leben, hätten selbst kein Gefühl für Gemeinschaft, seien oft „gemeinschaftsuntauglich oder gar -feindlich“, also jedenfalls „gemeinschaftsfremd“.[393]

Zur Entscheidung, ob eine volljährige Person „gemeinschaftsfremd“ sei, sollte gemäß § 5 Absatz 4 des Entwurfs der 1. Durchführungsverordnung zum Gesetz über die Behandlung Gemeinschaftsfremder das Reichskriminalpolizeiamt berufen sein, welches seine Befugnisse ganz oder teilweise den örtlichen Polizeidienststellen übertragen könne.[394]

Gemäß § 11 des Gesetzentwurfs sollten „Gemeinschaftsfremde“, bei denen ein für die Volksgemeinschaft unerwünschter Nachwuchs zu erwarten sei, nach dem Verfahren des Gesetzes zur Verhütung erbkranken Nachwuchses unfruchtbar zu machen sein. Insbesondere sollten die Erbgesundheitsgerichte darüber entscheiden, ob unerwünschter Nachwuchs von einem „Gemeinschaftsfremden“ zu erwarten sei.[395]

Zu einer Verabschiedung eines „Gesetzes über die Behandlung Gemeinschaftsfremder“ kam es aufgrund des „*totalen Kriegseinsatzes*“ nicht. Im August 1944 wurde die Bearbeitung des Gesetzesentwurfs auf Verfügung des Reichsjustizministers *Thierack* eingestellt.[396]

---

393 Begründung zum Entwurf eines Gesetzes über die Behandlung Gemeinschaftsfremder BArch R 3001/20944 (BArch R 22/944), fol. 224–229 Rs., abgedruckt bei Wolfgang Ayaß, a.a.O., 366, 369 f.

394 1. Durchführungsverordnung zum Gesetz über die Behandlung Gemeinschaftsfremder, BArch R 3001/20944 (BArch R 22/944), fol. 224–229 Rs., abgedruckt bei Wolfgang Ayaß, a.a.O., 366, 373.

395 Begründung zum Entwurf eines Gesetzes über die Behandlung Gemeinschaftsfremder BArch R 3001/20944 (BArch R 22/944), fol. 224–229 Rs., abgedruckt bei Wolfgang Ayaß, a.a.O., 366, 372.

396 Vermerk des Oberlandesgerichtsrats im Reichsjustizministerium Karl Meinhof vom 8. August 1944, BArch R 3001/20949 (BArch R 22/949), fol. 135 Rs., abgedruckt bei Wolfgang Ayaß, a.a.O., 381.

## 4. Die Richtlinien für die Beurteilung der Erbgesundheit und die „Asozialenkartei“

Die bereits im Zusammenhang mit den Bemühungen um ein Bewahrungsgesetz erwähnten, mit Runderlass des Reichsministeriums des Innern vom 18. Juli 1940 bekannt gemachten Richtlinien für die Beurteilung der Erbgesundheit definierten „asoziale Personen“ folgendermaßen:

*„Als asozial (gemeinschaftsfremd) sind Personen anzusehen, die aufgrund einer anlagebedingten und daher nicht besserungsfähigen Geisteshaltung*

1. *fortgesetzt mit Strafgesetzen, der Polizei und den Behörden in Konflikt geraten, oder*
2. *arbeitsscheu sind und den Unterhalt für sich und ihre Kinder laufend öffentlichen oder privaten Wohlfahrtseinrichtungen, insbesondere auch der NSV [Nationalsozialistische Volkswohlfahrt] und dem WHW [Winterhilfswerk] aufzubürden suchen. Hierunter sind auch solche Familien zu rechnen, die ihre Kinder offensichtlich als Einnahmequelle betrachten und sich deswegen für berechtigt halten, einer geregelten Arbeit aus dem Weg zu gehen; oder*
3. *besonders unwirtschaftlich und hemmungslos sind und mangels eigenen Verantwortungsbewusstseins weder einen geordneten Haushalt zu führen noch Kinder zu brauchbaren Volksgenossen zu erziehen vermögen; oder*
4. *Trinker sind oder durch unsittlichen Lebenswandel auffallen (z.B. Dirnen, die durch ihr unsittliches Gewerbe ihren Lebensunterhalt teilweise oder ganz verdienen).“*[397]

„Asoziale Personen“ und Angehörige „asozialer Sippen“ waren nach Absatz III. a) (1) der Richtlinien für die Beurteilung der Erbgesundheit von allen infrage kommenden Maßnahmen und dem Bezug jeder Zuwendung auszuschließen. Auf die Bedeutung der Richtlinien für die Beurteilung der Erbgesundheit für die Anwendung des Gesetzes zur Verhütung erbkranken Nachwuchses wird an späterer Stelle eingegangen.[398]

Beispiellos blieb der Versuch der Erfassung sämtlicher „Gemeinschaftsfremden“ beziehungsweise „Gemeinschaftsunfähigen“ in sogenannten „Asozialenkarteien“ auf der Grundlage einer erbbiologischen Beurteilung.[399]

Im Reichsgau Niederdonau oblag die Beurteilung der „Gemeinschaftsunfähigkeit“ eingerichteten „Kreisasozialenkommissionen“ und der diesen übergeordneten „Gauasozialenkommission“.[400] Der zu erfassende Personenkreis bestimmte sich

---

397 Richtlinien für die Beurteilung der Erbgesundheit – Runderlass des Reichsministeriums des Innern vom 18. Juli 1940, Reichsministerialblatt für die Innere Verwaltung 1940, 1519, abgedruckt bei Wolfgang Ayaß, a.a.O., 251,253.

398 Siehe Einleitung zu 4. Kapitel.

399 Vgl. auch Fred Dubitscher, Asoziale Sippen, Leipzig 1942, 215, der vorschlägt reichsweit „Asozialenkarteien“ bei den Gesundheitsämtern anzulegen.

400 Bekanntmachung des Reichsstatthalters in Niederdonau Hugo Jury an die Landräte und Oberbürgermeister vom 6. Februar 1942, Geschäftszeichen IIIb – 1- 211 1/2,

nach einem vom rassenpolitischen Amt der Gauleitung Niederdonau herausgegebenen Merkblatt:

> *„Gemeinschaftsunfähig sind Personen, die aufgrund einer anlagebedingten und daher nicht besserungsfähigen Geisteshaltung nicht in der Lage sind, den Mindestanforderungen der Volksgemeinschaft an ihr persönliches, soziales und völkisches Verhalten zu genügen.*
> *Gemeinschaftsunfähig ist also, wer*
> 1. *infolge verbrecherischer, staatsfeindlicher und querulatorischer Neigungen fortgesetzt mit den Strafgesetzen, der Polizei und anderen Behörden in Konflikt gerät; oder*
> 2. *wer arbeitsscheu ist (trotz Arbeitsfähigkeit schmarotzend von sozialen Einrichtungen lebt, Rentenjäger, Versicherungsschmarotzer usw. ist); oder*
> 3. *wer den Unterhalt für sich und seine Kinder laufend öffentlichen und privaten Wohlfahrtseinrichtungen, der NSV, dem WHW aufzubürden sucht; hierunter sind auch solche Familien zu rechnen, die ihre Kinder offensichtlich als Einnahmequelle betrachten und sich deswegen für berechtigt halten, einer geregelten Arbeit aus dem Weg zu gehen; oder*
> 4. *wer besonders unwirtschaftlich und hemmungslos ist und aus Mangel an eigenem Verantwortungsbewußtsein weder einen geordneten Haushalt zu führen noch Kinder zu brauchbaren Volksgenossen zu erziehen vermag; oder weiters*
> 5. *Trinker, die einen wesentlichen Teil ihres Einkommens in Alkohol umsetzen und von ihrer Sucht so beherrscht werden, daß sie und ihre Familien darüber zu verkommen drohen; oder*
> 6. *Personen, die durch unsittlichen Lebenswandel aus der Volksgemeinschaft herausfallen bzw. ihren Lebensunterhalt ganz oder teilweise durch ihr unsittliches Gewerbe verdienen. Hierher gehören Straßendirnen, Zuhälter, Sittlichkeitsverbrecher, Homosexuelle usw.“*[401]

Im Wesentlichen orientiert sich das Merkblatt des rassenpolitischen Amts der Gauleitung Niederdonau an den Richtlinien für die Beurteilung der Erbgesundheit vom 18. Juli 1940.[402] Unverkennbar ist darüber hinaus der Einfluss der Ausführungen von *Heinrich Wilhelm Kranz* und *Siegfried Koller* zu den „Gemeinschaftsunfähigen“, wie bereits die Wortwahl „gemeinschaftsunfähig“ zeigt. Bemerkenswert ist, dass das Merkblatt ausdrücklich „*staatsfeindliche Neigungen*“ als alternatives Tatbestandsmerkmal der „Gemeinschaftsunfähigkeit“ aufführte.

---

Verordnungs- und Amtsblatt für den Reichsgau Niederdonau, 1942, 61 ff., abgedruckt bei Wolfgang Ayaß, Wolfgang Ayaß, "Gemeinschaftsfremde" Quellen zur Verfolgung von "Asozialen" 1933–1945, Koblenz 1998, 292 ff.

401 Abgedruckt bei Wolfgang Ayaß, a.a.O., 309.

402 Anders Gisela Bock, Zwangssterilisation im Nationalsozialismus Studien zur Rassenpolitik und Frauenpolitik, Opladen 1986, 365, nach der das Rassenpolitische Amt der NSDAP und das Reichsinnenministerium die Definition des Rassenpolitischen Amts des Gaus Wien übernommen habe.

Auch im Gau Württemberg/Hohenzollern war der Aufbau einer umfassenden „Asozialenkartei“ geplant. Hierzu richtete der Gauamtsleiter des Rassenpolitischen Amtes der NSDAP, *Karl Ludwig Lechler*, eine Anfrage an die Ortsgruppenleiter der NSDAP, die Bürgermeister und die Amtsleiter der Nationalsozialistischen Volkswohlfahrt (NSV), die aufgefordert wurden, „asoziale Personen“ zu melden. Als „asozial“ im Sinne der Anfrage sollte gelten:

1. *Wer infolge verbrecherischer, staatsfeindlicher und querulatorischer Neigungen fortgesetzt mit den Strafgesetzen, der Polizei und den Behörden in Konflikt gerät.*
2. *Wer arbeitsscheu ist (wer trotz Arbeitsfähigkeit schmarotzend von sozialen Einrichtungen lebt, bettelt, vagiert, betrügerisch hausiert, Hochstapler ist oder ein unsittliches Gewerbe betreibt).*
3. *Wer geschlechtlich ausschweifend und hemmungslos, trunk- und verschwendungssüchtig ist.*
4. *Wer infolge Unwirtschaftlichkeit, Pflichtvergessenheit, bösartiger Gesinnung und erzieherischen Unvermögens nicht fähig ist, ein geordnetes Familienleben zu führen.*

Die Kartei sollte zum einen als Auskunfts- und Warnstelle für Fürsorgestellen, Polizei- und Justizbehörden, Dienststellen der NSDAP und die Gesundheitsämter dienen. Zum anderen sollte sie als Hilfsmittel für völkische Auslesemaßnahmen die *„bequemste und sicherste“* Grundlage für die Entscheidungen der Erbgesundheitsgerichte bilden.[403]

## 5. „Asoziale“ und „Artfremde“

Nach der nationalsozialistischen Weltanschauung stand fest, dass Teil der (Volks-) Gemeinschaft nur sein konnte, wer „deutschen oder artverwandten Blutes“ im Sinne der nationalsozialistischen Rassenideologie war.[404] Von vornherein ausgeschlossen aus der (Volks-)Gemeinschaft waren Personen vermeintlich „fremder Rasse oder Art“, sogenannte „Fremdvölkische“ und damit insbesondere Juden. Dieses Prinzip der „völkischen Ungleichheit“ fand seine gesetzliche Ausprägung in den Nürnberger Gesetzen vom 15. September 1935, namentlich im Reichsbürgergesetz[405] sowie dem Gesetz zum Schutze des deutschen Blutes und der deutschen Ehre[406] (Blutschutzgesetz).

Die Ausgrenzung aus der Gemeinschaft blieb aber nicht auf „fremdrassische“ oder „fremdvölkische“ Personen beschränkt. Insoweit vertritt *Diemut Majer* in ihren Abhandlungen über *„Fremdvölkische“ im Dritten Reich* die Ansicht, dass der

403 Karl Ludwig Lechler, Erkennung und Ausmerze der Gemeinschaftsunfähigen, in: Deutsches Ärzteblatt (40), 1940, 293, 295 f.

404 So auch Diemut Majer, "Fremdvölkische" im Dritten Reich, Boppard am Rhein 1981, 83.

405 Reichsgesetzblatt 1935 I S. 1146.

406 Reichsgesetzblatt 1935 I S. 1146.

Rassebegriff in einem Prozess der Aufweichung durch eine Wertung nach politischen Gesichtspunkten ersetzt bzw. ergänzt worden sei. „Artfremd“ sei danach alles, was als „fremd“, „schädlich“ oder für die „Gemeinschaft“ unerwünscht angesehen worden sei. *Majer* will daher „artfremd“ mit „gemeinschaftsfremd“ gleichsetzen.[407] Diese These stützt sie im Ausgangspunkt insbesondere auf die Erläuterungen von *Arthur Gütt, Herbert Linden* und *Franz Maßfeller* zu § 6 der Ersten Verordnung zur Ausführung des Gesetzes zum Schutze des deutschen Blutes und der deutschen Ehre (1. AusfVO zum Blutschutzgesetz).

§ 6 der 1. AusfVO zum Blutschutzgesetz lautet:

> *Eine Ehe soll nicht geschlossen werden, wenn aus ihr eine die Reinerhaltung des deutschen Blutes gefährdende Nachkommenschaft zu erwarten ist.*

Aus der Kommentierung will *Majer* herauslesen, dass als „artfremd“ und damit einem Eheverbot gemäß § 6 der 1. AusfVO zum Blutschutzgesetz unterliegend, nicht nur Verbindungen zwischen Deutschen und „Fremdvölkischen“, sondern ebenso Verbindungen zwischen „deutschblütigen“ Personen selbst galten, „*wenn die äußeren Merkmale angeblich nicht zueinander passten (!)*“.[408] Dem kann nach der hier vertretenen Auffassung nicht gefolgt werden. *Gütt, Linden* und *Maßfeller* betonten stets deutlich, dass Anwendungsvoraussetzung des § 6 der 1. AusfVO sei, dass ein Verlobter Träger „*artfremden Blutes*“ im Sinne der nationalsozialistischen Rassenideologie sei.[409] Als „artfremdes Blut“ galt aber alles, was nicht „deutschen Blutes“ noch dem „deutschen Blut verwandt“ sei.[410] Eine Ehe zwischen Personen „deutschen Blutes“ fiel danach nicht unter die Bestimmungen des Blutschutzgesetzes und dessen Ausführungsverordnungen. Die Schlussfolgerung von *Majer*, dass eine Ehe zwischen „deutschblütigen“ Personen als „artfremd“ im Sinne der nationalsozialistischen Weltanschauung angesehen werden konnte, kann danach keinen Bestand haben. So befasst sich die von *Majer* herangezogene Kommentarstelle auch mit der Ehe einer „*ihrer Rasse*“ nach kleinen und zierlichen Frau mit einem „*seiner Rasse*“ nach großen und starken Mann.[411] Nach Sinn und Zweck des Blutschutzgesetzes, der „*Reinerhaltung des deutschen Blutes*“, kann hier nur die Verbindung mit einer nach der nationalsozialistischen Rassenideologie nicht dem

---

407 Diemut Majer, a.a.O., 133; Diemut Majer, Rechtstheoretische Funktionsbestimmungen der Justiz im Nationalsozialismus am Beispiel der "Völkischen Ungleichheit", in: Recht, Rechtsphilosophie und Nationalsozialismus, Wiesbaden 1983, 172 f.

408 Diemut Majer, a.a.O., 172.

409 Arthur Gütt, Herbert Linden und Franz Maßfeller, Blutschutz- und Ehegesundheitsgesetz, München 1937, 226, 229; so auch Wilhelm Stuckart und Hans Globke, Reichsbürgergesetz, München und Berlin 1936, 133.

410 Wilhelm Stuckart und Hans Globke, a.a.O., 55.

411 Arthur Gütt, Herbert Linden und Franz Maßfeller, Blutschutz- und Ehegesundheitsgesetz, München 1937, 226 f.

deutschen Volk zugehörigen „Rasse“ gemeint gewesen sein.[412] Eheliche Verbindungen zwischen Personen „deutschen oder artverwandten“ Blutes waren nicht bereits nach dem Blutschutzgesetz verboten, sondern standen vielmehr unter dem Vorbehalt einer erbgesundheitlichen Untersuchung nach dem Gesetz zum Schutze der Erbgesundheit des deutschen Volkes (Ehegesundheitsgesetz). Dies entsprach der eugenischen Differenzierung zwischen *„anthropologischem Rassismus“*, für den die Abgrenzung gegenüber anderen „Rassen“ konstitutiv war und der sich an körperlichen und kulturellen Phänotypen orientierte, und einem *„Binnenrassismus“*, der auf die Reinerhaltung der Erbqualität der eigenen „Rasse“ abzielte.[413] Während Reichsbürgergesetz und Blutschutzgesetz auf die Ausgrenzung und Entrechtung „Fremdartiger“ zielten, dienten Erb- und Ehegesundheitsgesetz der „Pflege der eigenen Rasse(n)“.[414]

Ferner meint *Majer* an anderer Stelle, der Begriff des „Fremdvölkischen“ sei von Anfang an mit dem Negativbegriff des „Asozialen“ gleichgesetzt worden.[415] Insofern bezieht sich *Majer* unter anderem auf eine Rede *Hitlers* vor dem Reichstag am 30. Januar 1937:

> *„Es ist Aufgabe der Justiz, mitzuhelfen an der Erhaltung und Sicherung des Volkes vor jenen Elementen, die sich als Asoziale entweder den gemeinsamen Verpflichtungen zu entziehen trachten oder sich an diesen gemeinsamen Interessen versündigen.“*[416]

Meines Erachtens wird aus den Worten *Hitlers* gerade das Gegenteil deutlich. „Asozial“ ist danach derjenige, der sich als Mitglied des deutschen Volkes den *„gemeinsamen“* Verpflichtungen entzieht und sich an den *„gemeinsamen“* Interessen versündigt. Gemeinsame Verpflichtungen und Interessen implizieren die grundsätzliche Möglichkeit der Teilhabe an der (Volks-)Gemeinschaft. Eine

---

412 Vgl. auch Wilhelm Stuckart und Hans Globke, Reichsbürgergesetz, München und Berlin 1936, 47, wonach Reichsbürgergesetz und Blutschutzgesetz gemeinsam die Grundlage gebildet hätten, auf der sich die nach nationalsozialistischer Erkenntnis notwenige Scheidung des deutschen und des jüdischen Volkes vollziehe.

413 Jürgen Simon, Kriminalbiologie und Zwangssterilisation : Eugenischer Rassismus 1920–1945, Münster 2001, 12; siehe vertiefend Gisela Bock, Zwangssterilisation im Nationalsozialismus Studien zur Rassenpolitik und Frauenpolitik, Opladen 1986, 59 ff., 363 ff., die zwischen „anthropologischem“ und „hygienischem“ Rassismus unterscheidet.

414 Siehe auch Gisela Bock, a.a.O., 100 ff.; Christiane Rothmaler, Sterilisationen nach dem "Gesetz zur Verhütung erbkranken Nachwuchses" vom 14. Juli 1933 : Eine Untersuchung zur Tätigkeit des Erbgesundheitsgerichtes und zur Durchführung des Gesetzes in Hamburg in der Zeit zwischen 1934 und 1944, Husum 1991, 24; Hella Birk, Das Gesetz zur Verhütung erbkranken Nachwuchses : eine Untersuchung zum Erbgesundheitswesen im bayerischen Schwaben in der Zeit des Nationalsozialismus, Augsburg 2005, 141.

415 Diemut Majer, "Fremdvölkische" im Dritten Reich, Boppard am Rhein 1981, 600.

416 Adolf Hitler, Nationalsozialistisches Recht, in: Deutsche Justiz (99), 1937, 173.

Gleichsetzung „Asozialer“ mit „Fremdvölkischen“, die von vornherein kein Teil der (Volks-)Gemeinschaft sein konnten, ist hiernach jedenfalls nicht möglich.

Zudem stützt sich *Majer* auf eine Bekanntgabe der Parteikanzlei der NSDAP vom 25. Juni 1942 zu der Frage *„Wer sind die Asozialen?“*.[417] Dort werden als *„Asoziale im eigentlichen Sinn des Wortes“* diejenigen beschrieben, die ihrer Anlage nach unfähig seien, sich der Gemeinschaft einzuordnen, also die *„Gemeinschaftsunfähigen“*. Von „Fremdvölkischen“, also Personen „fremder Rasse oder Art“, ist an keiner Stelle der Bekanntgabe die Rede. Vielmehr wird die Frage aufgeworfen, ob *„Asoziale“* bzw. *„Gemeinschaftsunfähige“* die Bezeichnung als *„Volksgenosse“* verdienten. Diese Frage stellt sich aber für Personen „fremder Rasse oder Art“ nach der nationalsozialistischen Weltanschauung von vornherein nicht. Auch insoweit kann der Argumentation von *Majer* nach der hier vertretenen Auffassung mithin nicht gefolgt werden.

Mit den Begriffen „gemeinschaftsfremd“, „gemeinschaftsunfähig“ und „asozial“ sollte vielmehr gerade ein Personenkreis erfasst werden, der nicht bereits Gegenstand der „Fremdengesetzgebung“ war. Man bezog sich auf Personen „deutschen oder artverwandten“ Blutes, die zwar ihrer „Rassenzugehörigkeit“ nach grundsätzlich Teil der (Volks-)Gemeinschaft sein konnten, sich in diese aber nicht einfügten.[418] Bezogen auf die vorangegangenen Erörterungen zum nationalsozialistischen Gemeinschaftsbegriff ist mithin nicht das biologische, sondern vielmehr das geistige Gemeinschaftselement für die Bestimmung der „Fremdheit“ entscheidend. Auf den fehlenden Gemeinschaftswillen wurde zumeist – dies zeigen insbesondere die Erörterungen auf Ministerialebene – aufgrund eines gewissen gemeinschaftswidrigen Verhaltens oder einer sonst nach außen erkennbaren fehlenden Eingliederung in die Gemeinschaft geschlossen.

## 6. „Asoziale“ und „Gemeinschaftsfremde“ als Reichsbürger

Die vorangegangen Ausführungen werfen abschließend die Frage auf, ob „Gemeinschaftsfremde“, die sich als Staatsangehörige „deutschen oder artverwandten Blutes“ nicht in die (Volks-)Gemeinschaft einfügten, als Reichsbürger im Sinne von § 2 des Reichsbürgergesetzes Inhaber der *„vollen politischen Rechte“* waren. § 2 Absatz 1 des Reichsbürgergesetzes lautet:

---

417 Verfügungen, Anordnungen, Bekanntgaben, Bd. II, München 1942, 49 ff.

418 So auch Wolfgang Ayaß, "Asoziale" im Nationalsozialismus, Stuttgart 1995, 105; Christa Schikorra, Kontinuitäten der Ausgrenzung : "Asoziale" Häftlinge im Frauen-Konzentrationslager Ravensbrück, Berlin 2001, 168; siehe auch Gisela Bock, Krankenmord, Judenmord und nationalsozialistische Rassenpolitik: Überlegungen zu einigen neueren Forschungshypothesen, in: Zivilisation und Barbarei : die widersprüchlichen Potentiale der Moderne, Hamburg 1991, 285, 296 f. mit einer kritischen Einordnung dieser Differenzierung.

*„Reichsbürger ist nur der Staatsangehörige deutschen oder artverwandten Blutes, der durch sein Verhalten beweist, daß er gewillt und geeignet ist, in Treue dem deutschen Volk und Reich zu dienen.“*

Neben zwei objektiven Voraussetzungen, dem Besitz der deutschen Staatsangehörigkeit nach § 1 Reichsbürgergesetz und der Zugehörigkeit zum „deutschen oder artverwandten Blut“, setzte der Erwerb des Reichsbürgerrechts subjektiv den Willen und die Eignung zum Dienst am deutschen Volk voraus. Volk in diesem Sinne meinte die „*völkisch-politische*“ Volksgemeinschaft, getragen vom Gemeinschaftswillen und „*gemeinsamen Ehrbewusstsein des artgleichen deutschen Volkes*“.[419] Ungeklärt blieb, wann diese subjektive Voraussetzung als erfüllt angesehen werden konnte.[420] *Wilhelm Stuckart* und *Hans Globke* vertraten in ihrem Kommentar zu den Nürnberger Gesetzen von 1936 die Auffassung, dass der Wille und die Eignung des „*Volksgenossen*“ zum Dienst am deutschen Volk nach verschiedenen objektiven Merkmalen festgestellt werden müsse. In erster Linie sei eine „*einwandfreie Führung*“ des Volksgenossen erforderlich. Als weitere Kriterien nannten *Stuckart* und *Globke* die Bewährung im Beruf sowie die Erfüllung der Wehr- und Arbeitsdienstpflicht.[421] Die „*einwandfreie Führung*“ des Volksgenossen meine nichts anderes als ein der nationalsozialistischen Weltanschauung konformes Verhalten.

„Gemeinschaftsfremde“, die sich im Sinne der vorangegangenen Ausführungen nicht in die (Volks-)Gemeinschaft einfügten, dürften damit den fehlenden Willen zum Dienst am deutschen Volk und Reich zum Ausdruck gebracht haben. Das Reichsbürgerrecht hätte „Gemeinschaftsfremden“ mithin nicht verliehen werden dürfen.

Die Überlegungen bleiben jedoch rein theoretischer Natur. Grundsätzlich war der Erwerb des Reichsbürgerrechts gemäß § 2 Absatz 2 des Reichsbürgergesetzes zwar nur durch formelle Verleihung des Reichsbürgerbriefs möglich. Nach § 1 Absatz 1 der Ersten Verordnung zum Reichsbürgergesetz galten jedoch bis zum Erlass weiterer Vorschriften über den Reichsbürgerbrief alle Staatsangehörigen „deutschen oder artverwandten Blutes“ als Reichsbürger, die beim Inkrafttreten des Reichsbürgergesetzes das Reichstagswahlrecht besessen hatten oder denen der Reichsminister des Innern im Einvernehmen mit dem Stellvertreter des Führers das vorläufige Reichsbürgerrecht verlieh. Weitere Vorschriften wurden jedoch nie erlassen und es kam auch nicht zu einer formellen Verleihung von Reichsbürgerbriefen. Von den Voraussetzungen des § 2 Absatz 1 Reichsbürgergesetz blieben somit nur der Besitz der deutschen Staatsangehörigkeit sowie die Zugehörigkeit zum „deutschen oder artverwandten Blut“ übrig. Die subjektive Voraussetzung hatte in der praktischen Umsetzung des Reichsbürgergesetzes keine Bedeutung.

---

419 Wilhelm Stuckart und Hans Globke, Reichsbürgergesetz, München und Berlin 1936, 21 f.

420 Wilhelm Stuckart und Hans Globke, a.a.O., 54.

421 Wilhelm Stuckart und Hans Globke, a.a.O., 54.

*Heinrich Wilhelm Kranz* und *Siegfried Koller* gingen in ihrer Untersuchung über „*Die Gemeinschaftsunfähigen*“ insoweit einen anderen Weg und schlugen ein „*Gesetz über die Aberkennung der völkischen Ehrenrechte zum Schutze der Volksgemeinschaft*“ vor:

> „*Einer durch gemeinschaftsunfähiges Verhalten ihrer Blutsverwandtschaft belasteten gemeinschaftsunfähigen Person können die völkischen Ehrenrechte aberkannt werden.*
> *Bei Aberkennung der völkischen Ehrenrechte erfolgt:*
> *1. Aberkennung der Ehewürdigkeit (absolutes Eheverbot; Auflösung bestehender Ehen).*
> *2. Überführung der vorhandenen Kinder in eine Erziehungsanstalt.*
> *3. Durchführung der Unfruchtbarmachung (Entmannung bei Sittlichkeitsverbrechern)*
> *4. Aberkennung der Wehrwürdigkeit.*
> *Außerdem kann auf Asylierung erkannt werden.*“[422]

Wie bereits dargelegt wurde, legten *Kranz* und *Koller* jedem Volksgenossen bestimmte Pflichten an sein persönliches, soziales und völkisches Verhalten auf. Diesen Pflichten stellten sie entsprechende Rechte gegenüber, die dem Einzelnen aus der Anteilnahme am Leben der Volksgemeinschaft zustünden. Diese „*Grundrechte*“ gliederten *Kranz* und *Koller* wiederum in persönliche, soziale und völkische Ehrenrechte, die jedes für sich eine entsprechende „*Würdigkeit*“ voraussetzten. Die persönlichen Ehrenrechte seien die Rechte auf Ehre, auf Leben und auf Arbeit. Die sozialen Ehrenrechte seien die Rechte auf Anteilnahme am sozialen Leben der Volksgemeinschaft. Die völkischen Ehrenrechte wiederum seien die Rechte auf Teilnahme an der Erhaltung und Sicherung von Ehre, Bestand und Leistung des eigenen Volkes. Gegenüber der Allgemeinheit bestünde ein Anspruch auf Schutz dieser Rechte. Ein Verlust der Ehrenrechte könne nur bei einem gegen die Grundpflichten erheblich verstoßenden, unehrenhaften Verhalten erfolgen.[423]

Die Zuerkennung von „*Grundrechten*“ und spiegelbildlich deren Aberkennung stand jedoch in vollkommenem Widerspruch zur nationalsozialistischen Weltanschauung, die die Existenz von Individualrechten kategorisch negierte. Nach dem Grundsatz „*Du bist nichts, dein Volk ist alles*“ oblagen dem Einzelnen zwar Pflichten gegenüber der (Volks-)Gemeinschaft. Der Einzelne konnte aber niemals persönliche subjektive Rechte dieser gegenüber besitzen.

## III. Zusammenfassung

Als „gemeinschaftsfremd“ oder „asozial“ im Sinne der nationalsozialistischen Terminologie galt, wer von einem nach nationalsozialistischen Grundsätzen zu bestimmenden „*Normalzustand*“ abwich. Dies zeigen insbesondere die Erörterungen auf Ministerialebene zum Gemeinschaftsfremdengesetz. Maßstab sollten

---

422 Heinrich Wilhelm Kranz und Siegfried Koller, Die Gemeinschaftsunfähigen, Gießen 1941, 160.

423 Heinrich Wilhelm Kranz und Siegfried Koller, a.a.O., 158 f.

die *„Mindestanforderungen“* der (Volks-)Gemeinschaft an das Verhalten des Einzelnen sein. Gemeinschaftswidriges Verhalten bedeutete damit nichts anderes als ein nicht der nationalsozialistischen Weltanschauung entsprechendes Verhalten. Was wiederum der nationalsozialistischen Weltanschauung entsprechen sollte, bestimmte sich nach dem *„gesunden Volksempfinden“*[424] und ließ sich in Ermangelung einer inhaltlichen Bestimmung beliebig weit fassen. Schrankenloser Willkür wurde somit Tür und Tor geöffnet. Auch wenn mit der Bezeichnung „gemeinschaftsfremd“ insbesondere Fürsorgeempfänger erfasst und als für die Volksgemeinschaft wertlos gebrandmarkt werden sollten, konnte jeder Andersdenkende und politische Gegner ebenso unter diesen Begriff gefasst werden.[425] So stellte auch *Hans Frank* fest, dass das den Polizeiorganen ausufernde Befugnisse einräumende und die Betroffenen weitgehend rechtlos stellende Gemeinschaftsfremdengesetz *„ganz Deutschland in ein einziges Konzentrationslager“* verwandelt hätte.[426]

Nachdem dargestellt wurde, wer im Sinne der nationalsozialistischen Weltanschauung als „asozial“ und „gemeinschaftsfremd“ galt, soll im folgenden Kapitel nunmehr untersucht werden, inwieweit „Asoziale“ und „Gemeinschaftsfremde“ als solche von den Tatbeständen des Gesetzes zur Verhütung erbkranken Nachwuchses erfasst wurden und damit der Zwangssterilisierung unterlagen.

---

424 Vgl. Fred Dubitscher, Asoziale Sippen, Leipzig 1942, 1, für den die soziale Wertbeurteilung ausschließlich Sache des „Volksempfindens“ war.

425 So auch Rudolf Hans, Wir und die anderen: z.B. Volksgenossen und Gemeinschaftsfremde, in: Fortschritte der Psychiatrie im Umgang mit Menschen : Wert und Verwertung des Menschen im 20. Jahrhundert, Rehburg-Loccum 1984, 23, 25.

426 Hans Frank zitiert nach Diemut Majer, "Fremdvölkische" im Dritten Reich, Boppard am Rhein 1981, 599 Fn. 30.

# 4. Kapitel: Die Subsumtion „Gemeinschaftsfremder" und „Asozialer" unter die Tatbestände des Gesetzes zur Verhütung erbkranken Nachwuchses

Betrachtet man die Entstehungsgeschichte des Gesetzes zur Verhütung erbkranken Nachwuchses, so wird deutlich, dass die Ausmerzung „Asozialer" aus dem Erbstrom jedenfalls auch Zielrichtung der Erbgesundheitsgesetzgebung sein sollte.[427] Ausweislich der Gesetzesbegründung sollten durch das Gesetz eine Belastung der Gesamtheit durch „kranken und asozialen Nachwuchs" verhindert und die Fürsorgekosten unter anderem für „Asoziale" eingedämmt werden.

In der verabschiedeten Gesetzesfassung fanden sich aber die „Asozialen" nicht als explizite Zielgruppe der Unfruchtbarmachung. Auch ist an keiner Stelle des Gesetzes oder der Gesetzesbegründung dargelegt oder angedeutet, wer als „asozial" verstanden werden sollte. Im 3. Kapitel dieser Untersuchung wurde festgestellt, dass als „asozial" oder synonym „gemeinschaftsfremd" im Sinne der nationalsozialistischen Terminologie derjenige galt, der von einem nach dem „gesunden Volksempfinden" zu bestimmenden „Normalzustand" abwich und sich nicht in die Volksgemeinschaft einfügte. Im Folgenden soll nunmehr untersucht werden, inwieweit „Gemeinschaftsfremde" und „Asoziale" unter die Tatbestände des § 1 des Gesetzes zur Verhütung erbkranken Nachwuchses gefasst wurden und der zwangsweisen Unfruchtbarmachung unterlagen.

Voraussetzung der zwangsweisen Unfruchtbarmachung war, dass der Betroffene an einer der in § 1 Absatz 2 des Gesetzes zur Verhütung erbkranken Nachwuchses abschließend[428] aufgezählten Krankheiten litt und nach den Erfahrungen der ärztlichen Wissenschaft mit großer Wahrscheinlichkeit zu erwarten war, dass dessen Nachkommen an schweren körperlichen oder geistigen Erbschäden leiden werden. Die Wahrscheinlichkeit der Erkrankung der Nachkommen war bei den im Gesetz aufgezählten „*Leiden*" stets als groß anzusehen.[429]

427 Vgl. die Ausführung im 2. Kapitel unter I.

428 Arthur Gütt, Ernst Rüdin und Falk Ruttke, Gesetz zur Verhütung erbkranken Nachwuchses vom 14. Juli 1933, 2., neu bearbeitete Auflage, München 1936, 108.

429 Arthur Gütt, Ernst Rüdin und Falk Ruttke, a.a.O., 115; Paul Hild, Leitfaden zum Gesetz zur Verhütung erbkranken Nachwuchses, Stuttgart 1936, 12; Johannes Krempel, Das Gesetz zur Verhütung erbkranken Nachwuchses, Berlin 1939, 7; a.A. Gerhard Uhlich, Die Verfahrensgrundsätze des Gesetzes zur Verhütung erbkranken

*Gerhard Friese*, Leiter der Abteilung Erb- und Rassenpflege im Reichsausschuss für Volksgesundheit beim Reichs- und preußischen Ministerium des Innern, zufolge sollte es sich bei den in § 1 Absatz 2 aufgeführten Krankheitsbezeichnungen um Krankheitsgruppen und damit um Sammelbezeichnungen handeln, da die Aufzählung sämtlicher Leiden, die der Unfruchtbarmachung unterlägen, zu einem unabsehbaren Krankheitskatalog geführt hätten.[430] *Arthur Gütt*, *Ernst Rüdin* und *Falk Ruttke* führten in der zweiten Auflage ihres Gesetzeskommentars aus dem Jahr 1936 hingegen aus, dass § 1 Absatz 2 des Gesetzes ganz bestimmte Fälle aufzähle, bei denen es sich nicht um Beispiele handle. Die Erbkrankheitsaufzählung sei fest und gestatte es nicht, andere Krankheiten, die mit den genannten keinen ursächlichen Zusammenhang haben, im Wege einer ausdehnenden Auslegung zu den Krankheiten im Sinne des Gesetzes zu rechnen.[431]

Aufgrund des abschließenden Charakters des Krankheitskataloges spielten die vorerwähnten Richtlinien für die Beurteilung der Erbgesundheit für die Subsumtion unter das Gesetz zur Verhütung erbkranken Nachwuchses keine Rolle. Gemäß Absatz III. a) (1) der Richtlinien waren „asoziale Personen“ und Angehörige „asozialer Familien“ von allen infrage kommenden (fördernden) Maßnahmen und dem Bezug jeder Zuwendung auszuschließen.[432] Im Hinblick auf die Unfruchtbarmachung „Asozialer“ oder die Anwendung des Gesetzes zur Verhütung erbkranken Nachwuchses trafen die Richtlinien jedoch keine Aussage.

Ausdrücklich ausgenommen aus dem Anwendungsbereich des Gesetzes zur Verhütung erbkranken Nachwuchses war die Unfruchtbarmachung aus rein wirtschaftlichen Motiven, aufgrund sogenannter „sozialer Indikation“.[433]

Nach den Angaben des Reichsjustizministeriums wurden allein in den ersten drei Jahren nach Inkrafttreten des Gesetzes 259.051 Anträge auf Unfruchtbarmachung

---

Nachwuchses, Dresden 1939, 5 f., der nach dem Gesetzeswortlaut eine Nachprüfung der Vererbungswahrscheinlichkeit von Fall zu Fall für erforderlich hielt.

430 Gerhard Friese, Die medizinisch-gesetzlichen Grundsätze des Gesetzes zur Verhütung erbkranken Nachwuchses, in: Der Öffentliche Gesundheitsdienst (2), 1936, 282; so auch Hansjoachim Lemme, Die Rechtsprechung in Erbgesundheitssachen, in: Der Öffentliche Gesundheitsdienst (1), 1935, 789.

431 Arthur Gütt, Ernst Rüdin und Falk Ruttke, Gesetz zur Verhütung erbkranken Nachwuchses vom 14. Juli 1933, 2., neu bearbeitete Auflage, München 1936, 108; ebenfalls für eine restriktive Auslegung Martin Grunau, Fünf Jahre Erbgesundheitsgerichtsbarkeit, in: Juristische Wochenschrift (68), 1939, 467, 469.

432 Richtlinien für die Beurteilung der Erbgesundheit – Runderlass des Reichsministeriums des Innern vom 18. Juli 1940, Reichsministerialblatt für die Innere Verwaltung 1940, 1519, abgedruckt bei Wolfgang Ayaß, "Gemeinschaftsfremde" Quellen zur Verfolgung von "Asozialen" 1933–1945, Koblenz 1998, 251, 253.

433 Arthur Gütt, Ernst Rüdin und Falk Ruttke, Gesetz zur Verhütung erbkranken Nachwuchses vom 14. Juli 1933, 1. Auflage, München 1934, 62, 167; Gerhard Uhlich, Die Verfahrensgrundsätze des Gesetzes zur Verhütung erbkranken Nachwuchses, Dresden 1939, 13.

gestellt.[434] In der überwiegenden Anzahl der Verfahren wurde die Unfruchtbarmachung durch die Erbgesundheitsgerichte angeordnet. Lediglich in 25.469 Fällen wurde die Unfruchtbarmachung abgelehnt. Im Jahr 1934 entfielen 52,9 % der Anträge auf „angeborenen Schwachsinn“ gemäß § 1 Absatz 2 Ziffer 1 des Gesetzes zur Verhütung erbkranken Nachwuchses. 25,4 % der Anträge wurden aufgrund „Schizophrenie“ gemäß § 1 Absatz 2 Ziffer 2 des Gesetzes und 14,0 % der Anträge wegen „erblicher Fallsucht“ gemäß § 1 Absatz 2 Ziffer 4 des Gesetzes gestellt.[435]

Im Hinblick auf die im vorigen Kapitel vorgenommene Eingrenzung „Asozialer“ und „Gemeinschaftsfremder“ können die rein körperlichen Krankheitsbilder des § 1 Absatz 2 des Gesetzes zur Verhütung erbkranken Nachwuchses, namentlich die erbliche Blindheit, die erbliche Taubheit sowie die schwere erbliche körperliche Missbildung, für die vorliegende Untersuchung unberücksichtigt bleiben, ohne dass hierbei das persönliche Schicksal der insoweit Betroffenen außer Acht gelassen werden soll. Gegenstand der vorliegenden Untersuchung ist allein die Frage, inwieweit „Asoziale“ und „Gemeinschaftsfremde“ im Sinne der hier erörterten Definition als „erbkrank“ im Sinne des Gesetzes zur Verhütung erbkranken Nachwuchses galten und deshalb einer Zwangssterilisierung unterlagen. Ob „Asoziale“ oder „Gemeinschaftsfremde“ aufgrund einer sonstigen Erbkrankheit im Sinne des Gesetzes zur Verhütung erbkranken Nachwuchses der Zwangssterilisierung unterlagen, soll hingegen nicht näher untersucht werden. Der „schwere Alkoholismus“ soll im Rahmen dieser Untersuchung daher ebenfalls nicht vertieft behandelt werden.[436]

---

434 Udo Benzenhöfer und Hanns Ackermann schätzen, dass bis 1945 ca. 436.000 Verfahren auf dem Gebiet des „Altreichs“ anhängig gemacht wurden; Udo Benzenhöfer und Hanns Ackermann, Die Zahl der Verfahren und der Sterilisationen nach dem Gesetz zur Verhütung erbkranken Nachwuchses, Münster 2015, 26.

435 Übersicht über die Durchführung des Gesetzes zur Verhütung erbkranken Nachwuchses, BArch R 1501/5585, fol. 165 f., vgl. hinsichtlich des „angeborenen Schwachsinns“ auch die Übersicht bei Heinrich Wilhelm Kranz, Drei Jahre Erbforschung über den angeborenen Schwachsinn (1935–1937), in: Fortschritte der Erbpathologie Rassenhygiene und ihrer Grenzgebiete (1), 1937/1938, 281, 285 f.

436 Dabei wird nicht verkannt, dass verschiedene Autoren die Auffassung vertraten, dass über den „schweren Alkoholismus“ im Sinne des Gesetzes zur Verhütung erbkranken Nachwuchses „asoziale Psychopathen“ erfasst würden; vgl. unter anderen Arthur Gütt, Ernst Rüdin und Falk Ruttke, Gesetz zur Verhütung erbkranken Nachwuchses vom 14. Juli 1933, 1. Auflage, München 1934, 127; Hans Heinze, Psychopathische Persönlichkeiten, in: Zirkuläres Irresein – Psychopathische Persönlichkeiten, Leipzig 1942, 273; Grund der Unfruchtbarmachung war aber der „Alkoholismus“ und nicht das mangelnde Einfügen in die Gemeinschaft als solches.

## I. Der „angeborene Schwachsinn“ (§ 1 Absatz 2 Ziffer 1)

Als erbkrank im Sinne des Gesetzes galt insbesondere, wer an „angeborenem Schwachsinn“ litt. Ausweislich des Materials des Reichsgesundheitsamtes fanden sich „asoziale Verhaltensweisen“ am häufigsten bei „Schwachsinnigen“ gefolgt von „Alkoholikern“, während die übrigen Erbkrankheiten im Sinne des Gesetzes zur Verhütung erbkranken Nachwuchses erst mit weitem Abstand folgten.[437] *Hermann Boehm*, Leiter des Erbbiologischen Forschungsinstituts an der Führerschule der deutschen Ärzteschaft in Alt Rehse und ärztlicher Beisitzer am Erbgesundheitsobergericht Dresden, schrieb 1939, dass „Asoziale“ am leichtesten unter „angeborenem Schwachsinn“ im Sinne des Gesetz zur Verhütung erbkranken Nachwuchses zu fassen seien. Man dürfe nur den Begriff „angeborenen Schwachsinn“ nicht zu eng im Sinne einer reinen Geistesschwäche fassen.[438] *Martin Staemmler* vermutete 1938, dass unter den „Asozialen“ und Kriminellen im Durchschnitt 30% „Schwachsinnige“ zu finden seien.[439] *Gerhard Friese* und *Hansjoachim Lemme*, Leiter der Abteilung Erb- und Rassenpflege und Leiter der Abteilung Rechtspflege im Reichsausschuss für Volksgesundheit beim Reichs- und preußischen Ministerium des Innern, vermuteten, dass die „Asozialen“ zum größten Teil „Schwachsinnige“ im Sinne des Gesetzes zur Verhütung erkranken Nachwuchses seien.[440]

Eine Definition des Krankheitszustands „angeborener Schwachsinn“ enthält das Gesetz nicht. Der Gesetzeskommentar von *Gütt*, *Rüdin* und *Ruttke* ordnete unter „angeborenem Schwachsinn“ in seiner ersten Auflage 1934 angeborene und früh erworbene „Schwachsinnszustände“ ohne nachweisbare Ursache im Sinne der Diagnosen-Tabelle des Deutschen Vereins für Psychiatrie ein. Zu verstehen sei unter „angeborenem Schwachsinn“ jeder im medizinischen Sinn eben noch als deutlich „*abnorm*“ diagnostizierbare Grad von Geistesschwäche. Unterschieden wurde zwischen drei verschiedenen Graden: der Idiotie, der Imbezillität und der Debilität.[441] Unter Idiotie wurde Bildungsunfähigkeit verstanden. Das heißt der Betroffene

---

437 K. Thums, Kriminalbiologie und Rassenhygiene : Rassenhygienische Ergebnisse der 5. Tagung der Kriminalbiologischen Gesellschaft in München 1937, in: Archiv für Rassen- und Gesellschaftsbiologie (32), 1938, 87, 89.

438 Hermann Boehm, Aus der Praxis für die Praxis, in: Erbgesundheit – Volksgesundheit : Das Gesetz zur Verhütung erbkranken Nachwuchses in Grundsatz und Anwendung, Berlin/Wien 1939, 102, 109; *Martin Staemmler* vertrat bereits vor Erlass des Gesetzes zur Verhütung erbkranken Nachwuchses die Auffassung, dass der „*erbliche Schwachsinn*“ die Hauptrolle bei der „*schrankenlosen Vermehrung des Lumpenproletariats*“ spiele; Martin Staemmler, Die Sterilisierung Minderwertiger vom Standpunkt des Nationalsozialismus, in: Eugenik Erblehre Erbpflege (2), 1933, 97, 103.

439 Martin Staemmler, Das Problem der erbkranken und der asozialen Familien und ihre Behandlung, in: Volk und Rasse (13), 1938, 37, 40.

440 Gerhard Friese und Hansjoachim Lemme, Die deutsche Erbpflege, Leipzig 1937, 47.

441 Arthur Gütt, Ernst Rüdin und Falk Ruttke, Gesetz zur Verhütung erbkranken Nachwuchses vom 14. Juli 1933, 1. Auflage, München 1934, 91.

vermochte es nicht Lesen, Schreiben und Rechnen zu lernen. Als imbezil galt, wer sich zeitlebens nicht über die Stufe eines zwölf- bis dreizehnjährigen Kindes zu erheben vermochte. Debilität sollte vorliegen, wenn der durchschnittliche Intelligenzgrad eines achtzehnjährigen Menschen nicht erreicht wurde.[442] Abzugrenzen war der leichteste „Schwachsinnsgrad“, die Debilität, von der sogenannten „physiologischen Dummheit“, bei der kein „Schwachsinn“ im Sinne des Gesetzes zur Verhütung erbkranken Nachwuchses mehr vorliegen sollte. Während diagnostizierte Fälle von (angeborener) Idiotie und Imbezillität „problemlos“ der Zwangssterilisierung unterlagen, bereitete die Abgrenzung der Debilität zu der von § 1 Absatz 2 Ziffer 1 des Gesetzes nicht mehr erfassten „physiologischen Dummheit“ erhebliche diagnostische und damit auch Subsumtionsschwierigkeiten.[443]

Entsprechend der *„seelischen Allgemeinstörung“*, welche beim „angeborenen Schwachsinn“ vorliege, sollte bei der Diagnose nicht bloß auf die intellektuellen Fehlleistungen zu achten sein, welche in mangelhaften Schul- und Berufsleistungen und schlechter Begriffs- und Urteilsbildung zutage träten, sondern auch auf die Gefühls- und Willenssphäre sowie die Entwicklung der *„ethischen Begriffe und Regungen“*, da diese in der Regel mehr oder weniger mitgestört seien.[444] Dies

---

442 Gottfried Ewald, Über den Schwachsinn, in: Münchener Medizinische Wochenschrift (82), 1935, 1315, 1318; Fritz Rücker-Embden, Die Schwachsinnsformen und ihre Bedeutung für das Gesetz zur Verhütung erbkranken Nachwuchses, in: Der Öffentliche Gesundheitsdienst (1), 1935, 873, 874 f.; Martin Grunau, Der Schwachsinn im Erbgesundheitsverfahren, in: Zeitschrift der Akademie für Deutsches Recht (2), 1935, 769, 771; Martin Grunau, Ein Jahr Gesetz zur Verhütung erbkranken Nachwuchses, in: Juristische Wochenschrift (64), 1935, 3, 5.

443 Fritz Rücker-Embden, Die Schwachsinnsformen und ihre Bedeutung für das Gesetz zur Verhütung erbkranken Nachwuchses, in: Der Öffentliche Gesundheitsdienst (1), 1935, 873, 875; Rudolf Thiele, An der Grenze von Debilität und physiologischer Dummheit, in: Der Öffentliche Gesundheitsdienst (1), 1935, 569; Fred Dubitscher, Die Bewährung Schwachsinniger im täglichen Leben, in: Der Erbarzt (2), 1935, 57; Fred Dubitscher, Dummheit oder Schwachsinn, in: Der Erbarzt (2), 1935, 187 f.; Martin Grunau, Der Schwachsinn im Erbgesundheitsverfahren, in: Zeitschrift der Akademie für Deutsches Recht (2), 1935, 769, 771.

444 Arthur Gütt, Ernst Rüdin und Falk Ruttke, Gesetz zur Verhütung erbkranken Nachwuchses vom 14. Juli 1933, 1. Auflage, München 1934, 91; Arthur Gütt, Ernst Rüdin und Falk Ruttke, Gesetz zur Verhütung erbkranken Nachwuchses vom 14. Juli 1933, 2., neu bearbeitete Auflage, München 1936, 119; so auch *Rudolf Thiele*, der den Schwachsinn im Sinne des Gesetzes zur Verhütung erbkranken Nachwuchses in einem Vortrag anlässlich des erbbiologischen Kurses an der Nervenklinik der Charité 1934 als frühzeitige mehr oder minder erhebliche Störung der allgemeinen seelischen Entwicklung und Verkümmerung der Gesamtpersönlichkeit beschrieb; neben dem Grad des Intelligenzdefekts müsse bei der Beurteilung der Schwere des Schwachsinns auch das Maß der Angleichung der einzelnen Gefühls- und Willensqualitäten im Persönlichkeitsgefüge, die erreichte Harmonie der Persönlichkeit berücksichtigt werden; siehe Rudolf Thiele, Angeborener Schwachsinn, in: Die

entsprach der Definition des „Schwachsinns“ im Sinne von *Emil Kraepelin*, der unter „Schwachsinn“ eine frühzeitige mehr oder minder erhebliche Störung der allgemeinen seelischen Entwicklung verstanden hatte.[445]

Insofern sollte nicht „*schematisch*“ nach den Ergebnissen einer Intelligenzprüfung, sondern unter Berücksichtigung aller „*Hilfsquellen*“ über die Unfruchtbarmachung entschieden werden. Bei zahlreichen „*asozialen und antisozialen, schwer erziehbaren, stark psychopathischen Debilen*“ hielten *Gütt*, *Rüdin* und *Ruttke* die Unfruchtbarmachung daher für unbedenklich zulässig, selbst wenn diese in ihrer Intelligenzentwicklung allein nicht übermäßig zurückgeblieben seien. Denn bei mäßigem oder geringem „*intellektuellen Schwachsinn*“ sei auch das Ergebnis unter anderem der sonstigen psychischen Prüfung, der Charakterprüfung, des ganzen Erfolges in der Schule, im Beruf und Leben sowie das Verhalten gegen die Rechtsordnung entscheidend in Erwägung zu ziehen.[446] Verlangt wurde nicht ein allgemeiner Tiefstand der Gesamtpersönlichkeit. Als „Schwachsinn“ sollten auch „*Teilausfälle*“ auf einem mehr oder weniger abgrenzbaren Teilgebiet der Gesamtpersönlichkeit gelten.[447] Als „Schwachsinn“ wurde daher jeder „*schwere und deutliche Ausfall*“ innerhalb des Rahmens der Gesamtpersönlichkeit angesehen, gleichgültig, ob der Ausfall auf dem Gebiet des Verstandes oder des Charakters festgestellt wurde.

Für *Fred Dubitscher* trat der „Schwachsinn“ im Sinne des Gesetzes zur Verhütung erbkranken Nachwuchses als deutlicher disharmonischer Defekt der Gesamtpersönlichkeit des Betroffenen in Erscheinung, der die Unfähigkeit zu einer dauernden brauchbaren und nutzbringenden Eingliederung in die Volksgemeinschaft zur Folge hatte. In dem von ihm verfassten Band des Handbuchs der Erbkrankheiten definierte *Dubitscher* den „angeborenen Schwachsinn“ als „*eine Summe von Defekten, und qualitativen Abartigkeiten einzelner Persönlichkeitseigenschaften, namentlich – aber nicht ausschließlich – der intellektuellen Sphäre und der Persönlichkeitseigenschaften, die gemeinhin den ethischen Werten zugerechnet werden, deren Verbindung und Ausmaß im Einzelfall variieren kann, deren Gesamtausmaß aber als deutlicher disharmonischer Defekt der Gesamtpersönlichkeit in Erscheinung tritt und eine Unfähigkeit zur dauernden brauchbaren und nutzbringenden Eingliederung in die Volksgemeinschaft bedingt und den Träger namentlich dann versagen*

---

psychiatrischen Aufgaben bei der Ausführung des Gesetzes zur Verhütung erbkranken Nachwuchses, Berlin 1934, 9f.

445 Fritz Rücker-Embden, Die Schwachsinnsformen und ihre Bedeutung für das Gesetz zur Verhütung erbkranken Nachwuchses, in: Der Öffentliche Gesundheitsdienst (1), 1935, 873, 875; Martin Grunau, Der Schwachsinn im Erbgesundheitsverfahren, in: Zeitschrift der Akademie für Deutsches Recht (2), 1935, 769, 770.

446 Arthur Gütt, Ernst Rüdin und Falk Ruttke, Gesetz zur Verhütung erbkranken Nachwuchses vom 14. Juli 1933, 1. Auflage, München 1934, 94.

447 Arthur Gütt, Ernst Rüdin und Falk Ruttke, Gesetz zur Verhütung erbkranken Nachwuchses vom 14. Juli 1933, 2., neu bearbeitete Auflage, München 1936, 119f.

*läßt, wenn die zweckmäßige Verwendung seiner vorhandenen Denkmittel in neuem, ungewohnten Situationen, die seinem schulischen Werdegang und seinen Lebensbedingungen angemessen sind, verlangt wird und Anforderungen an die selbstständige aktive Betätigung sozialer Wertgefühle gestellt werden*“.[448]

Ausgehend von dieser Definition des „Schwachsinns“ wurde allgemein angenommen, dass dieser nicht lediglich aufgrund einer Intelligenzprüfung festzustellen sei. Zwar sei der Nachweis einer Intelligenzstörung für die Diagnose des „Schwachsinns“ unerlässlich, man dürfe bei der Prüfung das geistige Besitztum, die Kenntnisse, die Lernbegabung oder Merkfähigkeit und das Gedächtnis aber nicht mit der Intelligenz selbst verwechseln. Die „*Salon- oder Verhältnisblödsinnigen*“, bei denen trotz relativ geringer Intelligenzschwäche eine Unfähigkeit bestehe, aufgrund ihrer Erfahrungen vernunftgemäß zu handeln, täuschten oft durch „*Redegewandtheit*“ über ihre geistige Unfähigkeit hinweg.[449] *Robert Ritter*, Leiter der Rassenhygienischen und Bevölkerungsbiologischen Forschungsstelle im Reichsgesundheitsamt sprach in seiner Habilitationsschrift 1937 insoweit von „*getarntem Schwachsinn*“, der „*die Maske der Schlauheit*“ trage.[450]

Ausgangspunkt der Schwachsinnsdiagnose war zunächst die Intelligenzprüfung. Gerade bei sogenannten „Grenzfällen“ waren darüber hinaus eingehende Erhebungen über Lebenslauf und Lebensführung des Betroffenen anzustellen. So sollten insbesondere Auskünfte über Schul- und Berufsleistungen eingeholt werden. Ferner war eine Familienanamnese vorzunehmen. Schließlich war zu prüfen, ob der „Schwachsinn“ „angeboren“ im Sinne des Gesetzes zur Verhütung erbkranken Nachwuchses war, ihm keine exogenen Ursachen zugrunde lagen.[451]

## 1. Die Intelligenzprüfung

Der Grad des „angeborenen Schwachsinns“ sollte annäherungsweise durch objektive Bestimmung der Intelligenzentwicklung festgestellt werden. Als Testmethode empfahlen *Gütt*, *Rüdin* und *Ruttke* insbesondere den von *Alfred Binet* und *Théodore Simon* im Jahr 1905 entwickelten Binet-Simon-Test bei dem mittels Testaufgaben das Intelligenzalter der Probanden ermittelt werden sollte.[452] Von einer Berechnung

---

448 Fred Dubitscher, Der Schwachsinn, Leipzig 1937, 175.

449 Heinz Bühning, Über die Unfruchtbarmachung wegen angeborenen Schwachsinns aus dem Gesetz zur Verhütung erbkranken Nachwuchses vom 14. Juli 1933, Bochum-Langendreer 1939, 4 f.

450 Robert Ritter, Ein Menschenschlag, Leipzig 1937, 19.

451 Arthur Gütt, Ernst Rüdin und Falk Ruttke, Gesetz zur Verhütung erbkranken Nachwuchses vom 14. Juli 1933, 2., neu bearbeitete Auflage, München 1936, 123 ff.; Hermann Boehm, Aus der Praxis für die Praxis, in: Erbgesundheit – Volksgesundheit : Das Gesetz zur Verhütung erbkranken Nachwuchses in Grundsatz und Anwendung, Berlin/Wien 1939, 102, 111 ff.

452 Arthur Gütt, Ernst Rüdin und Falk Ruttke, Gesetz zur Verhütung erbkranken Nachwuchses vom 14. Juli 1933, 2., neu bearbeitete Auflage, München 1936, 123; *Grunau* verstand den Intelligenzprüfungsbogen lediglich als „*grobes Hilfsmittel*“, vgl. Martin

des Intelligenzalters und des Intelligenzquotienten aufgrund „starrer Testverfahren“ riet *Gerhard Kloos*, Direkter des thüringischen Landeskrankenhauses Stadtroda, in seiner *Anleitung zur Intelligenzprüfung* allerdings ab. Hierdurch würde nur eine mathematische Genauigkeit vorgetäuscht, die aber tatsächlich nicht gegeben und nicht erreichbar sei, weil sich qualitative Unterschiede nicht in quantitative umformen und daher nicht zahlenmäßig darstellen ließen. So sollte entscheidend sein, bei welchen Aufgaben der Betroffene gut oder schlecht abschneide.[453]

Der 1. Ausführungsverordnung war als Anlage 5a ein Intelligenzprüfungsbogen beigefügt, der einen festgelegten Fragenkatalog zu Orientierung des zu Untersuchenden, Schulwissen sowie Lebens- und Berufswissen, sittlichen Allgemeinvorstellungen sowie zu Gedächtnis und Merkfähigkeit enthielt.[454] Bei der Prüfung sollten die untersuchenden Ärzte jedoch keinesfalls an den Fragenkatalog gebunden sein. Der Intelligenzfragebogen war als formularmäßige Andeutung der Art der Fragestellung zu verstehen. Hiermit sollte die Gleichmäßigkeit der Untersuchung und Beurteilung ermöglicht werden.[455] So war den Ärzten bei der Untersuchung der Betroffenen weitgehend freie Hand gelassen.[456] Ihnen war freigestellt, im Einzelfall sonstige Fragen zu stellen, die geeignet waren, den Zweck des Intelligenzprüfungsbogens zu erfüllen.[457] So ließ sich das Erbgesundheitsobergericht Jena im Rahmen der Intelligenzprüfung des Betroffenen beispielsweise die Gliederung der Partei und der SA erklären.[458]

Mit dem Argument, einer möglichen Vorbereitung des zu Untersuchenden auf die zu erwartenden Fragen zuvorzukommen, wurde ab März 1937 ein überarbeiteter Intelligenzfragebogen ohne vorgegebene Fragen verwandt, der nur für den Dienstgebrauch bestimmt war und die untersuchenden Ärzte zu einer freieren

---

Grunau, Ein Jahr Gesetz zur Verhütung erbkranken Nachwuchses, in: Juristische Wochenschrift (64), 1935, 3, 5; weitere Testverfahren nennt Hans Bürger-Prinz, Die Diagnose des angeborenen Schwachsinns, in: Die Diagnose der Erbkrankheiten, Leipzig 1936, 11.

453 Gerhard Kloos, Anleitung zur Intelligenzprüfung und ihrer Auswertung, Jena 1943, 63.

454 Abgedruckt bei Arthur Gütt, Ernst Rüdin und Falk Ruttke, Gesetz zur Verhütung erbkranken Nachwuchses vom 14. Juli 1933, 1. Auflage, München 1934, 76 ff.; zur Kritik des Reichsärzteführers Gerhard Wagner an dem Intelligenzprüfungsbogen und dessen Handhabung siehe BArch R 1501/5585, fol. 216 ff.

455 Arthur Gütt, Ernst Rüdin und Falk Ruttke, a.a.O., 141 f.

456 Arthur Gütt, Ernst Rüdin und Falk Ruttke, a.a.O., 48.

457 Rundschreiben des Reichsministers des Innern an die Landesregierungen vom 6. Januar 1934 – II 1079/20.12., zitiert nach Fred Dubitscher und Max Kresiment, Zur Frage der Intelligenzuntersuchung nach Anlage 5a der Ersten Ausführungsverordnung zum Gesetz zur Verhütung erbkranken Nachwuchses, in: Der Erbarzt (2), 1935, 2, 3.

458 EOG Jena, Beschl. v. 13.01.1937, Wg 685/36, JW 1937, 947.

Fragestellung anregen sollte.[459] Der überarbeitete Intelligenzfragebogen gab nunmehr lediglich die zu untersuchenden Fähigkeitskomplexe wie etwa „Orientierung“, „Schulwissen“ oder „Allgemeines Lebenswissen“ ohne konkreten Fragenkatalog vor. Tatsächlich sollte die freiere Fragestellung eine stärkere Gewichtung der „Lebensbewährung“[460] bei der Prüfung ermöglichen.[461] *Wolf Skalweit*, ärztlicher Beisitzer am Mecklenburgischen Erbgesundheitsobergericht zu Rostock, empfahl eine möglichst lebensnahe Gestaltung der Prüfung unter Berücksichtigung der Lebensverhältnisse sowie der praktischen Lebens- und Berufserfahrungen des Betroffenen. Nur leicht debile, aber „charakterologisch höchst minderwertige“, kriminelle oder „asoziale“ Psychopaten wollte *Skalweit* für die Unfruchtbarmachung erfassen, indem die Intelligenzanforderungen über den amtlichen Vordruck hinaus erhöht würden.[462]

Bei der Darstellung des Untersuchungsergebnisses waren die untersuchenden Ärzte zu einer Bewertung des ganzen Verhaltens der befragten Person und der Art der Antworten angehalten. Vermieden werden sollte eine rein „*mechanische Eintragung*“ der richtigen oder unrichtigen Beantwortung der gestellten Fragen.[463] *Fred Dubitscher* empfahl gar, sowohl Frage als auch Antwort wörtlich wiederzugeben.[464]

Wurde eine „*geistige Zurückgebliebenheit*“ in der Schule festgestellt, die grundsätzlich auf einen „angeborenen Schwachsinn“ schließen ließ, war der zu Untersuchende aber noch in seiner geistigen und körperlichen Entwicklung begriffen, so war die Möglichkeit in Erwägung zu ziehen, dass die Verstandesmängel im Wege der „Nachreife“ in absehbarer Zeit zurücktreten würden oder eine spätere Bewährung

459 Arthur Gütt, Ernst Rüdin und Falk Ruttke, Gesetz zur Verhütung erbkranken Nachwuchses vom 14. Juli 1933, 2., neu bearbeitete Auflage, München 1936, 123, Fn. 2; Günter Liermann, Der Intelligenzprüfungsbogen nach Anlage 5a der ersten Verordnung zur Durchführung des Gesetzes zur Verhütung erbkranken Nachwuchses in seiner Anwendung bei Jugendlichen in der Stadt Königsberg Pr. und dem Samland im Alter von 14–18 Jahren, Leipzig 1939, 6; eine ausführliche Darstellung der Intelligenzprüfung ist zu finden bei Gerhard Kloos, Anleitung zur Intelligenzprüfung und ihrer Auswertung, Jena 1943.

460 Hierzu nachfolgend unter I. 2.

461 Astrid Ley, Das Erbgesundheitsverfahren nach dem NS-Sterilisationsgesetz, in: Justiz und Erbgesundheit – Zwangssterilisierung, Stigmatisierung, Entrechtung: "Das Gesetz zur Verhütung erbkranken Nachwuchses" in der Rechtsprechung der Erbgesundheitsgerichte 1934–1945 und seine Folgen für die Betroffenen bis in die Gegenwart, Düsseldorf 2008, 39, 47, Fn. 24 m.w.N.

462 Wolf Skalweit, Die Tätigkeit des Amtsarztes bei der Durchführung des Gesetzes zur Verhütung erbkranken Nachwuchses, in: Der Öffentliche Gesundheitsdienst (1), 1935, 401, 413.

463 Arthur Gütt, Ernst Rüdin und Falk Ruttke, Gesetz zur Verhütung erbkranken Nachwuchses vom 14. Juli 1933, 2., neu bearbeitete Auflage, München 1936, 124.

464 Fred Dubitscher, Der Schwachsinn, Leipzig 1937, 184.

im Leben eintreten könnte, sodass die Diagnose „Schwachsinn“ nicht würde aufrechterhalten werden können. In einschlägigen Fällen sollte eine Unfruchtbarmachung nicht unmittelbar angeordnet werden, sondern zunächst eine Beobachtung des Betroffenen durch das zuständige Gesundheitsamt erfolgen.[465]

Den untersuchenden Ärzten, insbesondere den antragstellenden Amtsärzten, und den Erbgesundheitsgerichten stand somit bereits auf der Ebene der Intelligenzuntersuchung ein sehr weitreichender Gestaltungsspielraum zu. Diese konnten durch Auswahl der Testmethode, durch Auswahl der zu stellenden Fragen, durch Art der Befragung und die Wertung der Testergebnisse wesentlichen Einfluss auf den Untersuchungsausgang nehmen. Soweit eine mangelnde Einfügung in die Volksgemeinschaft und eine Abweichung von einem nach dem „gesunden Volksempfinden“ zu bestimmenden Normalzustand unter den Begriff des „Schwachsinns“ zu fassen waren, stellten auf Ebene der Intelligenzprüfung die Feststellungen zu den „sittlichen Allgemeinvorstellungen“ des zu Untersuchenden ein Einfallstor dar. Was den „sittlichen Allgemeinvorstellungen“ entsprach, bestimmten letzten Endes allein die Erbgesundheitsgerichte.

Eine wissenschaftliche Einordnung der Intelligenzprüfung nach dem Gesetz zur Verhütung erbkranken Nachwuchses aus medizinischer oder psychologischer Sicht ist nicht Gegenstand der vorliegenden juristischen Untersuchung und soll nicht vorgenommen werden. Wenn daher im Folgenden von „Intelligenzausfällen“, „Intelligenzmangel“, „Intelligenzschwäche“ oder „Intelligenzdefekt“ die Rede ist, so wird zum Zwecke der vorliegenden Abhandlung auf die seinerzeitigen Feststellungen nach dem Gesetz zur Verhütung erbkranken Nachwuchses Bezug genommen, ohne dass hiermit eine wertende Aussage über die Betroffenen getroffen werden soll.

## 2. Praktische Intelligenz und Lebensbewährung

Lag nach der Intelligenzprüfung ein Fall der Idiotie oder der Imbezillität vor, so wurde ohne Weiteres ein „Schwachsinn“ im Sinne von § 1 Absatz 2 Ziffer 1 des Gesetzes zur Verhütung erbkranken Nachwuchses festgestellt. Die Lebensbewährung des Betroffenen oder eine unergiebige Familienanamnese standen der Diagnose nicht entgegen.[466] Auch die „zweifelsfreie“ Feststellung einer Debilität sollte

---

465 Arthur Gütt, Ernst Rüdin und Falk Ruttke, Gesetz zur Verhütung erbkranken Nachwuchses vom 14. Juli 1933, 2., neu bearbeitete Auflage, München 1936, 124; EOG Hamm, Beschl. v. 06.12.1934 – XIII 415/34, JW 1935, 2498; EOG Kiel, Beschl. v. 27.04.1935 – Wg 79/35, JW 1935, 2740; EOG Karlsruhe, Beschl. v. 03.01.1936 – Wg 238/25, JW 1936, 1000; EOG Karlsruhe, Beschl. v. 21.02.1936 – Wg 199/36, JW 1936, 1980 f.

466 Arthur Gütt, Ernst Rüdin und Falk Ruttke, a.a.O., 123; so auch Karl Pönitz, Zur Diagnostik und sozialen Bedeutung des angeborenen Schwachsinns, in: Zeitschrift für die gesamte Neurologie und Psychiatrie (153), 1935, 770, 777, der gar die Auffassung vertrat, man brauche keine Definition und keine theoretische Fundierung, wenn „*ausgesprochen Schwachsinnige*“ vor einem stünden; man bräuchte dann nicht

bereits für eine Schwachsinnsdiagnose ausreichen.[467] Der Grad des „Erbleidens“ war ohne Bedeutung.[468] Eine weitere Prüfung war insoweit nicht erforderlich. Es stellte sich lediglich noch die Frage nach einer exogenen Ursache.

Begründet wurde dies mit Sinn und Zweck des Gesetzes, welche nicht im Schutz des Betroffenen lagen. Vielmehr sollte *„die Zukunft des deutschen Volkes“* sichergestellt werden, indem die Fortpflanzung der „Erbkranken“ verhindert würde. Ob der „Erbkranke“ trotz festgestellter Intelligenzausfälle *„seinen Weg im Leben machen wird“*, sollte insoweit nicht relevant sein.[469] Denn auch die Träger *„leichter Gradausprägungen“* übertrügen ihre Erbanlage auf ihre Nachkommen und es bestehe daher die Gefahr, dass das Erbleiden in der nächsten Generation in schwereren Formen auftrete.[470] Das Gesetz sollte „Erbuntüchtige“ und für die Volksgemeinschaft „Unbrauchbare“ an der Weitervererbung ihrer minderwertigen Erbeigenschaften hindern. Dies sollte nach *Dubitscher* aber nicht bedeuten, dass der Betroffene selbst ein unbrauchbares Mitglied der Volksgemeinschaft sein müsse, um von der Fortpflanzung ausgeschlossen zu werden. Umgekehrt sollte nicht jedes brauchbare Mitglied der Volksgemeinschaft die Gewähr eines erbgesunden Nachwuchses bieten. Der Blick sei stets auf die „Beschaffenheit“ etwaiger Nachkommen zu richten.[471] Dies entsprach der Ansicht der Gesetzeskommentatoren *Gütt*, *Rüdin* und *Ruttke*, denen zufolge unter „Schwachsinn“ jeder im medizinischen Sinn *„eben noch“* als deutlich abnorm diagnostizierbare Grad von Geistesschwäche zu verstehen war.[472]

Auf Kritik stieß daher ein Beschluss des Erbgesundheitsobergerichts Kiel vom 5. Juni 1935.[473] Das Erbgesundheitsgericht hatte auf Antrag des Amtsarztes angeordnet, dass der Kutscher *Wilhelm E.* wegen „angeborenen Schwachsinns“ unfruchtbar zu machen sei. Das Erbgesundheitsobergericht Kiel hob den Beschluss des Erbgesundheitsgerichts auf die Beschwerde des *Wilhelm E.* hin auf und wies

---

einmal den Intelligenzfragebogen, da jeder praktische Psychologe *„intuitiv“* den drastischen Schwachsinn schon ausdruckspsychologisch feststellen könne, aus der Art, wie jemand sich bewegt oder wie jemand etwas sagt; Hans Bürger-Prinz, Die Diagnose des angeborenen Schwachsinns, in: Die Diagnose der Erbkrankheiten, Leipzig 1936, 13; siehe auch EOG Dresden, Beschl. v. 20.02.1936 – 23 Wg 365/35, JW 1936, 1983; EOG Düsseldorf, Beschl. v. 02.03.1937 – Wg 787/36, BArch R 1501/5585, fol. 201.

467 EOG Düsseldorf, Beschl. v. 18.04.1935 – 12 Wg 230/35, JW 1935, 1869.

468 EOG Jena, Beschl. v. 26.02.1936 – Wg 77/36, JW 1936, 998 f.

469 EOG Düsseldorf, Beschl. v. 18.04.1935 – 12 Wg 230/35, JW 1935, 1869.

470 EOG Jena, Beschl. v. 26.02.1936 – WG 77/36, JW 1936, 998 f.

471 Fred Dubitscher, Praktische Intelligenz, in: Der Erbarzt (3), 1936, 75, 76.

472 Arthur Gütt, Ernst Rüdin und Falk Ruttke, Gesetz zur Verhütung erbkranken Nachwuchses vom 14. Juli 1933, 1. Auflage, München 1934, 91; Arthur Gütt, Ernst Rüdin und Falk Ruttke, Gesetz zur Verhütung erbkranken Nachwuchses vom 14. Juli 1933, 2., neu bearbeitete Auflage, München 1936, 121.

473 EOG Kiel, Beschl. v. 05.06.1935 Wg 112/35, JW 1935, 2742.

den Antrag des Amtsarztes auf Unfruchtbarmachung zurück. Zwar sei die Intelligenzprüfung „*recht schwach*“ ausgefallen und der Intelligenzausfall derart groß, dass auch nach Ansicht des Erbgesundheitsobergerichts Kiel ohne Weiteres die Unfruchtbarmachung wegen „angeborenen Schwachsinns“ hätte angeordnet werden müssen. Im vorliegenden Fall war das Erbgesundheitsobergericht Kiel aber der Auffassung, dass von der Unfruchtbarmachung abzusehen sei, da die Beweisaufnahme ergeben habe, dass *Wilhelm E.* ein „*sittlich und moralisch wertvoller Mensch*“ sei. Sowohl bei den Bauern, bei denen er nach der Schulentlassung gearbeitet hatte als auch in dem Fuhrgeschäft, in dem er später tätig war, habe er sich ganz besonders gut geführt. Er fahre seit zehn Jahren Langholz, habe dieses aufzuladen und durch schwieriges Gelände und in unbekannte Orte zu fahren. Zudem habe er die mit jeder Fuhre aufgeladenen Kubikmeter auszurechnen und sei mit dieser Arbeit oft mehrere Wochen vom Hause abwesend. *Wilhelm E.* werde durchweg nicht nur als körperlich besonders kräftiger Mensch, sondern als ein in jeder Beziehung zuverlässiger, ehrlicher und treuer Arbeiter geschildert. Alles, was ihm an Arbeit übertragen werde, führe er unter Anspannung aller Kräfte aus. Er verstehe es vorzüglich mit Pferden umzugehen, könne auch pflügen und sogar den Motortrecker bedienen. Die nach der Intelligenzprüfung festgestellten Ausfälle wurden nach Ansicht des Erbgesundheitsobergerichts daher durch „*Sonderleistungen in seinem besonderen Arbeitsgebiet*“ ersetzt. Die Unfruchtbarmachung sollte nach Ansicht des Erbgesundheitsobergerichts im vorliegenden Fall daher nicht dem Willen des Gesetzgebers entsprechen, da die Diagnose „Schwachsinn“ nicht nur auf rein verstandesmäßige Leistungen gestellt werden dürfe, sondern auch die „praktische Intelligenz“, die Fähigkeit, mit dem Leben fertig zu werden und vor allem auch der Gesamteindruck der Persönlichkeit mit einbezogen werden müsse. Insoweit bezog sich das Erbgesundheitsobergericht auf den Gesetzeskommentar von *Gütt*, *Rüdin* und *Ruttke*, wonach die Frage, ob „Schwachsinn“ vorliege, nicht lediglich durch eine Intelligenzprüfung festgestellt werden könne. Entscheidend sei vielmehr, so das Erbgesundheitsobergericht Kiel, auch bei „*intelligenzmäßig sehr bedenklicher Geisteshaltung*“, ob der Betroffene ein „*nützliches Glied der Gemeinschaft*“ sei und ob anzunehmen sei, dass auch seine Nachkommen derartige „*nützliche Glieder der Volksgemeinschaft*“ sein werden. Dies sei im Fall des *Wilhelm E.* ohne Weiteres anzunehmen. Man bezeichne einen solchen treuen, ehrlichen und zuverlässigen, aber verstandesmäßig „minderwertigen“ Menschen nicht als „schwachsinnig“. Zudem habe die Allgemeinheit an der Erhaltung „*eines solchen Schlages*“ ein größeres Interesse, als an der Erhaltung eines geistig etwas höheren, aber moralisch nicht so einwandfreien Geschlechts.

Selbst der seinerzeitige Vorsitzende des Erbgesundheitsobergerichts Kiel, *Martin Grunau*, vertrat jedoch die Auffassung, dass es auf die „*Bewährung im Leben*“ nicht ankommen könne, wenn ein deutlicher Intelligenzmangel vorhanden sei und auch die Familienanamnese deutlich für „angeborenen Schwachsinn“ spreche.[474]

---

474 Martin Grunau, Der Schwachsinn im Erbgesundheitsverfahren, in: Zeitschrift der Akademie für Deutsches Recht (2), 1935, 769, 775; so auch Wolf Skalweit, Die

### a) *„Lebensbewährung“ als entscheidendes Abgrenzungskriterium in Grenzfällen*

In den „Grenzfällen“, bei denen nur geringe Ausfälle bei der Intelligenzprüfung festgestellt werden konnten, sollte die nur wenig mangelhafte Intelligenzleistung allein aber weder die Unfruchtbarmachung noch ihre Ablehnung zur Folge haben. Unterschieden wurde zwischen der die Unfruchtbarmachung nicht rechtfertigenden „Dummheit“, die auf das Gebiet des Intellekts beschränkt bliebe, und dem „Schwachsinn“, der wegen seiner die ganze Persönlichkeit erfassenden Störung auch in der Lebensführung des Betroffenen seinen Ausdruck finden müsse. In diesen Grenzfällen war daher die „Lebensbewährung“ des Betroffenen als weiteres Prüfungsmerkmal heranzuziehen.[475]

Schwierigkeiten bereitete aber bereits die Frage, bei welchem Grad von Intelligenzmangel ein solcher „Grenzfall“ anzunehmen sein sollte. Dies zeigt schon der von dem Gesetzeskommentar herangezogene Beschluss des Erbgesundheitsobergerichts Jena vom 26. Februar 1936. Während das Erbgesundheitsgericht die Unfruchtbarmachung abgelehnt hatte, weil ein Fall eines sehr leichten „Schwachsinns“ vorliege und sich der Betroffene als Werkzeugmacher in einer Gewehrfabrik gut *„bewährt“* habe, war das Erbgesundheitsobergericht der Auffassung, dass *„klare Intelligenzmängel“* gegeben seien und ordnete die Unfruchtbarmachung an. Auf die Bewährung des Betroffenen im praktischen Leben kam es nach Ansicht des Erbgesundheitsobergerichts nicht an, da kein „Grenzfall“ vorliege, sondern angeborener „Schwachsinn“ *„einwandfrei“* festgestellt worden sei.[476]

*Fred Dubitscher* sah Grenzfälle dort, wo beispielsweise Störungen des Schul- und Allgemeinwissens – der Kenntnisleistungen – bestünden, diese aber ihre Ursache in äußeren Ursachen, wie „Dorfschulbesuch“, häufigen Fehlens in der Schule durch Krankheit, schlechten sozialen Verhältnissen oder dem Abgeschnittensein von jeder Kultur, ihre Erklärung finden könnten. Demgegenüber könnten aber wesentlich geringere Störungen der „eigentlichen Intelligenzfunktionen“, wie Kritik-, Urteils- und Kombinationsfähigkeit oder der Einsicht in sittliche Allgemeinvorstellungen bestehen, sodass kein „Schwachsinn“ sondern lediglich eine „landläufige Dummheit“ vorliege.[477]

---

Tätigkeit des Amtsarztes bei der Durchführung des Gesetzes zur Verhütung erbkranken Nachwuchses, in: Der Öffentliche Gesundheitsdienst (1), 1935, 401, 413.

475 Arthur Gütt, Ernst Rüdin und Falk Ruttke, Gesetz zur Verhütung erbkranken Nachwuchses vom 14. Juli 1933, 2., neu bearbeitete Auflage, München 1936, 124 f.

476 EOG Jena, Beschl. v. 26.02.1936 – Wg 77/36, JW 1936, 998 f.

477 Fred Dubitscher, Die Bewährung Schwachsinniger im täglichen Leben, in: Der Erbarzt (2), 1935, 57; Fred Dubitscher, Praktische Intelligenz, in: Der Erbarzt (3), 1936, 75, 76.

Die Beurteilung der Grenzfälle zwischen „Schwachsinn“ und „Dummheit“ und die Frage der „Lebensbewährung“ waren höchst umstritten und entfachten in Rechtsprechung und Literatur eine lebhafte Diskussion.

*Gütt, Rüdin* und *Ruttke* erkannten bereits in der ersten Auflage des Gesetzeskommentars aus dem Jahr 1934, dass die Abgrenzung der Debilität zu der „landläufigen Dummheit“ praktisch nicht immer leicht sein werde, betonten aber, dass sie nach *„medizinischen Grundsätzen“* zu erfolgen habe, da das Gesetz nur von der Unfruchtbarmachung „krankhafter Zustände“ spreche. Bei mäßigem oder geringerem „intellektuellen Schwachsinn“, das heißt in den Grenzfällen, sollte stets auch das Ergebnis der sonstigen psychischen Prüfung, der Charakterprüfung, des ganzen Erfolges in der Schule, im Beruf und Leben, das Verhalten gegen die Rechtsordnung usw. entscheidend in Erwägung gezogen werden.[478] „Schwachsinn“ sollte jedenfalls dann nicht vorliegen, wenn der Betroffene einen Beruf ausfülle, der selbstständige, ein gewisses eigenes Urteilsvermögen bedingende Leistungen verlangt.[479] Für instruktiv hielten *Gütt, Rüdin* und *Ruttke* insoweit einen Beschluss des Erbgesundheitsobergerichts Naumburg vom 20. Dezember 1935.[480] Dieses vertrat die Auffassung, dass es in Grenzfällen nicht auf die Gradeinteilung der Intelligenzschwäche ankomme, sondern darauf, ob durch „praktische Intelligenz“ die Schwächen der „formalen Intelligenz“ behoben würden. Unter Berufung auf *Karl Pönitz* prüfte das Erbgesundheitsobergericht Naumburg zunächst, ob der Verstand des Betroffenen ausreichend sei, dass er ohne Staatshilfe aufgrund seiner geistigen Leistungsfähigkeit sich selbst durch das Leben schlagen könne und dabei auch seiner Familie, der Allgemeinheit und seinem Volk nütze. *Pönitz,* seinerzeit kommissarischer Leiter der Universitäts-Nervenklinik in Halle an der Saale, wollte die geistige Leistungsfähigkeit einer Person danach abschätzen, ob sie den *„Sinn für das Wesentliche“* habe. Dieses *„Wesentliche“* könne aber nur sein, was der Moral und der Staatsauffassung des Volkes entspreche. In den Grenzfällen müsse daher *„das Charakterologische“* mit berücksichtigt werden und der biologischen Tatsache Rechnung getragen werden, dass Charakter und Verstand nicht voneinander getrennt werden könnten. In diesem Sinne verstand *Pönitz* unter sozial bedeutungsvollen Charaktereigenschaften unter anderen Stetigkeit, Schlichtheit, Ehrfurcht oder Treue. Gerade Personen mit diesen Eigenschaften seien in ihrer schlichten Art doch recht klug und bürgen in ihrer Einfalt moralische Werte, auf die der Staat nicht verzichten könne, der andererseits *„wurzellosen Intellektualismus“* bekämpfe.[481] Das Erbgesundheitsobergericht Naumburg aber wollte Eigenschaften,

---

478 Arthur Gütt, Ernst Rüdin und Falk Ruttke, Gesetz zur Verhütung erbkranken Nachwuchses vom 14. Juli 1933, 1. Auflage, München 1934, 94.

479 Arthur Gütt, Ernst Rüdin und Falk Ruttke, Gesetz zur Verhütung erbkranken Nachwuchses vom 14. Juli 1933, 2., neu bearbeitete Auflage, München 1936, 125.

480 EOG Naumburg, Beschl. v. 20.12.1935 – Wg 541/35, JW 1936, 999 f.

481 Karl Pönitz, Zur Diagnostik und sozialen Bedeutung des angeborenen Schwachsinns, in: Zeitschrift für die gesamte Neurologie und Psychiatrie (153), 1935, 770, 778.

wie Fleiß, Ehrlichkeit, Stetigkeit oder brave Gesinnung alleine nicht ausreichen lassen, da gerade bei „Schwachsinnigen“ die Beobachtung gemacht worden sei, dass sie fleißig, zuverlässig und ehrlich seien. Dass der Betroffene *„brav seine Arbeit tut“*, spreche daher nicht gegen „Schwachsinn“. „Schwachsinn“ werde aber in diesen Fällen ausgeschlossen, in denen der Betroffene im täglichen Leben unauffällig sei und sich praktisch bewähre. Insoweit forderte das Erbgesundheitsobergericht Naumburg eine solche geistige Auffassungsgabe und Regsamkeit, die es dem Betroffenen ermögliche, seinen Beruf selbstständig und voll auszufüllen und sich im Leben zu bewähren. Es genüge daher nicht, dass der Betroffene nur rein mechanische Kenntnisse habe und nur mechanische Arbeiten verrichten könne.

*Wilhelm Lange*, Beisitzer des Erbgesundheitsgerichts Chemnitz, gab zu bedenken, dass unter die Grenzfälle hauptsächlich Hilfsschüler gehörten. Von den leichtimbezilen und debilen Hilfsschülern aber sei ein erheblicher Teil voll erwerbsfähig. Da zum einen ein nicht geringer Prozentsatz der „Leichtschwachsinnigen“ eine ausgesprochene praktische Begabung besitze und die Hilfsschule schon im Schulalter die Handfertigkeit durch Werkunterricht fördere, seien sie vom rein arbeitstechnischen Gesichtspunkt „wertvolle“ Arbeiter. Vom rassenhygienischen Standpunkt aber seien diese „Leichtschwachsinnigen“ viel gefährlicher als die schweren Schwachsinnsgrade. Sie erlernten einen Beruf oder wenigstens ihr Brot selbst zu verdienen und würden dadurch instand gesetzt, eine Familie zu ernähren und so in größerer Zahl Nachwuchs zu zeugen.[482]

*Wolf Skalweit* wollte einen ausreichenden Grund für eine Unfruchtbarmachung bereits in dem Umstand erkennen, dass es sich bei dem Betroffenen um einen ehemaligen Hilfsschüler handelte, es sei denn der Hilfsschulbesuch sei allein durch äußere Umstände oder angeborene mangelhafte Lernfähigkeit bedingt. Allein aus der durch den Hilfsschulbesuch bewiesenen Notwendigkeit besonderer Aufwendungen an staatlichen oder öffentlichen Mitteln ergebe sich die *„Unerwünschtheit“* einer Belastung des Volkes mit *„derartigem Erbgut“*.[483]

Die thüringischen Erbgesundheitsgerichte folgten allgemein der Richtlinie, dass der Hilfsschulbesuch stets für „angeborenen Schwachsinn“ spreche, aber jeder Einzelfall besonders geprüft werden müsse. Demgegenüber wurde angenommen, dass das „glatte Durchlaufen der Volksschule“ als auch die Bewährung bei der Arbeit,

482 Wilhelm Lange, Sind grobe Intelligenzdefekte allein bei nicht geschädigter Charakteranlage als angeborener Schwachsinn zu werten?, in: Der Öffentliche Gesundheitsdienst (2), 1936, 1 f.; Wilhelm Lange, Das Unfruchtbarmachungsverfahren bei Schwachsinnigen unter besonderer Berücksichtigung der Hilfsschüler, in: Der Erbarzt (2), 1935, 89, 92.

483 Wolf Skalweit, Die Tätigkeit des Amtsarztes bei der Durchführung des Gesetzes zur Verhütung erbkranken Nachwuchses, in: Der Öffentliche Gesundheitsdienst (1), 1935, 401, 415; siehe auch Martin Grunau, Der Schwachsinn im Erbgesundheitsverfahren, in: Zeitschrift der Akademie für Deutsches Recht (2), 1935, 769, 774, nach dessen Ansicht der Besuch der Hilfsschule jedenfalls die Vermutung des „Schwachsinns“ rechtfertigen sollte.

die nicht rein mechanisch sei, die Beförderung und Auszeichnung als Soldat im Krieg als auch Bewährung „*im praktischen Leben als Hausfrau und Mutter*" gegen „angeborenen Schwachsinn" spreche.[484]

Das Erbgesundheitsobergericht Kiel vertrat in ständiger Rechtsprechung die Auffassung, dass in sogenannten „Grenzfällen" nicht ohne Weiteres ein „angeborener Schwachsinn" anzunehmen sei. Vielmehr seien weitere Feststellungen, ob der Unfruchtbarzumachende sich „*unmoralisch und asozial*" eingestellt oder im praktischen Leben nicht bewährt habe, nötig.[485]

Allein die „*treue und ehrbare*" Lebensführung sollte aber nicht ausreichend sein. So ordnete das Erbgesundheitsobergericht Kiel die Unfruchtbarmachung eines Landarbeiters an, da die von ihm ausgeführten Arbeiten so primitiv gewesen seien, dass deren ordnungsgemäße Erledigung nicht zugunsten einer vorhandenen Intelligenz gewertet werden könnte. Der Betroffene sei nur in beschränktem Maß „praktisch brauchbar". Der tatsächlich vorhandene „Schwachsinn" könne daher nicht lediglich aufgrund guter sozialer Einstellung verneint werden.[486]

In einem anderen Fall ordnete das Erbgesundheitsgericht Kiel die Unfruchtbarmachung an, obwohl allein aufgrund der Intelligenzprüfung „Schwachsinn" nicht angenommen werden konnte, da sich aus den Akten des Wohlfahrts- und Jugendamts ergeben habe, dass die Betroffene in einem ganz ungewöhnlichen Maße unsauber und nachlässig sei und in erschreckendem Maße ihre Kinder und ihre Wirtschaft vernachlässigt habe. Eine derartige Unsauberkeit und Nachlässigkeit sei bei einem geistig einigermaßen „*normal*" veranlagten Menschen überhaupt nicht denkbar. Die ungewöhnliche Unsauberkeit sei daher ein weiterer Beweis dafür, dass die Betroffene „*intelligenzmäßig*" „schwachsinnig" sei.[487]

Bemerkenswert ist ein Beschluss des Erbgesundheitsobergerichts Kiel vom 2. Oktober 1935. Das Erbgesundheitsobergericht ordnete trotz nur geringer Intelligenzausfälle und trotz der Bewährung im Beruf die Unfruchtbarmachung des siebenundzwanzigjährigen Bürstenmachers *Martin B.* wegen „angeborenen Schwachsinns" an. Das Erbgesundheitsgericht hatte den Antrag auf Unfruchtbarmachung in erster Instanz zurückgewiesen. Nach den Feststellungen des Erbgesundheitsobergerichts sei *Martin B.* mit durchschnittlich genügenden bis mangelhaften Leistungen aus der Schule entlassen worden. Seine Lehrer hätten

---

484 Vortrag des Oberlandesgerichtsrats Dr. Lorey „Sonderfragen bei der Durchführung des § 1 des Gesetzes zur Verhütung erbkranken Nachwuchses", BArch R 1501/5585a, fol. 8; EOG Jena, Beschl. v. 29.11.1934 – Erb G O 156/34, JW 1935, 1870; EOG Jena, Beschl. v. 21.03.1935 – Wg 103/35, JW 1935, 1870; EOG Jena, Beschl. v. 04.04.1935 – Wg 81/35, JW 1935, 2143; EOG Jena, Beschl. v. 23.05.1935 – Wg 123/35, JW 1935, 1870; EOG Jena, Beschl. v. 03.02.1937 – Wg 631/36, JW 1937, 948; EOG Jena, Beschl. v. 10.01.1939 – Wg 733/38, JW 1939, 771.

485 EOG Kiel, Beschl. v. 16.11.1934 – WErb 64/34, JW 1935, 219; EOG Kiel, Beschl. v. 16.11.1934 – WErb 67/34, JW 1935, 300.

486 EOG Kiel, Beschl. v. 23.10.1935 – Wg 200/35, JW 1935, 3473.

487 EOG Kiel, Beschl. v. 03.07.1935 – Wg 143/35, JW 1935, 2143.

bezeugt, dass er sehr schwach begabt und fast völlig teilnahmslos gewesen sei. Nach der Schulentlassung habe *Martin B.* drei Jahre Bürstenmacher gelernt und dann als Geselle gearbeitet. Zum Zeitpunkt der Verhandlung vor dem Erbgesundheitsobergericht sei *Martin B.* seit rund einem Jahr selbstständig tätig gewesen und habe einen durchschnittlichen Reinverdienst von wöchentlich 20 Reichsmark. Alle vier Wochen fahre er nach Hamburg, kaufe die Materialien für sein Handwerk ein und verarbeite diese. Er sei recht gut beschäftigt. Die Intelligenzprüfungen hätten ein widersprüchliches Ergebnis gezeigt. Vor dem Amtsarzt habe *Martin B.* fast vollständig versagt. Bei seiner Vernehmung vor dem Erbgesundheitsgericht habe er hingegen die ihm gestellten Intelligenzaufgaben richtig und prompt gelöst. Hierbei seien ihm nicht nur theoretische Fragen vorgelegt worden, sondern es sei vor allem auf Fragen aus seinem Beruf eingegangen worden. Auch das Erbgesundheitsobergericht stellte fest, dass *Martin B.* alles mit seinem Beruf Zusammenhängende verstehe und erklären könne. Er sei durchaus imstande, richtig und gut einzukaufen, besitze das Vertrauen seiner Käufer und finde sich derart im Leben zurecht, dass er selbst seinen Lebensunterhalt verdienen könne. Dennoch meinte das Erbgesundheitsobergericht einen „angeborenen Schwachsinn“ im Sinne des Gesetzes zur Verhütung erbkranken Nachwuchses feststellen zu können. Zur Begründung führte das Erbgesundheitsobergericht an, dass die intelligenzmäßigen Anforderungen, die der Beruf des *Martin B.* an ihn stellten, sehr gering seien. Neben dem Beruf habe er nicht die geringsten Interessen. *Martin B.* lebe überhaupt nicht in einer Gemeinschaft. Für bezeichnend hielt das Erbgesundheitsobergericht, dass er für Frauen keinerlei Interesse habe. Bei *Martin B.* sei nicht nur „das Intellektuelle“ sehr dürftig, er sei auch durchaus triebschwach. Das Erbgesundheitsobergericht erkannte durchaus an, dass im „Normalfall“ mangelhafte Leistungen in der Intelligenzprüfung dadurch aufgewogen werden könnten, dass der Unfruchtbarzumachende sich im Leben bewähre und dadurch die für ihn und die Gemeinschaft erforderlichen Interessen aufweise. Im Fall des *Martin B.* sollte dieser Grundsatz nach Auffassung des Erbgesundheitsobergerichts jedoch einer Einschränkung unterliegen. Es komme nämlich nicht auf eine wirtschaftlich und moralisch einwandfreie Lebensführung an, sondern auch darauf, inwieweit der Unfruchtbarzumachende für die Gemeinschaft nützlich sei. Von Bewährung im Leben könne da nicht gesprochen werden, wo sich alle Tätigkeit nur auf die Sorge für die eigene Person beschränke. Vielmehr müssten die Grenzen für die *„soziale Tüchtigkeit“* weitergezogen werden. Diese *„soziale Tüchtigkeit“* müsse dann verneint werden, wenn sich der Unfruchtbarzumachende von der Gemeinschaft fast vollständig ausschließe und autistisch ein Sonderleben führe.[488]

Das Erbgesundheitsobergericht Hamburg beschloss 1939 die Unfruchtbarmachung wegen „angeborenen Schwachsinns“, auch wenn die festgestellten Intelligenzdefekte für sich allein die Diagnose „Schwachsinn“ nicht rechtfertigen sollten. Nach ständiger Rechtsprechung des Erbgesundheitsobergerichts Hamburg sollten

488 EOG Kiel, Beschl. v. 02.10.1935 – Wg 222/35, JW 1935, 3475.

geringe Intelligenzdefekte dann ausreichen, wenn in der Sphäre des Gefühls- und Willenslebens starke Ausfälle bemerkbar seien. Diese sollten sich bei dem betroffenen *G.* aus dessen gesamten Lebenslauf ergeben. Bei dem *G.* handelte es sich nach Ansicht des Erbgesundheitsobergerichts Hamburg um einen Menschen, der mangels tieferer Einsicht nicht in der Lage sei, sich den Forderungen der Gemeinschaft unterzuordnen, sodass es immer wieder zu Zusammenstößen mit der sozialen Ordnung komme.[489]

Demgegenüber lehnte das Erbgesundheitsobergericht Berlin die Unfruchtbarmachung trotz festgestellter leichter geistiger „Dürftigkeit“ ab, da der Lebenslauf der im dortigen Verfahren Betroffenen gezeigt habe, dass sie in allen ihren Stellungen und auch in ihrem *„Berufe als Mutter und Hausfrau“* den an sie gestellten und zu stellenden Anforderungen genüge und sich gut eingeordnet habe. Beide Kinder der Betroffenen seien reinlich und ordentlich gehalten und in gutem Ernährungszustand. Die in der Intelligenzprüfung zutage getretenen Defizite im Rechnen tat das Erbgesundheitsobergericht als *„erheblichen Mangel an erlerntem Wissen“* ab. Entscheidend war für das Erbgesundheitsobergericht vielmehr, dass die Betroffene in ihrem Aufgabenkreis einschließlich der Einkäufe *„gut unterrichtet“* gewesen war.[490]

In einem anderen „Grenzfall“ gab für das Erbgesundheitsobergericht Berlin das *„asoziale Lebensbild“* des Betroffenen den Ausschlag für die „Schwachsinnsdiagnose“. Das Versagen auf sittlichem Gebiet sah das Erbgesundheitsobergericht als Beweis für die Kritik- und Einsichtslosigkeit, für den Mangel an Willen und Gefühl für die Pflichten und die Belange der Volksgemeinschaft an.[491]

In einem weiteren Verfahren vermochte das Erbgesundheitsobergericht Berlin wiederum „angeborenen Schwachsinn“ trotz einer *„nicht zu leugnenden“* Intelligenzschwäche nicht einwandfrei festzustellen, da sich der Betroffene sowohl in seinem bürgerlichen Beruf als auch in der SA gut bewährt habe.[492]

Das Erbgesundheitsobergericht Darmstadt lehnte die Unfruchtbarmachung wegen „angeborenen Schwachsinns“ ab, da sich der Betroffene *„moralisch einwandfrei“* geführt habe und als fleißiger, sparsamer, pflichttreuer Mensch geschildert worden sei.[493]

Für *Fred Dubitscher* war die Beurteilung der Lebensbewährung weitgehend durch weltanschauliche Gesichtspunkte bestimmt.[494] Er trat der Annahme einer Lebensbewährung allein aufgrund der praktischen Bewährung im Beruf deutlich entgegen. Die Fähigkeit einen Beruf auszuüben, sei nur eine Unterfunktion der Lebensbewährung. Irgendeine berufliche Brauchbarkeit und Arbeitsfähigkeit sei

---

489 EOG Hamburg, Beschl. v. 21.07.1939 – XIII 131/38, DR 1940, 595.
490 EOG Berlin, Beschl. v. 18.05.1935 – Wg 169/35, JW 1935, 2142.
491 EOG Berlin, Beschl. v. 13.02.1937 – 2 Wg 1066/35, JW 1937, 945.
492 EOG Berlin, Beschl. v. 10.03.1937 – 2 Wg 792/36, JW 1937, 2053.
493 EOG Darmstadt, Beschl. v. 09.08.1935 – Wg 126/35, JW 1935, 2740.
494 Fred Dubitscher, Der Schwachsinn, Leipzig 1937, 195.

praktisch auf „*jeder Höhenlage der Persönlichkeit*" möglich. Auch *Dubitscher* verwies insoweit auf die Erziehungsergebnisse der Hilfsschulen.[495] Die Unfähigkeit sich im Berufsleben zu bewähren, könne – müsse aber nicht – für einen „Schwachsinn" sprechen. Umgekehrt könne aufgrund der Berufsbewährung erst dann auf das Nichtvorliegen eines „Schwachsinns" geschlossen werden, wenn es sich um einen Beruf handle, der neue verschiedenartige Forderungen an die selbstständige Leistungsfähigkeit des Betroffenen unter billiger Berücksichtigung seiner schulischen Vorbildung und der Möglichkeit, späterhin seinen Wissensschatz zu erweitern, stelle.[496] *Dubitscher* sprach insofern von „*praktischer Intelligenz*", unter der er die Fähigkeit verstand, sich im täglichen Leben auf neue, verschiedenartige Forderungen einzustellen und das eigene Handeln weitblickend neuen Aufgaben, Bedingungen und Situationen des Lebens zweckmäßig anzupassen.[497] Leistungen des Betroffenen müssten im Rahmen der Forderungen liegen, die das tägliche Leben an einen sozial und nach Vorbildung etwa gleichstehenden „Vollwertigen" stellen könne.[498] Allein die Unauffälligkeit in der eigenen Umgebung könne insoweit aber nicht maßgeblich sein.[499] Für *Dubitscher* stellte die „*Berufsbrauchbarkeit*" aber nur einen Teil der Lebensbewährung dar. Ein weiterer wichtiger Teil seien das Privatleben und die Fähigkeit sich charakterlich in die soziale Gemeinschaft einzupassen. Aufschlussreich seien für die Untersuchung des Betroffenen insoweit die Milieuverhältnisse, die Art und Weise, in der die arbeitsfreie Zeit verbracht werde und die Stellung zur Umgebung, zu Verbänden und anderem.[500] Die „*praktische Bewährung im täglichen Leben*" stellte für *Dubitscher* hingegen kein Kriterium für die Unterscheidung zwischen „Schwachsinn" und „Dummheit" dar.[501] Denn der größere Teil der „erblich Schwachsinnigen" sei beruflich tätig und verdiene sein Brot durch eigene Arbeit. Auch wenn der Betroffene sozial unauffällig sei und die Allgemeinheit nicht wirtschaftlich belaste, bleibe er trotzdem „*schicksalsmäßig*" ein Mensch, der dem „*Gedeih des Volksganzen*" verderblich sein könne, wenn er sich in kranken Kindern fortpflanze.[502]

Das Reichsjustiz- und das Reichsinnenministerium vertraten die Auffassung, dass nicht allein die Leistungen des Unfruchtbarzumachenden auf intellektuellem Gebiet entscheidend seien. Vielmehr sollte auch der Bewährung im Leben eine

---

495 Fred Dubitscher, a.a.O., 195.

496 Fred Dubitscher, a.a.O., 196 f.

497 Fred Dubitscher, Die Bewährung Schwachsinniger im täglichen Leben, in: Der Erbarzt (2), 1935, 57, 58; Fred Dubitscher, Dummheit oder Schwachsinn, in: Der Erbarzt (2), 1935, 187, 189.

498 Fred Dubitscher, Praktische Intelligenz, in: Der Erbarzt (3), 1936, 75, 76.

499 Fred Dubitscher, Der Schwachsinn, Leipzig 1937, 195.

500 Fred Dubitscher, a.a.O., 197.

501 Fred Dubitscher, Dummheit oder Schwachsinn, in: Der Erbarzt (2), 1935, 187, 189; Fred Dubitscher, Psychiatrische Fragen in der Erbgesundheitspflege, in: Der Öffentliche Gesundheitsdienst (2), 1936, 291.

502 Fred Dubitscher, Dummheit oder Schwachsinn, in: Der Erbarzt (2), 1935, 187, 189.

ausschlagende Bedeutung zukommen. Wer im Berufsleben nicht nur mit mechanischen Arbeiten beschäftigt war und seine Arbeit ordnungsgemäß ausführte und außerdem keine Störungen des Willens, des Friedlebens und der *„ethischen Regungen"* zeigte, sollte nicht als „schwachsinnig" bezeichnet werden können, auch wenn die Intelligenzprüfung *„gewisse Lücken"* aufgewiesen haben sollte.[503] Ob die Lebensbewährung aber allein in den sogenannten „Grenzfällen" ausschlaggebend sein sollte oder entgegen der in der Literatur und Rechtsprechung überwiegend vertretenen Auffassung auch eindeutige Intelligenzdefizite auffangen konnte, wird aus dem Erlass des Reichsministers der Justiz vom 22. April 1936 nicht deutlich.[504]

Betrachtet man jedoch den folgenden Erlass des Reichs- und preußischen Ministers des Innern vom 22. August 1936, so wird deutlich, welche Rolle die Lebensbewährung aus Sicht der Partei- und Staatsführung haben sollte. Die Amtsärzte wurden – unabhängig von dem Ergebnis einer Intelligenzprüfung – angewiesen, bei Beamten, sonstigen Angestellten bei Behörden oder bewährten Mitgliedern der NSDAP vor Stellung eines Antrags auf Unfruchtbarmachung zunächst Erkundigungen über deren Bewährung und Verhalten in Leben, Beruf oder Organisation einzuholen. Hierzu sollten Anfragen an die zuständige Behörde bzw. die zuständige Gauleitung der NSDAP gerichtet werden. Ausweislich des Musteranschreibens sollten Auskünfte über das allgemeine Verhalten des Betroffenen im Leben und im dienstlichen Verkehr bzw. im Verkehr mit Angehörigen der Partei erteilt werden. Ferner waren die Leistungen des Betroffenen für die Behörde bzw. die Partei zu bewerten und Gründe mitzuteilen, die gegen die Anwendung des Gesetzes zur Verhütung erbkranken Nachwuchses sprachen. Sprachen sich Behördenleiter oder Gauleiter gegen die Einleitung des Verfahrens auf Unfruchtbarmachung aus, so war die Angelegenheit vor Antragstellung dem Reichsinnenministerium vorzulegen.[505] Im Rahmen der Ermittlungen zur Lebensbewährung war insbesondere festzustellen, wie sich der Betroffene in die Volksgemeinschaft eingliedere und was dieser bisher für die Volksgemeinschaft geleistet habe.[506] Insoweit war auch festzustellen, inwieweit sich der Betroffene in der Partei bewährt habe. Entsprechende Anfragen waren an die zuständigen Parteidienststellen zu richten.[507] Der

---

503 Erlass des Reichsministers der Justiz an die Oberlandesgerichtspräsidenten vom 22. April 1936 – 6234 – IV b 399, BArch R 1501/5585 fol. 167 ff.; Erlass des Reichs- und preußischen Ministers des Innern vom 22. August 1936 – IV 29/36 g, BArch R 1501/5585, fol. 85 f.

504 Für eine deutlich stärkere Berücksichtigung der Lebensbewährung gegenüber der Intelligenzprüfung trat Reichsärzteführer Gerhard Wagner ein, siehe BArch R 1501/5585, fol. 224 ff.

505 Erlass des Reichs- und preußischen Ministers des Innern vom 22. August 1936 – IV 29/36 g, BArch R 1501/5585, fol. 85 f.

506 Erlass des Reichs- und preußischen Ministers des Innern vom 6. November 1937 – IV A 152/37 g, BArch R 1501/5586, fol. 79 f.

507 Erlass des Reichs- und preußischen Ministers des Innern vom 5. Januar 1938 – IV A 167/37 g, BArch R 1501/5586, fol. 122 f.

Feststellung „asozialen" oder kriminellen Verhaltens sollte bei Zweifelsfällen demgegenüber ausschlaggebende Bedeutung zukommen.[508]

Darüber hinaus war im Zuge eines dritten Gesetzes zur Änderung des Gesetzes zur Verhütung erbkranken Nachwuchses seitens des Reichsinnenministeriums beabsichtigt, der jeweils zuständigen höheren Verwaltungsbehörde ein Beschwerderecht gegen die Beschlüsse der Erbgesundheitsgerichte und Erbgesundheitsobergerichte einzuräumen. Soweit die Unfruchtbarmachung ein Mitglied der NSDAP oder ihrer Gliederungen betraf, sollte die höhere Verwaltungsbehörde von diesem Beschwerderecht Gebrauch machen, wenn der zuständige Gauleiter Bedenken gegen den jeweiligen Beschluss erhob.[509] Zu einem dritten Änderungsgesetz kam es jedoch nicht. Es entsprach vielmehr einhelliger Auffassung, dass die Entscheidung über Anträge auf Nichtdurchführung einer rechtskräftig angeordneten Unfruchtbarmachung allein beim Führer als obersten Gerichtsherrn lag. Eine gesetzliche Grundlage wurde insoweit nicht für notwendig erachtet. Soweit Angehörige der Partei und ihrer Gliederungen betroffen waren, wurden die Anträge durch die Kanzlei des Führers der NSDAP bearbeitet und gegebenenfalls dem Führer zur Entscheidung vorgelegt. Im Übrigen oblag die Bearbeitung der Anträge dem Reichsinnenministerium, das die Anträge gegebenenfalls der Reichskanzlei zur Herbeiführung der Entscheidung des Führers zuleitete.[510]

Beispielhaft sei hier auf das Verfahren auf Unfruchtbarmachung des SA-Mitglieds *Albrecht Breier* aus Donsieders verwiesen. Das Erbgesundheitsgericht Zweibrücken hatte die Unfruchtbarmachung des *Albrecht Breier* wegen „angeborenen Schwachsinns" angeordnet. Der Stab des Stellvertreters des Führers erhob gegen die Durchführung der Unfruchtbarmachung jedoch Bedenken. *Albrecht Breier* sei 8 Jahre in einer Schuhfabrik beschäftigt gewesen. Ihm sei ein gutes Zeugnis ausgestellt worden und er sei nie arbeitslos gewesen. Nun arbeite er in einem Baugeschäft zur vollen Zufriedenheit des Arbeitgebers. Ferner habe er sich in der SA bewährt. Zwar sei die Intelligenz des *Albrecht Breier* gering. Eine praktische Bewährung sei aber unverkennbar. Vor diesem Hintergrund wies das Reichsinnenministerium das Bayerische Staatsministerium bzw. das Gesundheitsamt Pirmasens an, *„die Diagnose zu überprüfen"*.[511] Daraufhin wurde die Beobachtung des *Albrecht Breier* in der Psychiatrischen Abteilung des Landeskrankenhauses des Saarlandes Homburg angeordnet. Die Beobachtung kam zu dem Ergebnis, dass zweifellos ein „angeborener Schwachsinn" vorliege, sodass das Gesundheitsamt

---

508 Erlass des Reichs- und preußischen Ministers des Innern vom 6. November 1937 – IV A 152/37 g, BArch 1501/5586, fol. 79 f.

509 Entwurf eines Erlasses des Reichs- und preußischen Ministers des Innern, BArch R 1501/5585, fol. 60 ff.

510 Ergebnis der Besprechung in der Reichskanzlei am 3. Dezember 1937 – Rk. 19383 B, BArch R 1501/5586, fol. 98, 100.

511 Erlass des Reichsministers des Innern vom 6. Februar 1939 – IV b 389/39 1079 a, BArch R 1501/212679, fol. 89 f.

Pirmasens die Durchführung der Unfruchtbarmachung beabsichtigte.[512] Der Stab des Stellvertreters des Führers in Person von *Reichsgesundheitsführer Leonardo Conti* erhob jedoch auch weiterhin Einwände. Da die bevölkerungspolitische Lage durch den Kriegsbeginn von Tag zu Tag an Ernst gewinne, wurde angedacht, dem Begriff des „Schwachsinns“ im Sinne des Gesetzes zur Verhütung erbkranken Nachwuchses nach Beendigung des Krieges einen anderen Inhalt zu geben. Persönlichkeiten wie *Albrecht Breier*, die ihren *„bescheidenen Platz im völkischen Leben“* ausfüllten und daher unentbehrlich seien, sollten nicht mehr unter den Begriff des „Schwachsinns“ fallen. Die Angelegenheit sollte daher bis zur Vorlage bei dem geplanten Ausschuss für Erbgesundheitsfragen zurückgestellt werden.[513] Letztendlich wurde das Bayerische Staatsministerium des Innern angewiesen, die Angelegenheit als einen nicht dringlichen Fall im Sinne der Verordnung zur Durchführung des Gesetzes zur Verhütung erbkranken Nachwuchses und des Ehegesundheitsgesetzes vom 31. August 1939[514] zu behandeln und den Vollzug der Unfruchtbarmachung auszusetzen.[515]

Auch wenn nach außen hin „Parteigenossen“ und „Volksgenossen“ nach dem Gesetz zur Verhütung erbkranken Nachwuchses gleich behandelt werden sollten[516], so zeigt der Fall des *Albrecht Breier*, dass bei bewährten Parteimitgliedern durch Bewährung in Leben und insbesondere in der Partei und ihren Gliederungen selbst eine nach ärztlicher Untersuchung und Feststellung des Erbgesundheitsgerichts „zweifelsfreie“ Schwachsinnsdiagnose überwunden wurde.

Die Unfruchtbarmachung nach dem Gesetz zur Verhütung erbkranken Nachwuchses sollte in der Regel die Entlassung aus der NSDAP zur Folge haben. Ausnahmen sollten lediglich bei „verdienten Parteigenossen“ gemacht werden.[517]

*„Politische Verbrecher“*, insbesondere Kommunisten, sollten nach der nationalsozialistischen Propaganda hingegen zum größten Teil *„erblich schwachsinnig“* sein und bei diesen daher die Unfruchtbarmachung *„mit besonderer Schärfe“* durchgeführt werden. So empfahl *Albert Friehe*, Sachbearbeiter im „Amt für Agrarpolitik“ bei der Reichsleitung der NSDAP, bereits in der ersten Auflage seiner Hetzschrift *Was muß der Nationalsozialist von der Vererbung wissen?* jedem *„gesunden Volksgenossen“* die Besichtigung eines Konzentrationslagers, um dort neben dem

512 Schreiben des Bayerischen Staatsministeriums des Innern an den Reichsminister des Innern vom 1. Juli 1939 – 5348 f 192, BArch R 1501/212679, fol. 94.

513 Schreiben des Stellvertreters des Führers an den Reichsminister des Innern vom 27. September 1939, BArch R 1501/212679, fol. 100.

514 Reichsgesetzblatt 1939 I S. 1560.

515 Erlass des Reichsministers des Innern vom 14. Oktober 1939 – IV b 3994/39 1079a, BArch R 1501/212679, fol. 101.

516 Ergebnis der Besprechung in der Reichskanzlei am 3. Dezember 1937 – Rk. 19383 B, BArch R 1501/5586, fol. 98.

517 Anordnung des Leiters des Obersten Parteigerichts an die Leiter der Gaugerichte vom 24. April 1944 – B. 88/44 in: Verfügungen, Anordnungen, Bekanntgaben, München 1944, 65 f.

*„verführten deutschen Arbeiter“* ähnliche Typen zu finden, wie man sie in Schwachsinnigen- und Besserungsanstalten antreffe.[518]

### *b) „Angeborener Schwachsinn“ trotz fehlender Intelligenzausfälle*

In der zweiten Auflage des Gesetzeskommentars von 1936 vertraten *Gütt, Rüdin* und *Ruttke die Auffassung, dass* bei *„asozialer Lebensführung“* mit *„größter Wahrscheinlichkeit“* „Schwachsinn“ vorliegen solle. Dies sei der Fall, wenn der Betroffene nicht fähig sei, in einem geordneten Berufsleben seinen eigenen Unterhalt zu verdienen oder sich sonst sozial einzufügen. Solche „Schwachsinnigen“ sollten durch eine kümmerliche Entwicklung und Verbildung ihrer sittlichen Begriffswelt und die Unfähigkeit, sich eine richtige Einsicht in die Ordnung der menschlichen Gesellschaft zu bilden, auffallen. Auch wenn bei ihnen Ausfälle der Intelligenz *„im landläufigen Sinne“* kaum nachzuweisen seien und vielfach sogar *„Überlistungs- und Täuschungserfolge“* von ihnen erreicht würden, so seien sie doch „schwachsinnig“, weil ihre Verstandesschärfe nach der Richtung der Erkenntnis, der Beurteilung, der Kritik des Tuns und ihr Willen zur Gestaltung ihres Lebens nicht normal stark seien, sodass sie es nicht vermögen, sich in die Gemeinschaft einzufügen. Hinzu kämen Abschwächungen der ethischen Vorstellung, Abstumpfung des ethischen Gefühls und grobe Charakterfehler. Als Ganzes sollte dies einen erbmäßig angelegten Komplex von Ausfallerscheinungen ausmachen, der unter den Begriff des „angeborenen Schwachsinns“ zusammengefasst werde.[519]

Während *Gütt, Rüdin* und *Ruttke* in der ersten Auflage des Gesetzeskommentars von 1934 zwar darauf hinwiesen, dass entsprechend der seelischen Allgemeinstörung, welche beim „Schwachsinn“ vorliege, *„nicht bloß“* auf intellektuelle Fehlleistungen zu achten sei, sondern auch auf die *„Gefühls- und Willenssphäre“* sowie die Entwicklung der *„ethischen Begriffe und Regungen“*, ließen sie zunächst offen, ob intellektuelle Ausfälle notwendige Grundvoraussetzung für die Annahme eines „Schwachsinns“ sein sollten.[520] Sie hoben jedoch bereits 1934 hervor, dass nicht schematisch nach den Ergebnissen einseitiger Gesichtspunkte oder Prüfungsarten, sondern nur unter Berücksichtigung aller Hilfsquellen, welche für die Beurteilung von Art und Grad eines „Schwachsinns“ zugänglich seien, zu dem Vorschlag einer Unfruchtbarmachung gelangt werden könne. Bei zahlreichen „asozialen“ und „antisozialen“, schwer erziehbaren, stark psychopathischen Debilen sollte die Unfruchtbarmachung daher selbst dann unbedenklich zulässig sein, wenn sie in ihrer Intelligenzentwicklung allein nicht übermäßig zurückgeblieben seien.

518 Albert Friehe, Was muß der Nationalsozialist von der Vererbung wissen?, Frankfurt am Main 1934, 41 f.

519 Arthur Gütt, Ernst Rüdin und Falk Ruttke, Gesetz zur Verhütung erbkranken Nachwuchses vom 14. Juli 1933, 2., neu bearbeitete Auflage, München 1936, 125.

520 Arthur Gütt, Ernst Rüdin und Falk Ruttke, Gesetz zur Verhütung erbkranken Nachwuchses vom 14. Juli 1933, 1. Auflage, München 1934, 91.

Jedenfalls sei bei mäßigem oder geringerem „intellektuellen Schwachsinn“ – sogenannten „Grenzfällen“ – stets auch noch das Ergebnis der sonstigen psychischen Prüfung, der Charakterprüfung, des ganzen Erfolges in der Schule, im Beruf und Leben, das Verhalten gegen die Rechtsordnung usw. entscheidend in Erwägung zu ziehen. So sollten auch viele „Psychopathen“, „Hysteriker“, Verbrecher, Prostituierte usw., die gleichzeitig debil seien, „*mit Fug und Recht*“ aufgrund § 1 Absatz 2 Ziffer 1 des Gesetzes der Unfruchtbarmachung zugeführt werden können. Ebenso sollten wegen „Geistesschwäche“ im Sinne des BGB entmündigte Psychopathen, bei denen die erbliche Bedingtheit der geistigen Störung überzeugend genug erbracht werden könne, der Unfruchtbarmachung wegen „angeborenen Schwachsinns“ unterliegen.[521]

In der zweiten Auflage des Kommentars aus dem Jahr 1936 machten *Gütt*, *Rüdin* und *Ruttke* dann deutlich, dass für die Diagnose eines „Schwachsinns“ im Sinne des Gesetzes kein „allgemeiner Tiefstand“ der Gesamtpersönlichkeit verlangt werde, sondern „Teilausfälle“ auf einem mehr oder weniger abgrenzbaren Teilgebiet der Gesamtpersönlichkeit ausreichend seien. Mithin war nach dem Gesetzeskommentar ein „Teilausfall“ in der „*Gefühls- und Willenssphäre*“ oder der Entwicklung der „*ethischen Begriffe und Regungen*“ ausreichend. Nicht erforderlich sollte hingegen die Feststellung intellektueller Fehlleistungen sein.[522] Auch wenn in der ersten Auflage noch hervorgehoben wurde, dass die Diagnose nach „*medizinischen Grundsätzen*“ zu erfolgen habe, wurde sie nunmehr von einer – vermeintlich objektiven – Prüfung der intellektuellen Fähigkeiten vollkommen losgelöst und vielmehr eine ethisch-moralische Bewertung des Betroffenen in den Vordergrund gestellt. Besonders anschaulich wird dies an dem von den Gesetzeskommentatoren insoweit herangezogenen Beschluss des Erbgesundheitsobergerichts Kiel vom 7. Dezember 1934, der hier im Wortlaut seiner Veröffentlichung wiedergegeben werden soll:

> *„Lisa H. wurde am 23. Mai 1908 geboren. Sie besuchte das Lyzeum, dann die Fortbildungsschule und die Handelsschule, versuchte auch einige Male eine Lehrlingsstellung in einem kaufmännischen Geschäfte anzunehmen, wurde jedoch immer bald entlassen, da sie als völlig unbrauchbar befunden wurde. In ihrer Freizeit beschäftigt sie sich viel mit Lesen von Romanen, versuchte sich auch selbst schriftstellerisch mit Novellen und Gedichten. Vor nicht langer Zeit fing sie an, dauernd Heiratsanzeigen aufzugeben, und knüpfte mit minderwertigen Männern auf der Straße Beziehungen an. Diese Beziehungen hatten auch Geschlechtsverkehr zur Folge; es scheint auch so, als ob sie eine Zeitlang schwanger gewesen ist. Die Mutter brachte sie in der Frauenkolonie Jung-Mädchenheim unter. Dort befindet sie sich auch jetzt noch. Sowohl die Mutter der Lisa wie die leitende Schwester des Jung-Mädchenheims haben übereinstimmend bekundet, daß Lisa zu*

521 Arthur Gütt, Ernst Rüdin und Falk Ruttke, a.a.O., 94.
522 Arthur Gütt, Ernst Rüdin und Falk Ruttke, Gesetz zur Verhütung erbkranken Nachwuchses vom 14. Juli 1933, 2., neu bearbeitete Auflage, München 1936, 119.

*jeder praktischen Arbeit vollständig unbrauchbar sei. Bei allem guten Willen bekomme sie es nicht fertig, einige Zimmer sauber zu machen, in dem Jung-Mädchenheim habe es etwa 14 Tage gedauert, bis sie ihr richtiges Zimmer gefunden habe; wenn ihr Platz an der gemeinsamen Tafel einmal umgeändert werde, so brauche sie auch längere Zeit, um den neuen Platz wiederzufinden. Die Mutter hat weiter bekundet, daß Lisa nicht etwa plötzlich so gedankenschwach geworden sei; sie habe sich vielmehr von Jugend auf immer gleichmäßig entwickelt. Sie sei immer eine Träumerin gewesen. Lisa sagt selbst, sie glaube überhaupt nicht mehr an sich. Sie vermag auch im Heim sich nicht an andere Mädchen anzuschließen und hat nur Verkehr mit Mädchen, die ihr nicht gleichstehen und die sie dann zu bemuttern versucht.*

*Alle diese Feststellungen müssen dazu führen, das Vorliegen des Schwachsinns zu bejahen. Dieser intellektuelle Schwachsinn ist zwar auf vielen Gebieten durch Kenntnisse überdeckt worden, die sie sich durch Fleiß und Vorliebe für einzelne Fächer erworben hat. Für bestimmte Verhältnisse und Lebensbeziehungen geht ihr der Sinn jedoch vollständig ab, für jede praktische Leistung ist sie unbrauchbar. In neuen Verhältnissen kann sie sich überhaupt nicht zurechtfinden. Sie ist partiell zurückgeblieben, verkümmert und leidet demgemäß an sogenanntem Verhältnisschwachsinn.*

*Dieser Schwachsinn ist angeboren. Da sie sich ihr ganzes Lebtag gleichmäßig entwickelt hat, so ist der Schwachsinn schon bei der Geburt vorhanden gewesen. Dafür, daß eine fehlerhafte Erbanlage vorliegt, spricht auch der Umstand, daß ihr Vater einen absonderlichen Charakter haben soll, und vor allem daß die Mutter ihres Vaters über 10 Jahre im Irrenhaus gewesen und auch dort gestorben ist. Da der Tatbestand des § 1 Abs. 2 Ziff. 1 UnfrG somit vorliegt, hat das ErbgesGer. zu Recht ihre Unfruchtbarmachung angeordnet. Die Beschwerde ihrer Mutter mußte daher zurückgewiesen werden.*“[523]

Ferner bezogen sich *Gütt*, *Rüdin* und *Ruttke* insbesondere auf einen Beschluss eines Erbgesundheitsgerichts, den das Erbgesundheitsobergericht Kassel mit Beschluss vom 28. August 1935 aufgehoben hatte.[524] Der Betroffene war 28 Mal wegen Unterschlagung, Diebstahls, Betrugs, Urkundenfälschung und Bigamie vorbestraft. Die erste Strafe hatte er im Alter von 14 Jahren erhalten und war seitdem immer wieder straffällig geworden. Hinsichtlich der Intelligenz des Betroffenen konnte eine „*krankhafte Abweichung von der Norm*“ aber nicht festgestellt werden. Hingegen lagen nach dem Gutachten des Anstaltsarztes der Strafanstalt „*ausgesprochene psychopathische Züge*“ vor.

Das Erbgesundheitsgericht nahm an, dass die Verbindung von „*amoralischer und asozialer*“ Einstellung mit psychopathischer Veranlagung das Bild eines geistigen Gesamtzustandes ergäbe, wie er durch den Begriff „Schwachsinn“ im § 1 Absatz 2 Ziffer 1 des Gesetzes zur Verhütung erbkranken Nachwuchses habe mit umfasst werden sollen. Es handle sich bei dem Betroffenen nicht nur um eine bloße „*moralische Verwahrlosung*“. Vielmehr sei die „*amoralische und asoziale*“

523 EOG Kiel, Beschl. v. 01.12.1934 – WErb 60/34, JW 1935, 710.
524 EOG Kassel, Beschl. v. 28.08.1935 – Wg 417/35, JW 1935, 3111.

Einstellung offenbar bedingt durch eine krankhafte Störung des gesamten Geistes- und Empfindungslebens. Diese komme insbesondere in den vorhandenen psychopathischen Zügen zum Ausdruck, durch die das Fehlen der sittlichen und sozialen Vorstellungen und Empfindungen, der Mangel sozialer Hemmungen und die von Anfang an zutage getretene unrichtige Einstellung zu den Anforderungen des Lebens hervorgerufen worden seien. Nach Ansicht des Erbgesundheitsgerichts sei ein solcher in einer krankhaften Anlage des Seelen- und Empfindungslebens beruhender Mangel der sittlichen und sozialen Grundeinstellung nach der ärztlichen Erfahrung ebenso erbbedingt und vererblich, wie der „intellektuelle Schwachsinn“ und wirke sich erfahrungsgemäß häufig noch weit gefährlicher aus. Das Erbgesundheitsgericht sah eine *„unerträgliche“* Lücke des Gesetzes, würde eine solche „geistige Minderwertigkeit“ für sich allein nicht zur Unfruchtbarmachung berechtigen, sondern ein noch so geringer Intelligenzdefekt gefordert werden. In solchen Fällen sei ein Intelligenzdefekt regelmäßig für die soziale Gefährlichkeit mehr oder weniger unerheblich. Das Gesetz zur Verhütung erbkranken Nachwuchses stellte nach Auffassung des Erbgesundheitsgerichts aber gerade auf die soziale Tauglichkeit ab, denn es habe unter den vielen erblichen Leiden augenscheinlich diejenigen Erbkrankheiten als Grundlage für die Unfruchtbarmachung ausgewählt, die erfahrungsgemäß die soziale Tüchtigkeit des Erbträgers aufhöben oder wesentlich beeinträchtigten.

Das Erbgesundheitsobergericht Kassel hingegen betonte unter Bezugnahme auf die Gesetzesbegründung die abschließende Aufzählung der Erbkrankheiten in § 1 des Gesetzes zur Verhütung erbkranken Nachwuchses. Das Gesetz beschränke sich bewusst auf die aufgezählten Krankheitsformen, sodass es nicht zulässig sei, die Unfruchtbarmachung auch bei anderen Krankheitsformen auszusprechen. Es stehe den Erbgesundheitsgerichten nicht zu, im Wege des Analogieschlusses scheinbare Lücken des Gesetzes auszufüllen. Unter „angeborenem Schwachsinn“ im Sinne des § 1 Absatz 2 Ziffer 1 des Gesetzes zur Verhütung erbkranken Nachwuchses sei anerkannter Maßen nur ein auf dem Gebiete der Intelligenz beruhender „Schwachsinn“ gemeint, wenn dabei auch die Gefühl- und Willenssphäre sowie die Entwicklung der ethischen Begriffe und Regungen und die „Totalität der Persönlichkeit“ zu berücksichtigen seien. Ein Versagen auf ethischem und sittlichem Gebiet allein stelle aber eine völlig abweichende Krankheitsform dar. Ein „intellektueller Schwachsinn“ habe im vorliegenden Fall aufgrund der vorgenommenen Intelligenzprüfung nicht festgestellt werden können. Hingegen liege ein *„moralischer Schwachsinn“* erheblichen Grades vor.[525] Auch das Erbgesundheitsobergericht Kassel war der Ansicht, dass die *„amoralische und asoziale“* Einstellung des Betroffenen diesen als eine erhebliche Gefahr für die Allgemeinheit erscheinen ließe. Ein solcher, in einer krankhaften Anlage des Seelen- und Empfindungslebens beruhender Mangel der sittlichen und sozialen Grundeinstellung sei ebenso

525 Zu der Frage des „moralischen Schwachsinns“ siehe die Ausführungen in diesem Kapitel unter I.2.c).

erbbedingt und vererblich, wie der „intellektuelle Schwachsinn“. Mit Recht habe das Erbgesundheitsgericht den Betroffenen daher als „Psychopathen“ bezeichnet. Psychopathie sei aber kein Erbleiden im Sinne von § 1 des Gesetzes zur Verhütung erbkranken Nachwuchses. Das Gesetz lasse die Unfruchtbarmachung eines „Psychopathen“ nur in dem Sonderfall eines schweren Alkoholismus zu. Insoweit nahm das Erbgesundheitsobergericht Kassel Bezug auf den Gesetzeskommentar von *Gütt*, *Rüdin* und *Ruttke* aus dem Jahr 1934. Diese führten dort aus, dass nach den Erfahrungen der ärztlichen Wissenschaft schwerer, hartnäckiger Alkoholismus fast ausnahmslos auf konstitutionell erblicher psychopathischer Basis entstehe.[526] Insofern lehnte das Erbgesundheitsobergericht Kassel eine Analogie schon mangels Regelungslücke des Gesetzes ab.

*Gütt*, *Rüdin* und *Ruttke* traten der Auffassung des Erbgesundheitsobergerichts Kassel in der zweiten Auflage des Gesetzeskommentars mit deutlichen Worten entgegen. Die *„sehr durchdachte“* Begründung des Erbgesundheitsgerichts habe die *„kurze“* Entscheidung des Erbgesundheitsobergerichts nicht widerlegt. Nach Ansicht der Gesetzeskommentatoren sollte die Entwicklung der Rechtsprechung *„zweifellos“* dem Erbgesundheitsgericht im Wesentlichen recht gegeben haben.[527]

Diese Beispiele zeigen, dass *Gütt*, *Rüdin* und *Ruttke* den Nachweis einer Intelligenzschwäche für die Diagnose eines „angeborenen Schwachsinns“ im Sinne des Gesetzes zur Verhütung erbkranken Nachwuchses jedenfalls seit 1936 nicht für erforderlich hielten. Sie vertraten die Auffassung, dass Menschen, bei denen sich die Hemmungs-, Beschränkungs- und Ausfallerscheinungen in der Wertung und Gestaltung des eigenen Lebenswandels zeigten, in genau demselben Maße für „schwachsinnig“ im Sinne dieses Gesetzes zur Verhütung erbkranken Nachwuchses zu erachten seien wie Menschen, deren „Schwachsinn“ sich nur darin äußere, dass sie bestimmte intellektuelle Leistungen nicht bewältigen könnten. Die unmittelbarste Aufgabe des Verstandes sei die Lebensführung und die Durchsetzung der Umwelt gegenüber. Wer hier versage, der zeige mindestens ebenso wenig Verstand wie derjenige, der etwa bei einer *„reinen“* Intelligenzprobe versage. Den einzigen Unterschied sahen *Gütt*, *Rüdin* und *Ruttke* darin, dass sich versuchsbewirkte Verhaltensweisen immer genauer erfassen ließen als die des täglichen Lebens. Es sei gerade bei einem *„biologischen Tatbestand“* völlig widersinnig, für eine durch das Leben selbst dargestellte Erscheinung noch einen Beweis durch den Versuch zu verlangen oder gar das Versuchsergebnis höher zu werten als die *„lebendigen Tatsachen“*. Das Leben lasse sich nicht in Normen pressen. Wer bei der Beurteilung des „Schwachsinns“ ohne Schema und *„gesetzgeberische Begriffszerkleinerung“* nicht auskomme, würde nur noch um so unsicherer werden, je mehr Richtlinien erlassen würden. Die einzige Richtlinie, die allgemein brauchbar sei, sei eine klare

526 Arthur Gütt, Ernst Rüdin und Falk Ruttke, Gesetz zur Verhütung erbkranken Nachwuchses vom 14. Juli 1933, 1. Auflage, München 1934, 127.

527 Arthur Gütt, Ernst Rüdin und Falk Ruttke, Gesetz zur Verhütung erbkranken Nachwuchses vom 14. Juli 1933, 2., neu bearbeitete Auflage, München 1936, 125 f., Fn. 2.

Vorstellung vom *„geistig-seelisch gesunden Menschen“*, ohne überspitzte Forderungen an ihn, aber auch ohne allzu weitgehende Zugeständnisse an seine Leistung.[528] *Ruttke* stellte 1938 ausdrücklich klar, dass nach dem Standpunkt des Gesetzeskommentars der *„auffällige“* Intelligenzdefekt keinesfalls stets erforderlich und allein wesentlich für die Annahme von „Schwachsinn“ sei.[529]

Das Beispiel der *Lisa H.*, deren schulische Laufbahn zumindest auf gewisse intellektuelle Fähigkeiten hinwies, zeigt, dass eine Intelligenzprüfung gar nicht mehr verlangt wurde, jedenfalls aber nicht mehr in die Tatbestandssubsumtion einfließen musste, wenn bereits aufgrund der Lebensführung von einem „Schwachsinn“ auszugehen war. Allein der Umstand, dass *Lisa H.* nicht dem nationalsozialistischen Idealbild der tüchtigen Hausfrau und Mutter entsprach, reichte für die Schwachsinnsdiagnose aus. Ein auch „intellektueller Schwachsinn“ wurde ohne weitere Prüfung unterstellt. Selbst positive Prüfungsergebnisse sollten der Diagnose „angeborener Schwachsinn“ nicht im Wege stehen. Sie wurden als *„Überlistung- und Täuschungserfolge“* oder bloße Wiedergabe *„erworbener Kenntnisse“* für nicht relevant erklärt.

So vertrat auch *Hermann Boehm* und mit ihm das Erbgesundheitsobergericht Dresden die Auffassung, dass bei einer einunddreißigjährigen, geschiedenen, zum zweiten Mal verheirateten Frau, deren *„Neigung zum Verbrechertum“* sich vom siebzehnten Lebensjahr an fortlaufend in Betrugsvergehen und rückfälligem Diebstahl gezeigt und die sich schon in früher Jugend Gonorrhoe und Syphilis zugezogen hatte, trotz verhältnismäßig guter Schulleistungen und trotz Fehlens nachweisbarer intellektueller Defekte ohne Weiteres die Unfruchtbarmachung wegen „angeborenen Schwachsinns“ angeordnet werden könne.[530]

Vordergründig wurde in der überwiegenden Literatur aber auch weiterhin als Voraussetzung für die Annahme eines „Schwachsinns“ im Sinne des Gesetzes zur Verhütung erbkranken Nachwuchses stets die Feststellung von Intelligenzmängeln verlangt.[531]

Beispielsweise vertrat *Wolf Skalweit* zwar die Auffassung, dass unter „angeborenem Schwachsinn“ im Sinne des Gesetzes zur Verhütung erbkranken Nachwuchses nur ein „intellektueller Schwachsinn“ zu verstehen sei und bei *„asozialen Psychopathen“* das *„charakterologische Verhalten“* und die Kriminalität nur ein wichtiges Kriterium neben gewissen intellektuellen Mängeln – die zwar nur gering, aber immerhin vorhanden sein müssten – bilden dürften. Grundsätzlich sei daher der

---

528 Arthur Gütt, Ernst Rüdin und Falk Ruttke, a.a.O., 125 f.

529 Falk Ruttke, Anmerkung zu Aufsatz von H. Deutsch "Schwachsinn im Sinne des Gesetzes zur Verhütung erbkranken Nachwuchses und verminderte Zurechnungsfähigkeit im Strafrecht", in: Juristische Wochenschrift (67), 1938, 3214.

530 Hermann Boehm, Aus der Praxis für die Praxis, in: Erbgesundheit – Volksgesundheit: Das Gesetz zur Verhütung erbkranken Nachwuchses in Grundsatz und Anwendung, Berlin/Wien 1939, 102, 110.

531 Fred Dubitscher, Praktische Intelligenz, in: Der Erbarzt (3), 1936, 75.

sogenannte „moralische Schwachsinn“[532] kein „angeborener Schwachsinn“ im Sinne des Gesetzes. Dieser habe mit der Intelligenz an sich nichts zu tun, sondern bezeichne lediglich einen Mangel an sittlichem Gefühl, der zu einer bewusst gesellschaftsfeindlichen sozialen Einstellung trotz vorhandener intellektueller Einsicht und Urteilsfähigkeit führe. Er bilde daher das wesentliche Charakteristikum der *„antisozialen Psychopathen“* und *„aktiven Gewohnheitsverbrecher“*. Diese Fälle kämen nach dem ausdrücklichen Willen des Gesetzgebers für eine Unfruchtbarmachung nur dann infrage, wenn sie außerdem an einer Erbkrankheit leiden. Seien Störungen der Intelligenz nicht nachweisbar, würde sich die Begründung der Unfruchtbarmachung nur auf den Nachweis der Kriminalität stützen können und damit der Absicht des Gesetzgebers zuwiderlaufen. Dass intellektuelle Mängel aber auch für *Skalweit* nur ein vorgeschobenes Kriterium darstellten, zeigte sich, wenn er an gleicher Stelle forderte, dass bei *„charakterologisch höchst minderwertigen, kriminellen oder asozialen Psychopathen“* die Intelligenzanforderungen ganz erheblich erhöht werden könnten und müssten, um diese durch den Nachweis einer auch noch so geringen Debilität für die Unfruchtbarmachung zu erfassen. Auf diesem Wege meint *Skalweit* bei einem großen Teil der *„antisozialen Untermenschen“ „in Wirklichkeit“* auch gewisse intellektuelle Mängel nachweisen zu können. Besonders die Gruppe der *„willensschwachen und haltlosen asozialen Psychopathen“* lasse schon in ihrer ganzen sonstigen Lebensführung mindestens einen durch vorwiegend affektiv-egozentrische Steuerung bedingten Mangel an intellektueller Einsicht und Willenstätigkeit erkennen, soweit diese Typen nicht überhaupt mehr oder weniger debil seien. Jedenfalls handle es sich dann aber um einen „Grenzfall“, bei dem nur fraglich sein könne, ob der reine Intelligenzdefekt für sich allein zur Anwendung des Gesetzes ausreiche, sodass das soziale und „charakterologische“ Verhalten den Ausschlag geben müsse.[533]

Für *Martin Grunau*, Vorsitzender des Erbgesundheitsobergerichts Kiel, stand die Frage der Intelligenz zwar ebenfalls im Vordergrund. Die Charakteranlage sollte für ihn ohne Intelligenzmangel für das Vorhandensein von „Schwachsinn“ nicht entscheidend sein. „Psychopathen“, insbesondere „Asoziale“ und Kriminelle, sollten daher nur dann der Unfruchtbarmachung unterliegen, wenn auch *„intelligenzmäßiger Schwachsinn“* nachgewiesen sei. Nach seiner Auffassung sollte die Intelligenz aber nicht allein durch eine formale Prüfung erwiesen werden, sondern als nicht unwesentliches Kriterium für das Vorhandensein oder den Mangel an Intelligenz die *„Lebenstüchtigkeit“*, die *„Bewährung im Leben“* oder andererseits das Versagen im *„Lebenskampfe“* herangezogen werden.[534]

---

532 Hierzu nachfolgend unter I.2.c).

533 Wolf Skalweit, Die Tätigkeit des Amtsarztes bei der Durchführung des Gesetzes zur Verhütung erbkranken Nachwuchses, in: Der Öffentliche Gesundheitsdienst (1), 1935, 401, 413, 416 f.

534 Martin Grunau, Der Schwachsinn im Erbgesundheitsverfahren, in: Zeitschrift der Akademie für Deutsches Recht (2), 1935, 769, 772, 774, 776.

*Rudolf Thiele*, Amtsarzt in Militsch bei Breslau, sah in dem *„Intelligenzstande“* das orientierende Kennzeichen und den wesentlichen Gradmesser des Schwachsinns. Gleichzeitig hielt er es aber auch für selbstverständlich, nicht nur die intellektuelle Seite zu betrachten, sondern von der *„seelischen Gesamtpersönlichkeit“* auszugehen. Wenn man daher der Intelligenz bei der Beurteilung des „Schwachsinns“ eine zentrale Stellung einräume, so erwachse daraus die Forderung, in allen Verhaltensweisen des Betroffenen nach der Beteiligung des *„Intelligenzfaktors“* zu fragen. Denn manche Erscheinungen, die man zunächst auf *„gemütliche oder charakterliche Reaktionsbereitschaften“* zurückzuführen geneigt sei, könnten sich bei näherem Zusehen wesentlich als Korrelat der intellektuellen Schwäche herausstellen. Dies gelte in der Hauptsache für die gesteigerte Beeinflussbarkeit *„so vieler Schwachsinniger“*, die, soweit sie auf „Urteilslosigkeit“ beruhe, zu den obligatorischen *„Schwachsinnsmerkmalen“* gehöre. Ebenso könne der *„bekannte“* starre Eigensinn der „Schwachsinnigen“ seine Wurzeln sowohl in der intellektuellen Einsichtslosigkeit als auch in *„charakterlichen Abartigkeiten“* haben. Ferner seien die höheren moralischen Wertungen „schwachsinniger Menschen“ oft gerade durch ihren Mangel an Urteil gekennzeichnet. Zwar könne es nach den Erfahrungen keinen Zweifeln unterliegen, dass es *„intellektuell intakte Psychopathen“* gebe, bei denen der Defekt in der mangelhaften Gefühlsbetonung moralischer Begriffe liege und die daher nicht zu entsprechenden Werterlebnissen gelangten. Die genauere Untersuchung „asozialer“ und „antisozialer“ Einstellungen und Handlungen sollte aber *„wohl stets“* feststellen lassen, dass der Oberflächlichkeit und mangelnden Differenziertheit der Begriffsbildung auf ethischem Gebiet ein gewisser allgemeiner Tiefstand der feineren Funktionen des Urteils und der Kritik zugrunde liege. Derartige Fälle sollten *„selbstverständlich“* den Voraussetzungen des Gesetzes zur Verhütung erbkranken Nachwuchses genügen. Wenn auch die aus rein psychopathischer Veranlagung „Asozialen“ und „Antisozialen“ – mit Ausnahme der „schweren Alkoholiker“ – nicht von dem Gesetz erfasst seien, so äußerte *Thiele* doch die Hoffnung, dass es gelingen werde, die *„große Schar von Psychopathen, Verbrechern, Prostituierten oder anderen geistig Minderwertigen“*, die gleichzeitig nachweisbar auch noch debil seien, restlos zur Unfruchtbarmachung zu bringen.[535]

Grundsätzlich betonte auch *Fred Dubitscher* unter Heranziehung des Gesetzeskommentars von *Gütt*, *Rüdin* und *Ruttke* aus dem Jahr 1934, dass Voraussetzung für die Annahme eines „Schwachsinns“ das Bestehen einer gewissen, wenn auch nur geringen Intelligenzschwäche sei.[536] Eine Möglichkeit zur Erkennung leichter

---

535 Rudolf Thiele, Angeborener Schwachsinn, in: Die psychiatrischen Aufgaben bei der Ausführung des Gesetzes zur Verhütung erbkranken Nachwuchses, Berlin 1934, 9 ff.; Rudolf Thiele, An der Grenze von Debilität und physiologischer Dummheit, in: Der Öffentliche Gesundheitsdienst (1), 1935, 569, 572.

536 Fred Dubitscher, Die Bewährung Schwachsinniger im täglichen Leben, in: Der Erbarzt (2), 1935, 57; Fred Dubitscher, Psychiatrische Fragen in der Erbgesundheitspflege, in: Der Öffentliche Gesundheitsdienst (2), 1936, 291, 292.

Formen der Debilität sah er aber unter anderem in der Beurteilung des sittlichen bzw. ethischen Verhaltens. Bereits 1935 vertrat *Dubitscher* die Ansicht, dass isolierte *„ethische Defekte“*, die mangels Intelligenzschwäche nicht unter das Gesetz zur Verhütung erbkranken Nachwuchses fielen, so selten seien, dass sie praktisch nur eine sehr untergeordnete Rolle spielten. In den meisten Fällen rechtfertige die *„fast immer“* gleichzeitig bestehende Urteilsschwäche und der Defekt der intellektuellen Einsicht in sittliche Allgemeinvorstellungen die Annahme eines *„Schwachsinns mit vorwiegend ethischen Defekten“*. Die Störungen der intellektuellen Fähigkeiten, soweit sie sich aus den üblichen Intelligenzuntersuchungen ergäben, bräuchten dabei nur sehr gering sein. Insbesondere müssten die Schul- und Allgemeinkenntnisse keine nachweisbaren Störungen aufweisen.[537] Als „ethische Defekte“ bezeichnete *Dubitscher* Störungen des Persönlichkeitsverhaltens, die nicht oder vorwiegend nicht in der intellektuellen, sondern in der ethischen Wertsphäre lägen. Unter Ethik in diesem Sinne verstand er die Summe von Anschauungen, Meinungen und Werturteilen über das Verhalten des Einzelnen innerhalb der jeweils geltenden Gesellschaft und den Wert bestimmter Beweggründe sowie ferner die psychische Fähigkeit, moralischen Antrieben im Handeln Folge zu leisten. Daneben gäbe es noch „Gefühls- und Hemmungsgrundlagen“ für das ethische Verhalten, wie positive und negative Selbstwertgefühle, soziale Instinkte, den „Geselligkeitstrieb“ oder das Zusammengehörigkeitsgefühl, die fernab von jeder ethischen Reflexion das Handeln bestimmten. Unter diesen Gesichtspunkten sprach *Dubitscher* dem ethischen Verhalten einen biologischen Wert zu.[538] Die Gruppe der von ihm als „ethisch Defekten“ bezeichneten sollten regelmäßig die folgenden „Auffälligkeiten“ aufweisen:

> *„Schwere Spracherlernung, Unsauberkeit, Gleichgültigkeit gegen Zärtlichkeiten, frühzeitige Onanie. In der Schulzeit oft zunächst gutes Lernen, aber Mangel an Aufmerksamkeit. In den höheren Klassen Stillstand der Leistungen, Neigung zu Lügereien, zum Herumtreiben und Davonlaufen, Mitleidlosigkeit und Tierquälereien neben sentimentalen Neigungen. Später Egozentrizität, Neigung zu Selbstmordversuchen, gesteigerte Genußsucht, Trotz, Hang zu minderwertigem Verkehr, Triebhaftigkeit, gesteigerte Suggestibilität, Unempfindlichkeit und Mangel an Ehrgefühl und schließlich in reiferem Alter bei Männern besonders Bummelei, Betrügereien, Unterschlagungen, Urkundenfälschungen, phantastische Lügereien, Vagabundieren sowie fortdauernde Arbeitslosigkeit oder berufliches Abgleiten. Bei Frauen kommen besonders sexuelle Haltlosigkeit, Lügereien und Diebereien, Hang zu minderwertigem Verkehr, Bummeln und Vagabundieren vor, ferner häufig Prostitution, die diese Frauen aber nicht suchen, sondern der sie einfach erliegen.“*[539]

---

537 Fred Dubitscher, Dummheit oder Schwachsinn, in: Der Erbarzt (2), 1935, 187, 189.

538 Fred Dubitscher, Der Schwachsinn, Leipzig 1937, 163.

539 Fred Dubitscher, Asozialität und Unfruchtbarmachung (Aus dem Material des Reichsgesundheitsamtes), in: Mitteilungen der Kriminalbiologischen Gesellschaft (V), 1938, 99, 104 f.

Insoweit sah *Dubitscher* keine Veranlassung, Fälle mit Defekten oder Zurückbleiben in Äußerungen der ethischen Wertsphäre, bei denen ein Zurückbleiben auf anderen Gebieten, insbesondere der Intelligenz, nicht „*so offensichtlich*“ sei, anders zu beurteilen, als die gleich gelagerten Fälle mit „intellektuellem Schwachsinn“.[540] In der Tat hätten die Erbgesundheitsgerichte nach einer Auswertung von *Dubitscher* auch „Schwachsinn“ im Sinne des Gesetzes zur Verhütung erbkranken Nachwuchses angenommen, wenn neben „*ethischen Defekten*“, Indolenz oder von *Dubitscher* sogenannter „*passiver Asozialität*“ auch nur leichte Intelligenzdefekte nachweisbar gewesen seien. In der Überzahl der Fälle hätten schließlich Ausfälle in den intellektuellen Fähigkeiten auf sprachlich-begrifflichem oder anschaulich-praktischem Gebiet ermittelt werden können.[541] Auch wenn *Dubitscher* daran festhielt, dass der Betroffene immer Ausfälle in seinen intellektuellen Fähigkeiten zeigen müsse, so wird doch deutlich, dass auch er Intelligenzausfälle nur als formales Kriterium für die Schwachsinnsdiagnose vorschob. So war *Dubitscher* der Ansicht, dass Ausfälle in den intellektuellen Fähigkeiten „*völlig verdeckt*“ werden könnten durch andere Mängel, so zum Beispiel Ausfälle auf ethischem Gebiet.[542] *Dubitscher* hielt es daher für „*vorschnell*“, wenn Erbgesundheitsgerichte bei „*asozialem Verhalten*“ ohne Intelligenzdefekte das Vorliegen eines „Schwachsinns“ im Sinne des Gesetzes zur Verhütung erbkranken Nachwuchses verneinten, denn in einer Reihe derartiger Fälle seien die Intelligenzdefekte im sprachlich-begrifflichen Denken nur verhältnismäßig gering und würden durch die ins Auge fallenden „*Abwegigkeiten*“ in Folge praktischer Kritik- und Urteilsschwäche oder mangelhafter ethischer Wertvorstellungen überdeckt. Diese Fälle sollten aber eine qualitativ gleichartige Störung der Gesamtpersönlichkeit zu Fällen darstellen, bei denen nur die Intelligenzdefekte im Vordergrund stünden und die Defekte in der ethischen Wertsphäre dagegen zurückträten. *Dubitscher* schloss sich daher im Ergebnis der in der zweiten Auflage des Gesetzeskommentars von 1936 vertretenen Auffassung an, wonach „*reine Asozialität*“ ohne Störung der Gesamtpersönlichkeit praktisch jedenfalls selten sei und ein Grenzfall von Dummheit und „Schwachsinn“ mit „asozialen“ Zügen, d.h. mit dem Unvermögen, sich der Volksgemeinschaft als nützliches Mitglied einzugliedern, praktisch die Annahme einer abnormen Geistesschwäche im Sinne des Gesetzes rechtfertige.[543]

---

540 Fred Dubitscher, Der moralische Schwachsinn unter besonderer Berücksichtigung des Gesetzes zur Verhütung erbkranken Nachwuchses, in: Zeitschrift für die gesamte Neurologie und Psychiatrie (154), 1936, 422, 439 f.; Fred Dubitscher, Asozialität und Unfruchtbarmachung (Aus dem Material des Reichsgesundheitsamtes), in: Mitteilungen der Kriminalbiologischen Gesellschaft (V), 1938, 99, 107.

541 Fred Dubitscher, a.a.O., 106.

542 Fred Dubitscher, Psychiatrische Fragen in der Erbgesundheitspflege, in: Der Öffentliche Gesundheitsdienst (2), 1936, 291, 292.

543 Fred Dubitscher, Dummheit oder Schwachsinn, in: Der Erbarzt (2), 1935, 187, 189; Fred Dubitscher, Der moralische Schwachsinn unter besonderer Berücksichtigung des Gesetzes zur Verhütung erbkranken Nachwuchses, in: Zeitschrift für die

*Hans Aloys Schmitz*, Leitender Arzt der Rheinischen Provinzial-Kinderanstalt für seelisch Abnorme, wollte „schwere charakterliche Mängel“ Anlagemängeln auf dem Gebiet des Verstandes gleichstellen. Mehr noch als die Lebensbewährung wollte er als Kriterium für die Beurteilung der „*charakterlich Auffälligen*“ mit nur leichten intellektuellen Defekten, die „*bei den meisten*“ durch die Methoden der Intelligenzbestimmung auch festgestellt werden könnten, die „*Eingliederungsfähigkeit*“, die Fähigkeit, ein Glied in einem „*organischen Verband*“ zu werden, heranziehen.[544]

*Robert Müller*, ärztlicher Beisitzer am Erbgesundheitsgericht Braunschweig und ab 1940 als „T4-Gutachter“ tätig, schloss sich 1938[545] einer seiner Ansicht nach vermittelnden Lehrmeinung an, wonach „Schwachsinn“ im Sinne des Gesetzes zur Verhütung erbkranken Nachwuchses ein Zustand so mangelhaft entwickelter Überlegungs- und Urteilsfähigkeit sein sollte, dass diese gegenüber dem ebenfalls fehlentwickelten Affektleben im weitesten Sinne die Lebenshaltung nicht in gesunden, den Anforderungen der Gemeinschaftsordnung entsprechenden Bahnen halten könne. Diese Lehrmeinung sollte den psychobiologischen Verhältnissen am nächsten kommen, weil sie eine Trennung von Intelligenz und Lebensführung vermeide und die Persönlichkeit als „*lebendige Ganzheit*“ auffasse. Wesentlich für die Auffassung der Persönlichkeit als Ganzheit seien die lebendigen Beziehungen zwischen Vorstellungsleben, Vernunft und Urteilsfähigkeit einerseits und der Lebensführung andererseits. Soweit Vorstellungen und Urteile aus dem „*großen Komplex der Gemeinschaftsordnung*“ betroffen seien, so wirkten sich Defekte in einer mehr oder weniger „asozialen“ oder „antisozialen“, kriminellen Lebenshaltung aus. *Müller* hielt es für sachlich unberechtigt, diese Auswirkungen und ihre Erscheinungsbilder in Form von „asozialen“ Persönlichkeiten aus dem „Schwachsinnskomplex“ herauszunehmen und dem Anwendungsbereich des Gesetzes zur Verhütung erbkranken Nachwuchses zu entziehen, nur weil es sich um die Koppelung höherer Intelligenzfunktionen mit affektiven und willentlichen, also charakterlichen Komponenten handle. Insoweit berief sich *Müller* auf die Zielsetzung des Gesetzes als rassenhygienischer „Aufartungsmaßnahme“. Das „*asoziale Element*“ stelle erbbiologisch für das Volk eine stärkere Belastung dar als der „*unkomplizierte Schwachsinn*“.

---

gesamte Neurologie und Psychiatrie (154), 1936, 422, 443; siehe auch Heinz Bühning, Über die Unfruchtbarmachung wegen angeborenen Schwachsinns aus dem Gesetz zur Verhütung erbkranken Nachwuchses vom 14. Juli 1933, Bochum-Langendreer 1939, 36, der eine „*ausgesprochene Asozialität*“ ohne Störung der Gesamtpersönlichkeit für ziemlich selten hielt und daher die Auffassung vertrat, dass jedenfalls das Hinzutreten „*asozialer Züge konstitutioneller Art*“ in einem Grenzfalle die Unfruchtbarmachung rechtfertige.

544 Hans Aloys Schmitz, Über den "Angeborenen Schwachsinn" im Sinne des Gesetzes zur Verhütung erbkranken Nachwuchses, in: Der Öffentliche Gesundheitsdienst (3), 1937, 646, 648.

545 Robert Müller, Zum Schwachsinnsbegriff in der Praxis der Erbgesundheitsgerichte, in: Der Erbarzt (5), 1938, 149.

*Müller* forderte daher eine Erweiterung des Schwachsinnsbegriffs des Gesetzes als sinngemäße und selbstverständliche Anpassung an dessen Aufgaben. Die „*erblich asozialen Psychopathen*" sollten so „*zwanglos*" in der überwiegenden Mehrzahl zu erfassen sein, da ihr Leben fast immer durch eine beherrschende Urteilsschwäche und mangelhaft gefühlsbetonte Gemeinschaftsvorstellungen gekennzeichnet sei. Die „*ängstliche*" Ausschließung von Psychopathen aus dem Anwendungsbereich des Gesetzes, weil sie nicht „*intellektuell schwachsinnig*" seien, sei nach der notwendigen Ganzheitsbetrachtung der Psyche nicht berechtigt. Vielmehr sollte im Rahmen des Gesetzes die überwiegende Mehrzahl der Fälle von Gemeinschaftsunfähigkeit im weitesten Sinne als rassenpflegerisch unheilvollste Elemente von der Fortpflanzung auszuschließen sein.

Beispielhaft schilderte *Müller* den Fall der *Gertrud D.* Geboren als eines von zwei unehelichen Kindern einer ledigen Dienstmagd und eines achtzehnjährigen Dienstknechts wurde sie bis zu ihrem dreizehnten Lebensjahr bei Pflegeeltern großgezogen und kam dann zu ihren Großeltern. Die Mutter der *Gertrud D.* habe angegeben, dass diese den Eltern in der Jugend viel Kummer bereitet habe, als junges Mädchen zwei Jahre verschollen gewesen sei und von der Polizei in Duisburg während der Ruhrbesetzung gemeldet worden sei. Nach den Ermittlungen des Fürsorgeamts habe ihre geistige Entwicklung unter dem Durchschnitt gelegen. Kinder und Haushalt seien in „*schmutzigen Zustand*" angetroffen worden. In der Schule sei *Gertrud D.* keine besonders gute Schülerin gewesen, sei einmal sitzen geblieben, habe zuletzt aber gute Zensuren gehabt. Bereits zu dieser Zeit habe sie „Diebereien" begangen, der Pflegemutter Geld gestohlen, oft gelogen und sich mit anderen geschlagen. In ihrer weiteren Entwicklung habe *Gertrud D.* einen Hang zum Lügen und Herumtreiben gezeigt, häufig ihre Stellungen gewechselt, diese manchmal heimlich verlassen oder andere vermittelte Stellen gar nicht angetreten. Trotz ihrer Jugend habe sie sich viel mit jungen Männern eingelassen. Sie sei ganze Nächte von zu Hause fortgeblieben, habe in Herbergen oder unbekannten Orten übernachtet. Einmal habe sie in einem Arbeitsraum übernachtet, in den sie sich eingeschlichen habe und in dem sie von der Polizei „*in gänzlich verwahrlostem Zustande*" aufgegriffen worden sei. Nachdem die Fürsorgeerziehung angeordnet worden war, wurde *Gertrud D.* in ein Mädchenheim eingewiesen. Dort musste sie wegen Gonorrhoe ärztlich behandelt werden. Aus dem Mädchenheim sei berichtet worden, dass *Gertrud D.* manchmal eine „*nervöse Ängstlichkeit*" gezeigt habe und durch gelegentliche Verstocktheit und Ungehorsam aufgefallen und „*nicht ehrlich*" gewesen sei. Immer wieder seien „*skrupellose Verlogenheit und Unehrlichkeit*" zutage getreten. Von Arbeit habe sie nichts verstanden und sei diese nicht gewohnt gewesen. In der Arbeit sei sie flüchtig, unsauber und unordentlich gewesen. Den Anderen gegenüber habe sie versucht ihr eigenes Interesse in den Vordergrund zu stellen und sei eine schlechte Kameradin gewesen. Eine Stellung bei einem Bauern habe sie schon nach vier Tagen verlassen. Auch aus einer zweiten Stellung sei sie entwichen und habe sich schließlich in einem Obdachlosenheim gemeldet. Nach ihrer Rückkehr in das Mädchenheim wurde sie als „*noch minderwertiger als vorher*" beurteilt. Nach Entlassung aus der Fürsorgeerziehung aufgrund des Erreichens der Altersgrenze wurde *Gertrud D.* für eine Untersuchung auf Unfruchtbarmachung zum städtischen Gesundheitsamt bestellt, von wo sie jedoch entwich. Aufgrund folgender Fahrrad- und Kleidungsdiebstähle wurde sie schließlich zu einer Gefängnisstrafe verurteilt.

Im Rahmen einer Anstaltsbeobachtung hätte das Verhalten der *Gertrud D.* jedoch keine Besonderheiten gezeigt. Sie habe sich ordentlich benommen und sei fleißig und willig bei allen Arbeiten gewesen. Sie habe sich anderen angeschlossen, sich unterhalten, mit ihnen gespielt und keinerlei unangenehme Züge nach außen erkennen lassen. Bei Besprechungen ihres Vorlebens sei sie hingegen im Ton ausgesprochen frech und unverschämt und im Übrigen verstockt gewesen. Ihr Handeln habe sie als in Ordnung und berechtigt empfunden und für alles eine Erklärung und Rechtfertigung gehabt. Für ihr „Versagen“ habe ihr jedes Verständnis gefehlt. Nach dem Ergebnis der Beobachtung und nach der eingehenden theoretischen Prüfung der rein intellektuellen Fähigkeiten sollte ein nur auf reine Verstandestätigkeit bezogener „Schwachsinn“ nicht vorliegen. Selbst die Prüfung der sittlichen Begriffe und Urteile habe ein gutes Resultat ergeben. Für die Beurteilung der Persönlichkeit der *Gertrud D.* hielt *Müller* dieses Ergebnis jedoch für völlig belanglos. Vielmehr seien zweifellos die anlagemäßigen, ererbten Persönlichkeitsmängel intellektueller und selbstverständlich auch charakterlicher Art die alleinige Ursache für das soziale Versagen und Entgleisen der *Gertrud D.* und ihre Unfähigkeit, sich der Gemeinschaftsordnung einzufügen. Bei *Gertrud D.* sollte ein schwerer Defekt der Gesamtpersönlichkeit in Form eines schweren Mangels der für die gesamte Lebensführung wesentlichen geistigen Funktionen der Vernunft, der sittlichen Vorstellungen und Gefühle und der Urteilsfähigkeit in Verbindung mit schwerer *„charakterlicher Minderwertigkeit“* vorliegen. Dieser Defektzustand sei anlagemäßig und erblich und als „Schwachsinn“ im Sinne des Gesetzes zur Verhütung erbkranken Nachwuchses anzusehen. Das zuständige Erbgesundheitsgericht teilte diese Auffassung und ordnete die Unfruchtbarmachung wegen „angeborenen Schwachsinns“ an.[546]

Mehr und mehr trat Ende der Neunzehnhundertdreißigerjahre die konkrete Frage in den Mittelpunkt der Diskussion, ob „Asoziale“ von dem Gesetz zur Verhütung erbkranken Nachwuchses erfasst seien. Um eine begriffliche Eingrenzung bemühte sich soweit ersichtlich lediglich *Dubitscher.* Aufgrund der von ihm untersuchten Verfahrensakten verschiedener Erbgesundheitsgerichte kam er zu der Feststellung, dass als „asozial“ bezeichnet werde, wer ein – voraussichtlich dauerndes – Unvermögen zeige, sich als selbstständiges oder nutzbringendes Mitglied der Volksgemeinschaft einzugliedern, und wem die allgemeingültigen Normen, die ein geordnetes Gemeinschaftsleben in Familie und Staat garantieren, fehlten oder

546 Robert Müller, a.a.O., 149 ff.

wer diese ablehne.[547] Diese Definition entspricht im Wesentlichen dem hiesigen Untersuchungsergebnis.

*Walter Brunk* aus dem Hauptamt für Volksgesundheit bei der Reichsleitung der NSDAP schrieb 1938, dass das Versagen im Leben trotz gut erhaltener „formaler Intelligenz“ in den Schwachsinnsbegriff des Gesetzes zur Verhütung erbkranken Nachwuchses einbezogen werden müsse. Für die rassenhygienische Beurteilung sei es völlig gleichgültig, ob eine „Schwäche“ der „Sinne“ im Bereich der Gefühls- und Willensbildung oder ob sie in dem des Verstandes gefunden werde. Ein Mensch, der trotz ausreichender Intelligenz und trotz normaler Bestreitung des Lebensweges völlig verkomme und „asozial“ werde, sei ebenso „schwachsinnig“ wie ein anderer, der ein scheußliches Verbrechen begehe und auch durch eine schwere Strafe nicht zur Einsicht komme. Dass solchen „*Untermenschen*“ die Fortpflanzung gestattet werde, müsse in Zukunft unmöglich sein.[548]

Dem trat *Otmar von Verschuer* 1938 entgegen. Seiner Auffassung nach war die Lebensbewährung kein für den „Schwachsinn“ im Sinne des Gesetzes zur Verhütung erbkranken Nachwuchses spezifisches Diagnostikum und sollte daher nur in „Grenzfällen“ Bedeutung gewinnen. *Von Verschuer* widersprach der beliebigen Ausweitung der Grenzen der im Gesetz aufgeführten Krankheitsgruppen. Vielmehr trat er für eine Änderung des Gesetzes zur Verhütung erbkranken Nachwuchses dahin gehend ein, dass nicht mehr einzelne Erbkrankheiten, sondern lediglich die drei „großen rassenhygienischen Gruppen“ schwere erbliche geistige Störung, schwere erbliche Krankheit und schwere erbliche körperliche Missbildung die Unfruchtbarmachung indizieren sollten.[549]

Dem schloss sich *Hans Heinze*, Leiter der kinderpsychiatrischen Abteilung der Universitätsklinik Berlin und der Landesheilanstalten Potsdam und Brandenburg-Görden und ab 1939 als „T4-Gutachter“ tätig, 1942 an. Auch er forderte die Unfruchtbarmachung von „asozialen“ und rückfällig kriminellen „Psychopathen“. Den Sterilisationsgrund in „angeborenem Schwachsinn“ zu suchen, hielt er aber nicht für berechtigt. Die Unfruchtbarmachung „asozialer psychopathischer Persönlichkeiten“, die gleichzeitig auch nur in geringem Maße „intellektuell unterwertig“ seien, sollte nach dem Gesetz zur Verhütung erbkranken Nachwuchses jedoch angezeigt sein. Nach der Ansicht *Heinzes* sollte die Mehrzahl der „asozialen“

547 Fred Dubitscher, Asozialität und Unfruchtbarmachung (Aus dem Material des Reichsgesundheitsamtes), in: Mitteilungen der Kriminalbiologischen Gesellschaft (V), 1938, 99, 101.

548 Walter Brunk, Zur Frage der Ehetauglichkeit bei Vorliegen psychopathischer Störungen, in: Der Erbarzt (5), 1938, 123, 124.

549 Otmar Freiherr von Verschuer, Die Unfruchtbarmachung bei schwerer erblicher geistiger Störung, in: Der Erbarzt (5), 1938, 125, 126 f.; siehe auch Karl Ludwig Lechler, Erkennung und Ausmerze der Gemeinschaftsunfähigen, in: Deutsches Ärzteblatt (40), 1940, 293, 297, der die von *von Verschuer* vorgeschlagenen Indikationen um die „*schwere erbliche charakterliche Störung*“ ergänzen wollte.

Psychopathen aber weder „schwachsinnig“ noch sonst erbkrank im Sinne des Gesetzes sein. Versuchen, „asoziales“ Verhalten mit einer „intellektuellen Unterwertigkeit“ unter der Prämisse zu begründen, dass ethisches und soziales Verhalten durch die Überlegung von der Zweckmäßigkeit dieses Handelns bestimmt sei, erteilte er eine Absage. Als wirksamstes und gleichzeitig *„humanstes Mittel zur Bekämpfung asozialer psychopathischer Minderwertigkeit“* sah er aber dennoch die „Ausrottung“ durch die Unfruchtbarmachung an. Die von *von Verschuer* vorgeschlagene Novellierung des Gesetzes zur Verhütung erbkranken Nachwuchses erachtete *Heinze* insoweit nicht für ausreichend. Zumindest sollten neben den „erblichen geistigen Störungen“ auch die „schweren erblichen charakterlichen Abartigkeiten“ erfasst werden müssen.[550]

*Gerhard Friese* und *Hansjoachim Lemme*, Leiter der Abteilung Erb- und Rassenpflege und Leiter der Abteilung Rechtspflege im Reichsausschuss für Volksgesundheit beim Reichs- und preußischen Ministerium des Innern, zufolge sollte die *„Gruppe der Asozialen“* zum größten Teil „Schwachsinnige“ im Sinne des Gesetzes zur Verhütung erbkranken Nachwuchses in sich bergen. Auch wenn *„asoziales Verhalten“* an sich kein Beweis für „Schwachsinn“ sei, so müsse es zunächst einmal dazu veranlassen, auf „Schwachsinn“ zu untersuchen. Würden dann Ausfälle auf dem Gebiet des Willens oder des Gemüts und Gefühls festgestellt, so spreche das in schweren Fällen ohne Weiteres für „Schwachsinn“, auch wenn gewisse Verstandesleistungen vorhanden seien. Die Intelligenzprüfung könne eine durch das Leben selbst erwiesene Nichteignung für das Leben und für die Fortpflanzung niemals wettmachen.[551] Intelligenzausfälle sollten nach *Friese* und *Lemme* mithin bei *„asozialem Verhalten“* für eine Schwachsinnsdiagnose im Sinne des Gesetzes zur Verhütung erbkranken Nachwuchses nicht erforderlich sein. *Lemme* forderte, dass die von ihm so bezeichnete *„Asozialenfrage“*[552] zu einer *„großzügigen Lösung“* unter erbpflegerischen Gesichtspunkten kommen müsse. Es müsse ihre Unfruchtbarmachung herbeigeführt und durch geeignete Maßnahmen ihre Arbeitskraft für die Volksgemeinschaft nutzbringend verwandt werden. Die von *von Verschuer* vorgeschlagene Änderung des Gesetzes zur Verhütung erbkranken Nachwuchses zur Ermöglichung der Unfruchtbarmachung der „Asozialen“ hielt *Lemme* für überflüssig.[553]

550 Hans Heinze, Psychopathische Persönlichkeiten, in: Zirkuläres Irresein – Psychopathische Persönlichkeiten, Leipzig 1942, 274 ff.

551 Gerhard Friese und Hansjoachim Lemme, Die deutsche Erbpflege, Leipzig 1937, 47.

552 Hansjoachim Lemme, Der Asoziale, in: Volk und Rasse (14), 1939, 36.

553 Hansjoachim Lemme, Stellungnahme zu den Beiträgen zum Aufsatz von Dr. Leonore Liebenam "Zur Frage der Ehetauglichkeit bei Vorliegen psychopathischer Störungen", in: Der Erbarzt (5), 1938, 127, 128; widersprüchlich insoweit aber die Stellungnahme von *Lemme* zu einem Beschluss des Erbgesundheitsobergerichts Jena aus dem Jahr 1939 in JW 1939, 732, in der er einer Ausdehnung des Gesetzes zur Verhütung erbkranken Nachwuchses auf „Asoziale“ und „Haltlose“ eine Absage erteilte; siehe auch den Beitrag Hansjoachim Lemme, Der Asoziale, in: Volk und

*Edmund Mezger* verstand das Gesetz zur Verhütung erbkranken Nachwuchses als eine auf das Gemeinschaftsleben des Volkes bezogene Maßnahme, mit der nicht nur „kranker“, sondern auch gesellschaftswidriger, „asozialer“ und krimineller Nachwuchs verhindert werden sollte. Bei der Untersuchung von rund sechstausend, im Einzelnen nicht näher datierten Beschlüssen bayerischer Erbgesundheitsgerichte kam er aber zu dem Ergebnis, dass „Asozialität“, Kriminalität und sogenannter „moralischer Schwachsinn“ allein nicht als genügender Grund für die Diagnose eines „Schwachsinns“ im Sinne des Gesetzes angesehen worden seien. Verlangt worden sei stets auch ein „intellektueller Schwachsinn“ oder mindestens eine angeborene Veränderung der Gesamtpersönlichkeit gegenüber der Norm, bei welcher auch die intellektuelle Seite in Mitleidenschaft gezogen werde. Lediglich in Grenzfällen sei der „Asozialität“, der „moralischen Minderwertigkeit“ oder der Kriminalität eine entscheidende Bedeutung beigemessen worden. Die entscheidende Frage war für *Mezger* selbst aber ebenfalls die Lebensbewährung. Er vertrat die Auffassung, dass gegenüber einer *„künstlichen“* und damit allen möglichen Zufälligkeiten ausgelieferten Intelligenzprüfung das Leben selbst die beste Verstandes- und Charakterprüfung darstelle. „Asoziale“ und kriminelle Stämme seien eine Gefahr für das Gemeinschaftsleben. Ihre Erfassung im Rahmen des „Schwachsinns“ im Sinne des Gesetzes könne aber niemals allein anhand eines ausgeklügelten Prüfungsschemas, sondern nur anhand der Lebensbewährung oder ihres Fehlens gelingen. Ein wirklich dauerndes *„Versagen“* sei dabei *„meist“* intellektuell und emotional begründet.[554]

*Fred Dubitscher* kam bei einer Auswertung von rund fünftausend Verfahrensakten verschiedener Erbgesundheitsgerichte aus den Jahren 1934 und 1935 zu dem Ergebnis, dass die Erbgesundheitsgerichte *„Haltlosigkeit, Arbeitsscheu, Unstetheit, Kriminalität u.a.“* ohne Intelligenzausfälle nicht als „Schwachsinn“ im Sinne des Gesetzes zur Verhütung erbkranken Nachwuchses ansähen. Gleichzeitig stellte er aber fest, dass in der Überzahl der Fälle von *„ethischen Defekten“*, *„Indolenz“* und *„passiver Asozialität“* auch Ausfälle in den intellektuellen Fähigkeiten auf sprachlich-begrifflichem oder anschaulich-praktischem Gebiet ermittelt worden seien. Bei *„asozialem Verhalten“* ohne Intelligenzdefekte sei das Vorliegen eines „Schwachsinns“ im Sinne des Gesetzes durchweg verneint worden. Für *Dubitscher* war jedoch kein Grund ersichtlich, diese Fälle anders zu behandeln als *„qualitativ gleichartige“* Störungen der Gesamtpersönlichkeit, bei denen nur die Intelligenzdefekte im Vordergrund stünden, die Defekte in der ethischen Wertsphäre dagegen zurückträten.[555]

---

Rasse (14), 1939, 36, 38, in dem *Lemme* beklagte, dass die Unfruchtbarmachung der „Asozialen“ mangels gesetzlicher Grundlage nicht im *„wünschenswerten“* Umfang durchgeführt werden könne.

554 Edmund Mezger, Inwieweit werden durch Sterilisierungsmaßnahmen Asoziale erfasst?, in: Mitteilungen der Kriminalbiologischen Gesellschaft (V), 1938, 81, 91.

555 Fred Dubitscher, Asozialität und Unfruchtbarmachung (Aus dem Material des Reichsgesundheitsamtes), in: Mitteilungen der Kriminalbiologischen Gesellschaft

*Walter Kopp*, Mitglied des Erbgesundheitsgerichts Hannover, vertrat 1939 vordergründig die Auffassung, dass bei „*asozialem Verhalten*“ ohne Intelligenzdefekte das Vorliegen eines „Schwachsinns“ im Sinne des Gesetzes zur Verhütung erbkranken Nachwuchses verneint werden müsse. Ebenso wie *Dubitscher* kam aber auch *Kopp* zu der Feststellung, dass bei hinreichend genauer Untersuchung der „Intelligenz“ auch zahlreiche Fälle, die zunächst „*nur*“ unter der Diagnose „gemeinschaftsunfähig“ oder „asozial“ erschienen, schon nach dem geltenden Recht wegen „angeborenen Schwachsinns“ der Unfruchtbarmachung zugeführt werden könnten. Durch eine „*Verfeinerung*“ der Untersuchung und Diagnostik wollte *Kopp* die „*praktische Reichweite*“ des Gesetzes wesentlich erhöhen. Als Musterbeispiel einer ebenso verantwortungsbewussten wie maßvollen Rechtsprechung, die alle Grundsätze einer biologisch ausgerichteten Rechtsauffassung in sich trüge, zog *Kopp* insoweit eine Entscheidung eines nicht näher bezeichneten Erbgesundheitsobergerichts in C. vom 7. März 1939 heran. Das Erbgesundheitsgericht hatte die Unfruchtbarmachung abgelehnt, da bei der Betroffenen aufgrund der eingehenden Verstandesprüfung „Schwachsinn“ im Sinne des Gesetzes nicht habe festgestellt werden können. Die festgestellten Ausfälle hielt das Erbgesundheitsgericht auch unter Berücksichtigung des Vorlebens der Betroffenen nicht für ausreichend. Zwar hielt es das Erbgesundheitsgericht für wünschenswert, dass die Betroffene aus dem Erbgang ausgeschlossen werde. Nach Ansicht des Erbgesundheitsgerichts fehlte es aber an einer gesetzlichen Handhabe. Das Erbgesundheitsobergericht hingegen beschloss auf die Beschwerde des Amtsarztes hin die Unfruchtbarmachung wegen „angeborenen Schwachsinns“. Das Erbgesundheitsobergericht wollte bei der persönlichen Befragung der Betroffenen eine Reihe von – nicht näher konkretisierten – Ausfällen der reinen Verstandestätigkeit festgestellt haben. Da diese vermeintlichen Ausfälle für sich genommen aber auch nach Ansicht des Erbgesundheitsobergerichts nicht für die Diagnose „Schwachsinn“ ausreichten, ging dieses von einem „Grenzfall“ aus. Entscheidend stellte das Erbgesundheitsobergericht auf den sittlich „*recht anstößigen*“ Lebenswandel der Betroffenen ab, der auf eine ethische Urteilslosigkeit schließen lasse. Zudem habe die Betroffene ihre Kinder verwahrlosen lassen, sodass ein Kind in Pflege habe gegeben werden müssen. Diese Einsichtslosigkeit lasse auf eine mangelhafte Verstandestätigkeit schließen. Schließlich sei die Betroffene als in geschlechtlicher Hinsicht gänzlich hemmungslos zu bezeichnen. Auf ein „*schlechtes Erbgut*“ der Betroffenen schloss das Erbgesundheitsobergericht aufgrund des Umstandes, dass ihre Kinder ebenso wie sie selbst in der Schule versagten. All dies zusammengenommen sollte nach Ansicht des Erbgesundheitsobergerichts die Annahme eines „Schwachsinns“ rechtfertigen.[556]

---

(V), 1938, 99, 104 ff.; siehe auch Fred Dubitscher, Der moralische Schwachsinn unter besonderer Berücksichtigung des Gesetzes zur Verhütung erbkranken Nachwuchses, in: Zeitschrift für die gesamte Neurologie und Psychiatrie (154), 1936, 422, 444.

556 Walter Kopp, Die Unfruchtbarmachung der Asozialen, in: Der Erbarzt (6), 1939, 66 ff.

*Franz Kapp*, Leiter der kriminalbiologischen Untersuchungs- und Sammelstelle in Köln, vertrat die Auffassung, dass unter „angeborenem Schwachsinn“ im Sinne des Gesetzes zur Verhütung erbkranken Nachwuchses *„Asoziale aller Art“* fielen. Hierunter fasste er *„schwachbegabte Ballastexistenzen“*, *„Faulenzer“*, *„Arbeitsscheue“*, *„Dirnen“*, *„Zuhälter“* und *„Landstreicher“*. Der Begriff des „Schwachsinns“ sollte seiner Ansicht nach die Verbindung zwischen „amoralischer“ und „asozialer“ Einstellung auf psychopathischer Veranlagung umfassen, auch wenn die intellektuellen Leistungen nicht wesentlich unter dem Mittelmaß lägen. Der „Schwachsinn“ selbst könne sich in einem Mangel am Aufbau moralischer Begriffe, in Abstumpfung des ethischen Gefühls und groben Charakterfehlern zeigen. Entscheidend sollte daher die Beurteilung der Gesamtpersönlichkeit sein. *Kapp* wollte die „Schwachsinnsdiagnose“ von psychiatrischen Erkenntnissen lösen. Der Gesetzgeber habe alle erblichen Zustände der Minderleistungen auf dem Gebiet der verstandesmäßigen Begabung erfassen wollen, soweit sie allein oder in Verbindung mit anderen eugenisch unerwünschten Zuständen die Volksgemeinschaft mehr belasteten als es auf die Dauer tragbar erscheine. Aus dem *„psychiatrischen Schwachsinnsbegriff“* habe der Gesetzgeber daher für die eugenisch-rechtliche Praxis den Begriff des „angeborenen Schwachsinns“ geschaffen. Der Begriff müsse entsprechend dem Willen des Gesetzgebers „voll ausgeschöpft“ werden, um „minderwertiges Erbgut“ auszumerzen. Den Begriff des „Schwachsinns“ wollte *Kapp* daher bei „Kriminellen“ und „Asozialen“ weiter fassen. Er erachtete es für notwendig, auch die Minder-, Schwach- und Mäßigbegabten in den Begriff des „angeborenen Schwachsinns“ einzubeziehen und die Anforderungen an das soziale Verhalten sehr viel stärker zu betonen. Auch bei durchschnittlichen Antwortleistungen in der *„schematischen“* Intelligenzprüfung sollte ein „angeborener Schwachsinn“ im Sinne des Gesetzes vorliegen.[557]

Im Gegensatz hierzu war *Wolfgang Knorr*, Leiter der Hauptstelle „Praktische Bevölkerungspolitik“ im Rassenpolitischen Amt der Reichsleitung NSDAP, der Ansicht, dass nur ein Teil der „Asozialen“ „schwachsinnig“ im Sinne des Gesetzes zur Verhütung erbkranken Nachwuchses sei und damit der Unfruchtbarmachung unterlag. In seiner Untersuchung an drei „asozialen“ Großfamilien kam er zu dem Ergebnis, dass *„der typische Gemeinschaftsunfähige“* nicht „schwachsinnig“ und auch sonst nicht erbkrank im Sinne des Gesetzes sei. Grobe Ausfälle des Intellekts ließen sich nur selten nachweisen. Den Grund des *„sozialen Versagens“* sah *Knorr* in einer allgemeinen „Minderwertigkeit“ des Charakters, die sich graduell nicht messen lasse und deren entscheidende Merkmale die Antriebs- und Hemmungslosigkeit seien. Der *„typische Asoziale“* besitze weder einen inneren Zwang zur Leistung und Pflichterfüllung, noch Hemmungen gegenüber seinem Triebleben. Seine Lebensführung falle durch den Mangel an Ehrgefühl, Pflichtbewusstsein,

557 Franz Kapp, Zur Unfruchtbarmachung bei angeborenem Schwachsinn und über ihre Bedeutung im Kampf gegen Kriminalität und Asozialität, in: Monatsschrift für Kriminalbiologie und Strafrechtsreform (30), 1939, 17, 20 ff.

Verantwortungsfreude und Gemeinschaftssinn auf. Erst durch diese Charakterwerte werde ein an sich körperlich und geistig brauchbarer Volksgenosse aber zu einem vollwertigen Mitglied der Gemeinschaft. *Knorr* forderte daher eine erweiterte Gesetzesgrundlage für die Unfruchtbarmachung „Asozialer“.[558]

Auch in der Rechtsprechung wurden Intelligenzausfälle bei „asozialem Verhalten“ spätestens seit der zweiten Hälfte der neunzehnhundertdreißiger Jahre regelmäßig nicht mehr für eine Schwachsinnsdiagnose für erforderlich erachtet.[559]

Das Erbgesundheitsgericht Frankfurt am Main[560] ordnete 1937 die Unfruchtbarmachung wegen „angeborenen Schwachsinns“ an, obwohl die Betroffene über eine an sich ausreichende „formale Intelligenz“ verfügte. Die psychischen Mängel, die die Diagnose „angeborener Schwachsinn“ rechtfertigten, sah das Erbgesundheitsgericht Frankfurt am Main in der „abnormen“ Flachheit und Unstetigkeit der Gemütsvorgänge, in der Unterentwicklung und Verbildung der sittlichen Begriffswelt und in einer „abnormen“ Verführbarkeit und Beeinflussbarkeit des Willens.

Den ursprünglichen Antrag auf Unfruchtbarmachung hatte der Leiter einer Landesheilanstalt damit begründet, dass die einundzwanzigjährige *N.N.* nach ihrer Schulentlassung zwar zunächst eine Lehre als Weißzeugnäherin absolviert und dann in verschiedenen Wäschegeschäften gearbeitet habe. Nachdem sie im März 1935 einen gewissen *C.* kennengelernt hatte, sei sie aber fast ständig von zu Hause verschwunden gewesen. Von dem *C.*, einem Mann mit *„verbrecherischem Charakter“*, habe sie sich in der Folgezeit nicht freimachen können. Obwohl sie den *C.* im Oktober 1935 habe festnehmen lassen und er wegen Betruges und Diebstahls verurteilt worden sei und obwohl ihr ein Mann mit einwandfreier Vergangenheit die Ehe angeboten habe, sei die *N.N.* stets zu *C.* zurückgekehrt.

Das Erbgesundheitsgericht Frankfurt am Main wies den Antrag auf Unfruchtbarmachung zunächst zurück, da ein Erbleiden im Sinne des § 1 Absatz 2 Ziffer 1 des Gesetzes zur Verhütung erbkranken Nachwuchses nicht feststellbar sei. Die Intelligenzprüfung hätte klar ergeben, dass eine unterdurchschnittliche Ausbildung der intellektuellen Fähigkeiten der *N.N.* nicht vorliege. Schul- und allgemeines Lebenswissen seien durchaus genügend. Aufgaben aus dem Gebiete des abstrakten und kombinatorischen Denkens seien bei nicht verzögertem Gedankenablauf richtig gelöst worden. Gedächtnis- und Merkfähigkeit seien nicht herabgesetzt. Das

---

558 Wolfgang Knorr, Vergleichende erbbiologische Untersuchungen an drei asozialen Großfamilien, Berlin 1939, 7 f., 48, 51.

559 Das Erbgesundheitsobergericht Celle lehnte jedoch – jedenfalls seit 1942 – die Gleichstellung des „Asozialen“ mit dem „Schwachsinnigen“ ab und hielt an dem Erfordernis eines Intelligenzmangels fest; EOG Celle, Beschl. v. 03.02.1942 – 1 Wg 1/42 und Beschl. v. 11.09.1942 – 1 Wg 112/42, zitiert nach Sabine Kramer, "Ein ehrenhafter Verzicht auf Nachkommenschaft" : theoretische Grundlagen und Praxis der Zwangssterilisation im Dritten Reich am Beispiel der Rechtsprechung des Erbgesundheitsobergerichts Celle, Baden-Baden 1999, 179.

560 EG Frankfurt a.M. – 92 XIII 166/37, Der Erbarzt (4) 1937, 103.

Wesen der *N.N.* sei *„frisch und geweckt“*. Allein die haltlose Lebensführung sollte nicht zu einer gegenteiligen Entscheidung führen können, insbesondere da dieses *„Versagen“* in der Hauptsache auf den *„verderblichen Verkehr“* mit dem *C.* zurückzuführen sei. Das Erbgesundheitsgericht erwartete, dass die Lebensführung der *N.N.* sich bessern werde, wenn sie dem Einfluss des *C.* entzogen bliebe.

Nachdem der Beschluss des Erbgesundheitsgerichts rechtskräftig geworden war, beantragte der Leiter der Landesheilanstalt etwa ein Jahr später die Wiederaufnahme des Verfahrens. Zur Begründung führte er aus, dass die *N.N.* aus der Heilanstalt zu ihren Eltern entlassen worden sei. Diese hätten ihr eine gute Stelle in einem Herrenkonfektionsgeschäft besorgt. Nach vierzehn Tagen habe die *N.N.* die Stelle aber wieder aufgegeben und vier Monate mit dem *C.* zusammengelebt, bis dieser wieder aufgegriffen und in ein Konzentrationslager verbracht worden sei. Daraufhin sei die *N.N.* nicht in ihr Elternhaus zurückgekehrt, sondern heimlich der *„Gewerbsunzucht“* nachgegangen.

Im Wiederaufnahmeverfahren ordnete das Erbgesundheitsgericht dann die Unfruchtbarmachung wegen „angeborenen Schwachsinns“ an. Die *N.N.* habe trotz der so günstigen Voraussetzungen die Erwartung, dass sie sich aus der Erkenntnis aller ihr drohenden Folgen nunmehr zu einer entscheidenden Änderung ihrer Lebenshaltung entschließen würde, völlig enttäuscht. Es sei kein Zweifel daran, dass sie ihre Handlungsweise aus freier Willensentscheidung und nicht mehr unter dem übermächtigen Zwang gefühlsmäßiger oder triebhafter Bindung vollzogen habe. Sie habe sich dem *C.*, auch nachdem dieser eine Gefängnisstrafe verbüßt hatte, unmittelbar wieder ausgeliefert, obgleich sie schon damals angeblich versucht hatte, in ein dauerndes Arbeitsverhältnis zu kommen und nach ihrem eigenen Eingeständnis auch Gelegenheit hierzu gefunden hatte. Aufgrund der persönlichen Vernehmung der *N.N.* war das Erbgesundheitsgericht nunmehr davon überzeugt, dass sie infolge *„unabänderlicher anlagemäßiger Mängel“* ihrer psychischen Veranlagung sich immer wieder in gleicher Weise fehlerhaft verhalten werde und dass sie trotz der an sich vorhandenen Fähigkeit, ihre Lage und ihre Aussichten zu begreifen und zu beurteilen, aus ihren ihr daraus erwachsenen Kenntnissen keine Nutzanwendung ziehe, da ihr die *„normalen“* Ziele und Strebungen einer *„sittlich geordneten“* Persönlichkeit völlig abgingen. Infolge der *„abnormen“* Flachheit ihrer Gemütsvorgänge blieben selbst vorübergehende richtige Einsichten, die sie dank ihrer durchaus durchschnittlichen geistigen Gewandtheit herzustellen vermöge, auf ihre Willensbildung ohne jeden nennenswerten und stetigen Einfluss. Da sie auf der anderen Seite im *„abnormen“* Sinne verführbar und beeinflussbar sei, werde ihre Lebenshaltung ganz überwiegend von primitiven Triebregungen und Begehrungen bestimmt, sodass sie nicht fähig erscheine, von den Mitteln ihres Verstandes zweckmäßigen Gebrauch zu machen.[561]

Auch das Erbgesundheitsobergericht Jena[562] vertrat 1938 die Ansicht, dass nicht zu viel Wert auf die *„formale Intelligenz“* gelegt werden dürfe. So ordnete das

561 EG Frankfurt a.M. – 92 XIII 166/37, Der Erbarzt (4) 1937, 103.

562 EOG Jena, Beschl. v. 12.01.1938 – Wg 927/37, JW 1938, 1277.

Erbgesundheitsobergericht auf die Beschwerde des Amtsarztes hin die Unfruchtbarmachung der zweiunddreißigjährigen *Gertrud W.* wegen „angeborenen Schwachsinns“ an, obwohl das Erbgesundheitsgericht keine Intelligenzmängel feststellen konnte und daher die Unfruchtbarmachung abgelehnt hatte. Das Erbgesundheitsobergericht verwies zunächst auf die *„eingehende und gründliche“* Begabungsprüfung durch den Amtsarzt, die Intelligenzausfälle – wenn auch nicht erheblicher Art – ergeben habe. Die Urteils- und Kombinationsfähigkeit sei nicht vollwertig und es bestünden, wenn auch nicht starke, Ausfälle im Schul- und Lebenswissen. Entscheidend für die Diagnose des „angeborenen Schwachsinns“ stellte das Erbgesundheitsobergericht aber auf die starken *„sittlichen Mängel“* ab. Schon als Schulmädchen habe *Gertrud W.* gestohlen und sei deshalb in Fürsorgeerziehung gekommen, habe sich aber nicht gebessert. Siebenmal sei sie wegen Diebstahls verurteilt worden. Nach den Berichten des Polizeiamts sei *Gertrud W.* eine *„raffinierte, gemeingefährliche und unverbesserliche Diebin“* und geradezu als *„Volksschädling“* zu bezeichnen. Gestohlen habe sie nicht aus Not, sondern um ihren Neigungen zu frönen. Sie trinke und rauche hemmungslos und gebe dafür ihr Geld aus. Ihre Ehe habe sie durch Ehebruch mit verschiedenen Männern zerstört. Unter Bezugnahme auf den Gesetzeskommentar führte das Erbgesundheitsobergericht aus, dass sich „angeborener Schwachsinn“ als Störung und Hemmung der Gesamtpersönlichkeit äußere. Schwere Ausfälle innerhalb dieses Rahmens seien als „angeborener Schwachsinn“ zu bewerten. Als unerheblich betrachtete das Erbgesundheitsobergericht, ob die Ausfälle auf dem Gebiet des Verstandes oder auf dem des Charakters aufträten. *Gertrud W.* sei sittlich abgestumpft. Das zeige die ganze Entwicklung ihrer Persönlichkeit. Sie begehe seit der Schulzeit immer wieder Diebstähle und lasse sich davon auch nicht durch Erziehungsmaßnahmen und Beurteilungen abschrecken. Ihre Urteilskraft und ihre Einsicht seien so gering, dass sie ihr Leben nicht vernünftig gestalten könne. Sie gliedere sich nicht *„gemeinschaftsfördernd“* in die Familie ein, sondern zerstöre das Familienleben durch Ehebruch und unnötige Ausgaben. Ebenso wenig füge sie sich nutzbringend in die Volksgemeinschaft ein. Sie verhalte sich vielmehr sehr „asozial“ und schädige die Volksgemeinschaft als *„gemeingefährliche und unverbesserliche Diebin“*. Als Beleg für die *„anlagemäßige Abartigkeit“* sah das Erbgesundheitsobergericht den frühen Beginn der Diebstähle.[563]

In einem weiteren Verfahren ordnete das Erbgesundheitsobergericht Jena die Unfruchtbarmachung des zweiundzwanzigjährigen *Willy H.* wegen „angeborenen Schwachsinns“ an. Auch hier hatte das Erbgesundheitsgericht die Unfruchtbarmachung abgelehnt, da intellektuelle Ausfälle nicht nachzuweisen gewesen seien.

Das Erbgesundheitsobergericht hingegen meinte, Intelligenzausfälle, wenn auch nur geringer Art, zweifellos erkennen zu können. Entscheidend stellte das Erbgesundheitsobergericht aber auch im Fall des *Willy H.* auf die erheblichen Ausfälle der Persönlichkeitseigenschaften, des Charakters und des Gefühlslebens

563 EOG Jena, Beschl. v. 12.01.1938 – Wg 927/37, JW 1938, 1277.

ab. Eine Lehrstelle zum Schlosser habe *Willy H.* verlassen, weil ihm die Arbeit zu schwer gewesen sei. Eine Lehrstelle zum Tischler habe er nach acht Wochen ebenfalls aufgegeben. 1927 habe das Vormundschaftsgericht Schutzaufsicht über *Willy H.* verhangen, weil er sich herumgetrieben habe. Im Jahr 1931 habe *Willy H.* einem Kameraden die Uhr gestohlen und sei deshalb bestraft worden. Kurz danach sei er zu einem Monat Gefängnis verurteilt worden, weil er mit einem vierjährigen Mädchen unzüchtige Handlungen vorgenommen habe. Zugleich sei Fürsorgeerziehung angeordnet worden, woraufhin *Willy H.* zwei Jahre in Heimerziehung gewesen sei. Seit der Entlassung aus der Fürsorgeerziehung im Jahr 1933 habe *Willy H.* gelegentlich als Landarbeiter gearbeitet. In den Jahren 1936 und 1937 sei er sieben Mal gerichtlich bestraft worden. Neben Diebstahl und Unterschlagung erachtet das Erbgesundheitsobergericht für besonders bemerkenswert, dass *Willy H.* Beitragsgelder unterschlagen habe, die er bei Hitlerjungen kassiert hatte. Er habe verschiedene Volksgenossen auf raffinierte Weise zu betrügen versucht und seine Stiefschwester zu Unrecht der Unterschlagung und des Diebstahls beschuldigt. Ferner habe er sich der Beamtenbeleidigung und der tätlichen Beamtenbeleidigung schuldig gemacht.

Die „*Abwegigkeiten*" des *Willy H.* erachtete das Erbgesundheitsobergericht als „*überwiegend*" anlagemäßig. Auch wenn *Willy H.* ohne Vater aufgewachsen und von seiner Mutter nicht richtig erzogen worden sei, seien für sein Versagen in der Schule und im Leben nicht nur diese Umwelteinflüsse verantwortlich zu machen. Das ergebe die ganze Entwicklung. *Willy. H.* habe sich als Schuljunge umhergetrieben, sei in keiner Lehre geblieben und auch durch Schutzaufsicht und Fürsorgeerziehung nicht gebessert worden, sondern schon mit fünfzehn Jahren straffällig geworden. Auch die gerichtlichen Strafen hätten keine bessernde Wirkung gehabt. *Willy H.* versage im Leben, gliedere sich nicht in die Volksgemeinschaft ein und leiste nichts für diese. Im Gegenteil bringe er der Volksgemeinschaft nur Schaden und zeige sich gemeinschaftsunfähig. Das Erbgesundheitsobergericht Jena war der Ansicht, dass das „*Versagen*" im Leben dafür spreche, dass „angeborener Schwachsinn" bestehe, so wie die „*wirkliche*" Lebensbewährung gegen das Bestehen von „angeborenem Schwachsinn" spreche. In offensichtlicher Anlehnung an die zweite Auflage des Gesetzeskommentars aus dem Jahr 1936 legte das Erbgesundheitsobergericht insoweit den „*stets zutreffenden*" Maßstab einer „*klaren und ungekünstelten Vorstellung vom geistig-seelisch gesunden Menschen*" zugrunde.[564]

Die beiden zitierten Entscheidungen des Erbgesundheitsobergerichts Jena lobte *Ruttke* als Musterbeispiele für die richtige unter erbpflegerischen Gesichtspunkten erfolgte Beurteilung des „Schwachsinns". Zutreffend hätte das Erbgesundheitsobergericht Jena eine Bewertung des Menschen als Gesamtpersönlichkeit vorgenommen und diesen in der ganzen Fülle seiner Lebensbeziehungen gesehen und nach

564 EOG Jena, Beschl. v. 19.01.1938 – Wg 947/37, JW 1938, 1278; vgl. Arthur Gütt, Ernst Rüdin und Falk Ruttke, Gesetz zur Verhütung erbkranken Nachwuchses vom 14. Juli 1933, 2., neu bearbeitete Auflage, München 1936, 126.

diesen beurteilt. Eine solche Wertung komme „*naturgemäß*“ zu einleuchtenderen Beurteilungen. Der „Schwachsinn“ sei ein Fehler im Aufbau der Persönlichkeit. Er wirke sich deshalb nicht gerade nur auf intellektuellem Gebiete, sondern ebenso auch auf anderen Gebieten der Gesamtpersönlichkeit aus. Im Fall der *Gertrud W.* habe sich gezeigt, dass sie nicht in der Lage sei, ihr Leben so zu gestalten, dass es sich der Volksgemeinschaft anpasst. Die immer wieder vorkommenden Bestrafungen und ihre Haltlosigkeit in geschlechtlicher Beziehung zeigten die schweren Mängel im Aufbau ihrer Persönlichkeit auf. Auch im Fall des *Willy H.* habe sich gezeigt, dass dieser nicht in der Lage sei, sein Leben den Erkenntnissen seiner formalen Intelligenz entsprechend zu gestalten. *Willy H.* habe sich als gemeinschaftsunfähig gezeigt.[565]

Auch im Fall der *Anna M.* stellte das Erbgesundheitsobergericht Jena 1937 wesentlich auf die Lebensführung ab. In dieser habe *Anna M.* deutlich zum Ausdruck gebracht, dass ihre ganze Persönlichkeit gestört sei. Sie habe sich von vier verschiedenen Männern schwängern lassen. Auch eine Gonorrhoeerkrankung habe sie nicht von ihrem „*hemmungslosen Lebenswandel*“ abgehalten. Insoweit stellte das Erbgesundheitsgericht „*zweifelsfrei*“ fest, dass *Anna M.* an „angeborenem Schwachsinn“ leide, da sich kein „*geistig-seelisch gesunder Mensch*“ wie sie verhalte. Ihr Verstand reiche nicht aus, um ihr Tun richtig zu beurteilen und das Leben „*vernünftig*“ zu gestalten. Als unmittelbarste Aufgabe des Verstandes betrachtete das Erbgesundheitsobergericht Jena aber die Lebensführung und die „*Durchsetzung*“ der Umwelt gegenüber.[566]

Andererseits lehnte das Erbgesundheitsobergericht Jena in einem anderen Fall 1939 die Diagnose eines „angeborenen Schwachsinns“ trotz „asozialer Lebensführung“ aufgrund der durchschnittlichen Intelligenz des Betroffenen ab. Nach Ansicht des Erbgesundheitsobergerichts Jena seien mindestens Einzelausfälle in dieser Richtung nötig, um den Betroffenen als Gesamtpersönlichkeit als „schwachsinnig“ bezeichnen zu können. Es hielt eine Ausdehnung des Gesetzes zur Verhütung erbkranken Nachwuchses auf Psychopathen und „Asoziale“ daher für dringend erforderlich.[567]

Dass das Erfordernis eines Intelligenzdefektes aber auch dort, wo es verlangt wurde, regelmäßig nur ein vermeintliches war, zeigen ferner die im Untersuchungsgefängnis Berlin-Moabit untersuchten Fälle.[568] So zum Beispiel der Fall eines verheirateten Anstreichers, geboren 1907, dessen Unfruchtbarmachung wegen „angeborenen Schwachsinns“ angeordnet wurde. Er sollte aus einer „*minderwertigen Familie*“ stammen. Sein Vater und Großvater seien Trinker gewesen.

565 Falk Ruttke, Anmerkung, in: Juristische Wochenschrift (67), 1938, 1278 f.
566 EOG Jena, Beschl. v. 24.02.1937 – Wg 64/37, JW 1937, 947.
567 EOG Jena, Beschl. v. 25.01.1939 – Wg 824/38, DR 1939, 731.
568 Vgl. Werner Horlboge, Die Unfruchtbarmachung Asozialer gemäß dem Gesetz zur Verhütung erbkranken Nachwuchses (Nach dem Krankengut des Krankenhauses beim Untersuchungsgefängnis Berlin-Moabit), Berlin 1939.

Der Vater sei verschiedene Male vorbestraft gewesen. Nach einem Fürsorgerinnenbericht aus dem Jahr 1924 sollten die Familienverhältnisse der Eltern völlig zerrüttet gewesen sein. Der Vater habe mit einer anderen Frau zusammengelebt und sei syphiliskrank gewesen. Die Mutter habe einen nervösen und aufgeregten Eindruck gemacht, sei verbittert gewesen und habe einen „*bösen Charakter*“ hervorgekehrt. Die Kinder hätten einen „*ungünstigen*“ Eindruck gemacht. Die Ehe der Eltern sei geschieden. In der Schule habe er im Allgemeinen genügende Zeugnisse gehabt. Nach eigenen Angaben habe er aber in der Dorfschule als „*heller Großstadtjunge*“ unter den „*schwerfälligen Bauernbengels*“ leicht etwas Besonderes darstellen können. Dabei sei ihm seine Redegewandtheit zugutegekommen. Später sei er vorübergehend in einem Zigarrengeschäft tätig gewesen und habe dann bei seinem Großvater eine Malerlehre begonnen. Die Lehrzeit sei aber nicht beendet worden, da er in Fürsorgeerziehung übernommen wurde, weil er sittlich erheblich verwahrlost gewesen sei. 1922 sei er wegen Sittlichkeitsverbrechens an Personen unter 14 Jahren in zwei Fällen zu zwei Monaten Gefängnis und in einem zweiten Verfahren wegen des gleichen Verbrechens zu vier Monaten Gefängnis verurteilt worden. Aus der Fürsorgeerziehung sei er bald mit unbekanntem Ziel entwichen. Dann habe er sich offensichtlich unter falschem Namen eine Zeit lang als Kutscher, Landarbeiter und Fabrikarbeiter betätigt. Schließlich sei er Zuhälter gewesen und habe daneben noch gebettelt. Es folgten weitere Verurteilungen wegen Hehlerei und Zuhälterei. Er habe verschiedene Verhältnisse gehabt, mit denen er zusammen vier uneheliche Kinder gezeugt habe. 1930 wurde er auf seinen Geisteszustand untersucht mit dem Ergebnis, dass es sich bei ihm um eine „*weiche, biegsame, willens- und charakterschwache Persönlichkeit*“ handeln sollte. Später habe er verschiedene Stellungen als Aushilfsarbeiter innegehabt, einen eigentlichen Beruf aber nicht erlernt. 1932 habe er seine Frau, ebenfalls früherer Fürsorgezögling, kennengelernt und sich bald mit ihr verheiratet. In der Ehe sei es bald zu Zwistigkeiten und Tätlichkeiten gekommen, die sich so steigerten, dass die Eheleute eine Zeit lang getrennt lebten. Schuld an diesen Zuständen sollte auch sein übermäßiger Hang zum Alkohol gehabt haben. Nach den Angaben seiner Frau habe er ihr wochenlang kein Geld gegeben und für sich Trinkschulden gemacht. Ein „*reiner intellektueller Schwachsinn*“ konnte jedoch nicht festgestellt werden. Dennoch wurde der Betroffene unter Einbeziehung des Charakters und der Grundlagen der „*eigentlichen*“ Persönlichkeit als „schwachsinnig“ im Sinne des Gesetzes zur Verhütung erbkranken Nachwuchses angesehen. Er habe zwar aufgrund seines guten Auffassungsvermögens in seinen Schuljahren „*allerlei Wissen*“ in sich aufnehmen und aufgrund seines guten Gedächtnisses behalten können. Es stehe aber fest, dass er in seiner Urteilsfähigkeit und Zielstrebigkeit auf derart tiefer Stufe stehen geblieben sei, dass er niemals in der Lage war, von seinem Wissen und Können den richtigen Gebrauch zu machen. Er sei nicht sozial vorwärtsgekommen. In seinem Charakter sei er so primitiv geblieben, dass er es nicht fertiggebracht habe, ein „*sittlich reifer*“ und gefestigter Mensch zu werden. Er habe es niemals wie ein anderer „*vernünftiger*“ Mensch fertiggebracht, seine Instinkte und sein Triebleben auch nur einigermaßen zu zügeln. Dem Betroffenen wurde eine „*ausgesprochene*

*Entartung*“ der wichtigsten Persönlichkeitsbelange, des Trieb- und Willenslebens, attestiert. Derartige Mangelzustände auf dem Gebiet der Persönlichkeitsbildung seien als Zeichen eines „Schwachsinns“ im Sinne des Gesetzes zur Verhütung erbkranken Nachwuchses anzusehen.[569]

Das Erbgesundheitsobergericht Frankfurt am Main ordnete mit Beschluss vom 4. November 1935 die Unfruchtbarmachung wegen „angeborenen Schwachsinns“ aufgrund „*besonders schwerer Charakterfehler*“ an. Die betroffene *M.* bezeichnete das Erbgesundheitsobergericht nach ihrer Lebensführung, die sich aus den Pflegeamtsakten und den Krankengeschichten einer Heilanstalt und einer Nervenklinik ergäbe, als völlig haltlose Persönlichkeit, die besonders auf geschlechtlichem Gebiete jeder Verführung erliege und durch triebhafte Steigerung des Geschlechtsverlangens immer wieder einem „*Dirnenleben*“ verfalle. In der Anstalt habe sich ihre sexuelle Erregbarkeit in gleichgeschlechtlichen Liebesannäherungen geltend gemacht. *M.* sei auch mit weiteren „Charaktermängeln“ behaftet. Sie sei reizbar, gehässig, hetzerisch und unbotmäßig. Alle Erziehungs- und Arbeitsversuche seien fehlgeschlagen. Erhebliche Intelligenzausfälle vermochte das Erbgesundheitsgericht jedoch nicht festzustellen, sodass es die Unfruchtbarmachung ablehnte. Der Beschluss des Erbgesundheitsgerichts wurde zunächst rechtskräftig. Nachdem die *M.* bei ihrer versuchsweisen Entlassung aus einer Heilanstalt aber sofort „versagt“ habe, entwichen sei, Gewerbsunzucht getrieben und sich erneut mit Gonorrhoe angesteckt habe, beantragt der Anstaltsleiter die Wiederaufnahme des Verfahrens. Nach Ansicht des Anstaltsleiters hätte die *M.* durch ihre Lebensführung, ihre Kritiklosigkeit und ihre völlige Unbeeinflussbarkeit „*aufs deutlichste*“ ihren „Schwachsinn“ bewiesen. Das Erbgesundheitsgericht lehnte die Unfruchtbarmachung aber erneut ab, da auch aus den neu beigebrachten Tatsachen auf eine intellektuelle „*Unterwertigkeit*“ nicht geschlossen werden könne. Gegen den Beschluss des Erbgesundheitsgerichts legte der Anstaltsleiter Beschwerde ein. Zur Begründung führte er an, dass Personen wie die *M.* im sozialen Leben gänzlich versagten, ihre Lebensführung durch völlige Kritiklosigkeit, Verführbarkeit, „Asozialität“ und Kriminalität gekennzeichnet sei. Sie seien unfähig, aus ihren ständigen Entgleisungen irgendwelche Erfahrungen zu sammeln und diese zu verwerten. Die Verständnislosigkeit für die Pflichten der Gemeinschaft sollte nach Ansicht des Anstaltsleiters eine „*Unterwertigkeit*“ des Verstandes anzeigen. Das Erbgesundheitsobergericht Frankfurt am Main vertrat zwar die Auffassung, dass die nur geringfügig verminderten Verstandesleistungen allein eine Schwachsinnsdiagnose nicht stützen könnten. Auch trat das Erbgesundheitsobergericht dem Beschwerdeführer entgegen und betonte, dass es nicht möglich sei, aus dem Versagen in der Lebensführung mittelbar auf eine intellektuelle „Unterwertigkeit“ zu schließen. Bei der *M.* sollte das „Versagen“ in der Lebensgestaltung hauptsächlich auf den mangelhaft entwickelten Charaktereigenschaften beruhen. Eine wenn auch nur leichte Verstandesschwäche begünstige das „Versagen“ der *M.* aber, sodass nach Ansicht

569 Werner Horlboge, a.a.O., 22 ff.

des Erbgesundheitsobergerichts Frankfurt am Main die Diagnose „angeborener Schwachsinn“ gerechtfertigt erschien.[570]

Auch das Erbgesundheitsobergericht Kiel vertrat vordergründig die Auffassung, dass die Annahme eines „Schwachsinns“ ohne intelligenzmäßigen Defekt wissenschaftlich nicht möglich sei. Eine nur psychische oder moralische Beeinträchtigung oder Störung sollte nicht ausreichen. Entgegen der Rechtsprechung vieler Erbgesundheitsgerichte und Stimmen in der Literatur sollte ein „Schwachsinn“ im Sinne des Gesetzes zur Verhütung erbkranken Nachwuchses nicht angenommen werden können, wenn sich dieser lediglich in „asozialem“ oder kriminellen Verhalten offenbarte. Nach Ansicht des Erbgesundheitsobergerichts Kiel habe das Gesetz die „*moralisch Minderwertigen*“ bewusst unberücksichtigt gelassen.[571]

Dass das Erbgesundheitsobergericht Kiel aber sehr wohl bereit war, auch ohne festgestellte Intelligenzausfälle einen „angeborenen Schwachsinn“ anzunehmen, zeigt ein Beschluss vom 18. Mai 1935. Das Erbgesundheitsobergericht ordnete die Unfruchtbarmachung der *Emma S.* wegen „angeborenen Schwachsinns“ an, obwohl die von dem Amtsarzt durchgeführte Intelligenzprüfung keine erheblichen Ausfälle ergeben hatte. Das Erbgesundheitsgericht hatte die Unfruchtbarmachung daher abgelehnt. Das Erbgesundheitsobergericht Kiel jedoch wollte aus Inhalt und Art der Antworten der *Emma S.* den Schluss ziehen, dass sie geistig „*wenigstens*“ als „Grenzfall“ zu betrachten sei. Dass *Emma S.* nicht nur unbegabt, sondern „schwachsinnig“ sei, sollte sich nach Ansicht des Erbgesundheitsobergerichts daraus ergeben, dass sie mit dem Leben überhaupt nicht habe fertig werden können. Sie habe sich wahllos allen Vergnügungen hingegeben, habe trotz schlechter Erfahrungen immer wieder Geschlechtsverkehr gesucht und gefunden und sei selbst nachdem sie entmündigt worden war wieder in „*zweifelhafte Verhältnisse*“ gegangen. Mit diesen „*zweifelhaften Verhältnissen*“ bezog sich das Erbgesundheitsobergericht auf eine Anstellung in einer Gastwirtschaft, in der sich die *Emma S.* mit Männern „*abgegeben*“ habe. Das Erbgesundheitsobergericht Kiel betrachtete *Emma S.* daher nicht nur als „typische“ uneinsichtige „Psychopathin“, die alle Verantwortung für ihr Missgeschick auf andere abschiebe. Vielmehr sei sie nicht imstande, kraft ihrer Fähigkeiten und ihrer Willenskräfte sich allein durchs Leben „*hindurchzuhelfen*“ und leide mithin an „angeborenem Schwachsinn“.[572]

In einem anderen Fall ordnete das Erbgesundheitsobergericht Kiel die Unfruchtbarmachung eines dreizehnfach wegen „*Betrügereien*“ vorbestraften Betroffenen wegen „angeborenen Schwachsinns“ an, obwohl die Intelligenzprüfung keine „*nennenswerten*“ Defekte ergeben hatte. Der Sachverständige, dessen Gutachten sich das Erbgesundheitsobergericht anschloss, wollte einen zwar leichten, „*in das Krankhafte hineinreichenden*“ Intelligenzdefekt gleichwohl darin erkennen, dass dem Betroffenen die Konzentrationsfähigkeit, das Interesse am Lernstoff und der

---

570 EOG Frankfurt a.M., Beschl. v. 04.11.1935 – Wg 269/35, JW 1936, 273.

571 EOG Kiel, Beschl. v. 14.02.1935 – WErb 79/34, JW 1935, 2143.

572 EOG Kiel, Beschl. v. 18.05.1935 – Wg 67/35, JW 1935, 2741.

Antrieb zum Lernen fehle. Das Fehlen dieser Eigenschaften sollte *„in gewissem Sinne"* dem „Schwachsinn" zuzurechnen sein. Hierauf sei zurückzuführen, dass der Betroffene in Bezug auf die höhere Urteilsbildung, auf die praktische Vernunft und die Selbstkritik weitgehend „versage". Der Betroffene sollte daher nicht nur an „moralischem Schwachsinn" sondern auch an einem, wenn auch nicht schweren Grad „intellektuellen Schwachsinns" leiden.[573]

Dass das Erbgesundheitsobergericht Kiel keineswegs die Feststellung von Intelligenzmängeln für die Annahme eines „angeborenen Schwachsinns" für erforderlich erachtete, zeigt ferner der Fall des vierundzwanzigjährigen *„Landarmen" Paul Sch.* Das Erbgesundheitsgericht hatte die Unfruchtbarmachung abgelehnt, da *Paul Sch.* die Intelligenzprüfung *„recht gut"* bestanden habe. Da sich die Mutter seit seiner frühsten Kindheit nicht um *Paul Sch.* gekümmert hatte, wuchs dieser in verschiedenen Pflegestellen auf. Er besuchte erfolgreich die Volksschule bis er aufgrund eines Fürsorgeerziehungsbeschlusses in eine Landesheil- und Pflegeanstalt eingewiesen wurde. Dort soll er nach den Feststellungen des Erbgesundheitsobergerichts anfänglich gute Schulleistungen gezeigt haben. Beschäftigungen in der Anstaltsschneiderei und der Ziegelei habe er aufgrund von Krankheit aber aufgeben müssen. Anschließend kam *Paul Sch.* in Familienpflege. Dort habe er sich über schlechte Behandlung beklagt und sei schließlich als *„landarm"* wieder in die Landesheil- und Pflegeanstalt aufgenommen worden. Bei diesem Lebenslauf sollte es nach Ansicht des Erbgesundheitsobergerichts nicht wesentlich auf das Ergebnis der Intelligenzprüfung ankommen. Dass der Betroffene über *„einiges Schulwissen"* verfüge und theoretische Fragen ganz gut beantworten könne, sollte für die Schwachsinnsdiagnose dann keine Bedeutung haben, wenn dieser für das Leben *„vollkommen unbrauchbar"* war. Dies sollte bei *Paul Sch.* der Fall sein. Dieser sei im Alter von vierundzwanzig Jahren nicht imstande gewesen, sich selbst seinen Lebensunterhalt zu erwerben. Das Erbgesundheitsobergericht nahm an, dass er hierzu sein ganzes Leben nicht imstande sein werde. Dies sollte aber nicht auf seine körperlichen Erkrankungen zurückzuführen sein, sondern auf seine geistigen Eigenschaften, sodass das Erbgesundheitsobergericht Kiel zu der Feststellung eines „angeborenen Schwachsinns" kam.[574]

Auch das Erbgesundheitsobergericht Karlsruhe beschloss 1938 die Unfruchtbarmachung eines *„asozialen Verbrechers"* wegen „angeborenen Schwachsinns", obwohl das erstinstanzlich erhobene Gutachten intellektuelle Ausfälle nicht hatte ermitteln können. Das Erbgesundheitsgericht hatte die Unfruchtbarmachung daher abgelehnt. Nach Ansicht des Erbgesundheitsobergerichts hingegen konnte es nach dem Inhalt eines Obergutachtens, der Auskunft des zuständigen Schulamts, dem Inhalt der Schulzeugnisse und schließlich nach dem Ermittlungsergebnis über das Verhalten des Betroffenen bei seinem Truppenteil während des Ersten Weltkrieges keinen Zweifeln unterliegen, dass Intelligenzausfälle stets wahrzunehmen

573 EOG Kiel, Beschl. v. 24.07.1935 – Wg 76/35, JW 1935, 2743.
574 EOG Kiel, Beschl. v. 23.10.1935 – Wg 251/35, JW 1935, 3473.

gewesen seien. In der Schule sei der Betroffene mehrmals sitzen geblieben und von seinen Kriegskameraden als ein „*dummer Schwätzer*“ angesehen worden, der mit seinen Leistungen als Soldat kaum an den Durchschnitt herangereicht habe. Ausweislich des Obergutachtens sollte die Prüfung der intellektuellen Einsicht des Betroffenen für „*sittliche Wertzusammenhänge*“ und das Gemüts- und Gefühlsleben Mängel und Ausfälle aufgewiesen haben. Diese festgestellten Ausfallerscheinungen auf intellektuellem und vor allem auf charakterlichem und seelischem Gebiet sollten den zwingenden Schluss rechtfertigen, dass es sich um eine „*krankhafte Verkümmerung der seelischen Gesamtpersönlichkeit in ihrer Charakter-, Willens- und Gefühlssphäre*“ handle, die als „angeborener Schwachsinn“ im Sinne des Gesetzes zur Verhütung erbkranken Nachwuchses anzusehen sei. Das Erbgesundheitsobergericht Karlsruhe vertrat die Auffassung, dass die den Erbgesundheitsgerichten vom Gesetzgeber übertragene Aufgabe der Rechtsfindung nicht damit erschöpft sei, dass eine „*rein medizinische*“ Diagnose als Entscheidungsgrundlage diene. Bei der Rechtsfindung müsse vielmehr danach gestrebt werden, ein möglichst vollständiges und einheitliches Gesamtbild der Persönlichkeit zu gewinnen.[575]

Das Erbgesundheitsobergericht Berlin hingegen hob in einem Beschluss vom 13. Februar 1937 hervor, dass ein „asoziales Verhalten“ als solches nicht dem „Schwachsinn“ im Sinne des Gesetzes zur Verhütung erbkranken Nachwuchses gleichzusetzen sei. In dem zu entscheidenden Fall ordnete das Erbgesundheitsobergericht gleichwohl die Unfruchtbarmachung wegen „angeborenen Schwachsinns“ an, da eine Debilität leichten Grades gegeben sein sollte.[576] In einem weiteren Verfahren lehnte das Erbgesundheitsobergericht Berlin hingegen die Unfruchtbarmachung mangels „Intelligenzschwachsinns“ ab. Das seitens des Erbgesundheitsobergerichts eingeholte fachärztliche Gutachten hatte einen Intelligenzmangel „*im eigentlichen Sinn*“ nicht ergeben, sondern lediglich aus der geistigen Haltung der Betroffenen und ihrem bisherigen Lebenswandel und aus der Ungleichmäßigkeit der Leistungen bei der Intelligenzprüfung auf intellektuelle Mängel geschlossen.[577]

Das Erbgesundheitsobergericht Innsbruck ordnete mit Beschluss vom 18. September 1940 die Unfruchtbarmachung der betroffenen *X.* wegen „angeborenen Schwachsinns“ an. Das Erbgesundheitsobergericht Innsbruck war der Meinung, dass sich der „Schwachsinn“ jedoch „*nicht so sehr*“ auf dem Gebiet des Intellekts, sondern auf „moralischem“ Gebiet ausgewirkt habe. Die Intelligenzprüfung hätte ergeben, dass der „Schwachsinn“ auf geistigem Gebiet nur „*in geringem Maße*“ ausgeprägt sei. Die „*Schamlosigkeit*“, mit der sich die *X.* aber sexuell angeboten habe, warf nach Ansicht des Erbgesundheitsobergerichts ein „*schlechtes Licht*“ auf ihre Geistesverfassung, insbesondere ihre Urteilskraft. Diese Bewertung stützte das Erbgesundheitsgericht in erster Linie auf die Pflegschaftsakten, aus denen sich

575 EOG Karlsruhe, Beschl. v. 07.10.1938 – Wg 12/38, JW 1939, 318.
576 EOG Berlin, Beschl. v. 13.02.1937 – 2 Wg 1066/35.
577 EOG Berlin, Beschl. v. 24.04.1937 – Wg 788/37.

ergeben habe, dass die *X.* schon mit fünfzehn Jahren ganz verwahrlost gewesen sei und mit verschiedenen Burschen geschlechtlichen Umgang gehabt habe, sodass sie in eine Erziehungsanstalt eingewiesen worden sei. Nach dem persönlichen Eindruck des Erbgesundheitsobergerichts Innsbruck handelte es sich bei der *X.* um ein gutmütiges aber *„beschränktes"* Mädchen, das sich im Lebenskampf nicht bewähren werde.[578]

Zusammenfassend lässt sich sagen, dass insbesondere die Vertreter der staatlichen Institutionen, namentlich die zuständige Abteilung im Reichsinnenministerium unter Leitung von *Arthur Gütt*, objektiv festgestellte Intelligenzmängel für die Diagnose eines „Schwachsinns" im Sinne des Gesetzes zur Verhütung erbkranken Nachwuchses bei „asozialem Verhalten" nicht für erforderlich hielten. Für sie stand außer Frage, dass „Asoziale" durch das Gesetz erfasst wurden. Mangelnde Intelligenzausfälle oder gar positive Intelligenzprüfungen wurden als *„Überlistungs- und Täuschungserfolge"* abgetan. Die einzige Prüfungsrichtlinie sollte die Vorstellung vom *„geistig-seelisch gesunden Menschen"* sein. In den Vordergrund rückte eine „ethisch-moralische" Bewertung. Bereits „grobe Charakterfehler" sollten für die Annahme eines „Schwachsinns" ausreichen. Soweit in der Literatur die Feststellung eines „objektiven" Intelligenzmangels verlangt wurde, so war dies lediglich vorgeschoben. Im Ergebnis bestand Einigkeit darüber, dass durch ein „näheres Hinsehen" oder eine „genauere Prüfung" bei den meisten „Asozialen" auch entsprechende Intelligenzausfälle festgestellt werden könnten. Entscheidend sollte es auf die Betrachtung der „seelischen Gesamtpersönlichkeit" ankommen. Dabei wurde bereits aufgrund einer „asozialen Lebensführung" auf gewisse Intelligenzmängel geschlossen. Als Kriterien für die Intelligenzprüfung wurden die „Lebenstüchtigkeit" und die „Bewährung im Leben" herangezogen. Soweit „objektive" Intelligenzmängel nicht festgestellt werden konnten, galten diese als „verdeckt" durch die im Vordergrund stehende „asoziale Lebensführung". Selbst wenn eine „formale Intelligenz" festgestellt werden konnte, so wurde zur Begründung eines Intelligenzdefekts auf einen Mangel der Urteils- oder Einsichtsfähigkeit abgestellt, da der Betroffene trotz „formaler Intelligenz" nicht in der Lage sei, hieraus den Schluss auf eine – nach nationalsozialistischen Maßstäben zu beurteilende – ordentliche Lebensführung zu ziehen.[579] So stellte *Gerhard Friese* 1936 fest, dass in der Regel bereits in einem „ethisch-defekten" Verhalten ein Intelligenzdefekt

---

578 EOG Innsbruck, Beschl. v. 18.09.1940 – Wg 1/40, DR 1940, 2078.

579 Siehe auch den Bericht zur 5. Tagung der Kriminalbiologischen Gesellschaft in München 1937, in dem festgehalten wurde, dass sich seit Inkrafttreten des Gesetzes zur Verhütung erbkranken Nachwuchses das Schwergewicht immer mehr und mehr von der Beurteilung des Intelligenzzustandes auf eine Beurteilung der sogenannten *„Lebensbrauchbarkeit"* verschoben habe, K. Thums, Kriminalbiologie und Rassenhygiene : Rassenhygienische Ergebnisse der 5. Tagung der Kriminalbiologischen Gesellschaft in München 1937, in: Archiv für Rassen- und Gesellschaftsbiologie (32), 1938, 87, 89.

erblickt wurde. Dieser musste nicht durch eine Intelligenzprüfung nachweisbar sein, da die „ethische Minderwertigkeit“ ohne Intelligenzdefekt gar nicht zu erklären sei. Die Rechtsprechung sollte daher nicht gezwungen sein, bei „typischen Schwachsinnsformen“, deren Lebensbild keinen Zweifel an der Diagnose lasse, nach deutlichen Intelligenzausfällen in besonderen Experimenten und Intelligenzprüfungen zu suchen. Soweit sich der „Schwachsinn“ aus der „asozialen Lebensführung“ erkennen ließ, war dies allein ausschlaggebend, um einen „Schwachsinn“ im Sinne des Gesetzes zur Verhütung erbkranken Nachwuchses festzustellen.[580]

Die Rechtsprechung der Erbgesundheitsobergerichte stellt sich auf den ersten Blick als uneinheitlich dar. Während einige Erbgesundheitsobergerichte ohne Weiteres bei einer „asozialen“ oder „haltlosen“ Lebensführung auf einen „angeborenen Schwachsinn“ im Sinne des Gesetzes zur Verhütung erbkranken Nachwuchses schlossen, verlangten andere Erbgesundheitsobergerichte die Feststellung von formalen Intelligenzmängeln. Bei genauerer Betrachtung fällt jedoch auf, dass auch in der Praxis der Erbgesundheitsobergerichte das Erfordernis eines Intelligenzmangels nur vorgeschoben war. Fälle „asozialen Verhaltens“ wurden schlicht zu „Grenzfällen“ erklärt, in denen das „asoziale Verhalten“ selbst wiederum den Ausschlag für die Diagnose eines „angeborenen Schwachsinns“ geben sollte. In Fällen, in denen nach Ansicht der Erbgesundheitsgerichte eine Unfruchtbarmachung als „erwünscht“ erschien, wurde ganz im Sinne der Urheber des Gesetzes mittels der von der Literatur geforderten „genaueren Prüfung“ nach Intelligenzmängeln geradezu gesucht. Gerade bei den „Asozialen“ sollte durch eine *„geschickte Abfassung der Beschlüsse“* nicht deren „Asozialität“ in den Vordergrund gestellt werden, sondern der „Schwachsinn“ herausgearbeitet werden.[581] Wurde trotz „genauerer Prüfung“ eine „formale Intelligenz“ festgestellt, so wurde regelmäßig auf eine Betrachtung der „Gesamtpersönlichkeit“ abgestellt. „Charakterfehler“ und „Persönlichkeitsmängel“ wurden dann als Anzeichen für einen „angeborenen Schwachsinn“ gewertet.

Auch wenn vordergründig vielmals die eindeutige Feststellung eines „angeborenen Schwachsinns“ durch die Erbgesundheitsgerichte gefordert wurde, so wurde in „Grenzfällen“ oder Fällen, die zu solchen erklärt wurden, „im Zweifel“

---

580 Gerhard Friese und Hansjoachim Lemme, Die deutsche Erbpflege, Leipzig 1937, 323; in Verkennung dieser Rechtsprechung warnte *Heinz Bühning* in seiner Dissertation aus dem Jahr 1939 hingegen noch vor einer Entwicklung, die dahin geht, dass in *„Grenzfällen“* eine etwaige *„erbliche Belastung“* immer mehr gegenüber einer *„sozialen Brauchbarkeit“* zurücktrete; Heinz Bühning, Über die Unfruchtbarmachung wegen angeborenen Schwachsinns aus dem Gesetz zur Verhütung erbkranken Nachwuchses vom 14. Juli 1933, Bochum-Langendreer 1939, 40.

581 Medizinalrat im Reichsinnenministerium *Herbert Linden* auf einer Sitzung in Emden am 4. Februar 1939, StAA Rep. 16/1 Nr. 905, Bl. 10 und 12, zitiert nach Sabine Kramer, "Ein ehrenhafter Verzicht auf Nachkommenschaft" : theoretische Grundlagen und Praxis der Zwangssterilisation im Dritten Reich am Beispiel der Rechtsprechung des Erbgesundheitsobergerichts Celle, Baden-Baden 1999, 134.

regelmäßig die Unfruchtbarmachung angeordnet.[582] *Fred Dubitscher* vertrat insoweit die Auffassung, dass der in der Rechtspflege übliche Grundsatz: *„In dubio pro re“* (gemeint war *„reo“*)[583] für den Erbgesundheitsrichter keine Gültigkeit haben könne, zumal gar keine *„res“* (gemeint war *„reus“*)[584] da sei, sondern ein Mensch, der schicksalsmäßig ohne sein Verschulden das Volksganze gefährde.[585] Die vollkommene Entrechtung des Individuums *de lege lata* durch das Gesetz zur Verhütung erbkranken Nachwuchses wird durch die Ansicht *Meinhofs* versinnbildlicht, nach der das Erbgesundheitsgericht nicht nur im Zweifel, sondern immer zugunsten des Unfruchtbarzumachenden entscheide, da „kranke“ Nachkommen ein großes Unglück seien und kein wertvolles Gut, auf das der „Kranke“ zugunsten der Volksgemeinschaft verzichte.“[586] Im Jahr 1937 wurden die Erbgesundheitsgerichte in Folge der insbesondere von Reichsärzteführer *Gerhard Wagner* geäußerten Kritik durch das Reichsinnenministerium zwar zu einem möglichst sorgfältigen und gewissenhaften Verfahren angehalten.[587] Dass den Gerichten eine Politik des *in dubio pro reo* im materiell-rechtlichen Sinne befohlen worden wäre, wie dies *Gisela Bock* schreibt, ist aber nicht zu erkennen.[588]

### c) „Moralischer Schwachsinn“ als „angeborener Schwachsinn“ im Sinne des Gesetzes zur Verhütung erbkranken Nachwuchses

*Wolfgang Ayaß* weist daraufhin, dass viele Erbgesundheitsgerichte unter „angeborenem Schachsinn“ im Sinne des Gesetzes zur Verhütung erbkranken Nachwuchses nicht nur ein messbares Intelligenzdefizit, sondern häufig auch eine als „moralischer Schwachsinn“ qualifizierte unangepasste Lebensweise oder ein abweichendes Wertesystem verstanden.[589]

Tatsächlich versuchten verschiedene Erbgesundheitsgerichte in den ersten Jahren nach Inkrafttreten des Gesetzes „Asoziale“, bei denen keine Intelligenzausfälle

---

582 A.A. Martin Grunau, Der Schwachsinn im Erbgesundheitsverfahren, in: Zeitschrift der Akademie für Deutsches Recht (2), 1935, 769, 773.

583 C.G. Meinhof, Milde und Strenge im Erbgesundheitsverfahren, in: Der Öffentliche Gesundheitsdienst (2), 1936, 50, 51

584 C.G. Meinhof, a.a.O., 51.

585 Fred Dubitscher, Dummheit oder Schwachsinn, in: Der Erbarzt (2), 1935, 187.

586 C.G. Meinhof, Milde und Strenge im Erbgesundheitsverfahren, in: Der Öffentliche Gesundheitsdienst (2), 1936, 50, 52.

587 Erlass des Reichs- und preußischen Ministers des Innern vom 6. November 1937 – IV A 152/37 g, BArch 1501/5586, fol. 79 f.

588 Gisela Bock, Zwangssterilisation im Nationalsozialismus Studien zur Rassenpolitik und Frauenpolitik, Opladen 1986, 325.

589 Wolfgang Ayaß, "Asozialer Nachwuchs ist für die Volksgemeinschaft vollkommen unerwünscht". Die Zwangssterilisation von sozialen Außenseitern, in: Lebensunwert – zerstörte Leben : Zwangssterilisation und "Euthanasie", Frankfurt am Main 2006, 111, 112.

festzustellen waren, mit Hilfe des von *James Cowles Prichard* bereits 1835 geprägten Begriffs der *moral insanity*[590]- des „moralischen Schwachsinns“ – unter das Merkmal des „angeborenen Schwachsinns“ im Sinne des Gesetzes zu subsumieren.[591]

Unter „moralischem Schwachsinn“ wurde allgemein ein Mangel an sittlichem Gefühl verstanden, der zu bewusst gesellschaftsfeindlicher „asozialer“ Einstellung trotz vorhandener intellektueller Einsicht und Urteilsfähigkeit führe.[592] *Dubitscher* sah im „moralischen Schwachsinn“ die anlagemäßige Unterentwicklung bis zum völligen Fehlen normalerweise vorhandener ethischer Wertvorstellungen. Als solchen verstand *Dubitscher* den „moralischen Schwachsinn“ als eine Untergruppe der „Asozialität“. Er wollte den Begriff des „moralischen Schwachsinns“ daher nur für Fälle „reiner Asozialität“ verwenden, bei denen die völlige Passivität des Individuums gegenüber allen ethischen Begriffen im Vordergrund stehe. Soweit Intelligenzausfälle zu verzeichnen seien, sollte keinesfalls die Diagnose „moralischer Schwachsinn“ gestellt, sondern von einem *„Schwachsinn mit Defekten in der ethischen Wertsphäre“* gesprochen werden.[593] Die meisten als „moralischer Schwachsinn“ bezeichneten Fälle sollten nach *Dubitscher* aufgrund entsprechender *„Störungen“* so dem „angeborenen Schwachsinn“ im Sinne des Gesetzes zur

---

590 James Cowles Prichard, A treatise on insanity and other disorders affecting the mind, London 1835; Prichard beschrieb die *moral insanity* als *a morbid perversion of the natural feelings, affections, inclinations, temper, habits, moral disposition and natural impulses, without any remarkable disorder or defect of the intellect or knowing and reasoning faculties*; James Cowles Prichard, a.a.O., 6; Paul Näcke beschrieb die *moral insanity* 1902 als Zustand von angeborenem, ausgeprägten ethischen Defekt bei normaler oder nur wenig veränderter Intelligenz, mit starker Neigung zu unmoralischen Handlungen, in gewissen Fällen, auch ohne solche; Paul Näcke, Über die sogenannte "Moral Insanity", in: Grenzfragen des Nerven- und Seelenlebens, Wiesbaden 1902, 1.

591 Siehe insbesondere die Fälle bei Fred Dubitscher, Der moralische Schwachsinn unter besonderer Berücksichtigung des Gesetzes zur Verhütung erbkranken Nachwuchses, in: Zeitschrift für die gesamte Neurologie und Psychiatrie (154), 1936, 422, 445 ff.; ferner EOG Berlin, Beschl. v. 24.01.1935 – 1 Erb W 371/34.

592 Helmut Nicolai, Die rassengesetzliche Rechtslehre, München 1932, 42; Wolf Skalweit, Die Tätigkeit des Amtsarztes bei der Durchführung des Gesetzes zur Verhütung erbkranken Nachwuchses, in: Der Öffentliche Gesundheitsdienst (1), 1935, 401, 416; siehe auch Fritz Rücker-Embden, Die Schwachsinnsformen und ihre Bedeutung für das Gesetz zur Verhütung erbkranken Nachwuchses, in: Der Öffentliche Gesundheitsdienst (1), 1935, 873, 877 f.; als klassisches Beispiel eines „moralisch Schwachsinnigen“ wurde – offensichtlich aus propagandistischen Gründen – Winston Churchill angeführt; siehe Enge, Winston Churchill – Eine irrenärztliche Betrachtung, in: Deutsches Ärzteblatt (70), 1940, 219.

593 Fred Dubitscher, Der moralische Schwachsinn unter besonderer Berücksichtigung des Gesetzes zur Verhütung erbkranken Nachwuchses, in: Zeitschrift für die gesamte Neurologie und Psychiatrie (154), 1936, 422, 434 ff.

Verhütung erbkranken Nachwuchses zuzurechnen sein. Darüber hinaus hielt er aber auch die Diagnose einer Schizophrenie oder einer Epilepsie für möglich. Nur wenn sich keinerlei „*Störungen*" fänden, die auf „Schwachsinn", Schizophrenie oder Epilepsie im Sinne des Gesetzes hinwiesen, könnten solche Fälle als eigentlicher „moralischer Schwachsinn" angesehen werden.[594]

In einem von *Dubitscher* herangezogenen Fall aus dem Jahr 1934 hatte ein nicht näher bezeichnetes Erbgesundheitsgericht die Unfruchtbarmachung wegen „angeborenen Schwachsinns" mangels Intelligenzausfällen abgelehnt. Aufgrund der erheblichen Vorstrafen hatte das Erbgesundheitsgericht den Betroffenen als „asoziales Element" bezeichnet und aufgrund von Trunksucht und „asozialem Verhalten" als schweren Psychopathen eingeordnet. Diese Feststellungen sollten nach Ansicht des Erbgesundheitsgerichts aber nicht die Diagnose eines „Schwachsinns" im Sinne des Gesetzes zur Verhütung erbkranken Nachwuchses rechtfertigen. Das Erbgesundheitsobergericht hingegen stellte bei dem Betroffenen einen „angeborenen moralischen Schwachsinn" fest, der die Unfruchtbarmachung wegen „angeborenen Schwachsinns" im Sinne des Gesetzes rechtfertige.[595]

In einem weiteren Fall aus dem Jahr 1934 ordnete ein nicht näher bezeichnetes Erbgesundheitsgericht die Unfruchtbarmachung wegen „angeborenen Schwachsinns" an, obwohl intellektuell kaum eine Abweichung vom „Normalen" festgestellt worden war. Das Erbgesundheitsgericht stützte die Entscheidung auf die Feststellung einer ausgesprochenen „charakterlichen Minderwertigkeit". Nach den Feststellungen des Erbgesundheitsgerichts war der Vater der Betroffenen Trinker, die Mutter händelsüchtig und die drei Geschwister der Betroffenen befanden sich in Fürsorgeerziehung. Die Betroffene selbst sei als Schülerin wenig begabt gewesen. Im Alter von achtundzwanzig Jahren habe sie bereits sechs uneheliche Kinder gehabt. Sie sei wegen versuchten Betruges vorbestraft. Die Betroffene sei jeder Verantwortung bar, haltlos, triebhaft, unstet, launisch, neige zum Umhertreiben und zu häufigem Stellungswechsel. Ihr ganzes Verhalten im Leben sei launisch und entbehre jeder Voraussicht. Für entscheidend hielt das Erbgesundheitsgericht, dass die Betroffene jeder Unbequemlichkeit sofort ausweiche, ohne die Möglichkeit zu haben, sich durch Voraussicht in der Zukunft bestimmen zu lassen. Ihr häufiges Davonlaufen beweise die Hemmungslosigkeit mit der sie ihrem augenblicklichen Trieb nachgehe. Ebenso seien ihre Nachgiebigkeit gegenüber dem Geschlechtstrieb und die Vernachlässigung ihrer Kinder typisch für ihr Ausweichen gegenüber

594 Fred Dubitscher, Psychiatrische Fragen in der Erbgesundheitspflege, in: Der Öffentliche Gesundheitsdienst (2), 1936, 291, 292; zustimmend Heinrich Wilhelm Kranz, Drei Jahre Erbforschung über den angeborenen Schwachsinn (1935–1937), in: Fortschritte der Erbpathologie Rassenhygiene und ihrer Grenzgebiete (1), 1937/1938, 281, 301.

595 Fred Dubitscher, Der moralische Schwachsinn unter besonderer Berücksichtigung des Gesetzes zur Verhütung erbkranken Nachwuchses, in: Zeitschrift für die gesamte Neurologie und Psychiatrie (154), 1936, 422, 445, Fall 1.

jeder Unbequemlichkeit. Verantwortungsgefühl gehe ihr vollkommen ab. Das Erbgesundheitsgericht vertrat die Auffassung, dass die Ausmerze gerade „asozialer“ Persönlichkeiten, deren Intelligenz nicht unerheblich hinter dem Durchschnitt zurückbliebe, am dringendsten geboten sei. Es erschien dem Erbgesundheitsgericht daher notwendig, den Begriff des „angeborenen Schwachsinns“ im Sinne des Gesetzes zur Verhütung erbkranken Nachwuchses auch auf die Fälle des reinen „moralischen Schwachsinns“ auszudehnen.[596]

Das Erbgesundheitsobergericht Danzig vertrat 1935 die Auffassung, dass ein hochgradiger „moralischer Schwachsinn“ für sich genommen schon geeignet sei, den Tatbestand des „angeborenen Schwachsinns“ im Sinne des Gesetzes zur Verhütung erbkranken Nachwuchses zu erfüllen, weil erhebliche „moralische Defekte“ ohne gewisse Störungen der „normalen“ Intelligenz kaum denkbar seien.[597]

Auch das Erbgesundheitsobergericht Berlin beschloss 1935 die Unfruchtbarmachung eines „*schwer haltlosen arbeitsscheuen Psychopathen*“ wegen „angeborenen Schwachsinns“ und stützte seine Entscheidung auf das Vorliegen eines „moralischen Schwachsinns“.[598]

In der Literatur vertraten nur vereinzelte Stimmen die Auffassung, dass der sogenannte „moralische Schwachsinn“ ohne Intelligenzausfälle einen „angeborenen Schwachsinn“ im Sinne des Gesetzes zur Verhütung erbkranken Nachwuchses darstelle.

*Robert Gaupp* forderte Anfang 1934 „*die gemütlosen, selbstsüchtigen, häufig kriminellen, entarteten Psychopathen*“ mit dem Begriff des „moralischen Schwachsinns“ zu erfassen. Er wollte nicht nur auf die Verstandesentwicklung abstellen, sondern auch auf Gefühle und Wille und so den „moralischen Schwachsinn“ als „Schwachsinn“ im Sinne des Gesetzes zur Verhütung erbkranken Nachwuchses verstehen.[599]

Auch *E. Tiling*, Nervenarzt in Gera, sah den „moralischen Schwachsinn“ ohne Weiteres von dem Gesetz zur Verhütung erbkranken Nachwuchses erfasst. Den Begriff des „Schwachsinns“ hielt er für „*außerordentlich dehnbar*“. Soweit eine mangelnde Intelligenz verlangt wurde, verstand er diese lediglich als „*praktisches Kennwort*“ mit dem man gewisse Fähigkeiten und Leistungen der Gesamtpersönlichkeit zusammenfasse. Vom Gesichtspunkt der Verhütung unerwünschten Nachwuchses sollte hierbei insbesondere die „*Gefühl-, Gemütsseite*“ betrachtet werden. Wie viel Wissen sich ein Mensch anzueignen vermöge, sei unwesentlich. Unter Berufung auf *Pönitz* argumentierte *Tiling*, dass ein Staat, der den „*Intellektualismus*“ bekämpfe, auf manchen „*einfältigen Menschen*“, der in seiner Einfachheit und Schlichtheit gemütvoll und in seinen eigenen Grenzen „*lebensklug*“ sei, nicht

596 Fred Dubitscher, a.a.O., 446, Fall 2.

597 EOG Danzig, Beschl. v. 16.01.1935 – 2 W E 51/34, JW 1935, 712.

598 EOG Berlin, Beschl. v. 24.01.1935 – 1 Erb W 371/34, JW 1935, 1426.

599 Robert Gaupp, Das Gesetz zur Verhütung erbkranken Nachwuchses und die Psychiatrie, in: Klinische Wochenschrift (13), 1934, 1, 4

verzichten dürfe. Diese Menschen seien *„staatserhaltende Elemente“* mit unproblematischem Familiensinn, stille Arbeiter in untergeordneten Stellungen, die das Gros der für die Gesamtheit notwendigen Arbeit verrichteten.[600]

*R. Hochreuther*, Vorsitzender des Erbgesundheitsgerichts Freiburg, vertrat die Auffassung, dass der Zweck des Gesetzes zur Verhütung erbkranken Nachwuchses die weitgehende Erfassung erbbiologisch so *„minderwertiger“* Menschen wie der *„moralisch Schwachsinnigen“* fordere. Er sah keine Gründe, aus denen der „moralische Schwachsinn“ wegen *„wissenschaftlicher Doktrinen“* nicht unter den „Schwachsinn“ im Sinne des Gesetzes fallen sollte.[601]

*Walter Brunk* hielt den Begriff des „moralischen Schwachsinns“ noch 1938 für die Erbgesundheitspflege für unentbehrlich. Unter „moralischem Schwachsinn“ verstand er das Fehlen jeden Einfügungsvermögens oder Einfügenwollens in die menschliche Gemeinschaft.[602]

Die Gegenauffassung hingegen vermied den Begriff des „moralischen Schwachsinns“ und hielt diesen für überflüssig.

*Rudolf Thiele* betrachtete den Streit um den seiner Ansicht nach „pseudoklinischen“ Begriff des „moralischen Schwachsinns“ aufgrund der angeblich scharfen Trennung von Psychopathie und „Schwachsinn“ als gegenstandslos. Zwar vertrat *Thiele* die Auffassung, dass das Gesetz zur Verhütung erbkranken Nachwuchses keine Handhabe biete, an die aus rein psychopathischer Veranlagung „Asozialen“ und „Antisozialen“ heranzukommen. Es widerspreche der psychiatrischen Erkenntnis, wolle man hierzu *ad hoc* einen *„moralischen Schwachsinn“* konstruieren. Gleichzeitig sollte aber bei den Handlungen „Asozialer“ und „Krimineller“ die Aufmerksamkeit auf die mögliche Beteiligung der „Schwachsinnskomponenten“ im Sinne des Gesetzes gerichtet werden. In einem *„reflexionsmoralischen Defekt“* könne ein leichterer „Schwachsinn“ am auffallendsten in Erscheinung treten. Nach der Ansicht *Thieles* sollte bei der *„genaueren“* Untersuchung dann *„stets“* festzustellen sein, dass der Oberflächlichkeit und mangelnden Differenziertheit der Begriffsbildung auf ethischem Gebiet ein gewisser allgemeiner Tiefstand der feineren Funktionen des Urteils und der Kritik zugrunde liege. Dass derartige Fälle

600 E. Tiling, Erblichkeit, Rassenhygiene und Bevölkerungspolitik, in: Münchener Medizinische Wochenschrift (82), 1935, 575, 576.

601 R. Hochreuther, Das Gesetz zur Verhütung erbkranken Nachwuchses – Anregungen zur Änderung bestehender Vorschriften, in: Juristische Wochenschrift (64), 1935, 1381, 1382; so wohl auch Lehmann, Ein Jahr Gesetz zur Verhütung erbkranken Nachwuchses, in: Juristische Wochenschrift (64), 1935, 1376, 1377, wenn er davon spricht, dass die Erbgesundheitsgerichte bei der pflichtgemäßen Entscheidung über den „moralischen Schwachsinn“ im Hinblick auf das dem Wohle des Einzelnen übergeordnete Wohl der Gemeinschaft nicht so *„ängstlich“* sein brauchten.

602 Walter Brunk, Zur Frage der Ehetauglichkeit bei Vorliegen psychopathischer Störungen, in: Der Erbarzt (5), 1938, 123, 124.

den Voraussetzungen eines „angeborenen Schwachsinns“ im Sinne des Gesetzes genügten, sei selbstverständlich.[603]

*Martin Grunau* war der Ansicht, dass der „moralische Schwachsinn“ kein Intelligenz-, sondern ein Seelen- und Gefühlsdefekt und als solcher vom deutschen Gesetzgeber der Unfruchtbarmachung nicht unterworfen worden sei. Gleichzeitig teilte aber auch er die Auffassung *Thieles*, wonach bei „genauerer“ Untersuchung „stets“ ein gewisser allgemeiner Tiefstand der feineren Funktionen des Urteils und der Kritik und mithin ein gewisser Intelligenzdefekt festgestellt werden könne.[604]

*Wolf Skalweit* stellte sich ebenfalls auf den Standpunkt, dass unter „angeborenem Schwachsinn“ im Sinne des Gesetzes zur Verhütung erbkranken Nachwuchses nur ein „intellektueller Schwachsinn“ zu verstehen sei. Der „moralische Schwachsinn“ habe hingegen mit der Intelligenz an sich nichts zu tun. Auch *Skalweit* verwies aber darauf, dass bei einem großen Teil der „*antisozialen Untermenschen*“ tatsächlich auch gewisse intellektuelle Mängel nachgewiesen werden könnten. Besonders die von ihm so bezeichnete Gruppe der „willensschwachen und haltlosen asozialen Psychopathen“ sollte schon in ihrer ganzen sonstigen Lebensführung mindestens einen Mangel an intellektueller Einsicht und Willenstätigkeit erkennen lassen, weshalb diese Typen mehr oder weniger debil seien. Zumindest sei daher von „Grenzfällen“ auszugehen, bei denen das soziale und charakterliche Verhalten den Ausschlag gebe. Den Begriff des „moralischen Schwachsinns“ hielt *Skalweit* daher für irreführend und entbehrlich.[605] Für verwirrend hielt den Begriff des „moralischen Schwachsinns“ auch *Gottfried Ewald*, da der „*moralische Defekt*“ an sich noch nichts mit „Schwachsinn“ zu tun habe.[606] Die Gesetzeskommentatoren *Arthur Gütt*, *Ernst Rüdin* und *Falk Ruttke* lehnten den Begriff des „moralischen Schwachsinns“ ebenfalls ab.[607]

---

603 Rudolf Thiele, Angeborener Schwachsinn, in: Die psychiatrischen Aufgaben bei der Ausführung des Gesetzes zur Verhütung erbkranken Nachwuchses, Berlin 1934, 1, 13 ff.

604 Martin Grunau, Ein Jahr Gesetz zur Verhütung erbkranken Nachwuchses, in: Juristische Wochenschrift (64), 1935, 3, 5; siehe auch Martin Grunau, Der Schwachsinn im Erbgesundheitsverfahren, in: Zeitschrift der Akademie für Deutsches Recht (2), 1935, 769, 774.

605 Wolf Skalweit, Die Tätigkeit des Amtsarztes bei der Durchführung des Gesetzes zur Verhütung erbkranken Nachwuchses, in: Der Öffentliche Gesundheitsdienst (1), 1935, 401, 416 f.

606 Gottfried Ewald, Über den Schwachsinn, in: Münchener Medizinische Wochenschrift (82), 1935, 1315, 1320.

607 Arthur Gütt, Ernst Rüdin und Falk Ruttke, Gesetz zur Verhütung erbkranken Nachwuchses vom 14. Juli 1933, 2., neu bearbeitete Auflage, München 1936, 125 f., Fn. 2; gleichzeitig forderte aber *Ruttke* Fälle von „moralischem Schwachsinn“ in Zukunft mit dem Gesetz zur Verhütung erbkranken Nachwuchses zu erfassen; siehe Anmerkungen zu EOG Darmstadt, Beschl. v. 08.04.1935 – EO 248/34, JW 1935, 1867, 1868 und zu EOG Jena, Beschl. v. 21.03.1935 – Wg 71/35, JW 1935, 1869, 1870.

*Gerhard Friese* und *Hansjoachim Lemme* hielten den Begriff des „moralischen Schwachsinns“ jedenfalls für missverständlich. Zum einen würde man den Begriff des „Schwachsinns“ verbiegen, wollte man den – nach ihrer Ansicht „*verhältnismäßig seltenen*“ – Psychopathentyp, der zwar meist nicht besonders begabt sei, verstandesmäßig aber nicht unter dem Durchschnitt liege und hin und wieder sogar hochintelligent und talentiert sei, hierunter fassen. Zum anderen sei der „moralische Schwachsinn“ aber auch nicht mit den Fällen gleichzusetzen, in denen zu einem allgemeinen „*moralischen Tiefstand*“ ein entsprechend niedriger, wenn auch nicht immer deutlich hervortretender geistiger Tiefstand hinzukomme. Solche Menschen seien schlechthin „schwachsinnig“. *Friese* und *Lemme* schlugen daher ebenso wie *Dubitscher* vor, von „*Schwachsinn mit Defekten in der ethischen Wertsphäre*“ zu sprechen. Die Frage, ob „moralischer Schwachsinn“ unter das Gesetz zur Verhütung erbkranken Nachwuchses falle, sei insofern unsinnig.[608] *Lemme* warnte in diesem Zusammenhang aber – wie auch *Gütt*, *Rüdin* und *Ruttke*[609] – vor einer „Buchstabenjurisprudenz“. Die Erbgesundheitsgerichte dürften keinen Augenblick das Ziel des ganz aus nationalsozialistischem Geiste gestalteten Gesetzes aus den Augen verlieren, das in der Reinigung des Volkskörpers von erbkranken Bestandteilen bestünde. Bei Psychopathen sei es nur selten der Fall, dass sich nicht auch gewisse Mängel in der Intelligenz, insbesondere in der Urteilsbildung, in der sozialen und ethischen Gestaltung des Lebens und in der gesamten Leistung fänden.[610]

*Friedrich Stumpfl*, seinerzeit Mitarbeiter von *Ernst Rüdin* am Kaiser Wilhelm Institut für Genealogie der Deutschen Forschungsanstalt für Psychiatrie in München, bezeichnete den Begriff des „moralischen Schwachsinns“ als abwegig und irreleitend, da unter dem Wort „Schwachsinn“ im allgemeinen Sprachgebrauch eine allgemeine seelische Störung verstanden werde, deren „Kerndefekt“ die Verstandesleistungen betreffe. Die von ihm untersuchten „kriminellen Psychopathen“ kennzeichnete Stumpfl als „Schwachbegabte“, deren „Begabungsdefekt“ nicht primär in der Verstandesbegabung, sondern von der Gefühlsbegabung herzuleiten sei. Ein besonderes Merkmal dieser „Abnormitäten“ sei, dass sie in der Regel in Verbindung mit geringer Verstandesleistung oder mit leichterem „Schwachsinn“ vorkämen. Bei kriminellem oder „asozialem“ Verhalten wollte *Stumpfl* mithin einen Intelligenzdefekt unterstellen. Solange keine gesetzliche Grundlage für die Unfruchtbarmachung der als „moralischer Schwachsinn“ bezeichneten Fälle bestünde, hielt es *Stumpfl* daher für gerechtfertigt, den Begriff des „Schwachsinns“ im Sinne des Gesetzes zur Verhütung erbkranken Nachwuchses weiter zu fassen und schon geringere Intelligenzdefekte hierunter einzuordnen, wenn sie

---

608 Gerhard Friese und Hansjoachim Lemme, Die deutsche Erbpflege, Leipzig 1937, 47 f.

609 Arthur Gütt, Ernst Rüdin und Falk Ruttke, Gesetz zur Verhütung erbkranken Nachwuchses vom 14. Juli 1933, 2., neu bearbeitete Auflage, München 1936, 55.

610 Hansjoachim Lemme, Die Rechtsprechung in Erbgesundheitssachen, in: Der Öffentliche Gesundheitsdienst (1), 1935, 789, 790.

gleichzeitig mit „Charakterabnormität“ und kriminellen Neigungen verbunden seien.[611]

Auch *Franz Kapp* erschien es zweifelhaft, die reinen „asozialen Psychopathen“ mit ethischen Defekten aber ausreichender intellektueller Begabung unter den Begriff des „angeborenen Schwachsinns“ zu fassen. Gleichzeitig stellte er aber auf eine Bewertung der Gesamtpersönlichkeit ab und trat dafür ein, den Begriff des „Schwachsinns“ insbesondere bei „Kriminellen“ und „Asozialen“ weit zu fassen und „voll auszuschöpfen“.[612]

Überwiegend schlossen sich die Erbgesundheitsobergerichte in ihrer Rechtsprechung der zuletzt dargestellten Ansicht an. „Moralischer Schwachsinn“ oder eine „ethische Minderwertigkeit“ ohne festgestellte Intelligenzdefekte sollten nicht die Annahme eines „Schwachsinns“ im Sinne des Gesetzes zur Verhütung erbkranken Nachwuchses rechtfertigen.

So führte das Erbgesundheitsobergericht Darmstadt 1935 aus, dass Personen vom Typus der *„moralisch Minderwertigen“*, für welche man auch den Begriff *moral insanity* bzw. „moralischer Schwachsinn“ anwende, nicht unter das Gesetz zur Verhütung erbkranken Nachwuchses fielen. Zur Feststellung eines „angeborenen Schwachsinns“ verlangte das Erbgesundheitsobergericht einen Mangel des verstandesmäßigen Urteilsvermögens im Sinne eines Defekts der Intelligenz. Auch wenn es nach Ansicht des Erbgesundheitsobergerichts vom rassenhygienischen Standpunkt erforderlich sei, die *„moralische Entartung“* bei der Unfruchtbarmachung zu berücksichtigen, so sei dies aber mit bewusster Absicht im Gesetz zur Verhütung erbkranken Nachwuchses nicht geschehen.[613]

Das Erbgesundheitsobergericht Jena lehnte in ständiger Rechtsprechung die Diagnose eines „angeborenen Schwachsinns“ im Sinne des Gesetzes zur Verhütung erbkranken Nachwuchses allein aufgrund eines „moralischen Schwachsinns“ ab und verlangte ebenfalls die Feststellung gewisser Intelligenzdefekte.[614]

Auch das Erbgesundheitsobergericht Kiel vertrat in ständiger Rechtsprechung die Ansicht, dass bei „moralischem Schwachsinn“ ohne intelligenzmäßigen Defekt ein „angeborener Schwachsinn“ im Sinne des Gesetzes zur Verhütung erbkranken Nachwuchses nicht angenommen werden könne.[615]

---

611 Friedrich Stumpfl, Kriminelle Psychopathen – Ein kritischer Beitrag zur Frage des "moralischen Schwachsinns", in: Der Erbarzt (3), 1936, 135, 137.

612 Franz Kapp, Zur Unfruchtbarmachung bei angeborenem Schwachsinn und über ihre Bedeutung im Kampf gegen Kriminalität und Asozialität, in: Monatsschrift für Kriminalbiologie und Strafrechtsreform (30), 1939, 17, 21.

613 EOG Darmstadt, Beschl. 08.04.1935 – EO 248/34, JW 1935, 1867, 1868.

614 EOG Jena, Beschl. v. 04.04.1935 – Wg 135/35, JW 1935, 1869; EOG Jena, Beschl. v. 21.03.1935 – Wg 71/35, JW 1935, 1869; EOG Jena, Beschl. v. 07.03.1935 – Wg 68/35, JW 1935 – 1870.

615 EOG Kiel, Beschl. v. 14.02.1935 – W Erb 79/34, JW 1935, 2143; EOG Kiel, Beschl. v. 03.07.1935 Wg134/35, JW 1935, 2143.

Das Erbgesundheitsobergericht Hamm hielt eine Ausdehnung des Begriffs des „angeborenen Schwachsinns“ auf Fälle *„rein ethischer Minderwertigkeit“* für nicht möglich. Die *„gefühlte Lücke“* im Gesetz könne nicht durch das Gericht und auch nicht durch ministerielle Anordnung ausgefüllt werden. Hierzu sei allein der Gesetzgeber berufen.[616]

Das Erbgesundheitsobergericht Karlsruhe lehnte den Begriff des „moralischen Schwachsinns“ ausdrücklich ab. Könne sich ein Mensch aus Mangel an Einsicht oder sittlichem Verständnis, aus Urteilsschwäche nicht sittlich verhalten, handele er aus „schwachsinnigen“ Beweggründen. Dann sei er nicht „moralisch schwachsinnig“, sondern „schwachsinnig“ schlechthin. Dann liege eine Schwachsinnsform mit Verstandesmängeln und der Unfähigkeit zu sittlichem Verhalten vor. Begehe dagegen ein Mensch mit guter Verstandesanlage und einwandfreier Verstandestätigkeit, mit Urteilsvermögen, regelrechter Willenstätigkeit und gesundem Gemütsleben, der die Möglichkeit des sittlichen Verhaltens habe, weil er das Unerlaubte seiner strafbaren Handlungen einsehen und nach dieser Einsicht handeln könne, immer wieder Verbrechen, ohne dass Bestrafungen auf ihn Eindruck machen, so sei er nicht „moralisch schwachsinnig“, sondern einfach unsittlich und moralisch als Berufs- und Gewohnheitsverbrecher zu bewerten. Nach den geltenden Bestimmungen hielt es das Erbgesundheitsobergericht Karlsruhe für nicht möglich, einen *„sittlich minderwertigen Abartigen“*, der keine intellektuellen Mängel aufweist, unfruchtbar zu machen. Es sei nicht gestattet, zum Zweck der Herbeiführung der Unfruchtbarmachung den Begriff des „moralischen Schwachsinns“ auf diese Menschengruppe anzuwenden.[617]

Auch das Erbgesundheitsobergericht Kassel lehnte die Unfruchtbarmachung wegen eines „moralischen Schwachsinns erheblichen Grades“ ab, da in dem zu entscheidenden Fall ein „intellektueller Schwachsinn“ nach der vorgenommenen Intelligenzprüfung nicht festzustellen gewesen sei. Zwar bestritt das Erbgesundheitsobergericht nicht die Erbbedingtheit eines auf einer krankhaften Anlage des Seelen- und Empfindungslebens beruhenden Mangels der sittlichen und sozialen Grundeinstellung. Diese Erwägung könne aber nach Ansicht des Erbgesundheitsobergerichts die Anordnung der Unfruchtbarmachung nicht rechtfertigen. Es stünde den Erbgesundheitsgerichten nicht zu, im Wege des Analogieschlusses *„scheinbare Lücken“* des Gesetzes auszufüllen.[618] Wie bereits dargelegt, befand das Erbgesundheitsobergericht in einer engen Auslegung die Aufzählung der Erbkrankheiten in § 1 des Gesetzes zur Verhütung erbkranken Nachwuchses für abschließend.[619]

Im Ergebnis stellt sich die Diskussion um den sogenannten „moralischen Schwachsinn“ als rein akademisch dar. Auch wenn die Erbgesundheitsgerichte

616 EOG Hamm, Beschl. v. 08.11.1935 – Wg 1327/35, JW 1936, 264.
617 EOG Karlsruhe, Beschl. v. 05.07.1935 – Wg 403/35, JW 1936, 265.
618 EOG Kassel, Beschl. v. 28.08.1935 – Wg 417/35, JW 1935, 3111.
619 Vgl. die Ausführungen in diesem Kapitel unter I.2.b).

die Unfruchtbarmachung aufgrund „moralischen Schwachsinns" überwiegend ablehnten und die Feststellung eines vermeintlichen „intellektuellen Schwachsinns" forderten, so hat die hiesige Untersuchung bereits gezeigt, dass objektiv festgestellte Intelligenzmängel in der Praxis der Erbgesundheitsgerichte keineswegs stets Voraussetzung für die Diagnose eines „angeborenen Schwachsinns" waren. Der Begriff des „moralischen Schwachsinns" als solcher wurde zwar fallen gelassen. „Amoralische" und „asoziale" Verhaltensweisen und Einstellungen sollten aber unmittelbar auf Intelligenzmängel schließen lassen und so die Annahme eines „angeborenen Schwachsinns" im Sinne des Gesetzes zur Verhütung erbkranken Nachwuchses rechtfertigen.

## 3. Familienanamnese

Soweit „Lebensbewährung" und Intelligenzprüfung keine *„Klarheit"* über das Vorliegen eines Schwachsinns schafften, war ergänzend eine Familienanamnese heranzuziehen. Allerdings sollte diese nicht als erstes Beweismittel Berücksichtigung finden, weil es durchaus möglich sei, dass in der Verwandtschaftsnähe eines *„echten erblichen Schwachsinns"* weitere Fälle von „Schwachsinn" nicht aufträten.[620] Die Familienanamnese konnte sich mithin allein zulasten, niemals aber zugunsten des Betroffenen auswirken. Fand sich eine familiäre Häufung von „angeborenem Schwachsinn", sollte auch bei nur „leicht schwachsinnigen" Mitgliedern der Familie die Unfruchtbarmachung angeordnet werden.[621]

So ordnete das Erbgesundheitsobergericht Kiel die Unfruchtbarmachung wegen „angeborenen Schwachsinns" in einem „Grenzfall" zwischen „Schwachsinn" und Unbegabtheit an, obwohl eine mangelnde „Lebensbewährung" der Betroffenen nicht zweifelsfrei festgestellt werden konnte, weil der Vater und der Bruder der Betroffenen *„unzweifelhaft"* als „schwachsinnig" anzusehen sein sollten.[622] Soweit weitere „Schwachsinnsfälle" in der Familie festgestellt wurden, sollte selbst eine positive „Lebensbewährung" einer Diagnose nicht im Weg stehen.[623] Regelmäßig sollte allein der Hilfsschulbesuch oder eine „gehäufte Minderbegabung" anderer Familienmitglieder auf „angeborenen Schwachsinn" hindeuten.[624] Bereits

---

620 Arthur Gütt, Ernst Rüdin und Falk Ruttke, Gesetz zur Verhütung erbkranken Nachwuchses vom 14. Juli 1933, 2., neu bearbeitete Auflage, München 1936, 126 f.; Erlass des Reichsministers der Justiz an sämtliche Oberlandesgerichtspräsidenten vom 22. April 1936 – 6234 – IV b 399, BArch R 1501/5585, fol. 167, 169.

621 Hermann Boehm, Aus der Praxis für die Praxis, in: Erbgesundheit – Volksgesundheit : Das Gesetz zur Verhütung erbkranken Nachwuchses in Grundsatz und Anwendung, Berlin/Wien 1939, 102, 113.

622 EOG Kiel, Beschl. v. 09.01.1935 – W Erb 95/34, JW 1935, 711; siehe auch EOG Kiel, Beschl. v. 03.07.1935 – Wg 143/35, JW 1935, 2143.

623 EOG Kiel, Beschl. v. 28.09.1935 – Wg 161/35, JW 1935, 3474.

624 EOG Kiel, Beschl. v. 27.04.1935 – Wg 78/35, JW 1935, 2499; EOG Kiel, Beschl. v. 23.10.1935 – Wg 228/35, JW 1935, 3473; EOG Jena, Beschl. v. 13.12.1938 – Wg 172/38, DR 1939, 732.

irgendeine „erbliche Belastung“ in der Familie sollte ausreichen. So stellte das Erbgesundheitsobergericht Kiel in einem weiteren Beschluss aus dem Jahr 1935 darauf ab, dass der Vater der Mutter des Betroffenen an „*Krämpfen*“ gelitten habe, eine Tochter „*verwachsen*“ gewesen sei und an „*Knochenweichheit*“ gelitten habe und eine Schwester des Betroffenen ebenso wie dieser Fürsorgezögling, „*geistig beschränkt*“ und „*Bettnässer*“ gewesen sei.[625]

Dass nur geringe Anforderungen an die Feststellung einer „erblichen Belastung“ in der Familie gestellt wurden, zeigt ein Beschluss des Erbgesundheitsobergerichts Kiel vom 23. Oktober 1935. Für einen „angeborenen Schwachsinn“ sollte „unwiderlegbar“ sprechen, dass ein Bruder der Betroffenen schon auf den ersten Blick den Eindruck eines „*Imbezilen*“, wenn nicht gar „*Idioten*“ gemacht habe und ein weiterer Bruder, der nur zehn Jahre alt geworden war, „*vollkommen idiotisch*“ gewesen sein sollte. In einem solchen Fall sollten „*erhebliche intelligenzmäßige Leistungen*“ erforderlich sein, um einen „Schwachsinn“ zu verneinen.[626]

## 4. Keine exogenen Ursachen

Schließlich musste der „Schwachsinn“ „angeboren“ sein, um unter § 1 Absatz 2 Ziffer 1 des Gesetzes zur Verhütung erbkranken Nachwuchses zu fallen. Nach *Gütt*, *Rüdin* und *Ruttke* sollte die „Angeborenheit“ nicht wörtlich zu verstehen sein.[627] Mit dem Wort „angeboren“ hatte der Gesetzgeber zum Ausdruck gebracht, dass im Einzelfall nicht der Beweis der „Erblichkeit“ angetreten werden müsse. Hintergrund war, dass die „Erblichkeit“ des „Schwachsinns“ auch seinerzeit durchaus umstritten war. Durch die Formulierung „angeboren“ sollte daher sichergestellt werden, dass gegen den „Schwachsinn“ mit „möglichst durchgreifenden Maßnahmen“ vorgegangen werden konnte.[628]

Auch „früh erworbener Schwachsinn“ sollte mithin als „angeboren“ im Sinne des Gesetzes gelten, wenn erbliche Ursachen in der Familie nachzuweisen bzw. äußere Ursachen auszuschließen waren. Von der Unfruchtbarmachung sollte nur dann abgesehen werden, wenn äußere Ursachen wie Syphilis der Mutter, Hirnverletzungen oder Infektionskrankheiten positiv nachgewiesen waren. Das Erbgesundheitsgericht hatte im Wege freier Beweiswürdigung zu entscheiden, ob der Beweis einer exogenen Schädigung einwandfrei gelungen war. Hierbei sollten insbesondere die Familienanamnese und der Grad des „Schwachsinns“ Berücksichtigung finden. Das Gesetz ging mithin grundsätzlich von der „Angeborenheit“ bzw. „Erblichkeit“ des Schwachsinns aus. Der Nachweis der „Erblichkeit“ war

625 EOG Kiel, Beschl. v. 15.05.1935 – Wg 95/35, JW 1935, 2743.

626 EOG Kiel, Beschl. v. 23.10.1935 – Wg 225/35, JW 1936, 266.

627 Arthur Gütt, Ernst Rüdin und Falk Ruttke, Gesetz zur Verhütung erbkranken Nachwuchses vom 14. Juli 1933, 1. Auflage, München 1934, 95 f.

628 Rudolf Thiele, Angeborener Schwachsinn, in: Die psychiatrischen Aufgaben bei der Ausführung des Gesetzes zur Verhütung erbkranken Nachwuchses, Berlin 1934, 3 ff.

nicht gefordert.[629] Auch wenn im Erbgesundheitsgerichtsverfahren grundsätzlich keine Beweislastentscheidung getroffen werden sollte, da dieses nicht als kontradiktorisch angesehen wurde, so war durch den Betroffenen faktisch dennoch der positive Beweis zu führen, dass ein festgestellter „Schwachsinn“ nicht „angeboren“ war.[630] Da den Betroffenen aber keine Verfahrensrechte eingeräumt waren, war ihnen eine Beweisführung in der Regel kaum möglich.[631] Insoweit sollte aber keineswegs bereits das Fehlen einer erblichen Belastung in der Familie ausreichen, da eine solche in Einzelfällen *„zufällig fehlen oder nicht nachweisbar“* sein könne.[632] Es sollte auch nicht jedes nachgewiesene „exogene Ereignis“ ohne Weiteres als Ursache des „Schwachsinns“ angesehen werden. Von der Unfruchtbarmachung sollte nur dann abgesehen werden, wenn der „Schwachsinn“ als sicher exogen erwiesen war. In allen übrigen Fällen war die Unfruchtbarmachung anzuordnen.[633]

Die zuständige Abteilung im Reichsinnenministerium unter Leitung von *Arthur Gütt* berief sich zur Begründung auf die Zwillingsforschung, die für die Hauptkrankheiten, namentlich „angeborener Schwachsinn“, „manisch-depressives Irresein“, „Schizophrenie“ und „Epilepsie“, die Erblichkeit angeblich *„unwiderleglich“* nachgewiesen hätten. Nach der allgemeinen Erblichkeitsfeststellung müsse daher schon aus dem klinisch „einwandfrei“ festgestellten Einzelleiden auf dessen Erbbedingtheit geschlossen werden.[634]

---

629 Paul Hild, Leitfaden zum Gesetz zur Verhütung erbkranken Nachwuchses, Stuttgart 1936, 13.

630 Heinz Bühning, Über die Unfruchtbarmachung wegen angeborenen Schwachsinns aus dem Gesetz zur Verhütung erbkranken Nachwuchses vom 14. Juli 1933, Bochum-Langendreer 1939, 8, der in der Entwicklung der Rechtsprechung aber eine Tendenz weg von dem notwendigen Beweis der Exogenese hin zu einem *„gewünschten“* Nachweis einer wenigstens sehr wahrscheinlichen Erblichkeit erkannte, siehe a.a.O., 23; Rudolf Thiele, Angeborener Schwachsinn, in: Die psychiatrischen Aufgaben bei der Ausführung des Gesetzes zur Verhütung erbkranken Nachwuchses, Berlin 1934, 8.

631 Siehe nur EOG Zweibrücken, Beschl. v. 08.02.1935 – BR571 (189)/34, JW 1935, 1436.

632 Arthur Gütt, Ernst Rüdin und Falk Ruttke, Gesetz zur Verhütung erbkranken Nachwuchses vom 14. Juli 1933, 1. Auflage, München 1934, 93, 96.

633 Arthur Gütt, Ernst Rüdin und Falk Ruttke, Gesetz zur Verhütung erbkranken Nachwuchses vom 14. Juli 1933, 2., neu bearbeitete Auflage, München 1936, 120; Fred Dubitscher, Dummheit oder Schwachsinn, in: Der Erbarzt (2), 1935, 187, 188.

634 Stellungnahme der Abteilung IV im Reichsinnenministerium zu den Ausführungen des Reichsärzteführers Gerhard Wagner, BArch R 1501/5586, fol. 29; Reichsärzteführer *Gerhard Wagner* hingegen beklagte – in erster Linie aus karrieristischer Konkurrenz zu *Arthur Gütt* –, dass dem als *„erbkrank Angeschuldigten“* die Beweislast für eine exogene Ursache zugeschoben sei; doch auch er erkannte an, dass der Grundsatz: In Zweifelsfällen für den *„Angeschuldigten“* in der *„biologischen Gesetzgebung“* nicht ausnahmslos zur Anwendung kommen könne, siehe Schreiben des Reichsärzteführers *Gerhard Wagner* an den Führer vom 29. Mai 1937, BArch R 1501/5585, fol. 191 ff.

Regelmäßig zogen die Erbgesundheitsgerichte die „Angeborenheit“ eines festgestellten Schwachsinns nicht in Zweifel.[635] Wurde in „Grenzfällen“ aber der „*moralische Wille zu einer brauchbaren Lebensführung*“ festgestellt, so wurde die „Angeborenheit“ des „Schwachsinns“ verneint, da angenommen werden müsse, dass die „geistige Schwäche“ weniger auf die „Ererbung“ als auf die „Umwelt“ zurückzuführen sei.[636]

## II. Die übrigen „Erbkrankheiten“

Nach dem „angeborenen Schwachsinn“ waren die „Schizophrenie“ gemäß § 1 Absatz 2 Ziffer 2 des Gesetzes zur Verhütung erbkranken Nachwuchses und die „erbliche Fallsucht“ gemäß § 1 Absatz 2 Ziffer 4 im Hinblick auf die Fallzahlen der Erbgesundheitsgerichtsverfahren die bedeutendsten „Erbkrankheiten“.

Bedeutung kommt für die hiesige Untersuchung allenfalls dem Tatbestand der „Schizophrenie“ zu. „Schizophrenie“ wurde nicht als einheitliche Krankheit, sondern als eine Krankheitsgruppe von innerlich verwandten Krankheiten verstanden, deren Bezeichnung auf die 1893 von *Emil Kraepelin* als *dementia praecox* zusammengefassten Psychosen zurückging. Das Hauptsymptom sah *Kraepelin* in einer eigenartigen Zerstörung des inneren Zusammenhangs der psychischen Persönlichkeit mit vorwiegender Schädigung des Gemütslebens und des Willens. Nach *Arthur Gütt*, *Ernst Rüdin* und *Falk Ruttke* sollte diese mit Wahnideen, vielfach auch mit Sinnestäuschungen, mit Lautwerden der eigenen Gedanken, mit Stimmenhören, besonders mit Gehörstäuschungen, Täuschungen der Leib- oder Gemeinempfindungen, mit vielen anderen Trugwahrnehmungen und zahlreichen Absonderlichkeiten im Benehmen und Ausdruck einhergehen. Im Unterschied zum „angeborenen Schwachsinn“ sollten die formale Intelligenz, die Auffassungsfähigkeit, das Gedächtnis, die Merkfähigkeit und die Orientierung in Zeit und Raum dagegen verhältnismäßig ungestört sein.[637] Jedenfalls *Gerhard Friese* und *Hansjoachim Lemme* wollten geistig niedrig stehende Kranke dieser Art, die durch

---

635 Vgl. EOG Kiel, Beschl. v. 04.09.1934 – W Erb 38/34, JW 1934, 2630; EOG Berlin, Beschl. v. 04.03.1935 – Wg 17/35, JW 1935, 1426; EOG Zweibrücken, Beschl. v. 08.02.1935 – BR 571 (189)/34, JW 1935, 1436; EOG Frankfurt a.M., Beschl. v. 24.06.1935 – Wg 144/35, JW 1935, 2142; EOG Frankfurt a.M., Beschl. v. 04.04.1935 – Wg 81/35, JW 1935, 2142; EOG Dresden, Beschl. v. 06.06.1935 – Erbges. O 556/34, JW 1935, 3470; EOG Düsseldorf, Beschl. v. 26.09.1935 – 12 Wg 412/35, JW 1935, 3471; EOG Jena, Beschl. v. 27.11.1935 – Wg 471/35, JW 1936, 265; anders EOG Jena, Beschl. v. 20.12.1934 – Erb G O 225/34, JW 1935, 1870, das die Unfruchtbarmachung ablehnte, da nicht ausgeschlossen werden könne, dass es sich um einen „*ererbten Defektzustand*“ handle und EOG Berlin, Beschl. v. 03.02.1937 – 2 Wg 66/36, JW 1937, 946, das offenkundig den Nachweis der „*sehr großen Wahrscheinlichkeit*“ einer Erbkrankheit forderte.

636 So beispielsweise EOG Kiel, Beschl. v. 01.10.1934 – W Erb 16/34, JW 1934, 2995; so auch EOG Kiel, Beschl. v 02.10.1935 – Wg 220/35, JW 1935, 3476.

637 Arthur Gütt, Ernst Rüdin und Falk Ruttke, Gesetz zur Verhütung erbkranken Nachwuchses vom 14. Juli 1933, 1. Auflage, München 1934, 97; Arthur Gütt, Ernst Rüdin

gemütloses, eigensüchtiges, gemeinschaftswidriges Verhalten auffielen, als „moralisch Schwachsinnige“ der Schizophrenie zuordnen.[638]

Als zentrales Symptom der „erblichen Fallsucht“ im Sinne von § 1 Absatz 2 Ziffer 4 des Gesetzes zur Verhütung erbkranken Nachwuchses galt der epileptische Anfall.[639] Eine Unfruchtbarmachung wegen „erblicher Fallsucht“ allein aufgrund „asozialen Verhaltens“, wie sie Gegenstand der vorliegenden Untersuchung ist, kam mithin nicht in Betracht.

Keine der weiteren in § 1 des Gesetzes zur Verhütung erbkranken Nachwuchses aufgeführten „Erbkrankheiten“ eröffneten einen so weiten Anwendungsspielraum wie dies der „angeborene Schwachsinn“ insbesondere durch das Merkmal der „Lebensbewährung“, die nichts anderes als ein Einfügen in die Volksgemeinschaft bedeutete, tat. So zog auch die zeitgenössische Literatur in erster Linie oder gar ausschließlich den „angeborenen Schwachsinn“ als Grundlage für die Unfruchtbarmachung „Asozialer“ bzw. „Gemeinschaftsfremder“ heran.[640]

---

und Falk Ruttke, Gesetz zur Verhütung erbkranken Nachwuchses vom 14. Juli 1933, 2., neu bearbeitete Auflage, München 1936, 130 f.

638 Gerhard Friese und Hansjoachim Lemme, Die deutsche Erbpflege, Leipzig 1937, 62.

639 Arthur Gütt, Ernst Rüdin und Falk Ruttke, Gesetz zur Verhütung erbkranken Nachwuchses vom 14. Juli 1933, 2., neu bearbeitete Auflage, München 1936, 139 ff.

640 Gerhard Friese und Hansjoachim Lemme, Die deutsche Erbpflege, Leipzig 1937, 47; Walter Brunk, Zur Frage der Ehetauglichkeit bei Vorliegen psychopathischer Störungen, in: Der Erbarzt (5), 1938, 123; Fred Dubitscher, Asozialität und Unfruchtbarmachung (Aus dem Material des Reichsgesundheitsamtes), in: Mitteilungen der Kriminalbiologischen Gesellschaft (V), 1938, 99; Fred Dubitscher, Das Asozialenproblem, in: Beiheft zum Reichsgesundheitsblatt (4), 1938, 80; Edmund Mezger, Inwieweit werden durch Sterilisierungsmaßnahmen Asoziale erfasst?, in: Mitteilungen der Kriminalbiologischen Gesellschaft (V), 1938, 81; Robert Müller, Zum Schwachsinnsbegriff in der Praxis der Erbgesundheitsgerichte, in: Der Erbarzt (5), 1938, 149; Martin Staemmler, Das Problem der erbkranken und der asozialen Familien und ihre Behandlung, in: Volk und Rasse (13), 1938, 37; Hermann Boehm, Aus der Praxis für die Praxis, in: Erbgesundheit – Volksgesundheit : Das Gesetz zur Verhütung erbkranken Nachwuchses in Grundsatz und Anwendung, Berlin/Wien 1939; Franz Kapp, Zur Unfruchtbarmachung bei angeborenem Schwachsinn und über ihre Bedeutung im Kampf gegen Kriminalität und Asozialität, in: Monatsschrift für Kriminalbiologie und Strafrechtsreform (30), 1939, 17; Wolfgang Knorr, Vergleichende erbbiologische Untersuchungen an drei asozialen Großfamilien, Berlin 1939; Walter Kopp, Die Unfruchtbarmachung der Asozialen, in: Der Erbarzt (6), 1939, 66; Hansjoachim Lemme, Der Asoziale, in: Volk und Rasse (14), 1939, 36; Walther Ammann, Die Asozialen und ihre Behandlung – eine Aufgabe des öffentlichen Rechts, Philippsburg 1940, 129 ff.; Julius Engbrocks, Über die Beziehungen zwischen "Angeborenem Schwachsinn" im Sinne des Gesetzes zur Verhütung erbkranken Nachwuchses und Asozialität, Bonn 1940; Hans Heinze, Psychopathische Persönlichkeiten, in: Zirkuläres Irresein – Psychopathische Persönlichkeiten, Leipzig 1942, 274.

## III. Die Unfruchtbarmachung von Fürsorgezöglingen als „Asoziale" und „Gemeinschaftsfremde"

Betrachtet man die hier besprochene Rechtsprechung der Erbgesundheitsgerichte, dann fällt auf, dass viele der seinerzeit als „asozial" bzw. „gemeinschaftsfremd" betrachteten Personen der Fürsorgeerziehung unterlagen. Rechtsgrundlage für die Anordnung der Fürsorgeerziehung war das Reichsgesetz für Jugendwohlfahrt vom 9. Juli 1922 (Reichsjugendwohlfahrtsgesetz).

§ 1 des Reichsjugendwohlfahrtsgesetzes statuierte das Recht eines jeden deutschen Kindes auf Erziehung zur leiblichen, seelischen und gesellschaftlichen Tüchtigkeit. Soweit dieser Anspruch des Kindes auf Erziehung von der Familie nicht erfüllt wurde, sollte hierfür die öffentliche Jugendhilfe eintreten. Nach der Machtergreifung wurde das Erziehungsziel des § 1 des Reichsjugendwohlfahrtsgesetzes in der körperlichen, geistigen und sittlichen Erziehung im Geiste des Nationalsozialismus zum Dienst am Volk und zur Volksgemeinschaft gesehen.[641]

Gemäß § 63 des Reichsjugendwohlfahrtsgesetzes in der durch Verordnung des Reichspräsidenten vom 4. November 1932 gegebenen Fassung[642] konnte die Fürsorgeerziehung durch die Vormundschaftsgerichte zur Verhütung (vorbeugende Fürsorgeerziehung) oder Beseitigung der „Verwahrlosung" angeordnet werden. Der Begriff der „Verwahrlosung" wurde in dieser Untersuchung bereits im Zusammenhang mit der Diskussion um ein Bewahrungsgesetz erörtert.[643] Eine „Verwahrlosung" im Sinne des Reichsjugendwohlfahrtsgesetzes sollte bei Erziehungsziel und Idealbild der Jugend widersprechenden Handlungen gegeben sein, die einen Jugendlichen als „überflüssig" und „schädlich" aus der Volksgemeinschaft ausschieden. Dies sollte sowohl bei kriminellen Handlungen als auch bei nichtkriminellen Handlungen, durch die der Jugendliche sich der Volksgemeinschaft „entfremde", der Fall sein. Neben „sexueller Verwahrlosung" bei Mädchen und Eigentumsdelikten bei Jungen war seit 1933 unter anderem auch politischer „Non-Konformismus" ein Grund für die Anordnung der Fürsorgeerziehung. Kinder von Kommunisten aber beispielsweise auch von Bibelforschern gerieten aufgrund „schlechter Erziehungsverhältnisse" in die Fürsorgeerziehung.[644] So entzog das Amtsgericht Berlin-Lichterfelde einem Kommunisten das Sorgerecht für seinen Sohn aufgrund von § 1666 BGB, da die Gefahr bestünde, dass dieser im Zusammensein mit seinem Vater in staatsfeindlicher Weise erzogen werde. Die verantwortlichen Stellen hätten daher durch sofortige Maßnahmen auf den Sohn im national-deutschen bzw.

---

641 § 2 des Gesetzes über die Hitlerjugend vom 1. Dezember 1936, Reichsgesetzblatt 1936 I S. 993; Kammergericht, Beschl. v. 11.12.1936 – 1 a Wx 1971/36, DJ 1937, 250.

642 Reichsgesetzblatt 1932 I S. 522.

643 Siehe 3. Kapitel unter II.2.

644 Carola Kuhlmann, Erbkrank oder erziehbar? : Jugendhilfe als Vorsorge und Aussonderung in der Fürsorgeerziehung in Westfalen von 1933–1945, Weinheim und München 1989, 101 f. m.w.N.

nationalsozialistischen Sinne einzuwirken.[645] In einem anderen Verfahren entzog das Landgericht Hamburg den Eltern, die das Gericht als „fanatische“ Bibelforscher bezeichnete, das Sorgerecht über ihre beiden Söhne, damit diese zu brauchbaren Mitgliedern der Volksgemeinschaft erzogen würden.[646]

Als wesentlichste Ursache der „Verwahrlosung“ wurde im Sinne der nationalsozialistischen Weltanschauung die „erbliche Belastung“ gesehen, während „Milieuschäden“ nur in wenigen Fällen verantwortlich sein sollten.[647] So wurde gar eine körperliche Misshandlung durch die Eltern als Ursache der „Verwahrlosung“ auf die „minderwertige Anlage“ der Eltern und damit auch des Jugendlichen zurückgeführt.[648] Neben der Fürsorgeerziehung wurde als wesentliches Mittel zur „Bekämpfung der Verwahrlosung“ daher in erster Linie die Verhütung „minderwertiger Nachkommenschaft“ gesehen.[649]

In der Fürsorgeerziehung sollten die geringen moralischen Werte der Jugendlichen in erzieherischer Atmosphäre zur Entwicklung gebracht werden.[650] Ziel der Fürsorgeerziehung war der an Leib und Seele gesunde, vom Gemeinschaftssinn erfüllte, tüchtige Mensch sprich die „Gemeinschaftsfähigkeit“.[651] Gesunden sollten die Fürsorgezöglinge durch ausreichend Schlaf, gesundes Essen und ihrem Alter und ihren Kräften entsprechende Arbeit.[652] Tatsächlich erinnerten die Fürsorgeerziehungsanstalten an Arbeitslager. Zehnstunden-Tage in handwerklichen Betrieben und der Landwirtschaft waren die Regel. Führte die „Erziehung“ nicht zum Erfolg, so wurde auf eine „erbliche Minderwertigkeit“ des Fürsorgezöglings geschlossen.[653] Als *„Prüfstein“* sollte die Bewährung des Fürsorgezöglings im

645 AG Berlin-Lichterfelde, Beschl. v. 15.04.1935–6 X 126, Zentralblatt für Jugendrecht und Jugendwohlfahrt (27), 1935, 232.

646 LG Hamburg, Beschl. v. 05.06.1936 – I T. 284/36, Zentralblatt für Jugendrecht und Jugendwohlfahrt (28), 1936, 281.

647 Hans Biskupski, Entwicklung und Stand der Fürsorgeerziehung, Leipzig 1941, 40.

648 Kammergericht, Beschl. v. 16.10.1936 zitiert nach Hans Biskupski, a.a.O., 46.

649 Hans Biskupski, a.a.O., 54.

650 Hans Biskupski, a.a.O., 55.

651 Bruno Bendokat, Wie wirken sich die nationalsozialistischen Erziehungsgedanken und die Wandlungen, die der Nationalsozialismus auf entscheidenden Gebieten des deutschen Volkslebens hervorgerufen hat, in der Praxis der männlichen Fürsorgeerziehung aus?, in: Evangelische Jugendhilfe (11 (55)), 1935, 265, 266 f.; J. Weber, Die Erziehung zur Gemeinschaftsfähigkeit in der Fürsorgeerziehung, in: Jugendwohl (23), 1934, 46; Erziehung zur Volksgemeinschaft im Heim, in: Jugendwohl (23), 1934, 171; so auch Carola Kuhlmann, Erbkrank oder erziehbar? : Jugendhilfe als Vorsorge und Aussonderung in der Fürsorgeerziehung in Westfalen von 1933 – 1945, Weinheim und München 1989, 107 m.w.N.

652 Hans Biskupski, Entwicklung und Stand der Fürsorgeerziehung, Leipzig 1941, 79 ff.

653 Für eine ausführliche Darstellung vgl. Carola Kuhlmann, Erbkrank oder erziehbar? : Jugendhilfe als Vorsorge und Aussonderung in der Fürsorgeerziehung in Westfalen von 1933–1945, Weinheim und München 1989, 105 ff. m.w.N.

späteren Leben herangezogen werden. Aber auch bei denjenigen, bei denen es gelang „Gemeinschaftsfähigkeit“ und „*Lebenstüchtigkeit*“ herzustellen, sollte nicht ohne Weiteres auf die „Nichtanlagemäßigkeit“ geschlossen werden können. Auch der „erbbiologisch Unterwertige“ könne sich einfügen lernen und „lebensbrauchbar“ werden.[654]

Mit der Anordnung der Fürsorgeerziehung ging daher in der Regel bereits eine „Brandmarkung“ des Betroffenen als „erblich belastet“ einher.[655] Dies stellte sich für die Betroffenen als fatal dar, da Fürsorgeerziehungsanstalten gemäß Artikel 3 Absatz 2 der 1. Ausführungsverordnung als Pflegeanstalten im Sinne von § 3 Ziffer 2 des Gesetzes zur Verhütung erbkranken Nachwuchses galten und mithin berechtigt waren einen Antrag auf Unfruchtbarmachung bei dem zuständigen Erbgesundheitsgericht zu stellen. Unter den Begriff der Pflegeanstalten sollten nicht nur öffentliche Anstalten fallen, sondern auch Anstalten privater Natur, die „*im Interesse der Erziehung und Gesundung minderwertiger und asozialer Elemente*“ von privaten Vereinen geschaffen worden waren.[656] War erst einmal die Fürsorgeerziehung angeordnet, rückten die Betroffenen damit unmittelbar in den Fokus der Erbpflegeinstitutionen.[657] Es galt als selbstverständlich, dass kein „Schwachsinniger“ ohne Unfruchtbarmachung aus einer Fürsorgeanstalt entlassen werden würde.[658] Der „erbbiologische Wert“ der Fürsorgezöglinge sollte auch durch erfolgreiche erzieherische Bemühungen unberührt bleiben.[659] Selbst konservative Schätzungen gingen bereits 1934 davon aus, dass ein „*größerer Hundertsatz*“ der Fürsorgezöglinge an „angeborenem Schwachsinn“ im Sinne des

654 Werner Villinger, Erfahrung bei der Durchführung des Erbkrankheitenverhütungsgesetzes an männlichen Fürsorgezöglingen, in: Zeitschrift für Kinderforschung (44), 1935, 233, 234 f.

655 Zur Gutachtertätigkeit in Erbgesundheitsverfahren der Fürsorgerinnen in Hamburg siehe Esther Lehnert, Die Beteiligung von Fürsorgerinnen an der Bildung und Umsetzung der Kategorie "minderwertig" im Nationalsozialismus : öffentliche Fürsorgerinnen in Berlin und Hamburg im Spannungsfeld von Auslese und "Ausmerze", Frankfurt am Main 2003, 225 ff.

656 Mecklenburgisches EOG, Beschl. v. 29.19.1934 – 107 S A Erbg. 107/34.

657 *Max Eyrich*, Landesjugendarzt beim Landeswohlfahrtsverband – Landesjugendamt – Württemberg-Hohenzollern schrieb 1939, dass im Fürsorgeerziehungsverfahren von vornherein ein breiter Raum für die (amts-)ärztliche Mitwirkung vorgesehen sei; Max Eyrich, Gerichtsärztliche Aufgaben bei Kindern und Jugendlichen, in: Der Öffentliche Gesundheitsdienst (5), 1939, 549, 555; exemplarisch siehe die Bestandsaufnahme in den v. Bodelschwinghschen Anstalten Bethel bei Werner Villinger, Erfahrungen mit dem Erbkrankenverhütungsgesetz, in: Zeitschrift für psychische Hygiene (8), 1935, 70, 71 ff.

658 Max Eyrich, Fürsorgezöglinge, erbbiologisch gesehen, in: Zeitschrift für Kinderforschung (47), 1939, 250, 257.

659 Max Eyrich, Gerichtsärztliche Aufgaben bei Kindern und Jugendlichen, in: Der Öffentliche Gesundheitsdienst (5), 1939, 549, 556.

Gesetzes zur Verhütung erbkranken Nachwuchses leide.[660] Bei der Mehrzahl der *„verwahrlosten Individuen“* sollte das „asoziale“ Verhalten auf erbliche Einflüsse zurückgeführt werden können.[661] Gemeinhin wurde angenommen, dass jedenfalls zwischen 30 Prozent und 60 Prozent der Fürsorgezöglinge an „angeborenem Schwachsinn“ litten.[662] *Werner Villinger*, von 1934 bis 1940 leitender Arzt in den v. Bodelschwinghschen Anstalten Bethel und ärztlicher Beisitzer an den Erbgesundheitsobergerichten Hamm und Breslau, wollte für die Schwachsinnsdiagnose bei Fürsorgezöglingen in erster Linie die Beobachtung des Fürsorgezöglings *„unter natürlichen Bedingungen“*, das heißt in den Fürsorgeerziehungsanstalten und nur nachrangig auf eine Einzelleistungen erfassende Intelligenzprüfung abstellen. Die Diagnose sollte mithin wesentlich auf die Beurteilung durch die Anstaltsmitarbeiter gestützt werden. Eine geistige *„Beschränktheit“* des Fürsorgezöglings sollte bei *„ausgesprochen asoziale[n] Züge[n] konstitutioneller Art“* für die Unfruchtbarmachung bereits ausreichen.[663] *Adalbert Gregor*, Obermedizinalrat im badischen Justizministerium, wies darauf hin, dass der Nachweis des „Schwachsinns“ bei Fürsorgezöglingen oft schwierig sein könne. Erfolge in der Intelligenzprüfung führte er daher auf den intensiven Schulunterricht in Fürsorgeanstalten zurück. Die Unfruchtbarmachung hielt er dennoch für unaufschiebbar, da zu befürchten sei, dass sich das Bild nach der Entlassung aus der Anstalt rasch trüben würde.[664]

## IV. Zusammenfassung

Es bleibt festzustellen, dass „Asoziale“ und „Gemeinschaftsfremde“ im Sinne der nationalsozialistischen Terminologie – wenn auch nicht „lückenlos“, wie von

660 Annaliese Ohland, Ist Fürsorgeerziehung Minderwertigenfürsorge oder volksaufbauende Erziehungsarbeit?, in: Zentralblatt für Jugendrecht und Jugendwohlfahrt (26), 1934, 105, 107; siehe auch Lückerath, Erfolge in der Fürsorgeerziehung, in: Zeitschrift für Kinderforschung (43), 1934, 36.

661 Adalbert Gregor, Über die Sterilisierung minderwertiger Fürsorgezöglinge, in: Erblehre und Rassenhygiene im völkischen Staat, München 1934, 175.

662 Adalbert Gregor, a.a.O., 175, 176 ff.; vgl. die Auswertung bei Werner Villinger, Erfahrung bei der Durchführung des Erbkrankheitenverhütungsgesetzes an männlichen Fürsorgezöglingen, in: Zeitschrift für Kinderforschung (44), 1935, 233, 236 m.w.N.; für eine zeitgenössische Übersichtsdarstellung siehe Ilse Schulze Steinen, Die deutsche Forschung nach den Ursachen der Jugendverwahrlosung in den letzten drei Jahrzehnten, Bethel bei Bielefeld 1935.

663 Werner Villinger, Erfahrung bei der Durchführung des Erbkrankheitenverhütungsgesetzes an männlichen Fürsorgezöglingen, in: Zeitschrift für Kinderforschung (44), 1935, 233, 237 ff.; Werner Villinger, Erfahrungen mit dem Erbkrankenverhütungsgesetz, in: Zeitschrift für psychische Hygiene (8), 1935, 70, 81.

664 Adalbert Gregor, Ergebnisse der Untersuchung von Fürsorgezöglingen zwecks Sterilisierung, in: Zeitschrift für psychische Hygiene (7), 1934, 33, 35.

Zeitgenossen vielfach beklagt wurde – der Unfruchtbarmachung nach dem Gesetz zur Verhütung erbkranken Nachwuchses unterlagen. Der Erfassung „Asozialer“ diente in erster Linie der Tatbestand des „angeborenen Schwachsinns“.

Für die Vertreter von Partei und Staat stand außer Frage, dass eine „asoziale Lebensführung“ nicht mit der nationalsozialistischen Vorstellung vom *„geistig-seelisch gesunden Menschen“*, die für die Diagnose eines „angeborenen Schwachsinns“ im Sinne des Gesetze zur Verhütung erbkranken Nachwuchses maßgeblich sein sollte, vereinbar war. Mangelnde Intelligenzausfälle oder gar positive Intelligenzprüfungen wurden als *„Überlistungs- und Täuschungserfolge“* abgetan.

In der Literatur wurde stellenweise zwar die Feststellung eines „objektiven“ Intelligenzmangels verlangt. Im Ergebnis bestand aber weitgehend Einigkeit darüber, dass durch „näheres Hinsehen“ oder eine „genauere Prüfung“ bei den meisten „Asozialen“ die erforderlichen Intelligenzausfälle festgestellt werden könnten. Bereits aufgrund einer „asozialen Lebensführung“ sollte auf Intelligenzmängel geschlossen werden können. Die „Lebenstüchtigkeit“ und die „Bewährung im Leben“ wurden als Kriterien herangezogen. Selbst wenn eine „formale Intelligenz“ festzustellen war, sollte zur Begründung eines Intelligenzdefekts auf einen Mangel an Urteils- und Einsichtsfähigkeit abgestellt werden, da der Betroffene nicht in der Lage sei, aus seiner „formalen Intelligenz“ den Schluss auf eine – nach nationalsozialistischen Maßstäben – ordentlichen Lebensführung zu ziehen.

In der Rechtsprechung blieben die Anforderungen an die Schwachsinnsdiagnose umstritten. Im Sinne der Urheber des Gesetzes und der Staatsführung rückten vermeintlich objektive Kriterien wie feststellbare Intelligenzausfälle aber vermehrt in den Hintergrund. Ausschlaggebend war vielmehr eine jeden Kriterien und Vorgaben entbehrende Beurteilung der „Gesamtpersönlichkeit“. So wurden Fälle „asozialen Verhaltens“ regelmäßig zu „Grenzfällen“ erklärt, in denen das „asoziale Verhalten“ selbst wiederum den Ausschlag für die Diagnose eines „angeborenen Schwachsinns“ geben sollte. Die Unfruchtbarmachung aufgrund eines insbesondere in der Literatur diskutierten „moralischen Schwachsinns“ lehnten die Erbgesundheitsgerichte allerdings überwiegend ab. Vielmehr sollten „amoralische“ und „asoziale“ Verhaltensweisen und Einstellungen unmittelbar auf Intelligenzmängel schließen lassen und so zu der Annahme eines „angeborenen Schwachsinns“ im Sinne des Gesetzes zur Verhütung erbkranken Nachwuchses führen. Demgegenüber stand aber beispielsweise für das Erbgesundheitsobergericht Kassel die Feststellung eines aufgrund der Intelligenzprüfung feststellbaren „intellektuellen Schwachsinns“ im Vordergrund. In enger Auslegung des nach Ansicht des Gerichts abschließenden Krankheitskataloges des Gesetzes sollte allein ein Mangel der sittlichen und sozialen Grundeinstellung die Unfruchtbarmachung nicht rechtfertigen.[665]

665 EOG Kassel, Beschl. v. 28.08.1935 – Wg 417/35, JW 1935, 3111.

Führt man sich vor Augen, dass jedes Abweichen von einem nach nationalsozialistischen Wertmaßstäben zu bestimmenden „Normalzustand“ als „asozial“ galt, wird deutlich, dass nach überwiegender Ansicht in Rechtsprechung und Literatur jede Form von Nonkonformismus die Gefahr einer Anzeige nach dem Gesetz zur Verhütung erbkranken Nachwuchses und damit der Unfruchtbarmachung mit sich brachte.

# 5. Kapitel: Die Tatbestände des Gesetzes zur Verhütung erbkranken Nachwuchses als unbestimmte Rechtsbegriffe

In der rechtshistorischen Forschung ist unbestritten, dass unbestimmte Rechtsbegriffe, insbesondere Generalklauseln wie „Treu und Glauben“ oder „gute Sitten“, der Auslegung der vor der Machtergreifung erlassenen Gesetze im Sinne der nationalsozialistischen Weltanschauung dienten. Besonders hervorzuheben ist insoweit die ausführliche Untersuchung von *Bernd Rüthers* zur „unbegrenzten Auslegung“ im Zivilrecht.[666] Nun könnte argumentiert werden, dass auch die Tatbestände des Gesetzes zur Verhütung erbkranken Nachwuchses als unbestimmte Rechtsbegriffe eine unbegrenzte Auslegung des Gesetzes im Sinne der nationalsozialistischen Weltanschauung ermöglicht hätten. Diese Untersuchung hat am Beispiel der Behandlung „Asozialer“ und „Gemeinschaftsfremder“ jedoch gezeigt, dass die Auslegungsgrenzen der Tatbestände – insbesondere des „angeborenen Schwachsinns“ – gerade in der Rechtsprechung umstritten waren. Die Erbgesundheitsgerichte taten sich verschiedentlich schwer unter das Gesetz zu subsumieren, obwohl sie die Unfruchtbarmachung des Betroffenen als „wünschenswert“ im Sinne der nationalsozialistischen Rassenhygiene empfanden. Übertrüge man die zu den vor der Machtergreifung erlassenen Gesetzen gewonnenen Erkenntnisse eins zu eins auf das Gesetz zur Verhütung erbkranken Nachwuchses, griffe dies mithin zu kurz. Zu berücksichtigen ist vielmehr, dass das Gesetz nach der Machtergreifung erlassen wurde und damit ein originär nationalsozialistisches Gesetz darstellt. Ferner ist zu berücksichtigen, dass es sich bei den Tatbeständen des Gesetzes – jedenfalls nach Ansicht der Gesetzesautoren – um mehr oder weniger klar umrissene Krankheitsdiagnosen handelte. Insoweit stellt sich die Frage, ob die Tatbestände des Gesetzes überhaupt einer juristischen Inhaltsbestimmung zugänglich waren oder diese vielmehr allein den Medizinern überlassen war.[667]

## I. Unbestimmte und bestimmte Rechtsbegriffe

Unbestimmte Rechtsbegriffe sind gegenüber bestimmten Rechtsbegriffen – die durch eine gesetzliche Definition oder durch den Sprachgebrauch so eng

666 Bernd Rüthers, Die unbegrenzte Auslegung, 7. Auflage, Tübingen 2012, 210 ff.

667 Zum Umgang mit unbestimmten Begriffen vgl. instruktiv Arthur Lukowsky, Der unbestimmte Begriff im Denken des Logikers, des Juristen und des Arztes, in: Verwaltungsarchiv (53), 1962, 25.

umschrieben sind, dass sie nur begrenzt der Auslegung zugänglich sind – dadurch gekennzeichnet, dass der Rechtsanwender einen zu beurteilenden Sachverhalt nicht im Sinne eines logischen Subsumtionsverfahrens der jeweiligen Norm zuordnen kann.[668] *Walter Jellinek* differenzierte 1912 bestimmte und unbestimmte Begriffe nach deren Bedeutungsgrenze. Während der bestimmte Begriff eine einzige Grenze habe, die ein sicheres assertorisches Urteil über die Zugehörigkeit oder Nichtzugehörigkeit einer Erscheinung zum Begriff ermögliche, habe der unbestimmte Begriff deren zwei. Auch beim unbestimmten Begriff gebe es sichere assertorische Urteile. Zwischen dem bejahenden und dem verneinenden Urteil liege aber ein Grenzgebiet der bloßen Möglichkeit. *Jellinek* sprach insoweit von einem *„problematischen Urteil"*.[669] *Philipp Heck* verwies hingegen darauf, dass die Mehrdeutigkeit der verwendbaren Worte notwendig eine Unbestimmtheit der Gesetzesgebote zur Folge habe. Mit verschwindender Ausnahme sei jedes Wort mehrdeutig. Ein einziges sicheres assertorisches Urteil wollte er einzelnen Begriffen mithin nicht zuerkennen. Vielmehr sei ein sicherer *„Bedeutungskern"* eines Begriffes von einem allmählich verschwindenden *„Bedeutungshof"* umgeben. Diese Mehrdeutigkeit der Begriffe verhindere schon für den Gesetzgeber die Bildung von Gebotsvorstellungen, welche für alle Anwendungsfälle bestimmte Ergebnisse liefern. Der Richter habe daher im Wege der Gebotsbildung die Gesetzesbegriffe näher zu bestimmen.[670] Anknüpfend an *Heck* sah *Hans Carl Nipperdey* 1954 in dem von ihm fortgeführten Lehrbuch zum BGB zwischen bestimmten und unbestimmten Rechtsbegriffen keinen wesensmäßigen, sondern nur einen graduellen Unterschied. Bestimmte Rechtsbegriffe hätten einen größeren sicheren Bedeutungskern und einen kleineren allmählich verschwindenden Bedeutungshof, während unbestimmte Rechtsbegriffe durch einen ungewöhnlich großen Begriffshof und einen sehr kleinen Begriffskern gekennzeichnet seien. Ihr Inhalt und ihre Grenzen seien daher weitgehend subjektiv ungewiss. Hieraus zog *Nipperdey* für die Anwendung

---

668 Bernd Rüthers, Die unbegrenzte Auslegung, 7. Auflage, Tübingen 2012, 210; *Karl Engisch* verstand unter einem unbestimmten Begriff einen Begriff, dessen Inhalt und Umfang weitgehend ungewiss ist, Karl Engisch, Einführung in das juristische Denken, Stuttgart 1977, 108; *Horst-Eberhard Henke* verstand unter unbestimmten Begriffen Tatbestandsmerkmale mit fließenden, nicht abschließend festgelegten Grenzen; als Kriterium zog er die Begriffsdefinition heran; setze sich die Definition aus exakten Merkmalen zusammen, so habe der Begriff eine feste Grenze; erscheinen in der Definition dagegen trotz sachlicher Richtigkeit unscharfe Merkmale oder gar tautologische Umschreibungen, so seien die Grenzen des Begriffs fließend, Horst-Eberhard Henke, Die Tatfrage : Der unbestimmte Rechtsbegriff im Zivilrecht und seine Revisibilität, Berlin 1966, 76 ff.

669 Walter Jellinek, Gesetz, Gesetzesanwendung und Zweckmäßigkeitserwägungen : Eine staats- und verwaltungsrechtliche Studie, Altenburg 1912, 37 f.

670 Philipp Heck, Gesetzesauslegung und Interessenjurisprudenz, in: Archiv für die civilistische Praxis (112), 1914, 1, 173 f.

der Vorschriften mit unbestimmten Rechtsbegriffen den Schluss, dass nur eine, sich aus dem Sinn und Zweck der betreffenden Regelung oder aus der unter Zuhilfenahme allgemeiner Rechtsgrundsätze und außerrechtlicher Wertungen erfolgte Interpretation des Begriffs ergebende Entscheidung richtig sein könne und jede andere falsch sein müsse.[671]

Der Anwendungsbereich eines unbestimmten Rechtsbegriffs ist danach durch den Rechtsanwender mittels Definition und Subsumtion konkret zu bestimmen.

*Karl Larenz* sprach demgegenüber in seiner 1960 in erster Auflage erschienen „Methodenlehre der Rechtswissenschaft" von der Denkform des „*Typus*", der nicht durch Merkmale festgelegt sei. Hinter „*relativ unbestimmten Gegenstandsbegriffen*" wie „Waldung", „Geisteskrankheit" und „Geistesschwäche" solle sich nach *Larenz* ein „*empirischer Häufigkeitstypus*" verbergen, den man beschreiben und durch Beispiele verdeutlichen, aber nicht eigentlich definieren könne.[672] Den Begriff des „*Typus*" hatte Larenz bereits 1938 in seiner Schrift „Über Gegenstand und Methode des völkischen Rechtsdenkens" zur Bildung der von ihm propagierten „konkret-allgemeinen Begriffe" herangezogen.[673] Soweit dies in der hiesigen Untersuchung festgestellt werden kann, spielte das von *Larenz* entwickelte Denken in „konkret-allgemeinen Begriffen" für die Begriffsbildung in der Rechtsprechung der Erbgesundheitsgerichte jedoch keine Rolle und bedarf daher keiner weiteren Vertiefung.[674]

Insbesondere die Strafrechtswissenschaft differenziert zwischen normativen Begriffen, deren inhaltliche Unbestimmtheit der Gesetzgeber gesehen und gewollt

---

671 Zu unterscheiden seien unbestimmte Rechtsbegriffe insoweit von richterlichen Ermessensentscheidungen, Hans Carl Nipperdey, Ludwig Enneccerus, Theodor Kipp und Martin Wolff, Allgemeine Lehren, Personen, Rechtsobjekte, Tübingen 1959, 308 f.; so auch Ernst Forsthoff, Lehrbuch des Verwaltungsrechts 1. Band Allgemeiner Teil, München und Berlin 1961, 75 ff.; das „*Prinzip der nur einen richtigen Entscheidung*" war insbesondere in der Verwaltungsrechtswissenschaft lange umstritten, darf aber inzwischen unter Anerkennung der auf den Aufsatz von Otto Bachof, Beurteilungsspielraum, Ermessen und unbestimmter Rechtsbegriff im Verwaltungsrecht, in: Juristenzeitung (10), 1955, 97 zurückgehenden Ausnahme des Beurteilungsspielraums als herrschende Meinung angesehen werden.

672 Karl Larenz, Methodenlehre der Rechtswissenschaft, Berlin Göttingen Heidelberg 1960, 222, 333 ff.

673 Karl Larenz, Über Gegenstand und Methode des völkischen Rechtsdenkens, Berlin 1938, 43; zum Typusbegriff bei *Larenz* vgl. Josef Kokert, Der Begriff des Typus bei Karl Larenz, Berlin 1995, 130 ff., welcher sich insbesondere kritisch im Hinblick auf eine Kontinuität des Typusbegriffs bei *Larenz* nach 1945 äußert.

674 Siehe auch Josef Kokert, a.a.O., 75 ff., der zu dem Ergebnis kommt, dass *Larenz* Schriften in Rechtsprechung und Rechtslehre grundsätzlich keine Resonanz fanden.

hat, und deskriptiven Begriffen, deren Bestimmtheit erstrebt, aber nicht erreicht wurde.[675] Seit jeher ist diese Differenzierung jedoch umstritten.[676]

Der Begriff der normativen Tatbestandselemente geht auf *Max Ernst Mayer* zurück. Hierunter verstand er Tatbestandselemente, die lediglich wertbestimmende Bedeutung im Sinne spezifisch juristischer Werturteile haben.[677] *Max Grünhut* unterschied zwischen normativen Tatbestandsmerkmalen, die ein richterliches Werturteil verlangen, und von ihm sogenannten faktischen Tatbestandsmerkmalen, die Vorgänge eines äußeren Geschehens beschreiben. Bereits *Grünhut* erkannte die *„Strukturverschlingung"* faktischer und normativer Elemente. Auch faktische Tatbestandsmerkmale seien stets durch normative Faktoren mitbestimmt.[678]

*Karl Engisch* verstand unter deskriptiven Begriffen solche Begriffe, die wirkliche oder wirklichkeitsartige grundsätzlich wahrnehmbare oder sonst erfahrbare Objekte beschreibend meinen.[679] Unbestimmten deskriptiven Begriffen gebe der Rechtsanwender durch Auslegung und Subsumtion des konkreten Einzelfalls ihren Inhalt.[680] Entscheidendes Merkmal deskriptiver Begriffe sei, dass deren konkrete Belegung sinnvoller Gegenstand einer Tatsachenfeststellung sein könne.[681] Normative Begriffe seien demgegenüber wertausfüllungsbedürftig. Dies bedeute nach *Engisch*, dass es stets einer Wertung bedürfe, um einen normativen Begriff im Einzelfall zur Anwendung zu bringen. Das *„normative Volumen"* dieser Begriffe müsse von Fall zu Fall durch Wertung ausgefüllt werden.[682] Maßgeblich seien

---

675 So Bernd Rüthers, Die unbegrenzte Auslegung, 7. Auflage Tübingen 2012, 211 unter Berufung auf Philipp Heck, Gesetzesauslegung und Interessenjurisprudenz, in: Archiv für die civilistische Praxis (112), 1914, 1, 173; anders *Helmut Müller-Tochtermann*, nach dessen Auffassung durch unbestimmte Rechtsbegriffe generell angestrebt werde, die Differenzierung und Konkretisierung des Rechtssatzes im Einzelfall je nach den örtlichen, zeitlichen oder anderen rechtserheblichen Umständen dem jeweiligen Rechtsanwender offen zu lassen, Helmut Müller-Tochtermann, Der unbestimmte Rechtsbegriff – logisch unhaltbar oder sinnvoll?, in: Neue Juristische Wochenschrift (15), 1962, 1238, 1239.

676 Siehe *Eisele* und *Sternberg-Lieben/Schuster* in Schönke/Schröder, Strafgesetzbuch : Kommentar, München 2014, Vor. §§ 13 ff. Rn. 64 und § 15 Rn. 17 ff. m.w.N.

677 Max Ernst Mayer, Der allgemeine Teil des deutschen Strafrechts, Heidelberg 1915, 183; vgl. Max Grünhut, Begriffsbildung und Rechtsanwendung im Strafrecht, Tübingen 1926, Anm. 2).

678 Max Grünhut, a.a.O., 5 ff.

679 Karl Engisch, Einführung in das juristische Denken, Stuttgart 1977, 209; Karl Engisch, Einführung in das juristische Denken, Stuttgart 2010, 142.

680 Karl Engisch, Einführung in das juristische Denken, Stuttgart 1977, 125.

681 Karl Engisch, Die normativen Tatbestandselemente im Strafrecht, in: Festschrift für Edmund Mezger zum 70. Geburtstag, München und Berlin 1954, 127, 143.

682 Karl Engisch, Einführung in das juristische Denken, Stuttgart 1977, 111; Karl Engisch, Einführung in das juristische Denken, Stuttgart 2010, 144.

die Umstände des einzelnen Falles unter Berücksichtigung der Anschauungen der betreffenden Bevölkerungskreise.[683] *Engisch* wies darauf hin, dass „objektiv-normative" Begriffe – im Gegensatz zu deskriptiven Begriffen – sich durch die Wertungen, auf die sie Bezug nehmen, der besonderen Lagerung der Umstände des Einzelfalls und auch dem Wandel der Wertanschauungen „elastisch" anpassen könnten. Insoweit seien sie Träger eines „Billigkeitsrechts".[684]

*Erik Wolf* hingegen betrachtete alle Tatbestandselemente als normativ. Seiner Ansicht nach seien auch die deskriptiven Tatbestandselemente normativ durchsetzt, da alle Erfahrungstatsachen nichts schlechthin „*Gegebenes*", sondern „*juristische Tatsachen*" seien. Auch hier sei der Richter auf Abwägung und Bewertung mithin auf normative Tätigkeit verwiesen.[685]

*Karl Larenz* hielt die Unterscheidung in deskriptive und normative Tatbestandsmerkmale erwartungsgemäß für unglücklich. Seiner Ansicht nach könnten der verstehbare Sinn menschlicher Handlungen und Äußerungen und die Rechtsverhältnisse nicht erfasst werden, verstünde man unter deskriptiven Tatbestandselementen nur der Wahrnehmung zugängliche Tatsachen, unter normativen hingegen lediglich Wertprädikate. Er verstand in einem weiteren Sinn alle Tatbestandselemente als normativ, da sie als solche auf den Sinn der jeweiligen Rechtsnorm bezogen seien.[686]

## II. Die Auslegung von nach der Machtergreifung erlassenen Gesetzen

Betrachtet man den hier in erster Linie untersuchten Tatbestand des „angeborenen Schwachsinns" so lässt sich ohne Weiteres feststellen, dass es sich hierbei um einen unbestimmten Rechtsbegriff handelt. Allein aus dem Wortsinn lässt sich dessen Bedeutung nicht zweifelsfrei bestimmen. Für eine Subsumtion bedarf es zunächst einer Auslegung und Definition.

Im Bemühen insbesondere die vor der Machtergreifung erlassenen Gesetze im Sinne der nationalsozialistischen Weltanschauung zur Anwendung zu bringen

683 So Karl Engisch, Einführung in das juristische Denken, Stuttgart 1977, 126 unter Berufung auf Schönke/Schröder, Kommentar zum StGB, 16. Auflage 1972, § 180 a.F., Anm. 4.

684 Karl Engisch, a.a.O., 128.

685 Erik Wolf, Der Sachbegriff im Strafrecht, in: Strafrecht und Strafprozess, Berlin und Leipzig 1929, 44, 55 f.

686 Karl Larenz, Methodenlehre der Rechtswissenschaft, Berlin Göttingen Heidelberg 1960, 176, Fn. 1.

standen sich in erster Linie die Vertreter einer subjektiv-teleologischen Auslegung[687] sowie die Vertreter einer objektiven Auslegung gegenüber.[688]

Im Unterschied zu den vor 1933 erlassenen Gesetzen galten die nach der Machtergreifung erlassenen Gesetze, mithin auch das Gesetz zur Verhütung erbkranken Nachwuchses, als der im Führerwillen manifestierte *„unantastbare und verbindliche, unmittelbare Ausdruck, den das völkische Recht gefunden hat"*.[689] Gesetze wurden als „Rechtserklärungsquellen" für das „in der Gemeinschaft herrschende Richtigkeitsempfinden" verstanden.[690] Dies sollte nach Auffassung der zeitgenössischen Literaturmeinungen unmittelbare Auswirkung auf die Auslegung und Bindungswirkung der nach der Machtergreifung erlassenen Rechtsnormen haben.

So sprach sich *Ernst Rudolf Huber* 1939 für eine strenge Bindungswirkung der nach der Machtergreifung erlassenen Gesetze aus. Soweit der Führer die völkische Ordnung in Gesetze geformt habe, sollte für die Verwaltung, für die Justiz, für „die Bewegung" und das Volk das unbedingte Gebot der Gesetzmäßigkeit gelten. Den im Gesetz hervortretenden Willen des Führers verstand *Huber* als die bewusste und geprägte Form der „völkischen Gerechtigkeit". Das „Führergesetz" sollte daher nicht an ungeschriebenem Recht zu messen sein. Wo der Führer gesprochen habe, sei der Inhalt des völkischen Rechts mit unbedingter Verbindlichkeit festgestellt.[691] *Huber* versagte dem Richter mithin jedes Prüfungsrecht im Hinblick auf nationalsozialistische Rechtsnormen.

Auch *Günther Küchenhoff* differenzierte zwischen der Anwendung der im Dritten Reich geschaffenen Rechtssätze und der Anwendung des vornationalsozialistischen Rechts. An nationalsozialistisches Recht als Ausdruck des „Volksgewissens" sollte der Richter gebunden sein. Für *Küchenhoff* bedeutete die Bindung des Richters an das Gesetz eine Bindung an den die Weltanschauung des Nationalsozialismus verkörpernden und so konkret feststellbaren Willen der Führer von Reich und

---

687 Insbesondere Philipp Heck, Rechtserneuerung und juristische Methodenlehre, Tübingen 1936; Heinrich Stoll, Die nationalsozialistische Revolution und das bürgerliche Recht, in: Deutsche Juristen-Zeitung (38), 1933, 1229; Heinrich Stoll, Juristische Methode, in: Leben in der Justiz, Berlin 1934, 83; Karl Engisch, Die Einheit der Rechtsordnung, Heidelberg 1935; Karl Engisch, Interessenjurisprudenz und Strafrecht, in: Monatsschrift für Kriminalbiologie und Strafrechtsreform (25), 1934, 65; Heinz Hildebrandt, Rechtsfindung im neuen deutschen Staate, Berlin 1935, 56 ff.

688 Vgl. Bernd Rüthers, Die unbegrenzte Auslegung, 7. Auflage Tübingen 2012, 176 ff.

689 So Bernd Mertens, Rechtsetzung im Nationalsozialismus, Tübingen 2009, 84 f. unter Verweis auf Ernst Rudolf Huber, Verfassungsrecht des Großdeutschen Reiches, Hamburg 1939, 244.

690 Bernd Mertens, Rechtsetzung im Nationalsozialismus, Tübingen 2009, 97 f.; *Bernd Mertens* schließt auf eine Ersetzung der äußeren gesetzlichen Bindung des Rechtsanwenders durch eine innere Bindung an die nationalsozialistischen Wertvorstellungen.

691 Ernst Rudolf Huber, Verfassungsrecht des Großdeutschen Reiches, Hamburg 1939, 243 f.

Staat. Neben dem Gesetz sollte der Richter aber auch den „*allgemeine Rechtsgedanken klarstellenden Führerbefehl*“ als Interpretation des „Volksgewissens“ zu beachten haben. Als authentische Interpretation sollte daneben auch die „*Klarlegung des Rechtsgewissens*“ durch die maßgebenden „Mitbildner“ jenes Gewissens gelten. Wer diese „Mitbildner“ sein sollten, ließ *Küchenhoff* jedoch offen. Soweit keine Interpretation des „Rechtsgewissens“ durch Gesetz oder Führerbefehl gegeben war, sollte der Richter selbst das „Rechtsgewissen“ des Volkes befragen und das Recht wie ein Gesetzgeber interpretieren. Da die „rassengesetzliche Rechtslehre“ dem Gesetz nur die Bedeutung des Interpreten – einer „Rechtserklärungsquelle“ – beimesse, habe der Richter keine vom Gesetzgeber grundsätzlich verschiedene Stellung.[692]

Die Vertreter einer subjektiv-teleologischen Auslegung, allen voran *Philipp Heck*[693], argumentierten ebenfalls mit der Gesetzesbindung des Richters. Aufgrund des sich hierin wiederfindenden Führerprinzips sollte sich eine subjektiv-teleologische Auslegungsmethode ihrer Auffassung nach für nationalsozialistische Gesetze als besonders geeignet darstellen.[694] *Heck* widersprach jedoch der Vorstellung, dass durch Weltanschauung und Volksüberzeugung sowie Erkenntnisquellen wie Gesetz, Lebensbeobachtung, Führerwort und Parteiverlautbarung ein vollständiges, lückenloses Normensystem für alle möglichen Lebenskonflikte geschaffen werde, sodass der Richter nur auf eine logische Subsumtion beschränkt sei.[695] Diese Ansicht sah *Heck* in dem Umstand bestätigt, dass der nationalsozialistische Staat seine Ideale durch ausgearbeitete Einzelgesetze, durch ständige Verlautbarungen seiner Gedankenwelt und durch Anweisung für die richterliche Fallentscheidung verwirkliche. Im Hinblick auf neue, nach der Machtergreifung erlassene Gesetze forderte auch *Heck* eine strenge Gesetzesbindung des Richters. Diese seien durchzuführen, auch wenn der Richter nach seiner persönlichen Überzeugung anders entscheiden würde.[696] Als gesetzliche Auslegungsregel zog *Heck* zunächst die Zweckdeutung, die Auslegung des Gesetzes nach dem Gesetzeszweck, heran. Insoweit erklärte *Heck* – wie auch *Küchenhoff*[697] – § 56 des Reichserbhofgesetzes[698], wonach der Richter im Zweifel so zu entscheiden habe, wie es dem in den Einleitungsworten dargelegten Zweck des Gesetzes entspreche, zu einem allgemeinen

692 Günther Küchenhoff, Nationaler Gemeinschaftsstaat : Volksrecht und Volksrechtsprechung, Berlin und Leipzig 1934, 31 f.

693 Philipp Heck, Rechtserneuerung und juristische Methodenlehre, Tübingen 1936, 13 f.

694 Karl Engisch, Die Einheit der Rechtsordnung, Heidelberg 1935, 87 Fn. 1. m.w.N.

695 Philipp Heck, Rechtserneuerung und juristische Methodenlehre, Tübingen 1936, 13 f.

696 So auch Friedrich Schaffstein, Formalismus im Strafrecht, in: Deutsches Recht (4), 1934, 249, 352.

697 Günther Küchenhoff, Nationaler Gemeinschaftsstaat : Volksrecht und Volksrechtsprechung, Berlin und Leipzig 1934, 32; *Küchenhoff* berief sich auf § 63 Absatz 1 des Preußischen Bäuerlichen Erbhofrechts vom 15. Mai 1933 (PrGS. 1933 S. 165), das durch das Reichserbhofgesetz abgelöst wurde.

698 Reichsgesetzblatt 1933 I S. 685.

Auslegungsgrundsatz.[699] Bei neuen Gesetzen wollte *Heck* zudem insbesondere die „*historische Interessenforschung*" heranziehen, da in den Erklärungen des Führers und der Partei sowie den gesetzlichen Erklärungen Hilfsmittel gegeben seien, die die Motive des Gesetzgebers klar erkennen ließen.[700] Die objektive Methode hielten die Vertreter einer subjektiv-teleologischen Auslegung hingegen für völlig ungeeignet für einen autoritären Führerstaat.[701]

Auch *Heinrich Henkel* sprach von der Gesetzesbindung des Richters im nationalsozialistischen Staat und unterschied diese von der „liberal-rechtsstaatlich" verstandenen Bindung an das Gesetz.[702] Nach nationalsozialistischer Auffassung sei Rechtsquelle die Anschauung der völkischen Rechtsgemeinschaft, die lediglich der Rechtseinheit und der Rechtskontinuität willen der Positivierung bedürfe. Die Umsetzung dieser Positivierung sollte Aufgabe sowohl des Gesetzgebers als auch des Richters sein. Nach Ansicht *Henkels* verlieh der Gesetzgeber den Weltanschauungen der Volksgemeinschaft Ausdruck im Gesetz, das als solches nicht mehr selbst Rechtsquelle, sondern als Formulierung bereits bestehenden, lebenden Rechts lediglich „Rechtserkenntnisquelle" sei. Die Bindung des Richters an das Gesetz sollte sich nach *Henkel* aus dem autoritären Gedanken der Führung zwischen Gesetzgeber und Richter ergeben. Die gesetzliche Positivierung sollte ihre Ergänzung im Rahmen des der Rechtsprechung offen gelassenen Ermessensspielraums durch die Positivierung der völkischen Wertanschauungen im richterlichen Urteil finden. Aufgrund der Identität von Regierung und Gesetzgeber im nationalsozialistischen Führerstaat sollte mit der Bindung an das Gesetz zugleich die Bindung an die leitenden Grundsätze der Staatsführung ausgesprochen sein, sodass der Einklang zwischen Staatsführung und Rechtsprechung sichergestellt sei.[703]

Ebenso sprach sich *Hans Franzen* für eine uneingeschränkte Bindung des Richters an das (nationalsozialistische) Gesetz aus.[704] Dem Richter die Befugnis einzuräumen, Gesetze daraufhin zu überprüfen, ob sie mit dem „Rechtsgewissen" vereinbar seien, sei mit dem nationalsozialistischen Führergrundsatz nicht vereinbar. Im Gesetz sollte der Wille des Führers seinen klarsten und am stärksten formgebundenen Ausdruck finden. Da gerade die wichtigsten Aussprüche des Führers

---

699 So auch Heinrich Stoll, Die nationalsozialistische Revolution und das bürgerliche Recht, in: Deutsche Juristen-Zeitung (38), 1933, 1229, 1231; Ernst Rudolf Huber, Besprechung von Hans-Helmut Dietze – Der Gesetzesvorspruch im geltenden deutschen Reichsrecht, in: Zeitschrift für die gesamte Staatswissenschaft (101), 1941, 742, 743.

700 Philipp Heck, Rechtserneuerung und juristische Methodenlehre, Tübingen 1936, 16 ff.

701 Heinrich Stoll, Juristische Methode, in: Leben in der Justiz, Berlin 1934, 83, 99.

702 Heinrich Henkel, Die Unabhängigkeit des Richters in ihrem neuen Sinngehalt, Hamburg 1934, 28 f.

703 Heinrich Henkel, a.a.O.

704 Hans Franzen, Gesetz und Richter, Hamburg 1935, 24 ff.

durch Gesetz erfolgten, würde der Richter durch Nichtanwendung die Gehorsams- und Treuepflicht gegenüber dem Führer verletzen. Der Richter sollte daher das Gesetz selbst dann anzuwenden haben, wenn er davon überzeugt sei, dass es dem „deutschen Rechtsgewissen" widerspreche. Denn die Entscheidung des Führers als des ersten Interpreten des „Rechtsgewissens" gehe der Meinung des Richters voraus.[705] Das nationalsozialistische Gesetz stellte für *Franzen* keine anonym durch Beschluss einer vorübergehenden und häufig zufälligen Mehrheit zustande gekommene Norm dar, sondern *„feierliches Werturteil"* des Führers.[706] Soweit ein Gesetz „schwieg", sollte an die Stelle der geschriebenen „Gerechtigkeitsnorm" als mittelbarer Rechtsquelle, das „Rechtsgewissen" als unmittelbare Rechtsquelle treten. Wenn das „Rechtsgewissen" wiederum keine Aussage traf, sollte die gesetzförmige Führerentscheidung durch formlose Äußerungen des Führers und durch die zwar selbstständige, aber gleichfalls nicht freie, sondern von den konkreten Erfordernissen von Volk und Staat abhängige politische Richterentscheidung ergänzt werden.[707]

Demgegenüber standen die Vertreter einer objektiven Auslegung. *Carl Schmitt* vertrat die Ansicht, dass die Worte jeder gesetzlichen Bestimmung im Rahmen einer bestimmten Gesamtordnung stünden, deren (nationalsozialistischer) „Geist" jedes Wort durchdringe. Nicht nur der Sinn von Generalklauseln und unbestimmten Rechtsbegriffen, sondern auch von bestimmten Rechtsbegriffen sollte sich dadurch ändern, dass die Grundlage des Rechtssystems sich im Ganzen erneuert habe.[708] Vor der Machtergreifung erlassene Gesetze sollten daher lediglich als „Funktionsnorm" weiter gelten, die, losgelöst von dem „Geist" und den Grundsätzen, die ihnen im „alten Staat" zugrunde lagen, im nationalsozialistischen Sinne auszulegen seien. Insbesondere unbestimmte Rechtsbegriffe seien im nationalsozialistischen Sinne anzuwenden.[709]

Im Hinblick auf die Auslegung der nach der Machtergreifung erlassenen Gesetze ist damit noch nicht viel gesagt. Methodisch bedurfte es nach der objektiven Auslegungsmethode keiner Differenzierung in vor und nach der Machtergreifung erlassene Gesetze. Vielmehr sollte das gesamte deutsche Recht, einschließlich der weiter geltenden, positiv nicht aufgehobenen Bestimmungen, ausschließlich und allein vom Geist des Nationalsozialismus beherrscht und jede Auslegung eine Auslegung im nationalsozialistischen Sinne sein.[710]

---

705 Hans Franzen, a.a.O..

706 Hans Franzen, a.a.O., 67 ff.

707 Hans Franzen, a.a.O., 39.

708 Carl Schmitt, Der Weg des deutschen Juristen, in: Deutsche Juristen-Zeitung (39), 1934, 691, 692 ff.

709 Carl Schmitt, Nationalsozialismus und Rechtsstaat, in: Juristische Wochenschrift (63), 1934, 713, 716 f.

710 Carl Schmitt, a.a.O., 717; Bernd Rüthers, Die unbegrenzte Auslegung, 7. Auflage, Tübingen 2012, 175.

So vertrat *Hans Frank* die Auffassung, dass formale Gesetze keine „*Fessel*" für den Richter darstellen, sondern lediglich Anhaltspunkte geben sollten, um die Gemeinschaft des Volkes zu fördern. Gleichzeitig sollte dem Richter gegenüber Führerentscheidungen, die in die Form eines Gesetzes oder einer Verordnung gekleidet waren, aber kein Prüfungsrecht zustehen. Auch an sonstige Entscheidungen des Führers sollte der Richter gebunden sein, sofern in ihnen der Wille, Recht zu setzen, unzweideutig zum Ausdruck kam.[711]

Auch *Karl Larenz* erkannte dem Richter im Hinblick auf Gesetze, die mit dem Willen des Führers, als „*Hüter der Verfassung*", in Kraft getreten seien, kein Prüfungsrecht zu. Angewendet werden sollten aber auch nationalsozialistische Gesetze „*im Geiste des Führers*" gemäß des jeweils gegenwärtigen Rechtswillens, den *Larenz* in der „*konkreten Rechtsidee der Gemeinschaft*" sah. Im völkischen Staat sollte sich das Recht nach *Larenz* Ansicht nicht im Gesetz erschöpfen. Vielmehr müsse das Gesetz in den Gesamtzusammenhang des „*lebenden Rechts*" hineingestellt und von dem „*Gemeinwillen*" getragen werden, auf dem seine Geltung beruhe.[712] Die subjektive (historische) Auslegungstheorie, die allein den Sinn einer Gesetzesnorm zur Zeit ihres Erlasses zu ermitteln suche, lehnte *Larenz* ab. Aber auch die objektive Auslegungstheorie befand er für unbefriedigend, da sie das Gesetz allein aus sich, nicht aus dem Zusammenhang der Lebensverhältnisse, für die es bestimmt sei, zu verstehen suche. *Larenz* wollte die Gegensätze zwischen subjektiver und objektiver Auslegungsmethode auflösen, indem er den Willen des Gesetzgebers von seinen „übersubjektiven" Voraussetzungen her verstand. Der Wille des Gesetzgebers sei kein lediglich subjektiver Wille, sondern „Objektivation" völkischer und geschichtlicher Möglichkeiten und Notwendigkeiten. Die Gesetzesauslegung, die im Dienste der Gemeinschaft stehe, sollte daher nicht an den lediglich subjektiven Willen der Gesetzesverfasser gebunden sein. Das Gesetz sollte vielmehr so auszulegen sein, wie es den objektiven Zielen und den Grundanschauungen der völkischen Gemeinschaft am besten entspreche. Durch Auslegung sollte der im Gesetz ausgedrückte objektive Gemeinwillen ermittelt werden, dessen Wortführer und Gestalter der Gesetzgeber, sprich der Führer, sei. Hierbei sei zunächst vom Wortlaut und der allgemeinen sprachlichen Bedeutung der Ausdrücke auszugehen. Könne auf diese Weise der Sinn einer Bestimmung nicht erfasst werden, weil der gebrauchte Ausdruck mehrdeutig oder zweifelhaft sei oder der „eigentlich gemeinte" Sinn nicht vollständig oder genau wiedergegeben werde, müsse der „eigentlich gemeinte" Sinn aus dem Gesetzeszweck abgeleitet werden. Unter dem Zweck des Gesetzes verstand *Larenz* nicht nur die subjektive Absicht des Gesetzgebers, sondern die objektive Aufgabe, der das Gesetz zu dienen suche. Mithin trat *Larenz* für eine teleologische Auslegung ein, die zu einer Erweiterung

---

711 Hans Frank, Der nationalsozialistische Richter steht im Mittelpunkte des nationalsozialistischen Rechtsaufbaues, in: Deutsche Rechtspflege (1), 1936, 8 ff.

712 Karl Larenz, Deutsche Rechtserneuerung und Rechtsphilosophie, Tübingen 1934, 34 ff.

oder Einschränkung des Wortlautes führen könne. Ihre Grenze und einen höheren Maßstab sollte die teleologische Gesetzesauslegung aber in der Berücksichtigung der das Rechtsleben der Gemeinschaft tragenden und gestaltenden völkischen Rechtsidee haben.[713] Der Inhalt der völkischen Rechtsidee oder auch Gesamtordnung ergab sich auch für *Larenz* aus *Hitlers* Reden, aus *Mein Kampf* und dem Parteiprogramm.[714]

*Heinrich Lange* wollte im Gegensatz zu der insoweit wohl als herrschend anzuerkennenden Meinung dem Gesetz als gesetzter Norm erst dann Rechtskraft zusprechen, wenn es durch die Gemeinschaft „angenommen" werde. Die Tätigkeit der am Rechtsleben Beteiligten sei daher *„schöpferischer Natur"*. Einschränkende und erweiternde Auslegung, Analogie oder Gegenschluss, Lückenausfüllung sowie Fiktion sollten insoweit als technische Mittel zur Feststellung gegenwärtigen geltenden Rechts dienen. Die geschriebene Norm verstand *Lange* nur als die Form des Rechts, das erst in seiner Handhabung in Erscheinung trete.[715] Jedenfalls für die nach der Machtergreifung erlassenen Gesetze sah sich aber auch *Lange* zu einer Einschränkung gezwungen. Der Richter des neuen Staates müsse sich als Glied des Ganzen dadurch bestätigen, dass er dessen Gesetze ausführe. Die Führung liege bei Staat und Bewegung. Diese und nicht der Richter bestimmten die Grundsätze und Ziele, Zeit und Weg der Rechtserneuerung. „Schöpferisch" sollte der Richter daher nur insoweit wirken können, als das alte Recht dem neuen Rechtsempfinden entsprechend anzuwenden war.[716]

*Wilhelm Herschel* verstand das (geschriebene) Recht als eine besondere Form des staatlichen Befehls. Der autoritäre Staat greife durch Befehle in den Ablauf des Geschehens ein. Diese Befehle erforderten auch vom Richter absoluten Gehorsam. Der Richter müsse sich in erster Linie dazu berufen fühlen, den im Gesetz niedergelegten Befehl unter allen Umständen gewissenhaft zu vollziehen. Der staatliche Befehl sollte dem Gesetz dabei nicht sklavisch nach dem buchstäblichen Wortlaut zu entnehmen sein, sondern aus dem Zusammenhang, der Vorgeschichte, dem Gesetzeszweck sowie der Gesamtidee und der weltanschaulichen Grundlage des deutschen Rechts. Im „neuen Staat" müsse die Rechtsanwendung in erhöhtem Maße weniger schöpferische Interpretation als Vollziehung des politischen Willens des Gesetzgebers sein.[717]

Auch *Heinrich Dölle* leitete aus dem Führerprinzip eine grundsätzliche Gesetzestreue des Richters ab. Die von der Staatsleitung beschlossenen Gesetze materiellen

713 Karl Larenz, Vertrag und Unrecht – 2. Teil: Die Haftung für Schaden und Bereicherung, Hamburg 1937, 138ff.
714 Josef Kokert, Der Begriff des Typus bei Karl Larenz, Berlin 1995, 127 f. m.w.N.
715 Heinrich Lange, Liberalismus Nationalsozialismus und Bürgerliches Recht, Tübingen 1933, 7.
716 Heinrich Lange, Vom alten zum neuen Schuldrecht, Hamburg 1934, 41.
717 Wilhelm Herschel, Staatlicher Befehl und richterliches Ermessen im neuen Reich, in: Deutsche Juristen-Zeitung (38), 1933, 1008, 1009f.

Inhalts seien Führerentscheidungen. Es sei daher unmöglich, den Gemeinwillen über die Akzeptanz dieser Entscheidung des Führers zu befragen. *Dölle* wollte die prinzipielle Gesetzestreue aber nicht dahin verstehen, dass der Richter nichts weiter als eine „Subsumtionsmaschine“ sei. Die gesetzlichen Allgemeinbefehle seien vielmehr sinngemäß anzuwenden. Auch von Gesetzen, die im eigentlichen Sinne Führerentscheidungen seien, müsse der Richter abweichen dürfen. Zur Begründung berief sich *Dölle* auf § 63 Absatz 1 des Preußischen Bäuerlichen Erbhofrechts vom 15. Mai 1933[718], wonach der Richter im Zweifel unter Berücksichtigung des Gesetzeszwecks so entscheiden sollte, wie er den Fall als ordentlicher und gewissenhafter Gesetzgeber selbst zu entscheiden hätte.[719]

Hingegen wurde auch vertreten, dass der Richter bei nach der Machtergreifung erlassenen Gesetzen an den Willen des Gesetzgebers weit strenger gebunden sei, als es der frühere Richter gegenüber dem früheren Gesetzgeber gewesen war.[720] Begründet wurde dies mit der Ersetzung der „klassischen“ Gewaltenteilung durch die politische Führungsgewalt, aus der nunmehr alle einzelnen Staatsfunktionen hervorgingen. Im Führerstaat müsse der Wille der Führung daher Richtschnur für alles Handeln sein. Infolge der einheitlichen weltanschaulichen Grundlage und der Einheitlichkeit der von widerstreitenden Parteiinteressen unabhängigen Ziele sollte dieser Wille wesentlich leichter festzustellen sein als im „früheren Staat“. Deshalb sollte der Richter ein mehrdeutiges Gesetz, dessen Begründung aber eindeutig und klar das Ziel der Regierung erkennen lasse, diesem Willen entsprechend anwenden. Aufschluss über den Willen des Gesetzgebers sollten neben der Begründung und den Vorarbeiten des betreffenden Gesetzes selbst auch die Willensäußerungen des Führers, der Regierung und der Staatsleitung sowie die gesamte, aus den seit 1933 erlassenen Gesetzen erkennbare Entwicklungslinie der neuen Rechtsordnung geben.[721]

Nach anderer Auffassung sollten Gesetze keine kasuistischen Fallsammlungen, sondern „Leitgedanken der Rechtsordnung“ darstellen und mithin eine gewisse Weiterbildung der Rechtssätze durch die Rechtsprechung im Rahmen des gesetzlich zum Ausdruck gelangten Rechtswollens ermöglichen.[722]

718 PrGS. 1933 S. 165.

719 Hans Dölle, Das bürgerliche Recht im nationalsozialistischen deutschen Staat, in: Schmollers Jahrbuch für Gesetzgebung, Verwaltung und Volkswirtschaft im Deutschen Reich (57), 1933, 649, 654 f.

720 Eichhorn, Bindung des Richters an das Gesetz und neuzeitliche Rechtsfindung, in: Deutsche Richterzeitung (27), 1935, 321, 326.

721 Eichhorn, a.a.O.

722 Friedrich Wilhelm Adami, Das Programm der NSDAP und die Rechtsprechung, in: Deutsches Recht (9), 1939, 486, 491.

Eine als herrschende Lehre geltende Auslegungsmethode lässt sich nicht ausmachen.[723] Gemeinsam hatten alle Theorieansätze, dass aus dem Führerprinzip das Verbot eines materiellen Prüfungsrechts des Richters im Hinblick auf die nach der Machtergreifung erlassenen Gesetze abgeleitet wurde.[724] An diese den Führerbefehl verkörpernden Gesetze sollte der Richter – im Gegensatz zu den vor der Machtergreifung erlassenen Gesetzen – mehr oder weniger streng gebunden sein.[725] Gerade unbestimmte Rechtsbegriffe eröffneten dem Rechtsanwender aber auch bei der Anwendung der nach der Machtergreifung erlassenen Gesetze einen weiten Spielraum.[726] Deren Auslegung sollte sich am Zweck des Gesetzes orientieren.[727] Insoweit galt § 56 des Reichserbhofgesetzes als allgemeine Auslegungsregel.[728] Gemäß § 56 des Reichserbhofgesetzes hatte der Richter bei Zweifeln bei Anwendung des Gesetzes so zu entscheiden, wie es dem in den Einleitungsworten dargelegten Zweck des Gesetzes entsprach.[729] 1937 erklärte das Preußische Oberverwaltungsgericht die Auslegungsregel des § 56 des Reichserbhofgesetzes zu einem allgemeinen Grundsatz der Rechtspflege. Wenn die Anwendung einer Gesetzesvorschrift auf einen Tatbestand infrage stand, für den sie ihrer äußeren

723 *Rüthers* erkennt im sachlichen Ergebnis kaum einen Unterschied der verschiedenen Auslegungstheorien; jedenfalls für die Auslegung alter Gesetze will er eine Tendenz zur objektiven Methode erkennen; Bernd Rüthers, Die unbegrenzte Auslegung, 7. Auflage, Tübingen 2012, 181 ff.; siehe auch Bernd Mertens, Rechtsetzung im Nationalsozialismus, Tübingen 2009, 96 m.w.N.

724 Vgl. Bernd Mertens, a.a.O., 104; siehe auch Oberreichsanwalt Emil Brettle, Volksnahe Rechtspflege, in: Deutsches Recht (9), 1939, 480, 482; so auch *Hermann Göring* in einem in der 5. Vollsitzung der Akademie für Deutsches Recht gehaltenen Vortrag: Der Richter und die Verwaltung seien an das Gesetz als den niedergeschriebenen Willen des Führers gebunden, so dass ein willkürliches Abweichen vom Gesetz die Verletzung der Gefolgschaftspflicht und deshalb Unrecht und Rechtsunsicherheit bedeuten würde; Hermann Göring, Die Rechtssicherheit als Grundlage der Volksgemeinschaft, Hamburg 1935, 15.

725 So wurde auch die Auffassung vertreten, dass sich die Gesetze des „neuen Staates" meist auf das Grundsätzliche beschränkten und einer an den allgemeinen Grundsätzen der Staatsführung ausgerichteten Beurteilung des Einzelfalls hinreichenden Spielraum ließen, so dass die verlangte Bindung an das Gesetz auf das notwendige und sachgemäße Maß beschränkt sei; so Manfred Fauser, Das Gesetz im Führerstaat, in: Archiv des öffentlichen Rechts (65), 1935, 142.

726 Bernd Mertens, Rechtsetzung im Nationalsozialismus, Tübingen 2009, 104 ff.

727 So kommt auch *Rüthers* zu dem Ergebnis, dass objektive und subjektiv-teleologische Methode bei Auslegung der nach der Machtergreifung erlassenen Gesetze im Rahmen der Zweckdeutung regelmäßig zu übereinstimmenden Ergebnissen führten; Bernd Rüthers, Die unbegrenzte Auslegung, 7. Auflage Tübingen 2012, 189.

728 Hans-Helmut Dietze, Der Gesetzesvorspruch im geltenden deutschen Reichsrecht, Berlin – Wien 1939, 94 f.

729 Reichsgesetzblatt 1934 I S. 549.

Fassung nach nicht geschaffen war, hatte der Richter sie nach ihrem inneren Sinn und so anzuwenden, wie es dem Zweck des Gesetzes entsprach.[730]

Der Gesetzeszweck wiederum sollte sich aus der Erforschung des Willens des Gesetzgebers, mithin der Reichsregierung und letzten Endes des Führers, erschließen. Herangezogen werden sollten hierzu insbesondere Erklärungen des Führers, Parteiverlautbarungen oder das Parteiprogramm der NSDAP.[731]

Besondere Bedeutung kam bei der Erforschung des Gesetzeszwecks den sogenannten Gesetzesvorsprüchen – auf die auch § 56 des Reichserbhofgesetzes explizit Bezug nahm – und den amtlichen Gesetzesbegründungen zu.[732] Eine Reihe der nach der Machtergreifung erlassenen Gesetze waren mit sogenannten Gesetzesvorsprüchen oder auch Präambeln versehen. So beispielsweise das bereits erwähnte Reichserbhofgesetz vom 29. September 1933 oder das Gesetz zum Schutz des deutschen Blutes und der deutschen Ehre vom 15. September 1935.[733] *Carl Schmitt* sah in den Gesetzesvorsprüchen, als den das Gesetz tragenden Leitsätzen, einen neuen Stil der Gesetzgebung.

*Manfred Fauser*, Regierungsrat im Württembergischen Staatsministerium und später im Reichsinnenministerium, maß sowohl den Gesetzesvorsprüchen als auch den Gesetzesbegründungen zu nationalsozialistischen Gesetzen eine erhöhte Bedeutung bei, da die aufgrund des Ermächtigungsgesetzes verabschiedeten Gesetze nicht mehr Gegenstand der Beratung eines öffentlich tagenden Gremiums waren.[734] Maßgebend für die im *„Bekenntnis- und Führerstaat“* geschaffenen Gesetze sollte der *„eine“* Wille des Gesetzgebers sein, der zugleich Exponent einer einheitlichen Weltanschauung sei. Zur Auslegung sollten daher neben dem nationalsozialistischen Programm und der gesamten nationalsozialistischen Werteordnung insbesondere die Erläuterungen in Gesetzesvorsprüchen und -begründungen herangezogen werden, die erkennen ließen, welche entscheidenden Absichten dem jeweiligen Gesetz zugrunde lagen.[735]

---

730 Preußisches Oberverwaltungsgericht, Urt. v. 17.03.1936 – VIII. C. 14/34, PrOVGE 99, 58, 65.

731 *Roland Freisler* auf dem Deutschen Juristentag 1936 zitiert nach Friedrich Wilhelm Adami, Das Programm der NSDAP und die Rechtsprechung, in: Deutsches Recht (9), 1939, 486.

732 Philipp Heck, Rechtserneuerung und juristische Methodenlehre, Tübingen 1936, 17 f.; Friedrich Wilhelm Adami, Das Programm der NSDAP und die Rechtsprechung, in: Deutsches Recht (9), 1939, 486, 490; Herbert Krüger, Der Wille des Gesetzgebers, in: Reich Volksordnung Lebensraum : Zeitschrift für völkische Verfassung und Verwaltung (6), 1941, 108, 176 ff.; hinsichtlich der Zweckbestimmung der Verordnung zum Schutz von Volk und Staat vom 28. Februar 1933 bezugnehmend auf die Eingangsworte RG, Urt. v. 23.01.1934 – 4 D 244/33, JW 1934, 767 f.

733 Siehe die ausführliche Übersicht bei Hans-Helmut Dietze, Der Gesetzesvorspruch im geltenden deutschen Reichsrecht, Berlin – Wien 1939, 107 ff.

734 Manfred Fauser, Das Gesetz im Führerstaat, in: Archiv des öffentlichen Rechts (65), 1935, 139.

735 Manfred Fauser, a.a.O., 142.

Den wesentlichen Unterschied zwischen den Gesetzesvorsprüchen und den Gesetzesmaterialien, zu denen auch die amtlichen Begründungen zählten, wollte *Hans-Helmut Dietze* darin sehen, dass Gesetzesvorsprüche zugleich und unter der Überschrift des jeweiligen Gesetzes veröffentlicht wurden und damit eine förmlich geäußerte Meinung des Gesetzgebers darstellten. Sie müssten als materielle Gesetzesbestandteile betrachtet werden und besäßen rechtsverbindliche Kraft.[736] Aufgabe der Gesetzesvorsprüche sei es, die Grundlage aller im Gesetz enthaltenen Bestimmungen klarzumachen und den Willen des Gesetzgebers hervorzuheben.[737] *Karl Larenz* sah in den Gesetzesvorsprüchen – im Gegensatz zu den Gesetzesmaterialien – bindende Richtlinien für die Gesetzesauslegung.[738]

Soweit sich der Gesetzgeber eines Gesetzesvorspruchs bedient hatte, sollten *Herbert Krüger* zufolge andere gesetzgeberische Willensäußerungen, wie amtliche Gesetzesbegründungen, zurücktreten. Während der Wille des Gesetzgebers in den Gesetzesmaterialien noch in dem Für und Wider der Erwägungen verborgen sei und sich ein flüssiger Zusammenhang des Ganzen noch nicht herauskristallisiert habe, komme der Wille des Gesetzgebers im Vorspruch ganz klar, eindeutig und zusammenhängend zum Ausdruck.[739]

Eine amtliche Begründung war den nach dem Ermächtigungsgesetz zu erlassenden Gesetzen gemäß § 57c Absatz 5 der Gemeinsamen Geschäftsordnung der Reichsministerien in der Fassung der Ersten Änderung vom 20. Juli 1933[740] beizufügen. Diese sollte sowohl die Behandlung der Gesetzesvorlage im Kabinett erleichtern als auch für die spätere Auslegung des jeweiligen Gesetzes herangezogen werden. Ferner war auf Grundlage der Gesetzesbegründung gemäß § 57d Absatz 5 der Gemeinsamen Geschäftsordnung der Reichsministerien gleichzeitig mit der Verkündung des Gesetzes eine dessen Inhalt und dessen Absichten näher erläuternde Darlegung an die Presse auszugeben. Hierzu war die Gesetzesbegründung mit Rücksicht auf etwaige von der Reichsregierung beschlossene Änderungen gegenüber der Vorlage gegebenenfalls zu berichtigen. Auch Gesetzesbegründungen wurden daher als unmittelbarer Ausdruck des Willens des Führers angesehen. Die Gesetzesanwendung hatte sich mithin nach den in den Gesetzesbegründungen

---

736 *Walter Schmidt-Rimpler* sah in den Gesetzesvorsprüchen die *„Richtigkeitsgründe"* des Gesetzes; Walter Schmidt-Rimpler, Zur Gesetzgebungstechnik, in: Festschrift Justus Wilhelm Hedemann, Jena 1938, 75, 83.

737 Hans-Helmut Dietze, Der Gesetzesvorspruch im geltenden deutschen Reichsrecht, Berlin – Wien 1939, 45 ff., 77 ff.; Hans-Helmut Dietze, Vom Wesen der Gesetzesvorsprüche, in: Deutsches Recht (9), 1939, 1550, 1554; siehe auch Karl Pracht, Der Gesetzesvorspruch, Erlangen-Bruck 1937; Heinz Wachtendorf, Die Bedeutung der Präambel in den neuen Reichsgesetzen, Hamburg 1936.

738 Karl Larenz, Vertrag und Unrecht – 2. Teil: Die Haftung für Schaden und Bereicherung, Hamburg 1937, 140.

739 Herbert Krüger, Der Wille des Gesetzgebers, in: Reich Volksordnung Lebensraum : Zeitschrift für völkische Verfassung und Verwaltung (6), 1941, 108, 177.

740 Reichsministerialblatt (61), 1933, 386 f.

enthaltenen Ordnungsprinzipien, Werturteilen und Zweckbestrebungen auszurichten.[741] Zwar wurde der amtlichen Begründung keine unmittelbare Gesetzeskraft beigemessen. Da es aber bei der Auslegung der Gesetze nicht allein und nicht immer in erster Linie auf den Wortlaut ankomme, sollte in Fällen, in denen die amtliche Begründung einen bestimmten Gesetzesinhalt unterstelle, „besonders sorgfältig" geprüft werden, ob die Auffassung der Begründung nicht im Gesetz Ausdruck gefunden habe. Soweit eine der Begründung entsprechende Auslegung möglich war, sollte sie als dem Gesetz entsprechend anerkannt werden.[742] *Gerhard Wacke* nahm gar an, dass die amtliche Begründung eines Gesetzes auf den einheitlichen gesetzgeberischen Willen schließen lasse, wenn der Wortlaut des Gesetzes bei dessen Anwendung „versage". Die Gesetzesbegründung sollte seiner Ansicht nach das Gesetz in der Anwendung nicht nur ergänzen, sondern auch ersetzen können. Aufgrund amtlicher Bekanntmachung erhielten Gesetzesbegründungen *Wacke* zufolge den Charakter einer amtlichen Erläuterungsverordnung und mithin einer authentischen Interpretation des Gesetzes.[743]

Es stellt sich die Frage, was dies für die Auslegung unbestimmter Rechtsbegriffe in nach der Machtergreifung erlassenen Gesetzen bedeutete. Für *Hans Franzen* brachte der Gesetzgeber durch – wie er sie unter Berufung auf *Heinrich Henkel* nannte – „dehnbare" Begriffe einen gewissen materiellen Gedanken zum Ausdruck, wobei der „dehnbare Begriff" für den Richter in der Regel keine nennenswerte gesetzliche Schranke bilden sollte.[744] Gab der Gesetzgeber einen Wertmaßstab vor, indem er zum Beispiel den Zweck des Gesetzes und seine Ziele feststellte, sollte die Bindung des Richters an die einzelnen Bestimmungen eine verhältnismäßig schwache sein. Im Zweifel hatte der Richter in Anlehnung an § 56 des Reichserbhofgesetzes entsprechend des Gesetzeszwecks zu entscheiden.[745] Für *Franzen*

---

741 Carl Dernedde, Die Bedeutung der Gesetzesbegründungen für die Rechtsanwendung, in: Reichsverwaltungsblatt (58), 1937, 509, 511; *Ernst Rudolf Huber* bezeichnete den Gesetzesvorspruch als Auslegungsnorm; nicht gefolgt werden konnte aber wohl dessen Auffassung, nach der der Gesetzesvorspruch an die Stelle der Gesetzesbegründung getreten sei, da diese mit dem Wegfall des Parlaments ihre frühere Bedeutung verloren habe, Ernst Rudolf Huber, Besprechung von Hans-Helmut Dietze – Der Gesetzesvorspruch im geltenden deutschen Reichsrecht, in: Zeitschrift für die gesamte Staatswissenschaft (101), 1941, 742, 743.

742 Reichsfinanzhof, Großer Senat, Gutachten vom 7. August 1936 – Gr.S. D 7/36, RFH 39, 357, 359 f.

743 Gerhard Wacke, Steuerrecht und Rechtsneubau, Berlin 1936, 51 f.; a.A. Karl Larenz, Vertrag und Unrecht – 2. Teil: Die Haftung für Schaden und Bereicherung, Hamburg 1937, 140; kritisch insoweit auch Herbert Krüger, Der Wille des Gesetzgebers, in: Reich Volksordnung Lebensraum : Zeitschrift für völkische Verfassung und Verwaltung (6), 1941, 108, 178 ff.

744 Hans Franzen, Gesetz und Richter, Hamburg 1935, 38.

745 Hans Franzen, a.a.O., 70; so sollte der Richter bei Anwendung der Bestimmungen des Gesetzes zur Verhütung erbkranken Nachwuchses nicht die Belange des Erbkranken

stellte sich die Bindung des Richters an das Gesetz insbesondere bei der Subsumtion unter unbestimmte Rechtsbegriffe mithin als Bindung an die in gesetzlicher Form geäußerten Werturteile des Gesetzgebers dar.[746]

Exemplarisch sei auf die weite Auslegung des unbestimmten Rechtsbegriffs des „außerehelichen Verkehrs" im Sinne des Blutschutzgesetzes durch das Reichsgericht verwiesen. Zwar sollte unter „außerehelichem Verkehr" gemäß § 11 der 1. Ausführungsverordnung zum Blutschutzgesetz nur der „Geschlechtsverkehr" zu verstehen sein. Ausweislich des Namens und des Vorspruchs des Gesetzes wurde als Zweck des Blutschutzgesetzes aber nicht nur die Sicherung und Reinerhaltung des „deutschen Blutes" vor dem weiteren Eindringen „artfremder Rassenbestandteile" angesehen, sondern auch die „Rassenehre" des deutschen Volkes. Verboten war mithin nicht nur der außereheliche Geschlechtsverkehr, durch den die Gefahr der Erzeugung von „Mischlingen" begründet wurde, sondern auch solche geschlechtliche Betätigungen zwischen Juden und Staatsangehörigen „deutschen oder artverwandten Blutes", durch die eine Befriedigung des Geschlechtstriebes des einen Teiles auf einem anderen Wege als durch Vollziehung des Beischlafs bewirkt werden sollte.[747]

Hingegen war der unbestimmte Rechtsbegriff des „Gefolgschaftsangehörigen" in Ziffer 1 der Anordnung zur Durchführung des Vierjahresplans über die Lohnzahlung an Feiertagen vom 3. Dezember 1937[748] nach der Rechtsprechung des Reichsarbeitsgerichts beispielsweise eng auszulegen. Unter „Gefolgschaftsangehörigen" im Sinne der Anordnung sollte nicht die Gesamtheit der Beschäftigten in einem Betrieb verstanden werden, sodass insbesondere Juden von der Lohnfortzahlung an gesetzlichen Feiertagen ausgeschlossen waren. Das Reichsarbeitsgericht bezog sich insoweit auf die Präambel der Anordnung ausweislich derer die Anordnung erlassen worden sei, damit die *„Mitarbeiter an dem großen Werk des Führers"* die Feiertage in Freude verleben können. „Mitarbeiter" in diesem Sinne sollten Arbeiter sein, die in innerer Verbundenheit mit dem Führer und dessen Planung an diesem Werk – gemeint war der Vierjahresplan – mittätig sind. Hierzu sollten jüdische Arbeiter nicht gezählt werden können. Der Begriff „Gefolgschaftsangehöriger" sei daher eng im Sinne des Gesetzes zur Ordnung der nationalen Arbeit vom 20. Januar 1934[749] auszulegen. Die Anordnung gewähre nur dem in die Betriebsgemeinschaft eingereihten, mit dem nationalsozialistischen Staate

---

berücksichtigen, sondern abwägen, ob sich der ärztliche Eingriff als *„zweckentsprechend"* darstelle.

746 Hans Franzen, a.a.O., 67 ff.

747 RG, Beschl. v. 09.02.1936 – GSSt 4/36, 1 D 365/36 und 1 D 373/36; RG, Urt. v. 07.01.1937 – 2 D 558/36, JW 1937, 468; Einzelheiten bei Rudolf Leppin, Der Schutz des deutschen Blutes und der deutschen Ehre – Ein Überblick über Rechtsprechung und Schrifttum, in: Juristische Wochenschrift (66), 1937, 3076, 3078 ff.

748 Reichsanzeiger 1937 Nr. 280.

749 Reichsgesetzblatt 1934 I S. 45.

innerlich verbundenen und für dessen Ziele bewusst mitschaffenden deutschen Arbeiter die Vergünstigung der Feiertagsentschädigung. Diese Voraussetzung sollte bei einem jüdischen Arbeiter, der den mit jenem Werk verfolgten Zielen der Staats- und Wirtschaftsführung innerlich fern und ablehnend gegenüberstehe, nicht zutreffen, auch wenn er äußerlich daran mitarbeite.[750]

Die vermeintlich strenge Bindung des Richters an die nach der Machtergreifung erlassenen Gesetze wurde durch die Verwendung von unbestimmten Rechtsbegriffen und Generalklauseln mithin weitgehend ausgehöhlt. *Bernd Mertens* kommt insoweit zu dem Schluss, dass sowohl das vor als auch nach 1933 geschaffene Gesetzesrecht unterschiedslos nach nationalsozialistischen Grundsätzen auszulegen gewesen sei und aufgrund der weiten Beurteilungs- und Ermessensspielräume, die der nationalsozialistische Gesetzgeber den Gerichten und Behörden zuerkannte, von einer strikten Gesetzesbindung auch im Hinblick auf die nach der Machtergreifung geschaffenen Gesetze nicht gesprochen werden konnte. *Mertens* sieht insbesondere in den neu geschaffenen Generalklauseln ein ideologisches Korrektiv.[751] Verdeutlicht man sich, dass die Auslegung dort, wo der Wortlaut eines Gesetzes nicht eindeutig war, was bei unbestimmten Rechtsbegriffen idealtypisch der Fall ist, am Zweck des Gesetzes auszurichten war, der sich allein aus den Verlautbarungen der politischen Führung und letzten Endes des Führers ergeben sollte, ist dem zuzustimmen.

Mangels „äußerer Steuerung" durch präzise gesetzliche Vorgaben wurde daher eine „innere Steuerung" der Rechtsanwender durch Auslese ideologisch linientreuer Personen bei gleichzeitiger Entfernung politisch und rassisch unerwünschter Richter und Verwaltungsbeamter aus dem Dienst erforderlich.[752] *Hitler* selbst vertrat die Ansicht, dass der Gesetzgeber nicht jeden Fall vorweg bedenken könne und der Richter den Gesetzgeber in diesen Fällen ersetzen müsse. Insoweit hielt er allgemeine Rahmengesetze für ausreichend. Der Richter müsse den Gesetzgeber dann begreifen und ergänzen. Um dies zu ermöglichen forderte *Hitler* eine enge Zusammenarbeit des Richters mit der Staatsführung.[753]

---

750 RAG, Urt. v 24.07.1940 – RAG. 71/49, ARS 39, 383.

751 Bernd Mertens, Rechtsetzung im Nationalsozialismus, Tübingen 2009, 102 ff.

752 Bernd Mertens, a.a.O., 93 f. unter Verweis auf Joachim Rückert, Das "gesunde Volksempfinden" – eine Erbschaft Savignys?, in: Zeitschrift der Savigny-Stiftung für Rechtsgeschichte, Germ. Abt. (103), 1986, 199, 234.

753 Lothar Gruchmann, Hitler über die Justiz – Das Tischgespräch vom 20. August 1942, in: Vierteljahreshefte für Zeitgeschichte (12), 1964, 86, 98 f.

## III. Die Auslegung des Gesetzes zur Verhütung erbkranken Nachwuchses

Auch das Gesetz zur Verhütung erbkranken Nachwuchses war somit entsprechend des Gesetzeszwecks auszulegen, der sich aus dem verlautbarten Willen des Gesetzgebers erschließen sollte.

Über die Entstehungsgeschichte des Gesetzes zur Verhütung erbkranken Nachwuchses ist, wie bereits dargelegt, wenig bekannt. Soweit für die Auslegung des Gesetzes der Wille des Gesetzgebers zu erforschen war, konnten mithin lediglich die amtliche Begründung und die Verlautbarungen der wesentlichen „Mitbildner" des Gesetzes im Sinne *Küchenhoffs* herangezogen werden. In erster Linie konnte insoweit auf den von dem federführenden Verfasser des Gesetzes im Reichinnenministerium, *Arthur Gütt* sowie *Ernst Rüdin* und *Falk Ruttke,* herausgegebenen Kommentar zurückgegriffen werden.

Als Besonderheit des Gesetzes zur Verhütung erbkranken Nachwuchses ist hervorzuheben, dass es sich hierbei um ein von Medizinern für Mediziner geschriebenes Gesetz handelte. Initiatoren und Verfasser des Gesetzes kamen in erster Linie aus der Ärzteschaft. Bei den Tatbeständen des § 1 Absatz 2 des Gesetzes handelte es sich um Krankheitsbilder verschiedener vermeintlicher „Erbkrankheiten". Ob die Voraussetzungen des jeweiligen medizinischen Tatbestandes vorlagen, entschieden die mit zwei Ärzten und nur einem Juristen besetzen Erbgesundheitsgerichte aus eigenem Sachverstand und stützten ihre Entscheidung nicht etwa auf die Feststellungen eines Sachverständigen.[754] Auch die Untersuchungen und Feststellungen der antragstellenden Amtsärzte entfalteten für die Erbgesundheitsgerichte keine Bindungswirkung. Es überrascht daher nicht, dass die Urteile der Erbgesundheitsgerichte von medizinischen Diagnosen geprägt sind und sich juristische (Auslegungs-)Methodik kaum wiederfindet. Eine juristische Auslegung der Tatbestandsmerkmale und entsprechende Subsumtion hierunter fand in der Regel nicht statt. So definierten *Gütt, Rüdin* und *Ruttke* den „Schwachsinn" im Sinne des Gesetzes in der ersten Auflage des Kommentars im Jahr 1934 noch als jeden im medizinischen Sinn eben noch als deutlich *„abnorm"* diagnostizierbaren Grad von Geistesschwäche, der in erster Linie mittels einer Intelligenzprüfung festgestellt werden sollte. Diese Definition entsprach einem rein psychiatrischen Verständnis des „Schwachsinns".[755]

Auch wenn andere „Krankheiten" ohne ursächlichen Zusammenhang mit den in § 1 Absatz 2 des Gesetzes zur Verhütung erbkranken Nachwuchses Genannten

---

754 Grundsätzlich zur Rolle des Sachverständigen im Erbgesundheitsverfahren Carola Einhaus, Zwangssterilisation in Bonn (1933–1945) : Die medizinischen Sachverständigen vor dem Erbgesundheitsgericht, Köln 2006.

755 So verwies der Kommentar auf die Diagnose-Tabelle des Deutschen Vereins für Psychiatrie; Arthur Gütt, Ernst Rüdin und Falk Ruttke, Gesetz zur Verhütung erbkranken Nachwuchses vom 14. Juli 1933, 1. Auflage, München 1934, 91.

nicht im Wege einer ausdehnenden Auslegung zu den „Erbkrankheiten" im Sinne des Gesetzes gerechnet werden sollten, betonten *Gütt*, *Rüdin* und *Ruttke*, dass es – ganz im Sinne des nationalsozialistischen Rechtsverständnisses – keine *„tote Buchstabenrechtsprechung"* bei der Anwendung des Gesetzes geben dürfe. Als Ziel der dem deutschen Volk artgemäßen Erb- und Rassenpflege formulierten sie eine ausreichende Zahl erbgesunder, für das deutsche Volk rassisch wertvoller, kinderreicher Familien.[756] Kerngehalt sollte der *„Zuchtgedanke"* sein. Dem Recht schrieben sie daher eine allein biologische Funktion zu. Eine juristische Begriffsdefinition sollte dem Recht *„in seiner natürlichen Bedeutung"* nicht gerecht werden. Der Inhalt des Gesetzes sollte daher nicht durch eine allein *„verstandesmäßig aufgebaute Begriffserklärung"* erfasst werden.[757]

In diesem Sinne fand bereits kurze Zeit nach Inkrafttreten des Gesetzes zur Verhütung erbkranken Nachwuchses eine Abkehr von einem rein „psychiatrischen Schwachsinnsbegriff" statt. Mehr und mehr wurde insbesondere vonseiten der staatlichen Institutionen die Auffassung vertreten, dass der Gesetzgeber mit dem Begriff des „angeborenen Schwachsinns" alle erblichen Zustände der Minderleistung auf dem Gebiet der verstandesmäßigen Begabung habe erfassen wollen und dieser entsprechend des Willens des Gesetzgebers „voll ausgeschöpft" werden müsse, um „minderwertiges Erbgut" auszumerzen.[758] Formale Intelligenzmängel wurden schon bald nicht mehr als Voraussetzung für die Diagnose eines „Schwachsinns" im Sinne des Gesetzes zur Verhütung erbkranken Nachwuchses verlangt. Vermieden werden sollte eine „gesetzgeberische Begriffszerkleinerung". Maßstab für die Beurteilung des „Schwachsinns" sollte daher allein die (nationalsozialistische) Vorstellung vom *„geistig-seelisch gesunden"* Menschen sein. So wurde auch im Reichsinnenministerium festgestellt, dass sich in der erbpflegerischen Praxis der ersten drei Jahre seit Inkrafttreten des Gesetzes gezeigt habe, dass die Bestimmung des Begriffs „angeborener Schwachsinn" nicht allein nach dem Maß des bestehenden Intelligenzausfalls festzulegen sei. Es hatte sich mehr und mehr die Auffassung herausgebildet, dass die Intelligenzschwäche als Mangel der sozialen Bewährung des Charakters und des Vermögens zur Eingliederung in die Volksgemeinschaft erbpflegerisch bewertet werden müsse. Damit wurde „Schwachsinn" seiner klinisch-medizinischen Bedeutung entkleidet und zu einem erbpflegerischen Begriff eigener Art.[759] *Gisela Bock* kommt daher zu dem Schluss,

---

756 Dem folgend auch EOG Düsseldorf, Beschl. v. 18.04.1935 – 12 Wg 230/35, JW 1935, 1869.

757 Arthur Gütt, Ernst Rüdin und Falk Ruttke, Gesetz zur Verhütung erbkranken Nachwuchses vom 14. Juli 1933, 2., neu bearbeitete Auflage, München 1936, 55 f.

758 Franz Kapp, Zur Unfruchtbarmachung bei angeborenem Schwachsinn und über ihre Bedeutung im Kampf gegen Kriminalität und Asozialität, in: Monatsschrift für Kriminalbiologie und Strafrechtsreform (30), 1939, 17, 20 ff.

759 Begründung zum Entwurf eines Gesetzes zur Änderung des Gesetzes zur Verhütung erbkranken Nachwuchses, BArch R 1501/5586, fol. 116 f.

dass insbesondere auch der „Schwachsinn" kein deskriptiver Begriff zur Erklärung eines menschlichen Leidens, sondern vielmehr ein „verfahrenstechnischer" Begriff zur Bestimmung dessen war, was juristisch oder sozialpolitisch mit dem Betroffenen zu tun war. So führte die Anzeige sozialer Abweichung zur Diagnose und diese wiederum zum sozialpolitischen Eingriff, der Unfruchtbarmachung.[760]

Begründet wurde diese Auslegung des „angeborenen Schwachsinns" mit Sinn und Zweck des Gesetzes als einer auf das Gemeinschaftsleben des Volkes bezogenen Maßnahme, mit der nicht nur „kranker", sondern auch gesellschaftswidriger, „asozialer" und krimineller Nachwuchs verhindert werden sollte.[761] Bereits in der Weimarer Republik war Stoßrichtung der angestrebten Sterilisationsgesetzgebung immer auch „der Asoziale", ganz unabhängig davon, wer unter diesem Begriff jeweils eingeordnet werden sollte. Im zweiten Kapitel dieser Untersuchung wurde herausgearbeitet, dass der Ausschuss für Bevölkerungswesen und Rassenhygiene des preußischen Landesgesundheitsrats schon 1923 diskutierte, inwieweit *„als nicht krank zu bezeichnende Asoziale"* von einem Sterilisierungsgesetz erfasst sein sollten. Auch im Zusammenhang mit der in der Weimarer Republik nicht zum Abschluss gebrachten Strafrechtsreform wurde darauf hingewiesen, dass die Vererbung *„asozialer und krankhafter Veranlagungen"* einzuschränken sei. Im Rahmen der Erörterungen zu dem Entwurf eines Sterilisierungsgesetzes des preußischen Landesgesundheitsrats wurde von prominenter Stelle die Hoffnung geäußert, dass Zielrichtung des Sterilisierungsgesetzes der „Asoziale" sein werde. Schließlich wurde auch seitens des preußischen Innenministeriums als ein Hauptziel des preußischen Gesetzesentwurfs die Hemmung der Fortpflanzung „asozialer" Menschen ausgegeben.[762]

Der Reichsinnenminister *Wilhelm Frick* betonte anlässlich der Besprechung des ersten Entwurfs des Gesetzes zur Verhütung erbkranken Nachwuchses im Sachverständigenbeirat für Bevölkerungs- und Rassenpolitik die Pflicht, unter anderem die Ausgaben für „Asoziale" herabzusetzen.[763] Auch die amtliche Begründung des Gesetzes[764] sprach davon, dass *„kranker und asozialer"* Nachwuchs der Gesamtheit zur Last falle, da für *„Geistesschwache, Hilfsschüler, Geisteskranke und Asoziale"* jährlich Millionenwerte verbraucht würden, die den gesunden, noch kinderfrohen Familien durch Steuern aller Art entzogen würden. Die Unfruchtbarmachung

---

760 Gisela Bock, Zwangssterilisation im Nationalsozialismus Studien zur Rassenpolitik und Frauenpolitik, Opladen 1986, 304 ff.

761 Edmund Mezger, Inwieweit werden durch Sterilisierungsmaßnahmen Asoziale erfasst?, in: Mitteilungen der Kriminalbiologischen Gesellschaft (V), 1938, 81 ff.

762 Siehe 2. Kapitel I.1. und 2.; siehe auch *Helmut Nicolais* Forderung der eugenischen Sterilisation „ehrloser Verbrecher"; Helmut Nicolai, Die rassengesetzliche Rechtslehre, München 1932, 43.

763 Wilhelm Frick, Ansprache des Herrn Reichsministers des Innern Dr. Frick auf der ersten Sitzung des Sachverständigenbeirats für Bevölkerungs- und Rassenpolitik am 28. Juni 1933 in Berlin, Berlin 1933, 5 f.

764 Reichsanzeiger 1933 Nr. 172.

sollte durch Ausmerze dieser „*krankhaften Erbanlagen*" die allmähliche „*Reinigung des Volkskörpers*" bewirken.

Ausweislich der zweiten Auflage des Gesetzeskommentars aus dem Jahr 1936 sollte „angeborener Schwachsinn" insbesondere bei „asozialer Lebensführung" vorliegen.[765] Dass *Gütt*, *Rüdin* und *Ruttke* hiermit die Ansicht des federführenden Reichsinnenministeriums und mithin der Reichsregierung wiedergaben, zeigen nicht zuletzt die Äußerungen von *Gerhard Friese* und *Hansjoachim Lemme* als Abteilungsleiter im Reichsausschuss für Volksgesundheit beim Reichs- und preußischen Ministerium des Innern.[766] Nach den Vorgaben des Reichsinnenministeriums sollte einerseits die Bewährung in der Partei und deren Gliederungen gegen die Annahme eines „angeborenen Schwachsinns" im Sinn des Gesetzes zur Verhütung erbkranken Nachwuchses sprechen. Andererseits sollte der Feststellung „asozialen" oder kriminellen Verhaltens bei der Subsumtion ausschlaggebende Bedeutung zukommen.[767] Im Jahr 1940 wies das Reichsinnenministerium die Amtsärzte gar an, die Unfruchtbarmachung nur noch bei „Asozialen" zu beantragen.[768]

Nach dem Willen des Gesetzgebers sollten „Asoziale" mithin ohne Weiteres aufgrund des Tatbestandes des „angeborenen Schwachsinns" durch das Gesetz zur Verhütung erbkranken Nachwuchses erfasst werden. Wie diese Untersuchung gezeigt hat, blieben viele Vertreter in der Literatur und insbesondere auch die Erbgesundheitsgerichte jedoch dem „psychiatrischen Schwachsinnsbegriff" verhaftet. Regelmäßig wurde insbesondere vonseiten der Mediziner für die Subsumtion unter den Begriff des „angeborenen Schwachsinns" die Feststellung formaler Intelligenzmängel verlangt. Dies führte im Ergebnis trotz „asozialen Verhaltens" des Betroffenen vielfach zu der Ablehnung der Unfruchtbarmachung durch die Erbgesundheitsgerichte. So verwundert es nicht, dass regelmäßig die Erweiterung des Gesetzes zur Verhütung Erbkranken Nachwuchses unter Einbeziehung „*anlagemäßig Asozialer*" gefordert wurde.[769] Interessant ist insoweit der Vorschlag *Otmar von*

---

765 Arthur Gütt, Ernst Rüdin und Falk Ruttke, Gesetz zur Verhütung erbkranken Nachwuchses vom 14. Juli 1933, 2., neu bearbeitete Auflage, München 1936, 125.

766 Gerhard Friese und Hansjoachim Lemme, Die deutsche Erbpflege, Leipzig 1937, 47; Hansjoachim Lemme, Der Asoziale, in: Volk und Rasse (14), 1939, 36; Hansjoachim Lemme, Stellungnahme zu den Beiträgen zum Aufsatz von Dr. Leonore Liebenam "Zur Frage der Ehetauglichkeit bei Vorliegen psychopathischer Störungen", in: Der Erbarzt (5), 1938, 127, 128.

767 Erlass des Reichs- und preußischen Ministers des Innern vom 22. August 1936 – IV 29/36 g, BArch R 1501/5585, fol. 85 f.; Erlass des Reichs- und preußischen Ministers des Innern vom 6. November 1937 – IV A 152/37 g, BArch 1501/5586, fol. 79 f.; Erlass des Reichs- und preußischen Ministers des Innern vom 5. Januar 1938 – IV A 167/37 g, BArch R 1501/5586, fol. 122f.

768 Gisela Bock, Zwangssterilisation im Nationalsozialismus Studien zur Rassenpolitik und Frauenpolitik, Opladen 1986, 234f.

769 So wurde auf der 5. Tagung der Kriminalbiologischen Gesellschaft in München die Feststellung, dass nur rund 12% der Fälle als „asozial" aufgefasst würden und damit

*Verschuers*, der die in § 1 Absatz 2 des Gesetzes zur Verhütung erbkranken Nachwuchses aufgezählten „Erbkrankheiten“ unter anderem durch den Oberbegriff der „geistigen Störung“ ersetzen wollte, wie er sich auch im Gesetz zum Schutze der Erbgesundheit des deutschen Volkes vom 18. Oktober 1935[770] (Ehegesundheitsgesetz) wiederfindet.[771] Gemäß § 1 Absatz 1 Ziffer c) durfte eine Ehe nicht geschlossen werden, wenn einer der Verlobten, ohne entmündigt zu sein, an einer „geistigen Störung“ litt, die die Ehe für die Volksgemeinschaft unerwünscht erscheinen ließ. Daneben bestand ein Ehehindernis gemäß § 1 Absatz 1 Ziffer d) auch dann, wenn einer der Verlobten an einer Erbkrankheit im Sinne des Gesetzes zur Verhütung erbkranken Nachwuchses litt. Die „geistige Störung“ war mithin nicht mit den aufgezählten „Erbkrankheiten“ gleichzusetzen, sondern fungierte als Auffangtatbestand.[772] Jeder Fall des „angeborenen Schwachsinns“ war auch immer ein Fall der „geistigen Störung“ im Sinne des Ehegesundheitsgesetzes. Umgekehrt war der Tatbestand der „geistigen Störung“ aber umfassender als der des „angeborenen Schwachsinns“. Die „geistige Störung“ als solche sollte nach Ansicht von *Arthur Gütt* und *Herbert Linden* als Vertreter des Reichsinnenministeriums wie auch *Franz Maßfeller* als Vertreter des Reichsjustizministeriums keinen absolut festlegbaren Begriff darstellen. Eine Abgrenzung des Begriffs wurde bewusst vermieden. Insbesondere sollten „asoziale Verhaltensweisen“ als vermeintliche Erscheinungsform der Psychopathie den Tatbestand einer „geistigen Störung“ im Sinne des Ehegesundheitsgesetzes erfüllen.[773]

---

der Erfassung „Asozialer“ nur eine verschwindende Bedeutung zukomme, mit der Forderung verbunden, durch erbwissenschaftlich unterbaute Erforschung „asozialer Familien“ die Einbeziehung „anlagemäßig Asozialer“ in das Gesetz zur Verhütung erbkranken Nachwuchses vorzubereiten; K. Thums, Kriminalbiologie und Rassenhygiene : Rassenhygienische Ergebnisse der 5. Tagung der Kriminalbiologischen Gesellschaft in München 1937, in: Archiv für Rassen- und Gesellschaftsbiologie (32), 1938, 87, 89; für eine Erweiterung des Gesetzes auch Otmar Freiherr von Verschuer, Die Unfruchtbarmachung bei schwerer erblicher geistiger Störung, in: Der Erbarzt (5), 1938, 125, 126 f.; Hansjoachim Lemme, Der Asoziale, in: Volk und Rasse (14), 1939, 36 38; Wolfgang Knorr, Vergleichende erbbiologische Untersuchungen an drei asozialen Großfamilien, Berlin 1939, 7f., 48, 51; Karl Ludwig Lechler, Erkennung und Ausmerze der Gemeinschaftsunfähigen, in: Deutsches Ärzteblatt (40), 1940, 293, 297; Hans Heinze, Psychopathische Persönlichkeiten, in: Zirkuläres Irresein – Psychopathische Persönlichkeiten, Leipzig 1942, 274 ff.

770 Reichsgesetzblatt 1935 I S. 1246.

771 Otmar Freiherr von Verschuer, Die Unfruchtbarmachung bei schwerer erblicher geistiger Störung, in: Der Erbarzt (5), 1938, 125, 126 f.

772 Arthur Gütt, Herbert Linden und Franz Maßfeller, Blutschutz- und Ehegesundheitsgesetz, München 1937, 76 f.

773 Arthur Gütt, Herbert Linden und Franz Maßfeller, a.a.O., 66 f.; siehe auch Herbert Linden und Wilhelm Franke, Deutsche Ehegesetzgebung, Bielefeld 1937, 13; Gerhard Friese, Das Ehegesundheitsgesetz, Berlin 1938, 13 f.; Hans Heinze, Psychopathische

Trotz der wiederholten Forderung einer Gesetzesnovelle, die die Unfruchtbarmachung „Asozialer" oder „Gemeinschaftsfremder" ausdrücklich regelte, hielten die zuständigen Regierungsstellen, allen voran das Reichsinnenministerium, eine Erweiterung der Tatbestände des Gesetzes zur Verhütung erbkranken Nachwuchses offenkundig nicht für erforderlich. Weder die zwei in Kraft getretenen Änderungsgesetze noch die Entwürfe zu einem dritten Änderungsgesetz enthielten Abänderungen der die Unfruchtbarmachung indizierenden Tatbestände. Vielmehr sollte der Tatbestand des „angeborenen Schwachsinns" im Wege der Auslegung auch „Asoziale" und „Gemeinschaftsfremde" erfassen.

Vereinzelt wurde auch versucht, unter Zuhilfenahme einer Analogie „Asoziale" und „Gemeinschaftsfremde" durch das Gesetz zur Verhütung erbkranken Nachwuchses zu erfassen.[774] So wurde eine Regelungslücke darin erblickt, dass vermeintlich anlagebedingte Mängel der sittlichen und sozialen Grundeinstellung, die sich in einer „asozialen Einstellung" äußerten, allein deshalb nicht dem Tatbestand des „angeborenen Schwachsinns" unterfielen, weil es an einem Intelligenzdefekt fehle. Da aber das Gesetz zur Verhütung erbkranken Nachwuchses ausweislich der in § 1 Absatz 2 aufgeführten „Erbkrankheiten" in erster Linie auf die „soziale Tauglichkeit" abstelle, sollte das Gesetz im Wege des Analogieschlusses auch auf Fälle der „Asozialität" ohne Intelligenzmangel ausgedehnt werden können.[775] Diese Auffassung fand jedoch keine Anerkennung. Zum einen wurde eine Analogie aufgrund des abschließenden Krankheitskatalogs des § 1 Absatz 2 des Gesetzes abgelehnt. Zum anderen wurden Intelligenzmängel jedenfalls nach Ansicht des Gesetzgebers nicht für erforderlich erachtet, sodass „Asoziale" und „Gemeinschaftsfremde" auch ohne feststellbare formale Intelligenzdefekte als nicht der Vorstellung des *„geistig-seelisch gesunden"* Menschen entsprechend den Tatbestand des „angeborenen Schwachsinns" erfüllen sollten und es insoweit bereits an einer Regelungslücke fehlte.

## IV. Zusammenfassung

Die nach außen kolportierte strenge Gesetzesbindung des Richters an nach der Machtergreifung erlassene Gesetze als Verkörperung des Führerbefehls wurde durch die Verwendung von unbestimmten Rechtsbegriffen und Generalklauseln weitgehend ausgehöhlt. Auch das nach 1933 geschaffene Gesetzesrecht war

Persönlichkeiten, in: Zirkuläres Irresein – Psychopathische Persönlichkeiten, Leipzig 1942, 288 f.

774 Allgemein zur Analogie bei nationalsozialistischen Gesetzen siehe Hans Franzen, Gesetz und Richter, Hamburg 1935, 71 ff.; Philipp Heck, Rechtserneuerung und juristische Methodenlehre, Tübingen 1936, 18 ff.; Hans-Helmut Dietze, Der Gesetzesvorspruch, in: Jugend und Recht (11), 1937, 294, 300 f.; Karl Larenz, Vertrag und Unrecht – 2. Teil: Die Haftung für Schaden und Bereicherung, Hamburg 1937, 144 ff.

775 EOG Kassel, Beschl. v. 28.08.1935 – Wg 417/35, JW 1935, 3111.

losgelöst vom Wortlaut allein nach nationalsozialistischen Grundsätzen auszulegen. Im Hinblick auf das Gesetz zur Verhütung erbkranken Nachwuchses bot sich, wie diese Untersuchung gezeigt hat, insbesondere der Tatbestand des „angeborenen Schwachsinns“ für eine weite Auslegung an. Im Zusammenspiel mit den Begriffen „asozial“ und „gemeinschaftsfremd“, die jedenfalls im Hinblick auf das Gesetz zur Verhütung erbkranken Nachwuchses bis zuletzt keine gesetzliche Normierung fanden, zeigt sich bei Anwendung des Gesetzes eine doppelte Unbestimmtheit. Ausweislich des hiesigen Untersuchungsergebnisses galt als „asozial“ und „gemeinschaftsfremd“, wer von einem nach nationalsozialistischen Grundsätzen zu bestimmenden „*Normalzustand*“ abwich und sich nicht in die „*Volksgemeinschaft*“ einfügte. Dieser „*Normalzustand*“ war letzten Endes nach dem „*gesunden Volksempfinden*“ zu bestimmen. Begriffe wie „*Volksgemeinschaft*“ und „*gesundes Volksempfinden*“ stellten sich als inhaltsleere Begriffe dar, denen im Einzelfall die gewünschte Bedeutung beigemessen wurde. Mithin lag es allein im Ermessen des Rechtsanwenders, wer als „asozial“ oder „gemeinschaftsfremd“ einzuordnen war. Feststehende Kriterien gab es nicht. Auch wenn in erster Linie soziale Verhaltensweisen erfasst waren, so ging mit der Einordnung als „asozial“ oder „gemeinschaftsfremd“ im Sinne der nationalsozialistischen Rassenideologie gleichzeitig eine erbbiologische Bewertung einher. „Asozialität“ galt als erbbedingt, was durch vermeintlich wissenschaftliche „Sippen-“ Untersuchungen belegt werden sollte.[776] Über den unbestimmten Rechtsbegriff des „angeborenen Schwachsinns“ waren nach Ansicht der Staatsführung „Asoziale“ und „Gemeinschaftsfremde“ daher als rassenhygienisch unerwünscht durch Unfruchtbarmachung „auszumerzen“. Im Ergebnis war das Gesetz zur Verhütung erbkranken Nachwuchses damit schrankenlos anwendbar.

776 Siehe unter anderem Norbert Vogel, Die Sippe Delta : Eine Studie über erbliche Minderwertigkeit und asoziales Verhalten, München 1937; Wolfgang Knorr, Vergleichende erbbiologische Untersuchungen an drei asozialen Großfamilien, Berlin 1939; Meinhard Balssen, Beitrag zur Frage der Erblichkeit der Asozialität, Hamburg 1940; Fred Dubitscher, Asoziale Sippen, Leipzig 1942.

# Schlussbetrachtung

Diese Untersuchung sollte am Beispiel der Behandlung „Asozialer" und „Gemeinschaftsfremder" nach dem Gesetz zur Verhütung erbkranken Nachwuchses die potentiell unbegrenzte Auslegung und damit willkürliche Anwendung eines nach der Machtergreifung 1933 erlassenen Gesetzes durch Justiz und Verwaltung aufzeigen.

Als „asozial" oder „gemeinschaftsfremd" im Sinne der nationalsozialistischen Terminologie galt nach dem hiesigen Untersuchungsergebnis, wer von einem nach nationalsozialistischen Grundsätzen zu bestimmenden „*Normalzustand*" abwich. Dieser Normalzustand ließ sich in Ermangelung einer inhaltlichen Bestimmung beliebig weit fassen. Jedes gemeinschaftswidrige Verhalten, das heißt jedes mit der nationalsozialistischen Weltanschauung nicht vereinbare Verhalten, rechtfertigte die Einordnung der betroffenen Person als „asozial" oder „gemeinschaftsfremd". Das bedeutendste rechtliche Instrument für die Verfolgung „Asozialer" und „Gemeinschaftsfremder" war spätestens seit 1938 der „Grunderlaß vorbeugende Verbrechensbekämpfung", aufgrund dessen die Betroffenen durch die Polizeibehörden ohne richterliche Anordnung und in zeitlicher Hinsicht unbeschränkt in polizeiliche Vorbeugungshaft genommen werden konnten. Die polizeiliche Vorbeugungshaft bedeutete in der Regel die Deportation in ein Konzentrationslager, in dem die Betroffenen vollkommen rechtlos gestellt dem Terror der *SS* ausgesetzt waren. Zeitweise bildeten die „Asozialen" im Sinne des Grunderlasses in den Konzentrationslagern Buchenwald, Dachau und Sachsenhausen die zahlenmäßig größte „Häftlingskategorie".[777]

Gleichzeitig waren als „Asoziale" und „Gemeinschaftsfremde" eingeordnete Personen Opfer der nationalsozialistischen Rassenpolitik. Der „Asoziale" war als Sinnbild des die Allgemeinheit belastenden Fürsorgeempfängers bereits zu Beginn des 20. Jahrhunderts in das Blickfeld der Rassenhygieniker geraten. Auch das Gesetz zur Verhütung erbkranken Nachwuchses zielte ausweislich der Gesetzesbegründung vordergründig auf die Verhinderung einer Belastung der Gesamtheit durch „asozialen Nachwuchs" und die Verminderung von Fürsorgekosten ab. Tatsächlich ermöglichte der in der Psychiatrie viel diskutierte Begriff der „Asozialität" der Justiz und der Medizinalverwaltung eine im Ergebnis schrankenlose Anwendung des Gesetzes zur Verhütung erbkranken Nachwuchses. Unter dem (pseudo-) wissenschaftlichen Deckmantel der Rassenhygiene sollte jeder, der sich nicht in

777 Wolfgang Ayaß, "Asoziale" im Nationalsozialismus : Überblick über die Breite der Maßnahmen gegen soziale Außenseiter und die hieran beteiligten Stellen, in: "Minderwertig" und "asozial" : Stationen der Verfolgung gesellschaftlicher Außenseiter, Zürich 2005, 51.

die nationalsozialistische Volksgemeinschaft einfügen wollte oder konnte, als vermeintlich „erbbelastet" aus dem Erbstrom „ausgemerzt" werden.

Insbesondere der Tatbestand des „angeborenen Schwachsinns" gemäß § 1 Absatz 2 Ziffer 1 des Gesetzes zur Verhütung erbkranken Nachwuchses bot sich für eine Subsumtion „Asozialer" und „Gemeinschaftsfremder" an. Vermeintlich objektive Kriterien für eine Schwachsinnsdiagnose rückten sehr bald nach Inkrafttreten des Gesetzes in den Hintergrund. Ausschlaggebend war allein eine Abweichung von der nationalsozialistischen Vorstellung des *„geistig-seelisch gesunden Menschen"*. Im Rahmen einer Beurteilung der „Gesamtpersönlichkeit" wurde „asoziales Verhalten" als Ausdruck eines „angeborenen Schwachsinns" angesehen.

Die Subsumtion unter den Tatbestand des „angeborenen Schwachsinns" durch Medizinalverwaltung und Gerichte zeigt, dass auch das nach der Machtergreifung erlassene Gesetzesrecht trotz einer vermeintlich strengen Gesetzesbindung über den Wortlaut hinaus allein nach nationalsozialistischen Grundsätzen ausgelegt wurde. Unter Verwendung der Begriffe „asozial" und „gemeinschaftsfremd" stellte sich der „angeborene Schwachsinns" dabei nicht nur als unbestimmter, sondern als inhaltsleerer Begriff dar, der beliebig gefüllt werden konnte. Die Beurteilung, worin ein „asoziales" oder „gemeinschaftsfremdes" Verhalten liegen sollte, das im Rahmen der Beurteilung der „Gesamtpersönlichkeit" die Diagnose eines „angeborenen Schwachsinns" und damit die Unfruchtbarmachung rechtfertigte, lag allein in den Händen des Rechtsanwenders. Die Anwendung des Gesetzes im Sinne der nationalsozialistischen Machthaber stellte eine ideologisch linientreue Ärzte- und Richterschaft sicher. Das Gesetz zur Verhütung erbkranken Nachwuchses fand mithin vollkommen willkürlich Anwendung. Nicht nur vermeintlich „Erbkranke" unterlagen der Unfruchtbarmachung nach dem Gesetz zur Verhütung erbkranken Nachwuchses, sondern potentiell jeder, der sich nicht anpassen wollte, nicht den vorgegebenen Verhaltens- und Leistungsstandards entsprach oder wie auch immer auffällig wurde.[778]

Wenn die vor dem Bundestagsausschuss für Wiedergutmachung 1961 gehörten Sachverständigen daher den Standpunkt vertraten, dass es sich bei dem Gesetz zur Verhütung erbkranken Nachwuchses nicht um nationalsozialistisches Unrecht, sondern um eine von der deutschen Ärzteschaft „mit großem Verantwortungsbewusstsein" umgesetzte Maßnahme zum Wohle des deutschen Volkes gehandelt habe, war dieses Argument keineswegs tragfähig. Selbst wenn das Gesetz „in seinem Kerngehalt wirklich der damaligen wissenschaftlichen Überzeugung" entsprochen hätte, wie die gehörten Sachverständigen dies behaupteten, so stellte bereits die Anwendung des Gesetzes durch die Medizinalverwaltung und die Erbgesundheitsgerichte auf einen potentiell unbegrenzten und nicht nach rechtsstaatlichen Maßstäben bestimmbaren Personenkreis als solche nationalsozialistisches

778 So auch Rudolf Hans, Wir und die anderen: z.B. Volksgenossen und Gemeinschaftsfremde, in: Fortschritte der Psychiatrie im Umgang mit Menschen : Wert und Verwertung des Menschen im 20. Jahrhundert, Rehburg-Loccum 1984, 23, 31.

Unrecht dar.[779] Die willkürliche Ausweitung des Anwendungsbereichs des Gesetzes auf jeden, der sich der Volksgemeinschaft nicht einfügen wollte oder konnte, stand auch nicht mehr in Verbindung zu einem seinerzeitigen „wissenschaftlichen“ Diskurs über die Sterilisierung „Erbkranker“, wie er sich spätestens seit Anfang des 20. Jahrhunderts entwickelt hatte. Vielmehr war das Gesetz mithilfe der Begriffe „asozial“ und „gemeinschaftsfremd“ Teil der zahlreichen Verfolgungsinstrumente gegen soziale Außenseiter im nationalsozialistischen Staat.

Trotz des grundsätzlich unbeschränkten Anwendungsbereichs galt das Gesetz zur Verhütung erbkranken Nachwuchses gerade im Hinblick auf die Erfassung „Asozialer“ vielen Zeitgenossen als nicht weitgehend genug. Rufe nach einer Erweiterung des Gesetzes blieben aber wohl auch deshalb ungehört, da mit der zunehmenden Radikalisierung der Rassenpolitik die Zwangssterilisierung an Bedeutung verlor und zunehmend durch die unmittelbare „Vernichtung asozialen Lebens“ abgelöst wurde. Unter anderem die erbpflegerische Erfassung der „Asozialen“ und „Gemeinschaftsfremden“ machte es möglich, dass diese ab 1939 der „Euthanasie“ und der „Vernichtung durch Arbeit“ zum Opfer fielen.[780]

Mit dem Untergang des Dritten Reiches fand die „rassenhygienische“ Verfolgung in Deutschland ihr Ende. Die institutionalisierte Ausgrenzung sozialer Außenseiter setzte sich in Deutschland aber auch nach 1945 fort.

Gemäß § 72 Absatz 1 des 1962 in der Bundesrepublik Deutschland in Kraft getretenen Bundessozialhilfegesetzes[781] sollte Personen, die das achtzehnte Lebensjahr vollendet hatten und die dadurch gefährdet seien, dass sie aus „*Mangel an innerer Festigkeit ein geordnetes Leben in der Gemeinschaft nicht führen können*“, Hilfe gewährt werden. Gemäß § 73 Absatz 1 des Bundessozialhilfegesetzes sollte „Gefährdeten“ geraten werden, sich in die Obhut einer Anstalt, eines Heimes oder einer gleichartigen Einrichtung zu begeben, wenn andere Arten der Hilfe nicht ausreichten. Weigerte sich der „Gefährdete“ sich freiwillig in eine entsprechende Einrichtung zu begeben, konnte er gemäß § 73 Absatz 2 des Bundessozialhilfegesetzes gerichtlich hierzu ohne zeitliche Begrenzung angewiesen werden, wenn er „*willensschwach oder in seinem Triebleben hemmungslos*“ war, er „*verwahrlost oder der Gefahr der Verwahrlosung ausgesetzt*“ war oder die Hilfe nur in einer entsprechenden Einrichtung gewährt werden konnte. Die zwangsweise Unterbringung

---

779 Die Stellungnahmen von *Werner Villinger, Hans Nachtsheim* und *Helmut Ehrhardt* als Gutachter vor dem Bundestagsausschuss für Wiedergutmachung überraschen als solche nicht, da alle drei in die Medizinverbrechen des NS-Staates verwickelt waren; Thomas Gerst, Gesetz zur Verhütung erbkranken Nachwuchses : Ächtung nach 74 Jahren, in: Deutsches Ärzteblatt (104), 2007, 12.

780 Götz Aly, Die Belasteten, Frankfurt am Main 2013, 213 ff.; zur Frage der Kontinuität von Sterilisationspolitik zu Krankenmord siehe Gisela Bock, Krankenmord, Judenmord und nationalsozialistische Rassenpolitik: Überlegungen zu einigen neueren Forschungshypothesen, in: Zivilisation und Barbarei : die widersprüchlichen Potentiale der Moderne, Hamburg 1991, 285, 291 f.

781 Bundesgesetzblatt 1961 I S. 815.

gemäß § 73 Absatz 2 des Bundessozialhilfegesetzes erklärte das Bundesverfassungsgericht mit Urteil vom 18. Juli 1967 für nichtig, da durch die Regelung das Grundrecht der Freiheit der Person nach Artikel 2 Absatz 2 Satz 2 des Grundgesetzes in seinem Wesensgehalt angetastet werde. Die Freiheit der Person sei ein so hohes Rechtsgut, dass sie nur aus besonders wichtigen Gründen eingeschränkt werden dürfe. § 73 Absatz 2 des Bundessozialhilfegesetzes diene allein der „Besserung“ des Betroffenen. Der Staat habe aber nicht die Aufgabe, seine Bürger zu „bessern“ und deshalb auch nicht das Recht, ihnen allein aus diesem Grund die Freiheit zu entziehen.[782]

In der Deutschen Demokratischen Republik hingegen diente die Chiffre „Asozial“ auch weiterhin der institutionalisierten Verfolgung von Formen abweichenden Verhaltens und unangepasster Lebensweisen. Gemäß § 249 des Strafgesetzbuchs der Deutschen Demokratischen Republik in der Fassung vom 28. Juni 1979 wurde die *„Beeinträchtigung der öffentlichen Ordnung und Sicherheit durch asoziales Verhalten“* mit einer Haftstrafe von bis zu zwei Jahren bedroht. *„Asoziales Verhalten“* bedeutete im Wesentlichen das Abweichen von der „sozialistischen Lebensweise“. Verfolgt wurden „Arbeitsscheue“, „Arbeitsbummelanten“, Prostituierte, Homosexuelle, Geschlechtskranke, Alkohol- und Drogenabhängige aber auch „Ausreisewillige“ und politisch Unangepasste.[783] Auch die Möglichkeit der Einweisung „Asozialer“ in stationäre Einrichtungen für psychisch Kranke wurde in der Deutschen Demokratischen Republik erneut diskutiert.[784]

Der Deutsche Bundestag stellte mit seiner Entschließung vom 5. Mai 1988 fest, dass die in dem Gesetz zur Verhütung erbkranken Nachwuchses vorgesehenen und auf der Grundlage dieses Gesetzes während der Zeit von 1933 bis 1945 durchgeführten Zwangssterilisierungen nationalsozialistisches Unrecht sind und ächtete diese Maßnahmen als Ausdruck der inhumanen nationalsozialistischen Auffassung vom „lebensunwerten Leben“.[785] Mit dem Gesetz zur Aufhebung nationalsozialistischer Unrechtsurteile in der Strafrechtspflege und von Sterilisationsentscheidungen der ehemaligen Erbgesundheitsgerichte vom 25. August 1998[786] wurden die eine Unfruchtbarmachung anordnenden und noch rechtskräftigen Beschlüsse der Erbgesundheitsgerichte aufgehoben. Das Gesetz zur Verhütung erbkranken Nachwuchses selbst trat mit Inkrafttreten des Fünften Gesetzes zur Reform des Strafrechts vom 18. Juni 1974[787] endgültig außer Kraft. 2007 nahm der Deutsche Bundestag eine Beschlussempfehlung an, mit der die Ächtung als

782 BVerfGE 22, 180.

783 Sven Korzilius, "Asoziale" und "Parasiten" im Recht der SBZ/DDR : Randgruppen im Sozialismus zwischen Repression und Ausgrenzung, Köln 2005, 401 ff.

784 Sven Korzilius, a.a.O., 392 ff.

785 Siehe Beschlussempfehlung des Rechtsausschusses vom 26. Januar 1988, Bundestagsdrucksache 11/1714.

786 Bundesgesetzblatt 1998 I S. 2501.

787 Bundesgesetzblatt 1974 I S. 1297.

nationalsozialistisches Unrecht auf das Gesetz als Ausdruck der verbrecherischen nationalsozialistischen „Weltanschauung" ausgeweitet wurde. Der Deutsche Bundestag erkannte an, dass die gesetzlich vorgegebene Handlungsanweisung und die aufgrund dieser Anweisung durchgeführten Zwangssterilisationen vor dem Hintergrund einer totalitären Staatspraxis nicht voneinander getrennt werden können. Ferner stellte der Deutsche Bundestag fest, dass mit dem Gesetz zur Verhütung erbkranken Nachwuchses ein Weg beschritten wurde, der mit „grauenhafter Notwendigkeit" zielgerichtet in das „Euthanasie"-Massenmordprogramm führte.[788]

Trotz der Ächtung als nationalsozialistisches Unrecht wurde das Gesetz zur Verhütung erbkranken Nachwuchses bis heute nicht für nichtig erklärt. Die Betroffenen der Entscheidungen der Erbgesundheitsgerichte, „Asoziale" und „Gemeinschaftsfremde" im Besonderen, sind nicht als Opfer der nationalsozialistischen Verfolgung im Sinne des Bundesentschädigungsgesetzes anerkannt. Nach § 1 Absatz 1 des Bundesentschädigungsgesetzes gilt als Verfolgter, wer aus Gründen politischer Gegnerschaft gegen den Nationalsozialismus oder aus Gründen der Rasse, des Glaubens oder der Weltanschauung durch nationalsozialistische Gewaltmaßnahmen verfolgt worden ist und hierdurch Schaden an Leben, Körper, Gesundheit, Freiheit, Eigentum, Vermögen, in seinem beruflichen oder in seinem wirtschaftlichen Fortkommen erlitten hat. Opfer der nationalsozialistischen Rassenhygiene sollen als solche auch nach heutigem Verständnis nicht *„aus Gründen der Rasse"* verfolgt worden sein, da dies von dem historischen Gesetzgeber nicht vorgesehen worden sei. Insoweit verweist die Bundesregierung auf das Zweite Gesetz zur Änderung des Bundesentschädigungsgesetzes aus dem Jahr 1965 und hält an den damaligen Einschätzungen des Wiedergutmachungsausschusses fest, da es nicht „unplausibel" erscheine, dass aufgrund der Sachverständigenanhörung eine „sorgfältige Prüfung" erfolgt sei. Dass der Wiedergutmachungsausschuss seine Einschätzung, nach der das Gesetz zur Verhütung erbkranken Nachwuchses kein typisch nationalsozialistisches Gesetz gewesen sei, im Wesentlichen auf Aussagen der Sachverständigen stütze, die nachweislich selbst an den Medizin-Verbrechen des Dritten Reichs beteiligt waren, nimmt die Bundesregierung nicht zum Anlass diese Einordnung zu überdenken. Vielmehr hält es die Bundesregierung *„angesichts der erheblichen Zeitdistanz"* nicht für angezeigt, eine Bewertung der beruflichen Qualifikation der damaligen Sachverständigen abzugeben.[789] Erfolglos richteten die Arbeitsgemeinschaft Bund der „Euthanasie"-Geschädigten und Zwangssterilisierten und der Arbeitskreis zur Erforschung der nationalsozialistischen „Euthanasie" und Zwangssterilisation am 20. April 2014 erneut einen gemeinsamen Appell an den Bundespräsidenten, die Bundesregierung, den Bundestagspräsidenten, die Fraktionsvorsitzenden der im Bundestag vertretenen

788 Bundestagsdrucksache 16/3811 und Plenarprotokoll 16/100.

789 Antwort der Bundesregierung auf eine kleine Anfrage der Abgeordneten Ulla Jelpke, Dr. Ilja Seifert, Jan Korte, weiterer Abgeordneter und der Fraktion DIE LINKE, Bundestagsdrucksache 17/8729.

Parteien und die Ministerpräsidentinnen und Ministerpräsidenten der Länder, Zwangssterilisierte und „Euthanasie“-Geschädigte den Verfolgten im Sinne des Bundesentschädigungsgesetzes gleichzustellen.[790]

Die Autoren des Bundesentschädigungsgesetzes verkannten – bewusst oder unbewusst – die Vielschichtigkeit der Verfolgungsmechanismen des Dritten Reichs, die mit der (pseudo-)wissenschaftlichen Rassenpolitik gerechtfertigt werden sollten. Nicht nur Personen vermeintlich „fremder Rasse“ wurden Opfer der Verfolgung, sondern ebenso Mitglieder der vermeintlich „eigenen Rasse“, die es „aufzuarten“ galt. Auf die Differenzierung zwischen *„anthropologischem Rassismus“* und *„Binnenrassismus“* wurde im Rahmen dieser Arbeit eingegangen.[791] An dieser Differenzierung im Rahmen des Bundesentschädigungsgesetzes festzuhalten, steht im Widerspruch zu dem heutigen Stand der Forschung und zeigt, dass offenkundig keine Bereitschaft besteht, die Denkweisen und Kategorisierungen aus der Zeit des Dritten Reichs vollends aufzuarbeiten. Aus heutiger Betrachtung stellt sich das Wort „Rasse“, wie es durch das nationalsozialistische Regime verwandt wurde, als reine „Begriffshülse“[792] dar, die die Verfolgung aus ganz unterschiedlichen Gründen ermöglichte. Besonders deutlich wird dies anhand der hier untersuchten Behandlung der sogenannten „Asozialen“ und „Gemeinschaftsfremden“ nach dem Gesetz zur Verhütung erbkranken Nachwuchses, die unter dem Deckmantel der Reinhaltung der „Rasse“ die staatliche Verfolgung aus mannigfachen Gründen ermöglichte. Die Biologisierung „asozialer Verhaltensweisen“ mag aus heutiger Sicht befremdlich und nicht mehr nachvollziehbar erscheinen. Dennoch wurden „Asoziale“ und „Gemeinschaftsfremde“ ebenso wie alle weiteren Zwangssterilisierten und „Euthanasie“-Geschädigten *„aus Gründen der Rasse“* durch nationalsozialistische Gewaltmaßnahmen verfolgt.

Wenn auch nur wenigen Überlebenden die späte Genugtuung der lange überfälligen Anerkennung als Opfer der nationalsozialistischen Verfolgung zukäme[793], so wäre dies doch ein weiterer Schritt hin zu einer umfassenden und ehrlichen Auseinandersetzung mit der eigenen Geschichte.

---

790 Abrufbar unter https://www.euthanasiegeschaedigte-zwangssterilisierte.de/texte-pdf/appell-anerkennung-zwangssterilisierte-euthanasiegeschaedigte-als-ns-verfolgte-20-04-14.pdf

791 Siehe 3. Kapitel unter II.5.

792 So Oliver Lepsius, Die gegensatzaufhebende Begriffsbildung, München 1994, 106 ff.

793 Nach dem Stand vom 31. Dezember 2011 beziehen 482 Zwangssterilisierte laufende monatliche Leistungen nach den AKG-Härterichtlinien; siehe Antwort der Bundesregierung auf eine kleine Anfrage der Abgeordneten Ulla Jelpke, Dr. Ilja Seifert, Jan Korte, weiterer Abgeordneter und der Fraktion DIE LINKE, Bundestagsdrucksache 17/8729.

# Literaturverzeichnis

## Archivalien

### Bundesarchiv

Entwurf des Vorsitzenden des bayerischen Landesverbands für Wanderdienst Alarich Seidler für ein Gesetz über die Behandlung Gemeinschaftsfremder, BArch R 36/1162.

„Grunderlaß vorbeugende Verbrechensbekämpfung" des Reichs- und preußischen Innenministers Wilhelm Frick vom 14. Dezember 1937, BArch R 36/1864.

Auszug aus der Niederschrift über die Sitzung des Reichsministeriums vom 14. Juli 1933, BArch R 43 II/720, fol. 11 f.

Schreiben des Thüringischen Wirtschaftsministeriums, Abteilung Arbeit und Wohlfahrt an das Reichsministerium des Innern vom 16. Juli 1923, BArch R 86/2374, fol. 16 f.

Bericht des Reichsgesundheitsamts an den Reichsminister des Innern betreffend die Gesetzliche Einführung der künstlichen Unfruchtbarmachung in Deutschland vom 15. Oktober 1923, BArch R 86/2374, fol. 24 ff.

Verhandlungsniederschrift über die Sitzung des Ausschusses für das Bevölkerungswesen und die Rassenhygiene des preußischen Landesgesundheitsrats am 1. Dezember 1923 im preußischen Ministerium für Volkswohlfahrt, BArch 86/2374, fol. 51.

Bericht des Reichsgesundheitsamts an den Reichsminister des Innern vom 19. Februar 1925 betreffend die Unfruchtbarmachung geistig Minderwertiger, BArch R 86/2374, fol. 185 ff.

Schreiben von Gerhard Boeters an die Deutsche Reichsregierung vom 4. Dezember 1925 nebst Anlagen, BArch R 86/2374, fol. 212 ff.

Stellungnahme des Reichsgesundheitsamts vom 21. Januar 1926, BArch R 86/2374, fol. 228 ff.

Schreiben des Sächsischen Ministeriums der auswärtigen Angelegenheiten an das Reichsministerium des Innern, BArch R 86/2374, fol. 353.

Schreiben des Reichs- und preußischen Innenministers Wilhelm Frick vom 9. August 1943 an den Reichsminister ohne Geschäftsbereich und Chef der Reichskanzlei Hans Heinrich Lammers mit überarbeitetem Entwurf eines Gesetzes über die Behandlung Gemeinschaftsfremder, BArch R 1501/3386, fol. 2 ff.

Schreiben des Reichsministers für Volksaufklärung und Propaganda Joseph Goebbels an den Reichsminister und Chef der Reichskanzlei Hans Heinrich Lammers vom 7. September 1943, BArch R 1501/3386, fol. 11.

Schreiben des Reichsministers und Chefs der Reichskanzlei Hans Heinrich Lammers an den Reichs- und preußischen Innenminister Heinrich Himmler vom 14. Oktober 1943, BArch R 1501/3386, fol. 12.

Überarbeiteter Entwurf des Reichssicherheitshauptamts vom 17. Januar 1944 eines Gesetzes über die Behandlung Gemeinschaftsfremder, BArch R 1501/3386, fol. 22 ff.

Entwurf eines Erlasses des Reichs- und preußischen Ministers des Innern, BArch R 1501/5585, fol. 60 ff.

Erlass des Reichs- und preußischen Ministers des Innern vom 22. August 1936 – IV 29/36 g, BArch R 1501/5585, fol. 85 f.

Übersicht über die Durchführung des Gesetzes zur Verhütung erbkranken Nachwuchses, BArch R 1501/5585, fol. 165 f.

Erlass des Reichsministers der Justiz an sämtliche Oberlandesgerichtspräsidenten vom 22. April 1936 – 6234 – IV b 399, BArch R 1501/5585, fol. 167 ff.

Schreiben des Reichsärzteführers Gerhard Wagner an den Führer vom 29. Mai 1937, BArch R 1501/5585, fol. 191 ff.

EOG Düsseldorf, Beschl. v. 02.03.1937 – Wg 787/36, BArch R 1501/5585, fol. 201.

Denkschrift des Reichsärzteführers Gerhard Wagner, BArch R 1501/5585, fol. 216 ff.

Vortrag des Oberlandesgerichtsrats Dr. Lorey „Sonderfragen bei der Durchführung des § 1 des Gesetzes zur Verhütung erbkranken Nachwuchses", BArch R 1501/5585a, fol. 8.

Stellungnahme der Abteilung IV im Reichsinnenministerium zu den Ausführungen des Reichsärzteführers Gerhard Wagner, BArch R 1501/5586, fol. 15 ff.

Erlass des Reichs- und preußischen Ministers des Innern vom 6. November 1937 – IV A 152/37 g, BArch R 1501/5586, fol. 79 f.

Ergebnis der Besprechung in der Reichskanzlei am 3. Dezember 1937 – Rk. 19383 B, BArch R 1501/5586, fol. 98 ff.

Begründung zum Entwurf eines Gesetzes zur Änderung des Gesetzes zur Verhütung erbkranken Nachwuchses, BArch R 1501/5586, fol. 116 f.

Erlass des Reichs- und preußischen Ministers des Innern vom 5. Januar 1938 – IV A 167/37 g, BArch R 1501/5586, fol. 122 f.

Schreiben des Deutschen Ärztevereinsbund e.V. an das Reichsministerium des Innern, BArch R 1501/126248, fol. 101 f.

Schreiben des preußischen Ministers des Innern an den Reichsminister des Innern vom 31. März 1933, BArch R 1501/126248, fol. 154.

Schreiben des preußischen Ministerpräsidenten an den Reichsminister des Innern vom 5. Mai 1933, BArch R 1501/126248, fol. 233 ff.

Schreiben des Reichsministers der Justiz an den Reichsminister des Innern vom 6. Juli 1933, BArch R 1501/126248, fol. 279.

Erlass des Reichsministers des Innern vom 6. Februar 1939 – IV b 389/39 1079 a, BArch R 1501/212679, fol. 89 f.

Schreiben des Bayerischen Staatsministeriums des Innern an den Reichsminister des Innern vom 1. Juli 1939 – 5348 f 192, BArch R 1501/212679, fol. 94.

Schreiben des Stellvertreters des Führers an den Reichsminister des Innern vom 27. September 1939, BArch R 1501/212679, fol. 100.

Erlass des Reichsministers des Innern vom 14. Oktober 1939 – IV b 3994/39 1079a, BArch R 1501/212679, fol. 101.

Ausschussdrucksachen, V. Wahlperiode 1930, 18. Ausschuss, Drucksache Nr. 59, BArch R 3001/5827, fol. 142.

Protokoll des Strafrechtsausschusses, IV. Wahlperiode 1928, 21. Ausschuss, 14. Sitzung am 30. Oktober 1928, S. 9, BArch 3001/5833, fol. 170.

Schreiben des Reichs- und preußischen Innenministers Wilhelm Frick vom 10. Mai 1940 an den Stellvertreter des Führers Rudolf Hess, den Reichsjustizminister Franz Gürtner, den Reichs- und preußischen Arbeitsminister Franz Seldte und den Reichsfinanzminister Graf Schwerin von Krosigk mit Entwurf eines Gesetzes über die Behandlung Gemeinschaftsfremder und Entwurf einer Durchführungsverordnung, BArch R 3001/20943, fol. 20 ff.

Vermerk von Ministerialrat im Reichsjustizministerium Johannes Eichler vom 4. Juni 1940, BArch R 3001/20943, fol. 20 ff.

Vermerk des Ministerialrats im Reichsjustizministerium Otto Rietzsch über eine Chefbesprechung am 21. März 1941 unter Vorsitz des Chefs des Reichssicherheitshauptamts Reinhard Heydrich, BArch R 3001/20943, fol. 100 ff.

Rede des Ministerialrats im Reichsjustizministerium Otto Rietzsch auf einer Besprechung unter dem Vorsitz des Chefs des Reichssicherheitshauptamts Reinhard Heidrich am 21. März 1941, BArch R 3001/20943, fol. 100 ff.

Schreiben des Reichs- und preußischen Innenministers Wilhelm Frick vom 24. Juni 1941 an den Reichsminister ohne Geschäftsbereich und Chef der Reichskanzlei Hans Heinrich Lammers mit überarbeitetem Entwurf eines Gesetzes über die Behandlung Gemeinschaftsfremder mit Begründung und Entwurf einer Durchführungsverordnung, BArch R 3001/20943, fol. 122 ff.

Schreiben des Reichs- und preußischen Innenministers Wilhelm Frick vom 19. März 1942 an den Reichsminister ohne Geschäftsbereich und Chef der Reichskanzlei Hans Heinrich Lammers mit überarbeitetem Entwurf des Reichinnenministeriums eines Gesetzes über die Behandlung Gemeinschaftsfremder mit Begründung, BArch R 3001/20943, fol. 181 ff.

Vermerk des Ministerialrats im Reichsjustizministerium Otto Rietzsch über eine Besprechung zwischen dem Reichsführer-SS Heinrich Himmler und Reichsjustizminister Otto Thierack am 13. Dezember 1942, BArch R 3001/20943, fol. 269–269 Rs.

Entwurf des Ministerialrats im Reichsjustizministerium Otto Rietzsch für ein Gesetz über die Behandlung Asozialer, BArch R 3001/20943, fol. 295 ff.

Entwurf des Reichskriminalpolizeiamts für ein Gesetz über die Behandlung Gemeinschaftsfremder, BArch R 3001/20943, fol. 302 ff.

Entwurf der Begriffsbestimmungen für ein Gemeinschaftsfremdengesetz, BArch R 3001/20943, fol. 314 f.

Schreiben des SS-Standartenführers und Obersten der Polizei im Reichskriminalpolizeiamt Paul Werner an den Ministerialdirigenten im Reichsjustizministerium Fritz Grau mit überarbeitetem Entwurf eines Gesetzes über die Behandlung Gemeinschaftsfremder mit Begründung und Entwurf einer 1. Durchführungsverordnung, BArch R 3001/20944, fol. 224 ff.

Vermerk des Oberlandesgerichtsrats im Reichsjustizministerium Karl Meinhof vom 8. August 1944, BArch R 3001/20949, fol. 135 Rs.

Vermerk des Ministerialrats im Reichsjustizministerium Otto Rietzsch über eine Besprechung des vom Reichskriminalpolizeiamt vorgelegten Entwurfs eines Gemeinschaftsfremdengesetzes am 8. Mai 1943, BArch R 3001/20943, fol. 316 – 317 Rs.

Ausschuss für Wohlfahrts- und Fürsorgerecht der Akademie für Deutsches Recht: 26 Leitsätze für die Neugestaltung des Bewahrungsrechts, BArch R 3001/21915, fol. 254 ff.

## Geheimes Staatsarchiv Preußischer Kulturbesitz

Schreiben des Präsidenten des Landesgesundheitsrats Heinrich Schopohl vom 27. Oktober 1932 an den Kommissar des Reiches für das preußische Ministerium für Volkswohlfahrt Adolf Scheidt, GStA PK, I. HA Rep. 84 a Justizministerium, Nr. 871.

Rundschreiben des Kommissars des Reiches für das preußische Ministerium des Innern Franz Bracht an den preußischen Ministerpräsidenten (Kommissar des Reiches) und die übrigen Kommissare des Reiches vom 19. Dezember 1932, GStA PK, I. HA Rep. 84 a Justizministerium, Nr. 871.

Schreiben der sächsischen Regierung an das preußische Ministerium des Innern vom 13. Januar 1933, GStA PK, I. HA Rep. 84 a Justizministerium, Nr. 871.

Schreiben des Staatsministers des Innern in Thüringen Fritz Sauckel an das Reichsministerium des Innern vom 4. April 1933, GStA PK, I. HA Rep. 84 a, Justizministerium, Nr. 871.

Schreiben des preußischen Innenministeriums, vertreten durch den Staatssekretär Ludwig Grauert, an den preußischen Ministerpräsidenten Hermann Göring, GStA PK, I. HA Rep. 84 a Justizministerium, Nr. 871.

## Literatur bis 1945

20. Bericht des Ausschusses für Bevölkerungspolitik, Drucksache Nr. 7483, in: Sammlung der Drucksachen des preußischen Landtags, 1. Wahlperiode, 1. Tagung 1921 – 1924, 7927.

Adami, Friedrich Wilhelm: Das Programm der NSDAP und die Rechtsprechung, in: Deutsches Recht (9), 1939, 486.

Allardt, Helmut: Das deutsche Volk als Gemeinschaft, Berlin 1935.

Alle Macht dem Führer!, in: Deutsche Justiz (104), 1942, 283.

Althaus, Hermann/Betcke, Werner/Hilgenfeldt, Erich: Handwörterbuch der Wohlfahrtspflege, Berlin 1937.

Ammann, Walther: Die Asozialen und ihre Behandlung – eine Aufgabe des öffentlichen Rechts, Philippsburg 1940.

Balssen, Meinhard: Beitrag zur Frage der Erblichkeit der Asozialität, Hamburg 1940.

Bendokat, Bruno: Wie wirken sich die nationalsozialistischen Erziehungsgedanken und die Wandlungen, die der Nationalsozialismus auf entscheidenden Gebieten des deutschen Volkslebens hervorgerufen hat, in der Praxis der männlichen Fürsorgeerziehung aus?, in: Evangelische Jugendhilfe (11 (55)), 1935, 265.

Binder, Julius/Busse, Martin/Larenz Karl: Einführung in Hegels Rechtsphilosophie, Berlin 1931.

Binding, Carl/Hoche, Alfred Erich: Die Freigabe der Vernichtung lebensunwerten Lebens. Ihr Mass und ihre Form, Leipzig 1920.

Biskupski, Hans: Entwicklung und Stand der Fürsorgeerziehung, Leipzig 1941.

Blech, Helmut Otto: Das Asozialenproblem in der Fürsorge, Köln 1939.

Boehm, Hermann: Aus der Praxis für die Praxis, in: Erbgesundheit – Volksgesundheit : Das Gesetz zur Verhütung erbkranken Nachwuchses in Grundsatz und Anwendung, Berlin/Wien 1939.

Bonhoeffer, Karl: Die Unfruchtbarmachung der geistig Minderwertigen, in: Klinische Wochenschrift (3), 1922, 798.

Brettle, Emil: Volksnahe Rechtspflege, in: Deutsches Recht (9), 1939, 480.

Brunk, Walter: Zur Frage der Ehetauglichkeit bei Vorliegen psychopathischer Störungen, in: Der Erbarzt (5), 1938, 123.

Bühning, Heinz: Über die Unfruchtbarmachung wegen angeborenen Schwachsinns aus dem Gesetz zur Verhütung erbkranken Nachwuchses vom 14. Juli 1933, Bochum-Langendreer 1939.

Bülow, Friedrich: Nationalsozialismus und Universalismus, in: Deutsche Rechtswissenschaft (2), 1937, 218.

Bürger-Prinz, Hans: Die Diagnose des angeborenen Schwachsinns, in: Die Diagnose der Erbkrankheiten, Leipzig 1936.

Darwin, Charles: Die Abstammung des Menschen, Stuttgart 1875.

Dernedde, Carl: Die Bedeutung der Gesetzesbegründungen für die Rechtsanwendung, in: Reichsverwaltungsblatt (58), 1937, 509.

Deutsche Gesellschaft für Rassenhygiene: Leitsätze der Deutschen Gesellschaft für Rassenhygiene, in: Archiv für Rassen- und Gesellschaftsbiologie (14), 1922, 372.

Dietrich, Otto: Die philosophischen Grundlagen des Nationalsozialismus, Breslau 1935.

Dietze, Hans-Helmut: Der Gesetzesvorspruch, in: Jugend und Recht (11), 1937, 294.

ders.: Der Gesetzesvorspruch im geltenden deutschen Reichsrecht, Berlin – Wien 1939.

ders.: Vom Wesen der Gesetzesvorsprüche, in: Deutsches Recht (9), 1939, 1550.

Dölle, Hans: Das bürgerliche Recht im nationalsozialistischen deutschen Staat, in: Schmollers Jahrbuch für Gesetzgebung, Verwaltung und Volkswirtschaft im Deutschen Reich (57), 1933, 649.

Dubitscher, Fred: Die Bewährung Schwachsinniger im täglichen Leben, in: Der Erbarzt (2), 1935, 57.

ders.: Dummheit oder Schwachsinn, in: Der Erbarzt (2), 1935, 187.

ders.: Der moralische Schwachsinn unter besonderer Berücksichtigung des Gesetzes zur Verhütung erbkranken Nachwuchses, in: Zeitschrift für die gesamte Neurologie und Psychiatrie (154), 1936, 422.

ders.: Praktische Intelligenz, in: Der Erbarzt (3), 1936, 75.

ders.: Psychiatrische Fragen in der Erbgesundheitspflege, in: Der Öffentliche Gesundheitsdienst (2), 1936, 291.

ders.: Der Schwachsinn, Leipzig 1937.

ders.: Asozialität und Unfruchtbarmachung (Aus dem Material des Reichsgesundheitsamtes), in: Mitteilungen der Kriminalbiologischen Gesellschaft (V), 1938, 99.

ders.: Das Asozialenproblem, in: Beiheft zum Reichsgesundheitsblatt (4), 1938, 80.

ders.: Asoziale Sippen, Leipzig 1942.

Dubitscher, Fred/Kresiment, Max: Zur Frage der Intelligenzuntersuchung nach Anlage 5a der Ersten Ausführungsverordnung zum Gesetz zur Verhütung erbkranken Nachwuchses, in: Der Erbarzt (2), 1935, 2.

Eichhorn: Bindung des Richters an das Gesetz und neuzeitliche Rechtsfindung, in: Deutsche Richterzeitung (27), 1935, 321.

Engbrocks, Julius: Über die Beziehungen zwischen "Angeborenem Schwachsinn" im Sinne des Gesetzes zur Verhütung erbkranken Nachwuchses und Asozialität, Bonn 1940.

Enge: Winston Churchill – Eine irrenärztliche Betrachtung, in: Deutsches Ärzteblatt (70), 1940, 219.

Engisch, Karl: Interessenjurisprudenz und Strafrecht, in: Monatsschrift für Kriminalbiologie und Strafrechtsreform (25), 1934, 65.

ders.: Die Einheit der Rechtsordnung, Heidelberg 1935.

Erziehung zur Volksgemeinschaft im Heim, in: Jugendwohl (23), 1934, 171.

Eugenische Fragen im preußischen Staatsrat, in: Deutsches Ärzteblatt (60), 1931, 480.

Eugenische Maßnahmen als Aufgabe des Staates, in: Deutsches Ärzteblatt (61), 1932, 119.

Ewald, Gottfried: Über den Schwachsinn, in: Münchener Medizinische Wochenschrift (82), 1935, 1315.

Eyrich, Max: Fürsorgezöglinge, erbbiologisch gesehen, in: Zeitschrift für Kinderforschung (47), 1939, 250.

ders.: Gerichtsärztliche Aufgaben bei Kindern und Jugendlichen, in: Der Öffentliche Gesundheitsdienst (5), 1939, 549.

Fauser, Manfred: Das Gesetz im Führerstaat, in: Archiv des öffentlichen Rechts (65), 1935, 142.

Forsthoff, Ernst: Staatsrechtswissenschaft und Weltkrieg, in: Blätter für deutsche Philosophie (5), 1931, 292.

Frank, Hans: Nationalsozialismus im Recht, in: Zeitschrift der Akademie für Deutsches Recht (1), 1934, 8.

ders.: Der nationalsozialistische Richter steht im Mittelpunkte des nationalsozialistischen Rechtsaufbaues, in: Deutsche Rechtspflege (1), 1936, 8.

ders.: Das Gesetz zur Verhütung erbkranken Nachwuchses, in: Rasse, Recht und Volk, München/Berlin 1937.

Frank, Johann Peter: System einer vollständigen medicinischen Polizey : Von Fortpflanzung der Menschen und Ehe-Anstalten, von Erhaltung und Pflege schwangerer Mütter, ihrer Leibesfrucht und der Kind-Betterinnen in jedem Gemeinwesen, Wien 1786.

Franzen, Hans: Gesetz und Richter, Hamburg 1935.

Freisler, Roland: Gemeinschaft und Recht, in: Deutsche Justiz 1938, 1867.

Freyer, Hans: Gemeinschaft und Volk, in: Philosophie der Gemeinschaft, Berlin 1929.

Frick, Wilhelm: Ansprache des Herrn Reichsministers des Innern Dr. Frick auf der ersten Sitzung des Sachverständigenbeirats für Bevölkerungs- und Rassenpolitik am 28. Juni 1933 in Berlin, Berlin 1933.

Friehe, Albert: Was muß der Nationalsozialist von der Vererbung wissen?, Frankfurt am Main 1934.

Friese, Gerhard: Die medizinisch-gesetzlichen Grundsätze des Gesetzes zur Verhütung erbkranken Nachwuchses, in: Der Öffentliche Gesundheitsdienst (2), 1936, 282.

ders.: Erbkrankheit, Begabung und Unfruchtbarmachung, in: Der Öffentliche Gesundheitsdienst (1), 1936, 899.

ders.: Fragen der praktischen Erbpflege, in: Der Öffentliche Gesundheitsdienst (2), 1936, 321.

ders.: Das Ehegesundheitsgesetz, Berlin 1938.

Friese, Gerhard/Lemme, Hansjoachim: Die deutsche Erbpflege, Leipzig 1937.

Galton, Francis: Hereditary Talent and Character Part I, in: Macmillan's Magazine (12), 1865, 157.

ders.: Hereditary Talent and Character Part II, in: Macmillan's Magazine (12), 1865, 318.

ders.: Hereditary Genius, London 1869.

ders.: Inquiries into Human Faculty and its Development, London 1883.

Gaupp, Robert: Die Unfruchtbarmachung geistig und sittlich Kranker und Minderwertiger, Berlin 1925.

ders.: Das Gesetz zur Verhütung erbkranken Nachwuchses und die Psychiatrie, in: Klinische Wochenschrift (13), 1934, 1.

Geiger, Theodor: Gemeinschaft, in: Handwörterbuch der Soziologie, Stuttgart 1931.

Gerber, Hans: Über die Jugendbewegung, Hamburg 1920.

Gerl, Bruno: Bewahrungsbedürftige Verwahrloste im Sinne des künftigen Bewahrungsgesetzes, in: Deutsche Juristen-Zeitung (40), 1935, 1274.

Glatzel, Frank: Der Jungdeutsche Bund, in: Jungdeutsches Wollen, Hamburg 1920.

Göring, Hermann: Die Rechtssicherheit als Grundlage der Volksgemeinschaft, Hamburg 1935.

Gregor, Adalbert: Ergebnisse der Untersuchung von Fürsorgezöglingen zwecks Sterilisierung, in: Zeitschrift für psychische Hygiene (7), 1934, 33.

ders.: Über die Sterilisierung minderwertiger Fürsorgezöglinge, in: Erblehre und Rassenhygiene im völkischen Staat, München 1934.

Grünhut, Max: Begriffsbildung und Rechtsanwendung im Strafrecht, Tübingen 1926.

Grunau, Martin: Der Schwachsinn im Erbgesundheitsverfahren, in: Zeitschrift der Akademie für Deutsches Recht (2), 1935, 769.

ders.: Ein Jahr Gesetz zur Verhütung erbkranken Nachwuchses, in: Juristische Wochenschrift (64), 1935, 3, 1379.

ders.: Starrer Zwang oder pflichtgemäßes Ermessen? Eine Entgegnung, in: Der Erbarzt (3), 1936, 44.

ders.: Fünf Jahre Erbgesundheitsgerichtsbarkeit, in: Juristische Wochenschrift (68), 1939, 467.

Gütt, Arthur: Bevölkerungspolitik und öffentliches Gesundheitswesen, in: Zeitschrift für Medizinalbeamte 1932, 451.

Gütt, Arthur: Reform des öffentlichen Gesundheitswesens in Preußen unter bevölkerungspolitischem Gesichtspunkt, in: Zeitschrift für Medizinalbeamte 1932, 152.

ders.: Das Gesetz zur Verhütung erbkranken Nachwuchses, in: Zeitschrift für Gesundheitsverwaltung und Gesundheitsfürsorge (4), 1933, 385.

Gütt, Arthur/Rüdin, Ernst/Ruttke, Falk: Gesetz zur Verhütung erbkranken Nachwuchses vom 14. Juli 1933, 1. Auflage, München 1934.

Gütt, Arthur/Rüdin, Ernst/Ruttke, Falk: Gesetz zur Verhütung erbkranken Nachwuchses vom 14. Juli 1933, 2., neubearbeitete Auflage, München 1936.

Gütt, Arthur/Linden, Herbert/Maßfeller, Franz: Blutschutz- und Ehegesundheitsgesetz, München 1937.

Heck, Philipp: Gesetzesauslegung und Interessenjurisprudenz, in: Archiv für die civilistische Praxis (112), 1914, 1.

ders.: Rechtserneuerung und juristische Methodenlehre, Tübingen 1936.

Heinze, Hans: Psychopathische Persönlichkeiten, in: Zirkuläres Irresein – Psychopathische Persönlichkeiten, Leipzig 1942.

Henkel, Heinrich: Die Unabhängigkeit des Richters in ihrem neuen Sinngehalt, Hamburg 1934.

Herschel, Wilhelm: Staatlicher Befehl und richterliches Ermessen im neuen Reich, in: Deutsche Juristen-Zeitung (38), 1933, 1008.

Hild, Paul: Leitfaden zum Gesetz zur Verhütung erbkranken Nachwuchses, Stuttgart 1936.

Hildebrandt, Heinz. Rechtsfindung im neuen deutschen Staate, Berlin 1935.

Hitler, Adolf: Mein Kampf, München 1933.

ders.: Nationalsozialistisches Recht, in: Deutsche Justiz (99), 1937, 173.

Hochreuther, R.: Das Gesetz zur Verhütung erbkranken Nachwuchses – Anregungen zur Änderung bestehender Vorschriften, in: Juristische Wochenschrift (64), 1935, 1381.

Höhn, Reinhard: Die staatsrechtliche Lage, in: Volk im Werden (2), 1934, 283.

ders.: Vom Wesen der Gemeinschaft, Berlin 1934.

ders.: Der Führerbegriff im Staatsrecht, in: Deutsches Recht (5), 1935, 296.

ders.: Rechtsgemeinschaft und Volksgemeinschaft, Hamburg 1935.

ders.: Volk, Staat und Recht, in: Grundfragen der Rechtsauffassung, München 1938.

Horlboge, Werner: Die Unfruchtbarmachung Asozialer gemäß dem Gesetz zur Verhütung erbkranken Nachwuchses (Nach dem Krankengut des Krankenhauses beim Untersuchungsgefängnis Berlin-Moabit), Berlin 1939.

Horneffer, Reinhold: Das Problem der Rechtsgeltung und der Restbestand der Weimarer Verfassung, in: Zeitschrift für die gesamte Staatswissenschaft (99), 1939, 148.

Huber, Ernst Rudolf: Verfassungsrecht des Großdeutschen Reiches, Hamburg 1939.

ders.: Besprechung von Hans-Helmut Dietze – Der Gesetzesvorspruch im geltenden deutschen Reichsrecht, in: Zeitschrift für die gesamte Staatswissenschaft (101), 1941, 742.

Jellinek, Walter: Gesetz, Gesetzesanwendung und Zweckmäßigkeitserwägungen : Eine staats- und verwaltungsrechtliche Studie, Altenburg 1912.

Jerusalem, Franz W.: Soziologie des Rechts, Jena 1925.

ders.: Gemeinschaft und Staat, Tübingen 1930.

ders.: Über den Begriff der Nation, Jena 1932.

ders.: Der Staat, Jena 1935.

Kapp, Franz: Zur Unfruchtbarmachung bei angeborenem Schwachsinn und über ihre Bedeutung im Kampf gegen Kriminalität und Asozialität, in: Monatsschrift für Kriminalbiologie und Strafrechtsreform (30), 1939, 17.

Keimer, Robert: Das Recht und der Nationalsozialismus, in: Hochschule für Politik der Nationalsozialistischen Deutschen Arbeiterpartei. Ein Leitfaden, München 1933.

Kersten, Otto: Das Badische Bewahrungs-"gesetz". Ein finanztechnisch-organisatorischer Versuch, in: Deutsche Zeitschrift für Wohlfahrtspflege (12), 1936, 453.

Kloos, Gerhard: Anleitung zur Intelligenzprüfung und ihrer Auswertung, Jena 1943.

Knorr, Wolfgang: Vergleichende erbbiologische Untersuchungen an drei asozialen Großfamilien, Berlin 1939.

Köhlisch: Eugenische und soziale Indikation zur Sterilisierung, in: Deutsches Ärzteblatt (62), 1933, 94.

Koellreutter, Otto: Deutsches Verfassungsrecht, Berlin 1938.

Kopp, Walter: Starrer Zwang oder pflichtgemäßes Ermessen?, in: Der Erbarzt (2), 1935, 185.

ders.: Starrer Zwang oder pflichtgemäßes Ermessen? Schlusswort, in: Der Erbarzt (3), 1936, 46.

ders.: Die Unfruchtbarmachung der Asozialen, in: Der Erbarzt (6), 1939, 66.

Kranz, Heinrich Wilhelm: Drei Jahre Erbforschung über den angeborenen Schwachsinn (1935–1937), in: Fortschritte der Erbpathologie Rassenhygiene und ihrer Grenzgebiete (1), 1937/1938, 281.

Kranz, Heinrich Wilhelm/Koller, Siegfried: Die Gemeinschaftsunfähigen, Gießen 1941.

Krempel, Johannes: Das Gesetz zur Verhütung erbkranken Nachwuchses, Berlin 1939.

Kriminalpolizeiliche Vorbeugungshaft als Mittel zur Bewahrung Asozialer, in: Nachrichtendienst des Deutschen Vereins für öffentliche und private Fürsorge (20), 1939, 90.

Krüger, Herbert: Der Wille des Gesetzgebers, in: Reich Volksordnung Lebensraum : Zeitschrift für völkische Verfassung und Verwaltung (6), 1941, 108.

Küchenhoff, Günther: Nationaler Gemeinschaftsstaat : Volksrecht und Volksrechtsprechung, Berlin und Leipzig 1934.

Küper, Maria: Ist die Unfruchtbarmachung gegen Ende der Wechseljahre noch zulässig?, in: Der Erbarzt (2), 1935, 63.

Kuhlmann, Carola: Erbkrank oder erziehbar? : Jugendhilfe als Vorsorge und Aussonderung in der Fürsorgeerziehung in Westfalen von 1933 – 1945, Weinheim und München 1989.

Lange, Heinrich: Generalklauseln und neues Recht, in: Juristische Wochenschrift (62), 1933, 2858.

ders.: Liberalismus Nationalsozialismus und Bürgerliches Recht, Tübingen 1933.

ders.: Vom alten zum neuen Schuldrecht, Hamburg 1934.

Lange, Wilhelm: Das Unfruchtbarmachungsverfahren bei Schwachsinnigen unter besonderer Berücksichtigung der Hilfsschüler, in: Der Erbarzt (2), 1935, 89.

ders.: Sind grobe Intelligenzdefekte allein bei nicht geschädigter Charakteranlage als angeborener Schwachsinn zu werten?, in: Der Öffentliche Gesundheitsdienst (2), 1936, 1.

Larenz, Karl: Deutsche Rechtserneuerung und Rechtsphilosophie, Tübingen 1934.

ders.: Rezension: Justus Wilhelm Hedemann, Die Flucht in die Generalklauseln, in: Zeitschrift für das gesamte Handelsrecht und Konkursrecht (100), 1934, 378.

der.: Rechtsperson und subjektives Recht: zur Wandlung der Rechtsgrundbegriffe, Berlin 1935.

ders.: Rechts- und Staatsphilosophie der Gegenwart, Berlin 1935.

ders.: Gemeinschaft und Rechtsstellung, in: Deutsche Rechtswissenschaft (I), 1936, 31.

ders.: Vertrag und Unrecht – 2. Teil: Die Haftung für Schaden und Bereicherung, Hamburg 1937.

ders.: Über Gegenstand und Methode des völkischen Rechtsdenkens, Berlin 1938.

Lechler, Karl Ludwig: Erkennung und Ausmerze der Gemeinschaftsunfähigen, in: Deutsches Ärzteblatt (40), 1940, 293.

Lehmann: Ein Jahr Gesetz zur Verhütung erbkranken Nachwuchses, in: Juristische Wochenschrift (64), 1935, 1376.

Lemme, Hansjoachim: Die Rechtsprechung in Erbgesundheitssachen, in: Der Öffentliche Gesundheitsdienst (1), 1935, 789.

ders.: Das Deutsche Erbgesundheitsgericht, in: Der Öffentliche Gesundheitsdienst (2), 1936, 286.

ders.: Stellungnahme zu den Beiträgen zum Aufsatz von Dr. Leonore Liebenam "Zur Frage der Ehetauglichkeit bei Vorliegen psychopathischer Störungen", in: Der Erbarzt (5), 1938, 127.

ders.: Der Asoziale, in: Volk und Rasse (14), 1939, 36.

Lemmel, Herbert: Die Volksgemeinschaft, Stuttgart und Berlin 1941.

Lenz, Fritz: Die Stellung des Nationalsozialismus zur Rassenhygiene, in: Archiv für Rassen- und Gesellschaftsbiologie (25), 1931, 300.

ders.: Menschliche Auslese und Rassenhygiene (Eugenik), München 1931.

ders.: Zur Frage eines Sterilisierungsgesetzes, in: Eugenik Erblehre Erbpflege (3), 1933, 73.

Leppin, Rudolf: Der Schutz des deutschen Blutes und der deutschen Ehre – Ein Überblick über Rechtsprechung und Schrifttum, in: Juristische Wochenschrift (66), 1937, 3076.

Lesser, Jonas: Von deutscher Jugend, Berlin 1932.

Liermann, Günter: Der Intelligenzprüfungsbogen nach Anlage 5a der ersten Verordnung zur Durchführung des Gesetzes zur Verhütung erbkranken Nachwuchses in seiner Anwendung bei Jugendlichen in der Stadt Königsberg Pr. und dem Samland im Alter von 14–18 Jahren, Leipzig 1939.

Linden, Herbert: Die praktische Anwendung des Gesetzes zu Verhütung erbkranken Nachwuchses, in: Deutsches Ärzteblatt (66), 1936, 124.

Linden, Herbert/Franke, Wilhelm: Deutsche Ehegesetzgebung, Bielefeld 1937.

Liszt, Franz von: Der Entwurf eines Gesetzes gegen Unfruchtbarmachung und Schwangerschaftsunterbrechung, in: Zeitschrift für die gesamte Strafrechtswissenschaft (40), 1919, 74.

Lommel, Ekkehard: Das Asozialenproblem und der Versuch seiner Lösung durch ein Bewahrungsgesetz, Gießen 1939.

Lückerath: Erfolge in der Fürsorgeerziehung, in: Zeitschrift für Kinderforschung (43), 1934, 36.

Luxenburger, Hans: Zur Frage der Zwangssterilisierung, unter Berücksichtigung der psychiatrisch-eugenischen Indikation, in: Eugenik Erblehre Erbpflege (3), 1933, 76.

Matzner, Hans-Joachim: Zur Erbgesundheitsgerichtsbarkeit, in: Der Erbarzt (1), 1934, 22.

Maunz, Theodor: Neue Grundlagen des Verwaltungsrechts, Hamburg 1934.

Mayer, Max Ernst: Der allgemeine Teil des deutschen Strafrechts, Heidelberg 1915.

Meinhof, C.G.: Milde und Strenge im Erbgesundheitsverfahren, in: Der Öffentliche Gesundheitsdienst (2), 1936, 50.

Meyers Lexikon Bd. 1 A – Boll, Leipzig 1936.

Mezger, Edmund: Inwieweit werden durch Sterilisierungsmaßnahmen Asoziale erfasst?, in: Mitteilungen der Kriminalbiologischen Gesellschaft (V), 1938, 81.

Möller, Carl: Kann das Erbgesundheitsgericht die Unfruchtbarmachung eins Erbkranken beschließen oder muß es das tun?, in: Juristische Wochenschrift (64), 1935, 1378.

Müller, Robert: Zum Schwachsinnsbegriff in der Praxis der Erbgesundheitsgerichte, in: Der Erbarzt (5), 1938, 149.

Näcke, Paul: Die Kastration bei gewissen Entarteten, in: Archiv für Kriminalanthropologie und Kriminalistik (3), 1900, 58.

ders.: Über die sogenannte "Moral Insanity", in: Grenzfragen des Nerven- und Seelenlebens, Wiesbaden 1902.

Nicolai, Helmut: Die rassengesetzliche Rechtslehre, München 1932.

ders.: Rasse und Recht, Berlin 1933.

Ohland, Annaliese: Ist Fürsorgeerziehung Minderwertigenfürsorge oder volksaufbauende Erziehungsarbeit?, in: Zentralblatt für Jugendrecht und Jugendwohlfahrt (26), 1934, 105.

Peters, Karl: Nationalsozialismus und Strafrecht, in: Juristische Wochenschrift 1933, 1561.

Ploetz, Alfred: Die Tüchtigkeit unsrer Rasse und der Schutz der Schwachen, Berlin 1895.

ders.: Die Begriffe Rasse und Gesellschaft und einige damit zusammenhängende Probleme, in: Verhandlungen des Ersten Deutschen Soziologentages vom 19. – 22. Oktober 1910 in Frankfurt a.M., Tübingen 1911.

ders.: Die rassenbiologische Bedeutung des Krieges und sein Einfluß auf den deutschen Menschen, in: Volk und Rasse (6), 1931, 148.

Pönitz, Karl: Zur Diagnostik und sozialen Bedeutung des angeborenen Schwachsinns, in: Zeitschrift für die gesamte Neurologie und Psychiatrie (153), 1935, 770.

Pracht, Karl: Der Gesetzesvorspruch, Erlangen-Bruck 1937.

Prichard, James Cowles: A treatise on insanity and other disorders affecting the mind, London 1835.

Prost, G.: Aus der Praxis der Erbgesundheitsgerichte, in: Der Erbarzt (2), 1935, 41.

Rauschning, Hermann: Gespräche mit Hitler, Zürich 1940.

Ritter, Robert: Ein Menschenschlag, Leipzig 1937.

Rücker-Embden, Fritz: Die Schwachsinnsformen und ihre Bedeutung für das Gesetz zur Verhütung erbkranken Nachwuchses, in: Der Öffentliche Gesundheitsdienst (1), 1935, 873.

Rüdin, Ernst: Der Alkohol im Lebensprozeß der Rasse, in: Bericht über den IX. Internationalen Kongreß gegen den Alkoholismus, Jena 1904.

ders.: Rassenhygienische Gesetzgebung in den Vereinigten Staaten von Nordamerika, in: Archiv für Rassen- und Gesellschaftsbiologie (5), 1908, 154.

ders.: Aufgaben und Ziele der deutschen Gesellschaft für Rassenhygiene, in: Archiv für Rassen- und Gesellschaftsbiologie (28), 1934, 228.

ders.: Erb- und Rassenpflege in Gesetzgebung und Rechtsprechung des 3. Reiches, in: Juristische Wochenschrift (64), 1935, 1369.

ders.: Die Frage der Fortpflanzungsgefahr bei der Anwendung des Gesetzes zur Verhütung erbkranken Nachwuchses, in: Der Öffentliche Gesundheitsdienst (1), 1936, 903.

ders.: Anmerkung, in: Juristische Wochenschrift (67), 1938, 1278.

ders.: Anmerkung zu Aufsatz von H. Deutsch "Schwachsinn im Sinne des Gesetzes zur Verhütung erbkranken Nachwuchses und verminderte Zurechnungsfähigkeit im Strafrecht", in: Juristische Wochenschrift (67), 1938, 3214.

ders.: Die Bedeutung Arthur Gütts für die Erb- und Rassenforschung und deren praktische Auswertung, in: Der Öffentliche Gesundheitsdienst (4), 1939, 897.

Schaffstein, Friedrich: Formalismus im Strafrecht, in: Deutsches Recht (4), 1934, 249.

Schallmayer, Wilhelm: Vererbung und Auslese im Lebenslauf der Völker : Eine staatswissenschaftliche Studie auf Grund der neueren Biologie, Jena 1903.

ders.: Vererbung und Auslese : Grundriß der Gesellschaftsbiologie und der Lehre vom Rassedienst, Jena 1918.

Schellhaase, Hermann/Fuchs, Hans: Das Gesetz zur Verhütung erbkranken Nachwuchses vom 14. Juli 1933, Berlin-Lichterfelde 1936.

Scheuner, Ulrich: Die nationale Revolution, in: Archiv des öffentlichen Rechts (24), 1934, 161, 261.

Schläger: Sterilisierung und Rechtsprechung, in: Der Erbarzt (2), 1935, 111.

Schmidt, Willi-Kurt: Das Bewahrungsgesetz im neuen Recht und seine Beziehung zum Strafrecht, Bonn 1937.

Schmidt-Klevenow, Kurt: Die bevölkerungspolitische Aufgabe des deutschen Rechts und Rechtswahrers, in: Deutsches Recht (7), 1937, 227.

Schmidt-Rimpler, Walter: Zur Gesetzgebungstechnik, in: Festschrift Justus Wilhelm Hedemann, Jena 1938.

Schmitt, Carl: Aufgabe und Notwendigkeit des deutschen Rechtsstandes, in: Deutsches Recht (6), 1933, 181.

ders.: Staat, Bewegung, Volk, Hamburg 1933.

ders.: Der Führer schützt das Recht, in: Deutsche Juristen-Zeitung (39), 1934, 945.

ders.: Der Weg des deutschen Juristen, in: Deutsche Juristen-Zeitung (39), 1934, 691.

ders.: Nationalsozialismus und Rechtsstaat, in: Juristische Wochenschrift (63), 1934, 713.

ders.: Nationalsozialistisches Rechtsdenken, in: Deutsches Recht 1934, 225.

ders.: Über die drei Arten des rechtswissenschaftlichen Denkens, Hamburg 1934.

ders.: Aufgabe und Notwendigkeit des deutschen Rechtsstandes, in: Deutsches Recht (6), 1936, 181.

Schmitz, Hans Aloys: Über den "Angeborenen Schwachsinn" im Sinne des Gesetzes zur Verhütung erbkranken Nachwuchses, in: Der Öffentliche Gesundheitsdienst (3), 1937, 646.

Schulze Steinen, Ilse: Die deutsche Forschung nach den Ursachen der Jugendverwahrlosung in den letzten drei Jahrzehnten, Bethel bei Bielefeld 1935.

Schwarz, Hermann: Zur philosophischen Grundlegung des Nationalsozialismus, Berlin 1936.

Sellmann, Adolf: Das Gesetz zur Verhütung erbkranken Nachwuchses, Schwelm in Westfalen 1934.

Skalweit, Wolf: Die Tätigkeit des Amtsarztes bei der Durchführung des Gesetzes zur Verhütung erbkranken Nachwuchses, in: Der Öffentliche Gesundheitsdienst (1), 1935, 401.

Spann, Othmar: Der wahre Staat, Leipzig 1921.

Spiewok, Eduard Karl: Vorschläge zum Bewahrungsgesetz auf Grund der Bewahrungsmaßnahmen des Landeswohlfahrts- und Jugendamtes der Stadt Berlin, in: Deutsche Zeitschrift für Wohlfahrtspflege (12), 1936, 527.

Staemmler, Martin: Die Sterilisierung Minderwertiger vom Standpunkt des Nationalsozialismus, in: Eugenik Erblehre Erbpflege (2), 1933, 97.

ders.: Das Problem der erbkranken und der asozialen Familien und ihre Behandlung, in: Volk und Rasse (13), 1938, 37.

Stern, Erich: Über den Begriff der Gemeinschaft, Langensalza 1921.

Stöwer, Heinz W.: Der Richter und die Ordnung der Gemeinschaft, in: Deutsche Justiz 1942, 763.

Stoll, Heinrich: Die nationalsozialistische Revolution und das bürgerliche Recht, in: Deutsche Juristen-Zeitung (38), 1933, 1229.

ders.: Juristische Methode, in: Leben in der Justiz, Berlin 1934.

Stuckart, Wilhelm: Neubau des Reichs, in: Deutsches Recht (9), 1939, 819.

Stuckart, Wilhelm/Globke, Hans: Reichsbürgergesetz, München und Berlin 1936.

Stumpfl, Friedrich: Kriminelle Psychopathen – Ein kritischer Beitrag zur Frage des "moralischen Schwachsinns", in: Der Erbarzt (3), 1936, 135.

Thiele, Rudolf: Angeborener Schwachsinn, in: Die psychiatrischen Aufgaben bei der Ausführung des Gesetzes zur Verhütung erbkranken Nachwuchses, Berlin 1934.

ders.: An der Grenze von Debilität und physiologischer Dummheit, in: Der Öffentliche Gesundheitsdienst (1), 1935, 569.

Thums, K.: Kriminalbiologie und Rassenhygiene : Rassenhygienische Ergebnisse der 5. Tagung der Kriminalbiologischen Gesellschaft in München 1937, in: Archiv für Rassen- und Gesellschaftsbiologie (32), 1938, 87.

Tiling, E.: Erblichkeit, Rassenhygiene und Bevölkerungspolitik, in: Münchener Medizinische Wochenschrift (82), 1935, 575.

Tönnies, Ferdinand: Gemeinschaft und Gesellschaft, Leipzig 1887.

ders.: Einführung in die Soziologie, Stuttgart 1931.

ders.: Die Entstehung meiner Begriffe Gemeinschaft und Gesellschaft, in: Kölner Zeitschrift für Soziologie und Sozialpsychologie (7), 1955, 463.

Uhlich, Gerhard: Die Verfahrensgrundsätze des Gesetzes zur Verhütung erbkranken Nachwuchses, Dresden 1939.

Verfügungen, Anordnungen, Bekanntgaben, Bd. II, München 1942.

Verfügungen, Anordnungen, Bekanntgaben, München 1944.

Verschuer, Otmar Freiherr von: Die Unfruchtbarmachung bei schwerer erblicher geistiger Störung, in: Der Erbarzt (5), 1938, 125.

Villinger, Werner: Erfahrung bei der Durchführung des Erbkrankheitenverhütungsgesetzes an männlichen Fürsorgezöglingen, in: Zeitschrift für Kinderforschung (44), 1935, 233.

ders.: Erfahrungen mit dem Erbkrankenverhütungsgesetz, in: Zeitschrift für psychische Hygiene (8), 1935, 70.

Vogel, Norbert: Die Sippe Delta : Eine Studie über erbliche Minderwertigkeit und asoziales Verhalten, München 1937.

Vom Tage, in: Deutsches Ärzteblatt (62), 1933, 97.

Vorstand der Sozialdemokratischen Partei Deutschlands: Deutschland-Berichte der Sopade 1935, Salzhausen / Frankfurt am Main 1980.

Wachtendorf, Heinz: Die Bedeutung der Präambel in den neuen Reichsgesetzen, Hamburg 1936.

Wacke, Gerhard: Steuerrecht und Rechtsneubau, Berlin 1936.

Walz, Gustav Adolf: Artgleichheit gegen Gleichartigkeit – die beiden Grundprobleme des Rechts, Hamburg 1938.

Weber, F.A.: Die Unfruchtbarmachung Geisteskranker, Schwachsinniger und Verbrecher aus Anlage, in: Zeitschrift für ärztliche Fortbildung (22), 1925, 152.

Weber, J.: Die Erziehung zur Gemeinschaftsfähigkeit in der Fürsorgeerziehung, in: Jugendwohl (23), 1934, 46.

Werner, Paul: Die vorbeugende Verbrechensbekämpfung durch die Polizei, in: Kriminalistik (12), 1938, 58.

Wille, Paul: Zur Frage der Unfruchtbarmachung hervorragend begabter Manisch-Depressiver, in: Der Erbarzt (2), 1935, 77.

Wittich, Werner: Volk als Rechtsbegriff, in: Deutsches Recht 1934, 325.

Wolf, Erik: Der Sachbegriff im Strafrecht, in: Strafrecht und Strafprozess, Berlin und Leipzig 1929.

Zusammengesetzter Ausschuss des preußischen Landesgesundheitsrats: Die Eugenik im Dienste der Volkswohlfahrt – Bericht über die Verhandlungen eines zusammengesetzten Ausschusses des preußischen Landesgesundheitsrats vom 2. Juli 1932, in: Veröffentlichungen aus dem Gebiete der Medizinalverwaltung (38), 1932, 629.

## Literatur ab 1945

Aly, Götz: Die Belasteten, Frankfurt am Main 2013.

Anderbrügge, Klaus: Völkisches Rechtsdenken, Berlin, 1978.

Angerstorfer, Andreas/Dengg, Annemarie: Sterilisationspolitik unterm Hakenkreuz, Regensburg 1999.

Ayaß, Wolfgang: "Asoziale" im Nationalsozialismus, Stuttgart 1995.

ders.: "Gemeinschaftsfremde" Quellen zur Verfolgung von "Asozialen" 1933 – 1945, Koblenz 1998.

ders.: "Asoziale" im Nationalsozialismus : Überblick über die Breite der Maßnahmen gegen soziale Außenseiter und die hieran beteiligten Stellen, in: "Minderwertig" und "asozial" : Stationen der Verfolgung gesellschaftlicher Außenseiter, Zürich 2005.

ders.: "Asozialer Nachwuchs ist für die Volksgemeinschaft vollkommen unerwünscht". Die Zwangssterilisation von sozialen Außenseitern, in: Lebensunwert – zerstörte Leben : Zwangssterilisation und "Euthanasie", Frankfurt am Main 2006.

Bachof, Otto: Beurteilungsspielraum, Ermessen und unbestimmter Rechtsbegriff im Verwaltungsrecht, in: Juristenzeitung (10), 1955, 97.

Benzenhöfer, Udo: Zur Genese des Gesetzes zur Verhütung erbkranken Nachwuchses, Münster 2006.

Benzenhöfer, Udo/Ackermann, Hanns: Die Zahl der Verfahren und der Sterilisationen nach dem Gesetz zur Verhütung erbkranken Nachwuchses, Münster 2015.

Birk, Hella: Das Gesetz zur Verhütung erbkranken Nachwuchses : eine Untersuchung zum Erbgesundheitswesen im bayerischen Schwaben in der Zeit des Nationalsozialismus, Augsburg 2005.

Bock, Gisela: Zwangssterilisation im Nationalsozialismus : Studien zur Rassenpolitik und Frauenpolitik, Opladen 1986.

dies.: Krankenmord, Judenmord und nationalsozialistische Rassenpolitik: Überlegungen zu einigen neueren Forschungshypothesen, in: Zivilisation und Barbarei : die widersprüchlichen Potentiale der Moderne, Hamburg 1991.

Bullock, Alan/Pferdekamp, Wilhelm/Pferdekamp, Modeste: Hitler, Düsseldorf 1969.

Czeguhn, Ignacio: Das Gesetz zur Verhütung erbkranken Nachwuchses vom 14. Juli 1933 und die Erbgesundheitsgerichte, in: Tijdschrift voor Rechtsgeschiedenis (72), 2004, 359.

ders.: Das Gesetz zur Verhütung erbkranken Nachwuchses und seine Umsetzung vor den Gerichten, in: Eugenik und Euthanasie 1850–1945, Baden-Baden 2009.

Ehlers, Paul Nikolai: Die Praxis der Sterilisierungsprozesse in den Jahren 1934 – 1945 unter besonderer Berücksichtigung der Erbgesundheitsgerichte Duisburg und Wuppertal, München 1994.

Einhaus, Carola: Zwangssterilisation in Bonn (1933–1945) : Die medizinischen Sachverständigen vor dem Erbgesundheitsgericht, Köln 2006.

Endres, Sonja: Zwangssterilisation in Köln 1934 – 1945, Köln 2010.

Engisch, Karl: Die normativen Tatbestandselemente im Strafrecht, in: Festschrift für Edmund Mezger zum 70. Geburtstag, München und Berlin 1954.

ders.: Einführung in das juristische Denken, Stuttgart 1977.

ders.: Einführung in das juristische Denken, Stuttgart 2010.

Erdmann, Karl Dietrich: Wissenschaft im Dritten Reich, Kiel 1967.

Forsthoff, Ernst: Lehrbuch des Verwaltungsrechts 1. Band Allgemeiner Teil, München und Berlin 1961.

Ganssmüller, Christian: Die Erbgesundheitspolitik des Dritten Reiches Planung, Durchführung und Durchsetzung, Köln 1987.

Gerst, Thomas: Gesetz zur Verhütung erbkranken Nachwuchses : Ächtung nach 74 Jahren, in: Deutsches Ärzteblatt (104), 2007, 12.

Gruchmann, Lothar: Hitler über die Justiz – Das Tischgespräch vom 20. August 1942, in: Vierteljahreshefte für Zeitgeschichte (12), 1964, 86.

Hammon, Kathrin: Karl Binding/Alfred E.Hoche "Die Freigabe der Vernichtung lebensunwerten Lebens. Ihr Maß und Ihre Form.", Göttingen 2011.

Hans, Rudolf: Wir und die anderen: z.B. Volksgenossen und Gemeinschaftsfremde, in: Fortschritte der Psychiatrie im Umgang mit Menschen : Wert und Verwertung des Menschen im 20. Jahrhundert, Rehburg-Loccum 1984.

Henke, Horst-Eberhard: Die Tatfrage : Der unbestimmte Rechtsbegriff im Zivilrecht und seine Revisibilität, Berlin 1966.

Hennig, Jessika: Zwangssterilisation in Offenbach am Main : 1934 – 1944, Frankfurt am Main 2000.

Hinz-Wessels, Annette: NS-Erbgesundheitsgerichte und Zwangssterilisation in der Provinz Brandenburg, Berlin 2004.

Hümmer, Klaus: Zwangssterilisationen in der ehemaligen Diakonissenanstalt Neuendettelsau, Regensburg 1998.

Käsler, Dirk: Erfolg eines Mißverständnisses? Zur Wirkungsgeschichte von "Gemeinschaft und Gesellschaft" in der frühen deutschen Soziologie, in: Hundert Jahre "Gemeinschaft und Gesellschaft" – Ferdinand Tönnies in der internationalen Diskussion, Opladen 1991.

Kaiser, Jochen-Christoph/Nowak, Kurt/Schwartz, Michael: Eugenik, Sterilisation, "Euthanasie" : Politische Biologie in Deutschland 1895 – 1945, Berlin 1992.

Kesper-Biermann, Sylvia: "Deutschland, Europa und die übrige Welt" – Zur Vorgeschichte des Gesetzes zur Verhütung erbkranken Nachwuchses in transnationaler Perspektive, in: Justiz und Erbgesundheit – Zwangssterilisierung, Stigmatisierung, Entrechtung: "Das Gesetz zur Verhütung erbkranken Nachwuchses" in der Rechtsprechung der Erbgesundheitsgerichte 1934–1945 und seine Folgen für die Betroffenen bis in die Gegenwart, Düsseldorf 2008.

Körner, Axel: Hegemonie und Gemeinschaft, Berlin 1997.

Körner, Hans-Peter: Von der Rassenhygiene zur Humangenetik : das Kaiser-Wilhelm-Institut für Anthropologie, menschliche Erblehre und Eugenik nach dem Kriege, Stuttgart Jena Lübeck Ulm 1998.

Kokert, Josef: Der Begriff des Typus bei Karl Larenz, Berlin 1995.

Korzilius, Sven: "Asoziale" und "Parasiten" im Recht der SBZ/DDR : Randgruppen im Sozialismus zwischen Repression und Ausgrenzung, Köln 2005.

Kramer, Sabine: "Ein ehrenhafter Verzicht auf Nachkommenschaft" : theoretische Grundlagen und Praxis der Zwangssterilisation im Dritten Reich am Beispiel der Rechtsprechung des Erbgesundheitsobergerichts Celle, Baden-Baden 1999.

Kühl, Stefan: Die Internationale der Rassisten : Aufstieg und Niedergang der internationalen eugenischen Bewegung im 20. Jahrhundert, Frankfurt am Main 2014.

Labisch, Alfons/Tennstedt, Florian: Der Weg zum "Gesetz über die Vereinheitlichung des Gesundheitswesens" vom 3. Juli 1934, Düsseldorf 1985.

Larenz, Karl: Methodenlehre der Rechtswissenschaft, Berlin Göttingen Heidelberg 1960.

Lehnert, Esther: Die Beteiligung von Fürsorgerinnen an der Bildung und Umsetzung der Kategorie "minderwertig" im Nationalsozialismus : öffentliche Fürsorgerinnen in Berlin und Hamburg im Spannungsfeld von Auslese und "Ausmerze", Frankfurt am Main 2003.

Lepsius, Oliver: Die gegensatzaufhebende Begriffsbildung, München 1994.

Ley, Astrid: Das Erbgesundheitsverfahren nach dem NS-Sterilisationsgesetz, in: Justiz und Erbgesundheit - Zwangssterilisierung, Stigmatisierung, Entrechtung: "Das Gesetz zur Verhütung erbkranken Nachwuchses" in der Rechtsprechung der Erbgesundheitsgerichte 1934–1945 und seine Folgen für die Betroffenen bis in die Gegenwart, Düsseldorf 2008.

Lukowsky, Arthur: Der unbestimmte Begriff im Denken des Logikers, des Juristen und des Arztes, in: Verwaltungsarchiv (53), 1962, 25.

Majer, Diemut: "Fremdvölkische" im Dritten Reich, Boppard am Rhein 1981.

dies.: Rechtstheoretische Funktionsbestimmungen der Justiz im Nationalsozialismus am Beispiel der "Völkischen Ungleichheit", in: Recht, Rechtsphilosophie und Nationalsozialismus, Wiesbaden 1983.

Mertens, Bernd: Rechtsetzung im Nationalsozialismus, Tübingen 2009.

Müller, Joachim: Sterilisation und Gesetzgebung bis 1933, Husum 1985.

Müller, Tobias: Recht und Volksgemeinschaft, Hamburg 2001.

Müller-Hill, Benno: Tödliche Wissenschaft, Berlin 1989.

Müller-Tochtermann, Helmut: Der unbestimmte Rechtsbegriff – logisch unhaltbar oder sinvoll?, in: Neue Juristische Wochenschrift (15), 1962, 1238.

Nipperdey, Hans Carl/Enneccerus, Ludwig/Kipp, Theodor/Wolff, Martin: Allgemeine Lehren, Personen, Rechtsobjekte, Tübingen 1959.

Nowak, Kurt: "Euthanasie" und Sterilisierung im "Dritten Reich", Weimar 1984.

Picker, Henry: Hitlers Tischgespräche im Führerhauptquartier, München 1979.

Rothmaler, Christiane: Sterilisationen nach dem "Gesetz zur Verhütung erbkranken Nachwuchses" vom 14. Juli 1933 : Eine Untersuchung zur Tätigkeit des Erbgesundheitsgerichtes und zur Durchführung des Gesetzes in Hamburg in der Zeit zwischen 1934 und 1944, Husum 1991.

Rottleuthner, Hubert: Zum Wissenschaftscharakter der Eugenik, in: Eugenik und Euthanasie 1850 – 1945, Baden-Baden 2009.

Ruckert, Frederic: Zwangssterilisation im Dritten Reich 1933 – 1945 : Das Schicksal der Opfer am Beispiel der Frauenklinik des Städtischen Krankenhauses und der Hebammenlehranstalt Mainz, Stuttgart 2012.

Rückert, Joachim: Das "gesunde Volksempfinden" – eine Erbschaft Savignys?, in: Zeitschrift der Savigny-Stiftung für Rechtsgeschichte, Germ. Abt. (103), 1986, 199.

Rüthers, Bernd: Die Ideologie des Nationalsozialismus in der Entwicklung des deutschen Rechts von 1933 bis 1945, in: Recht und Rechtslehre im Nationalsozialismus, Baden-Baden 1992.

ders.: Die unbegrenzte Auslegung, 7. Auflage, Tübingen 2012.

Scherer, Klaus: "Asozial" im Dritten Reich : die vergessenen Verfolgten, Münster 1990.

Schikorra, Christa: Kontinuitäten der Ausgrenzung : "Asoziale" Häftlinge im Frauen-Konzentrationslager Ravensbrück, Berlin 2001.

Schmuhl, Hans-Walter: Rassenhygiene, Nationalsozialismus, Euthanasie : Von der Verhütung zur Vernichtung "lebensunwerten Lebens", 1890 – 1945, Göttingen 1987.

Schönke/Schröder, Strafgesetzbuch : Kommentar, München 2014.

Schwartz, Michael: Sozialistische Eugenik – Eugenische Sozialtechnologien in Diskurs und Politik der deutschen Sozialdemokratie 1890 – 1933, Münster 1992.

Senn, Marcel: Neue Rechtstheorien nach Maßgabe von Rassenlehren und Sozialdarwinismus zwischen 1860 und 1914, in: Eugenik und Euthanasie 1850–1945, Baden-Baden 2009.

Simon, Jürgen: Kriminalbiologie und Zwangssterilisation : Eugenischer Rassismus 1920 - 1945, Münster 2001.

Stolberg, Michael: Aktive Sterbehilfe und Eugenik vor 1850, in: Eugenik und Euthanasie 1850 - 1945, Baden-Baden 2009.

Stolleis, Michael: Gemeinschaft und Volksgemeinschaft: Zur juristischen Terminologie im Nationalsozialismus, in: Vierteljahreshefte für Zeitgeschichte (20), 1972, 20.

ders.: "Perversion des Rechtsdenkens im Nationalsozialismus“ – was heißt das?, in: Recht und Politik (19), 1983, 1.

Weingart, Peter/Kroll, Jürgen/Bayertz, Kurt: Rasse, Blut und Gene : Geschichte der Eugenik und Rassenhygiene in Deutschland, Frankfurt am Main 1988.

Weinkauff, Hermann/Wagner, Albrecht: Die deutsche Justiz und der Nationalsozialismus, Stuttgart 1968.

Wiese Leopold von, Erinnerungen an Ferdinand Tönnies, in: Kölner Zeitschrift für Soziologie und Sozialpsychologie (7), 1955, 1.

Wiesenberg, Klaus: Die Rechtsprechung der Erbgesundheitsgerichte Hanau und Gießen zu dem "Gesetz zur Verhütung erbkranken Nachwuchses" vom 14. Juli 1933, ergänzt durch eine Darstellung der heutigen Rechtslage zur Unfruchtbarmachung, 1986.

Willing, Matthias: Das Bewahrungsgesetz (1918 – 1967) eine rechtshistorische Studie zur Geschichte der deutschen Fürsorge, Tübingen 2003.

Wurzbacher, Gerhard: Beobachtungen zum Anwendungsbereich der Tönniesschen Kategorien Gemeinschaft und Gesellschaft, in: Kölner Zeitschrift für Soziologie und Sozialpsychologie (7), 1955, 443.

Zmarzlik, Hans-Günter: Der Sozialdarwinismus in Deutschland als geschichtliches Problem, in: Vierteljahreshefte für Zeitgeschichte (11), 1963, 246.

www.ingramcontent.com/pod-product-compliance
Ingram Content Group UK Ltd.
Pitfield, Milton Keynes, MK11 3LW, UK
UKHW021934290926
8980IPUK00016B/1626

9 783631 806227